■2025年度中学受験用

和洋国府台女子中学校

5年間スーパー過去問

●収録内容一覧

入試問題と解説・解答の収録内容

2024年度　1回	算数・社会・理科・英語・国語 （英語は解答のみ）	実物解答用紙DL
2023年度　1回	算数・社会・理科・英語・国語 （英語は解答のみ）	実物解答用紙DL
2022年度　1回	算数・社会・理科・英語・国語 （英語は解答のみ）	実物解答用紙DL
2021年度　1回	算数・社会・理科・英語・国語 （英語は解答のみ）	
2020年度　1回	算数・社会・理科・英語・国語 （英語は解答のみ）	

～本書ご利用上の注意～　以下の点について，あらかじめご了承ください。

★別冊解答用紙は巻末にございます。実物解答用紙は，弊社サイトの各校商品情報ページより，一部または全部をダウンロードできます。

★編集の都合上，学校実施のすべての試験を掲載していない場合がございます。

★当問題集のバックナンバーは，弊社には在庫がございません（ネット書店などに一部在庫あり）。

合格を勝ち取るための
『スーパー過去問』の使い方

本書に掲載されている過去問をご覧になって，「難しそう」と感じたかもしれません。でも，多くの受験生が同じように感じているはずです。なぜなら，中学入試で出題される問題は，小学校で習う内容よりも高度なものが多く，たくさんの知識や解き方のコツを身につけることも必要だからです。ですから，初めて本書に取り組むさいには，点数を気にしすぎないようにしましょう。本番でしっかり点数を取れることが大事なのです。

過去問で重要なのは「まちがえること」です。自分の弱点を知るために，過去問に取り組むのです。当然，まちがえた問題をそのままにしておいては意味がありません。

本書には，長年にわたって中学入試にたずさわっているスタッフによるていねいな解説がついています。まちがえた問題はしっかりと解説を読み，できるようになるまで何度も解き直しをしてください。理解できていないと感じた分野については，参考書や資料集などを活用し，改めて整理しておきましょう。

このページも参考にしてみましょう！

◆どの年度から解こうかな　「入試問題と解説・解答の収録内容一覧」

本書のはじめには収録内容が掲載されていますので，収録年度や収録されている入試回などを確認できます。

※著作権上の都合によって掲載できない問題が収録されている場合は，最新年度の問題の前に，ピンク色の紙を差しこんでご案内しています。

◆学校の情報を知ろう‼「学校紹介ページ」

このページのあとに，各学校の基本情報などを掲載しています。問題を解くのに疲れたら息ぬきに読んで，志望校合格への気持ちを新たにし，再び過去問に挑戦してみるのもよいでしょう。なお，最新の情報につきましては，学校のホームページなどでご確認ください。

◆入試に向けてどんな対策をしよう？「出題傾向＆対策」

「学校紹介ページ」に続いて，「出題傾向＆対策」ページがあります。過去にどのような分野の問題が出題され，どのように対策すればよいかをアドバイスしていますので，参考にしてください。

◇別冊「入試問題解答用紙編」

本書の巻末には，ぬき取って使える別冊の解答用紙が収録してあります。解答用紙が非公表の場合などを除き，（注）が記載されたページの指定倍率にしたがって拡大コピーをとれば，実際の入試問題とほぼ同じ解答欄の大きさで，何度でも過去問に取り組むことができます。このように，入試本番に近い条件で練習できるのも，本書の強みです。また，データが公表されている学校は別冊の１ページ目に過去の「入試結果表」を掲載しています。合格に必要な得点の目安として活用してください。

本書がみなさんの志望校合格の助けとなることを，心より願っています。

株式会社　声の教育社　編集部

和洋国府台女子中学校

所在地	〒272-8533 千葉県市川市国府台2-3-1
電　話	047-371-1120
ホームページ	https://www.wayokonodai.ed.jp/
交通案内	京成本線「国府台駅」より徒歩約9分／JR総武線「市川駅」，JR常磐線「松戸駅」，北総線「矢切駅」よりバス「和洋女子大前」下車

くわしい情報はホームページへ

トピックス

★学校説明会を5/25・7/28・10/26・12/7に実施予定。
★推薦入試の探究型テストは，事前に公表されるテーマに基づいて自分で調べてきたものを発表する形式。

創立年 明治30年　女子校　高校募集あり

応募状況

年度	募集数		応募数		受験数	合格数	倍率
2024	推	45名	基礎 探究	85名	84名	68名	1.2倍
	①	45名	2科	126名	121名	55名	2.2倍
			3科	43名	40名	38名	1.1倍
			4科	534名	516名	429名	1.2倍
	②	20名	2科	112名	68名	35名	1.9倍
			4科	295名	117名	104名	1.1倍

※第２回の欠席者は，第１回の合格者(同時出願者)を含む。

本校の特色

2017年４月より，中・高・大を統合した国府台キャンパスに移転。「凛として生きる」を教育理念とし，勉学と人間教育を通じて自立した女性を育成するため，下記の教育を実践しています。

○４技能をバランスよく伸ばす　グローバル教育
○実体験から学ぶ科学　サイエンス教育
○知的好奇心から広げる　探究教育
○教養と品格を身につける　日本文化教育

入試情報（参考：昨年度）

【推薦入試】
試験日時：2023年12月１日　８：20集合
試験科目：
基礎学力テスト２科目型
…国語／算数／グループ面接
基礎学力テスト３科目型
…国語／算数／英語／グループ面接
探究型テスト…評価項目を設け総合的に判定

【一般入試第１回】
試験日時：2024年１月20日　８：20集合
試験科目：
２科目型…国語／算数
３科目型…国語／算数／英語
４科目型…国語／算数／社会／理科

【一般入試第２回】
試験日時：2024年１月24日　８：20集合
試験科目：
２科目型…国語／算数
４科目型…国語／算数／社会／理科

2023年度の主な大学合格実績

＜国立大学＞
筑波大，東京農工大

＜私立大学＞
早稲田大，上智大，東京理科大，明治大，立教大，法政大，成蹊大，成城大，明治学院大，國學院大，獨協大，日本大，東洋大，専修大，芝浦工業大，東京電機大，日本女子大，順天堂大，北里大，東邦大

編集部注―本書の内容は2024年4月現在のものであり，変更されている場合があります。正式な情報は，学校のホームページ等で必ずご確認ください。

算数　出題傾向＆対策

◆基本データ(2024年度１回)

試験時間／満点	50分／100点
問題構成	・大問数…６題 計算１題(５問)／応用小問１題(８問)／応用問題４題 ・小問数…21問
解答形式	解答のみを記入する形式がほとんどだが，考え方を書かせる問題もある。
実際の問題用紙	Ａ４サイズ，小冊子形式
実際の解答用紙	Ａ４サイズ

◆出題傾向と内容

▶過去３年の出題率トップ３
１位:四則計算・逆算24％　２位:角度・面積・長さ13％　３位:割合と比，濃度など５％
▶今年の出題率トップ３
１位:四則計算・逆算25％　２位:角度・面積・長さ，速さ10％

分野		2024	2023	2022	2021	2020
計算	四則計算・逆算	●	●	●	●	●
	計算のくふう	○		○	◎	○
	単位の計算				○	○
和と差	和差算・分配算				○	
	消去算					
	つるかめ算	○			○	
	平均とのべ	○	○			○
	過不足算・差集め算			○		
	集まり			○		
	年齢算					
割合と比	割合と比		◎		○	○
	正比例と反比例		○		○	
	還元算・相当算					
	比の性質	○				○
	倍数算			○		
	売買損益	○		○		
	濃度	○	○	○	○	○
	仕事算					
	ニュートン算					
速さ	速さ	◎		○	○	◎
	旅人算	○				
	通過算					
	流水算					
	時計算					
	速さと比					
図形	角度・面積・長さ	◎	●	●	◎	○
	辺の比と面積の比・相似		○	○		
	体積・表面積		○		○	○
	水の深さと体積	○				
	展開図					○
	構成・分割		○		○	
	図形・点の移動	○	◎	○		
表とグラフ		○	○	○	○	○
数の性質	約数と倍数	○	○			○
	N進数					
	約束記号・文字式			○	○	
	整数・小数・分数の性質				◎	○
規則性	植木算					
	周期算					
	数列					
	方陣算					
	図形と規則					
場合の数					○	
調べ・推理・条件の整理			○			
その他						

※　○印はその分野の問題が１題，◎印は２題，●印は３題以上出題されたことをしめします。

大問１は計算問題で，小数や分数をふくむ比かく的簡単な四則混合計算が出されます。

大問２は応用小問です。数の性質のほかに，割合，平均，濃度，簡単な特殊算などが出題されています。また，比は，図形問題のなかで，面積比，体積比などの形で取り上げられることもあり，頻出分野のひとつといえます。

大問３以降の応用問題は，図形，特殊算が中心です。図形では面積，点や図形の移動，展開図などと関連させた問題が出されています。特殊算はつるかめ算，和差算，倍数算などが出題されています。

◆対策～合格点を取るには？～

全体的に見て，受験算数の基本をおさえることが大切です。まず，計算力(解く速さと正確さ)をつけましょう。また，ふだんから計算式をていねいに書くようにしましょう。難しい計算や複雑な計算をする必要はありません。毎日少しずつ練習していきましょう。

図形については，基本的な性質や公式を覚え，グラフについては，速さや水の深さの変化，点の移動と面積の変化などを読み取れるように練習しておくこと。また，特殊算については，問題集などの例題を中心に，かたよりなく習得しておきましょう。

社会　出題傾向＆対策

◆基本データ(2024年度１回)

試験時間／満点	30分／60点
問題構成	・大問数…５題 ・小問数…28問
解答形式	記号選択と適語の記入がほとんどだが，短文記述も出題されている。
実際の問題用紙	Ａ４サイズ，小冊子形式
実際の解答用紙	Ａ４サイズ

◆出題傾向と内容

地理・歴史・政治の各分野からかたよりなく出題されています。分野別に出題内容を見ると，地理分野と歴史分野のウェートが少々高めです。ほとんどが基本的な問題なので，各分野の基礎的なことがらをまんべんなく身につけることが大切です。

●地理…地形図や地図記号の読み取り，各都道府県の特ちょう，日本の気候，山脈や河川など国土に関する問題が出題されています。特に，農林水産業はさまざまな角度から問われます。

●歴史…各時代のできごとが総合的に出題されていますが，特定の時代をくわしく掘り下げる問題も見られます。古代から現代までかたよりなく出題されているものの，近代から現代までの出題がやや多いようです。

●政治…最近の政治や国際情勢などを取り上げて，それに関連することがらを問うものが多く出題されています。具体的には，憲法，財政，国会，裁判所，選挙制度，地方自治，社会保障，国際機関などが取り上げられています。

分野＼年度			2024	2023	2022	2021	2020
日本の地理		地図の見方	★	★	★	★	★
		国土・自然・気候	○	○	○	○	○
		資源			○		
		農林水産業	○	○	○	○	○
		工業	○	○		○	
		交通・通信・貿易	○	○			○
		人口・生活・文化			○		
		各地方の特色					
		地理総合	★	★	★	★	★
世界の地理					○		
日本の歴史	時代	原始～古代	○	○	○	○	○
		中世～近世	○	○	○	○	○
		近代～現代	★	○	★	★	★
	テーマ	政治・法律史					
		産業・経済史					
		文化・宗教史					
		外交・戦争史			○		
		歴史総合	★	★	★	★	★
世界の歴史							
政治		憲法				○	★
		国会・内閣・裁判所	★	○	○	○	○
		地方自治		○			○
		経済				○	
		生活と福祉		○			
		国際関係・国際政治		○			○
		政治総合		★	★		
環境問題				○			
時事問題							
世界遺産					○		
複数分野総合				★		★	

※　原始～古代…平安時代以前，中世～近世…鎌倉時代～江戸時代，
近代～　　現代…明治時代以降

※　★印は大問の中心となる分野をしめします。

◆対策～合格点を取るには？～

はば広い知識が問われていますが，大半の設問は標準的な難易度ですから，まず，基礎を固めることを心がけてください。教科書のほか，説明がていねいでやさしい標準的な参考書を選び，基本事項をしっかりと身につけましょう。

地理分野では，地図とグラフが欠かせません。つねにこれらを参照しながら，白地図作業帳を利用して地形と気候をまとめ，そこから産業のようす(もちろん統計表も使います)へと広げていってください。

歴史分野では，教科書や参考書を読むだけでなく，自分で年表をつくって覚えると学習効果が上がります。できあがった年表は，各時代，各分野のまとめに活用できます。本校の歴史の問題にはさまざまな分野が取り上げられていますから，この作業はおおいに威力を発揮するはずです。また，資料集などで，史料写真や歴史地図にも親しんでおくとよいでしょう。

政治分野では，日本国憲法の基本的な内容と三権についてはひと通りおさえておいた方がよいでしょう。また，地方自治や国際関係についてもふれておきましょう。

理科　出題傾向＆対策

◆基本データ（2024年度１回）

試験時間／満点	30分／60点
問題構成	・大問数…６題 ・小問数…28問
解答形式	記号選択と適語や数値の記入がほとんどだが，短文記述の問題も出ている。
実際の問題用紙	Ａ４サイズ，小冊子形式
実際の解答用紙	Ａ４サイズ

◆出題傾向と内容

本校の理科は，実験・観察・観測をもとにした問題が多く，また，すべての分野からバランスよく出題される傾向にあります。いずれの分野の問題も，内容的には基本的なことがらを問うものがほとんどですが，各実験・観察に対する正しい理解や思考力が必要です。

●**生命**…光の色と発芽，動物の分類，消化器官，フクロウと食物連鎖，デンプンの消化，生き物の観察，こん虫，顕微鏡の使い方，種子の発芽などが出題されています。

●**物質**…水素とエネルギー，ものの燃え方，金属と塩酸の反応，ものの溶け方，水溶液の性質，気体の性質などが取り上げられています。

●**エネルギー**…電気回路，備長炭電池，手回し発電機，てこのつり合い，密度とものの浮き沈み，光の屈折，ばねと浮力についての問題などが出題されています。

●**地球**…地層と化石・岩石，星の動き，湿度，季節と星座，星の色についての問題などが取り上げられています。

分野＼年度		2024	2023	2022	2021	2020
生命	植物	★	○		★	★
	動物	★	★	○	○	
	人体			★	★	
	生物と環境			★		
	季節と生物					
	生命総合					
物質	物質のすがた					
	気体の性質	○		★	○	○
	水溶液の性質	★	○			★
	ものの溶け方	○	○	★		○
	金属の性質					
	ものの燃え方	★			★	
	物質総合		★			
エネルギー	てこ・滑車・輪軸				★	
	ばねののび方					
	ふりこ・物体の運動					
	浮力と密度・圧力		★		★	★
	光の進み方					★
	ものの温まり方					
	音の伝わり方					
	電気回路	★	★	★		
	磁石・電磁石		○			
	エネルギー総合					
地球	地球・月・太陽系	★				
	星と星座			★	★	
	風・雲と天候					
	気温・地温・湿度					★
	流水のはたらき・地層と岩石		★			
	火山・地震					
	地球総合					
実験器具			★			★
観察						
環境問題			○	○	○	
時事問題			○			
複数分野総合						

※　★印は大問の中心となる分野をしめします。

◆対策～合格点を取るには？～

各分野からまんべんなく出題されていますから，基本的な知識をはやいうちに身につけ，そのうえで問題集で演習をくり返しながら実力アップをめざしましょう。

「生命」は，身につけなければならない基本知識の多い分野ですが，楽しみながら確実に学習する心がけが大切です。

「物質」では，気体や水溶液，金属などの性質に重点をおいて学習してください。そのさい，中和反応や濃度など，表やグラフをもとに計算する問題にも積極的に取り組んでください。

「エネルギー」は，浮力，かん電池のつなぎ方や方位磁針のふれ方，磁力の強さなどの出題が予想される単元ですから，学習計画から外すことのないようにしましょう。

「地球」では，太陽・月・地球の動き，季節と星座の動き，天気と気温・湿度の変化，地層のでき方などが重要なポイントです。

なお，環境問題・身近な自然現象に日ごろから注意をはらうことや，テレビの科学番組，新聞・雑誌の科学に関する記事，読書などを通じて多くのことを知るのも大切です。

国語 出題傾向＆対策

◆基本データ（2024年度１回）

試験時間／満点	50分／100点
問　題　構　成	・大問数…４題 文章読解題２題／知識問題２題 ・小問数…24問
解　答　形　式	記号選択とことばの書きぬきのほかに，文章中や自分のことばを使ってまとめる記述問題も見られる。
実際の問題用紙	Ａ４サイズ，小冊子形式
実際の解答用紙	Ａ４サイズ

◆出題傾向と内容

▶近年の出典情報（著者名）
説明文：富山和子　羽仁　進　菅野　仁
小　説：ひこ・田中　東　直子　辻村深月

●読解問題…説明文・論説文が１題，小説・物語文が１題という出題が多く見られます。設問は，適語・適文の補充，内容理解，段落構成，指示語，接続語，要旨，表題，難しい表現や語句の文中での意味や説明などで，典型的な長文読解問題といえるでしょう。説明文・論説文では筆者の主張の理解，小説・物語文では登場人物の心情の読み取りを中心として出題されています。

●知識問題…漢字の書き取りの大問があるほか，熟語の構成，敬語，俳句の季語，短詩の創作なども出されています。

◆対策～合格点を取るには？～

入試で正しい答えを出せるようにするためには，なるべく多くの読解問題にあたり，出題内容や出題形式に慣れることが大切です。問題集に取り組むさいは，指示語の内容や接続語に注意しながら，文章がどのように展開しているかを読み取るように気をつけましょう。また，答え合わせをした後は，漢字やことばの意味を辞書で調べてまとめるのはもちろんのこと，正解した設問でも解説をしっかり読んで解答の道すじを明らかにし，本番で自信を持って答えられるようにしておきましょう。

知識問題については，分野ごとに短期間に集中して覚えるのが効果的です。ただし，漢字は毎日少しずつ学習するとよいでしょう。

分野 ＼ 年度			2024	2023	2022	2021	2020
読	文章の種類	説明文・論説文	★	★	★	★	★
		小説・物語・伝記	★	★	★	★	★
		随筆・紀行・日記					
		会話・戯曲					
		詩					
		短歌・俳句		○			
解	内容の分類	主題・要旨	○	○	○	○	○
		内容理解	○	○	○	○	○
		文脈・段落構成		○	○	○	○
		指示語・接続語	○	○	○	○	○
		その他	○	○	○	○	○
知	漢字	漢字の読み					
		漢字の書き取り	★	★	★	★	★
		部首・画数・筆順					
	語句	語句の意味		○	○		○
		かなづかい					
		熟語	○	○	○	○	○
		慣用句・ことわざ			○	○	○
識	文法	文の組み立て					
		品詞・用法			○		
		敬語			○		
	形式・技法						○
	文学作品の知識						
	その他		○	○			
	知識総合		★	★	★	★	★
表現	作文						
	短文記述		○	○	○	○	
	その他						
放送問題							

※　★印は大問の中心となる分野をしめします。

2024年度　和洋国府台女子中学校

【算　数】〈第１回試験〉（50分）〈満点：100点〉

注意　１．途《と》中の計算などは，問題用紙のあいているところを使用し，消さないで残しておきなさい。

　　　２．定規，コンパス，分度器，電卓《たく》は使用できません。

　　　３．円周率は，3.14を使って計算しなさい。

　　　４．答えが分数になるときは，それ以上約分できない形で答えなさい。

1　次の計算をしなさい。

(1)　$60-3\times4\div(23-17)$

(2)　$1-\left\{\frac{5}{6}-\left(\frac{1}{3}-\frac{1}{4}\right)\times2\right\}$

(3)　$4.2\div2.8\times2.5$

(4)　$1.5-\left(1-\frac{1}{5}\right)\div\frac{8}{15}$

(5)　$12.3\times5\times3-4\times5\times1.23-2\times5\times1.23\times3$

2　次の□にあてはまる数を答えなさい。

(1)　$0.2+\frac{6}{7}\times\left(\square+\frac{3}{5}\right)=2$

(2)　５で割ると２余り，７で割ると２余る整数のうち，100に一番近い数は□です。

(3)　定価□円の品物を15％引きで買ったところ2380円でした。

(4)　あるクラスの生徒24人に対して，100点満点のテストをしたところ，平均点は66.5点でした。その後で１人の転校生が同じテストを受けて，転校生も含めた平均点は67点でした。この転校生の点数は□点です。

(5)　Ａ地点から2250ｍはなれたＢ地点まで歩くのに，はじめ毎分50ｍの速さで□分歩き，途中から毎分90ｍの速さに変えたので全部で33分かかりました。

(6)　赤玉と白玉が合わせて100個あります。赤玉の個数の$\frac{2}{7}$と白玉の個数の$\frac{4}{11}$が等しいとき，赤玉は□個あります。

(7)　次の図において角アの大きさは□度です。

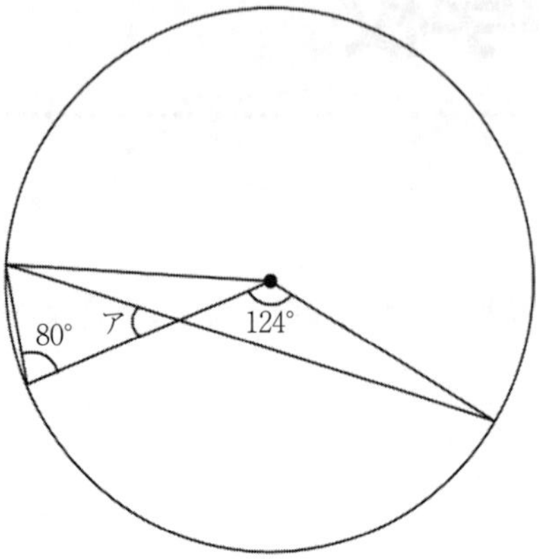

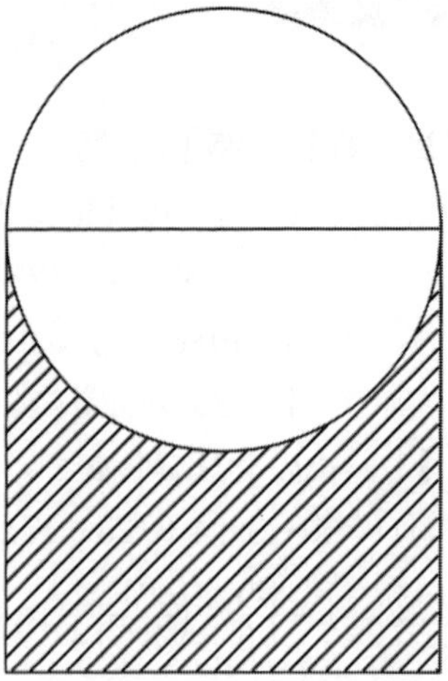

(8)　右の図のように，１辺の長さが４cmの正方形と，正方形の１辺を直径とする円があります。このとき，▨部分の面積は□cm^2です。

3　濃度の異なる食塩水の入った容器Ａと容器Ｂがあります。

(1)　容器Ａから取り出した10ｇの食塩水の水分を蒸発させたら，0.5ｇの食塩が残りました。このとき，容器Ａの食塩水の濃度は何％ですか。

(2)　容器Ａから150ｇ取り出した食塩水と，容器Ｂから取り出した濃度が８％の食塩水を混ぜ合わせたら，７％の食塩水ができました。このとき，容器Ｂから取り出した食塩水は何ｇですか。

4　次のグラフは，Ａさんが家と公園の間を往復して歩いたときの，移動の様子を表したものです。下の問いに答えなさい。

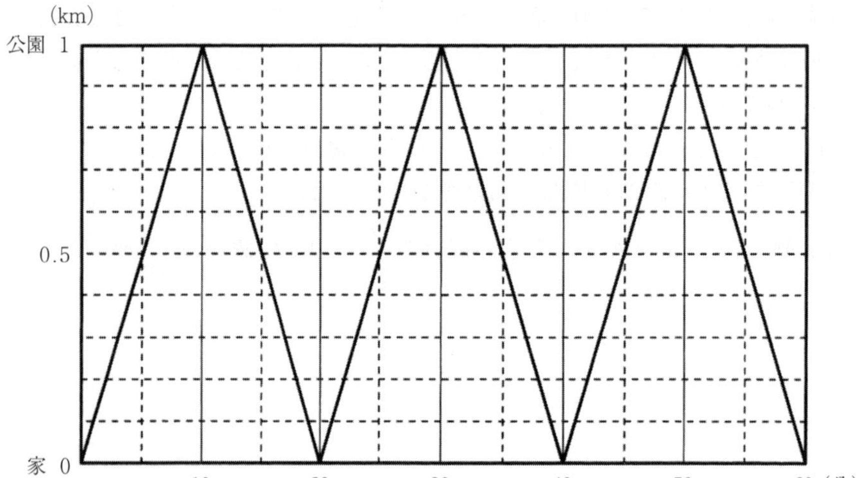

(1)　Ａさんの歩く速さは時速何kmですか。

(2)　Ａさんが家を出発してから10分後に，Ａさんの妹が家から時速４kmの速さで公園に向かって歩き始めました。Ａさんと妹が最初に出会うのは，Ａさんが家を出発してから何分後ですか。考え方も答えなさい。

5　下の図１のように，直角三角形と正方形があります。図１の位置から直角三角形を直線にそって右へ移動させて，正方形と重なる部分の図形について調べます。たとえば１cm 移動させると，図２のようになります。このとき，次の問いに答えなさい。

(1)　直角三角形を４cm 移動させると重なる部分の図形は何角形になりますか。

(2)　重なる部分の図形はどのように変化しますか。次のア～ウのうち，正しいものを１つ選びなさい。

ア　三角形→四角形→五角形→六角形→五角形→四角形

イ　三角形→四角形→五角形→四角形

ウ　三角形→四角形→五角形→四角形→三角形

図１

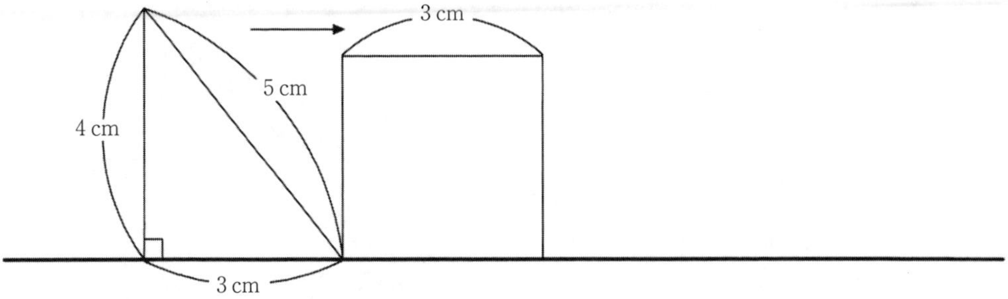

図２

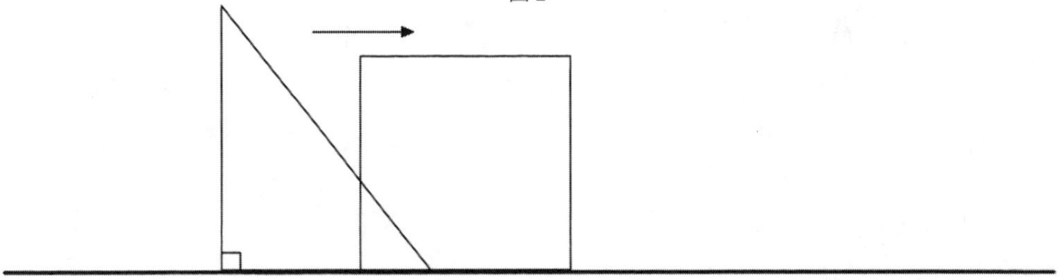

6　右の図のように，直方体から直方体を切り取った形をした容器に水が入っています。次の問いに答えなさい。

(1)　容器に入っている水の量は何cm^3ですか。

(2)　⬅の方向から見た面を下にして容器を置いたとき，一番高いところの水面の高さは何cm になりますか。

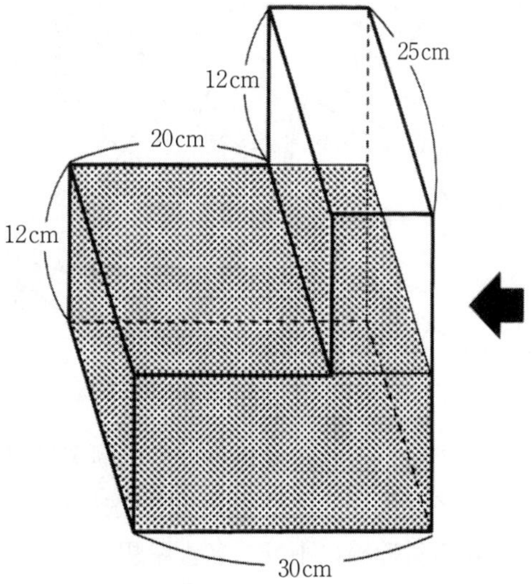

【社　会】〈第１回試験〉（30分）〈満点：60点〉

〈編集部注：実物の入試問題では，地形図およびグラフ・写真・図はすべてカラー印刷です。〉

１　次の文を読み，地形図を見て，各問に答えなさい。

国土地理院　地形図1/25000をもとに作成

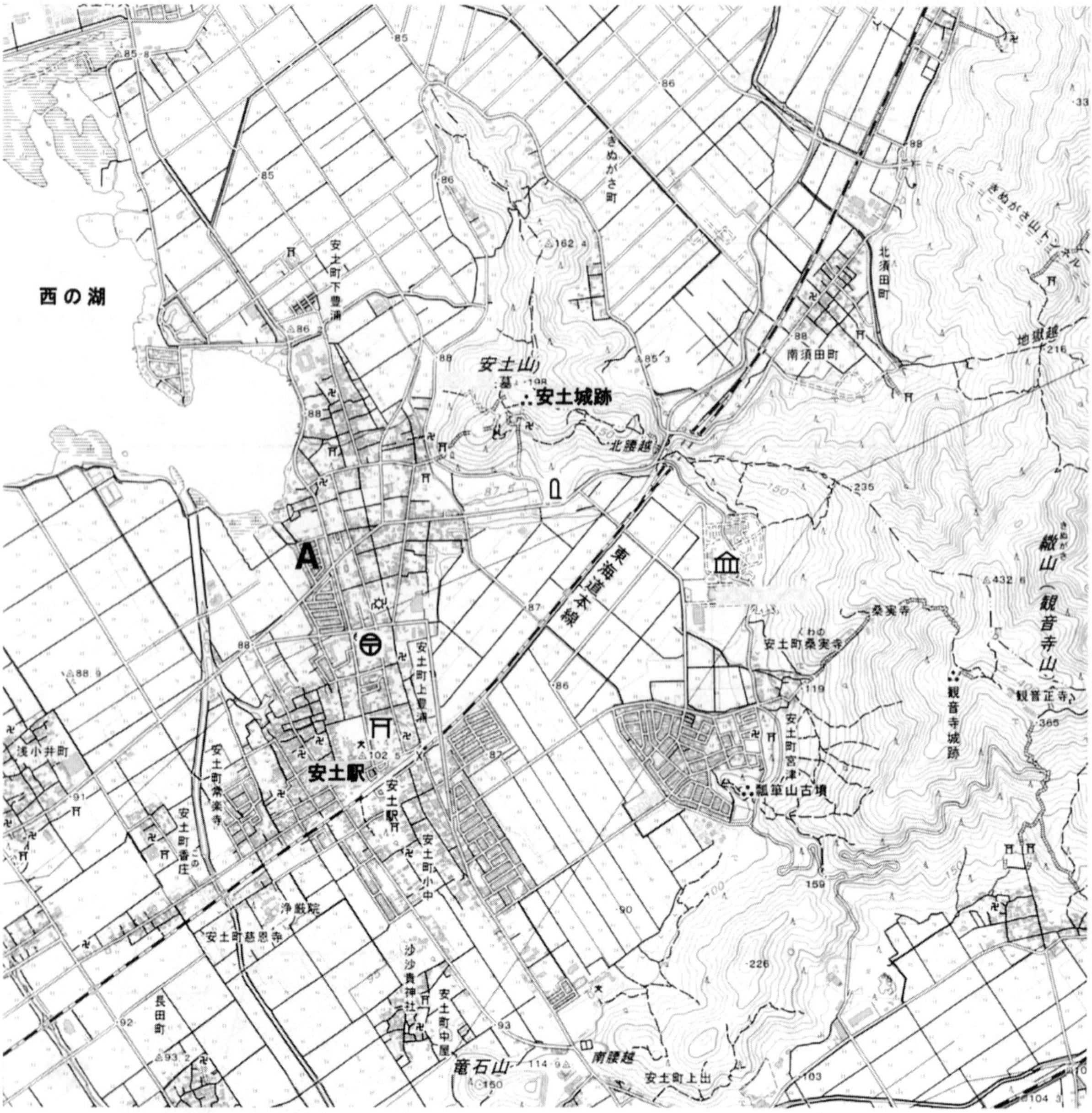

〈編集部注：編集上の都合により原図の90％に縮小してあります。〉

香奈《かな》さんは，夏休みの自由研究に日本の城を調べました。そのなかでも，戦国時代に強力な大名が築いたとされる安土城《あづちじょう》に興味をもち，実際に城跡《しろあと》を見学することにしました。東京駅から新幹線に乗り，名古屋駅で在来線に乗り換えて安土町まで来ました。

香奈さんは，電車を降《お》りると<u>安土駅</u>から大通りを西《にし》の湖《こ》の方に向かいました。右側に ⛩，左側に小学校がある通りを過ぎ，さらに 〒 を通り過ぎ，大きな交差点 **A** を右に曲がり，そのまま大通りにそって進みました。川をこえると北側に安土山が近づいてきました。安土城跡《あと》入口  から山に入りました。城跡までの長い石の階段《かいだん》を登っていると，この大名に仕えた有名な武将《ぶしょう》の屋敷跡《やしきあと》がたくさんありました。城跡まできびしい傾斜《けいしゃ》が続いたため，安土城跡に到《とう》着《ちゃく》したときには，香奈さんはとても疲《つか》れてしまいました。

香奈さんは，下山して博物館に向かいました。ここには，復元された安土城の天守の一部やこの城を建てた戦国大名にまつわる展示品《てんじひん》がありました。貴重《きちょう》な展示品や安土城の再現映像《さいげんえいぞう》を見て安土町は，西の湖が X につながっているため，昔から水運で栄えていたことが分かりました。香奈さんは，歴史だけでなく現在の町についてもふれながら自由研究のレポートを完成させました。

問１　地図中の  と  の地図記号は，それぞれ何をあらわしていますか。

問２　安土駅から安土城跡まで地図上で８cm ありました。実際の距離《きょり》は何km ですか。

問３　安土城跡からみて博物館はどの方向にありますか。８方位で答えなさい。

問４　安土城跡にはこの城を建てた戦国大名の墓が家臣によって建てられました。この戦国大名とはだれですか。漢字で書きなさい。

問５　X にあてはまるものについての正しい説明を，次のア～エの中から一つ選び，記号で答えなさい。

ア　この海は，古代より重要な交通路で，現在は高速道路と鉄道の橋がかけられている。

イ　この湖は，日本最大の淡水《たんすい》湖で，近畿圏《きんきけん》の人々の生活や産業に利用されている。

ウ　この湖は，太平洋《たいへいよう》と接続しており，ウナギの養殖《ようしょく》など漁業がさかんである。

エ　この川は，濃尾《のうび》平野に位置し，堤防《ていぼう》が築かれた中州《なかす》は輪中《わじゅう》と呼《よ》ばれている。

問６　香奈さんが自由研究で書いたレポートです。これを読み，各問に答えなさい。

わたしは，安土町を訪れて気がついたことがあります。それは，安土城と西の湖の関係です。昔の安土城は湖に面していて，人々に湖に浮かんでいるような印象を与えていたそうです。安土城が湖の岸から離れてしまったのは Y からだということが地図を見て分かりました。

現在は，町の中を流れる川や水路を小舟《こぶね》で行き来することができます。

水路巡《めぐ》りを目的にたくさんの観光客が訪れていました。また，西の湖はヨシの群生地に多くの生き物が生息しています。**ラムサール条約**の呼び名で知られる「特に水鳥の生息地として国際的に重要な湿地《しっち》に関する条約」に西の湖は登録されています。

観光資源として利用されている西の湖ですが，最近ではアオコの発生が毎年みられるようになりました。西の湖のある近江八幡市《おうみはちまんし》では，水質改善に取り組んでいます。

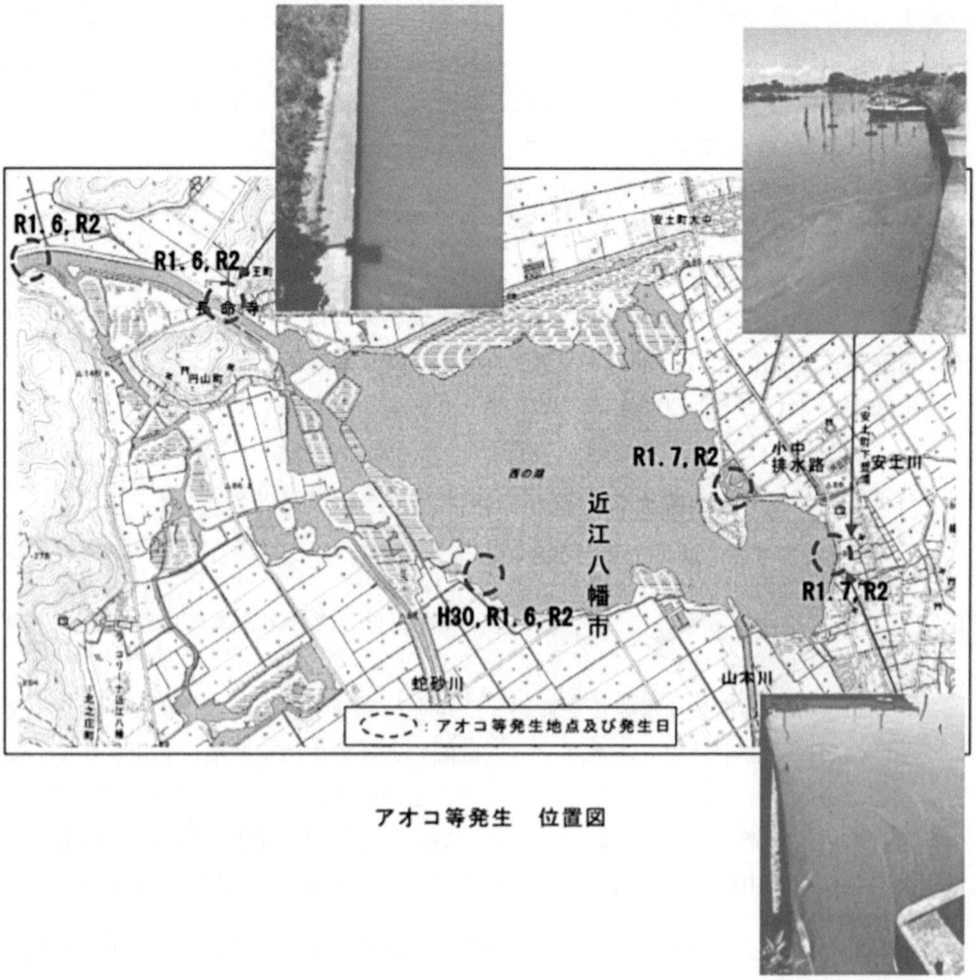

アオコ等発生　位置図

令和４年「西の湖の水環境《かんきょう》改善対策」より

(1)　レポートの Y にもっともあてはまるものを，次のア～エの中から一つ選び，記号で答えなさい。

ア　埋《う》め立《た》てられ，多くの工場ができた
イ　米の増産のため干拓《かんたく》事業が行われた
ウ　地震《じしん》によって土地が隆起《りゅうき》した
エ　温暖化《おんだんか》のため湖水が干《ひ》上《あ》がった

(2)　日本には，**ラムサール条約**に登録されている湿地が53カ所あります。次の①～③の湿地とその場所がある都道府県の組み合わせとして正しいものを，次のア～エの中から一つ選び，記号で答えなさい。

①　釧路湿原《くしろしつげん》…オジロワシやオオワシが生息し，タンチョウヅルのおもな繁殖地《はんしょくち》である。

②　屋久島永田浜《やくしまながたはま》…アカウミガメが，北太平洋地域でもっとも多く上陸し産卵《さんらん》する。

③　渡良瀬《わたらせ》遊水地…公害のため廃村《はいそん》になった跡地《あとち》の湿地に，希少な動植物が多数生息している。

ア　①―新潟県《にいがたけん》　②―鹿児島県《かごしまけん》　③―熊本県《くまもとけん》

イ　①―新潟県　②―沖縄県《おきなわけん》　③―栃木県《とちぎけん》

ウ　①―北海道《ほっかいどう》　②―鹿児島県　③―栃木県

エ　①―北海道　②―沖縄県　③―熊本県

2　次の会話を読み，各問に答えなさい。

香奈　麗子《れいこ》さん，昨年横須賀《よこすか》に行っていたよね。

麗子　そう，横須賀でクルーズ船に乗って，アメリカ海軍や海上自衛隊の艦船《かんせん》を間近で見ることができたよ。

香奈　横須賀は貿易港としても役割《やくわり》を果たしているよね。この前社会の授業で学んだことを自分でまとめ直してみたの。貿易港について，日本で貿易の輸出入総額が多い順にまとめた「日本の貿易港と輸出入品目の特徴《とくちょう》」の表を見てくれるかな。

麗子　$_a$日本の貿易において，全国で４位の貿易額となっているのが同じ神奈川県《かながわけん》の[A]だね。

香奈　地理の授業では，工業のさかんな地域のひとつとしても学んだよ。

麗子　なるほど，[A]の$_b$貿易品も，周辺地域でさかんな工業に関係しているんだね。

香奈　$_c$製鉄について学んだときにも，神奈川県の沿岸《えんがん》地域がさかんな地域のひとつとして学んだよね。

麗子　神奈川県は東京湾《とうきょうわん》と相模湾《さがみわん》に面しているんだよね。

香奈　そうだね，授業で$_d$水産についても学んだけど，近年は海の環境《かんきょう》保全の必要性が重視《じゅうし》されているよね。

麗子　それは神奈川県だけでなく，世界的な問題だよね。先日おこなわれた広島《ひろしま》Ｇ７サミットでも，プラスチック汚染対策《おせんたいさく》の連携《れんけい》強化が示されていたよ。

香奈　私《わたし》たちも，身近にできる取り組みからできるといいな。

表　日本の貿易港と輸出入品目の特徴

貿易港	※1 貿易額(%)	※2 おもな輸出品目	※2 おもな輸入品目	港や周辺地域の特徴
成田《なりた》国際空港	21.0	半導体等製造装置《そうち》 科学光学機器 金(非貨幣《かへい》用)	医薬品 通信機 集積回路	日本で最大の輸出入額を誇《ほこ》る貿易港である。小さくて軽く価格が高い製品の輸出が多い。
名古屋港《なごやこう》	10.7	X X 部品 内燃機関	液化ガス 石油 衣類	名古屋港周辺には，愛知県《あいちけん》や三《み》重《え》県《けん》など，工業のさかんな B 工業地帯がある。
東京港《とうきょうこう》	10.3	半導体等製造装置 プラスチック X 部品	衣類 コンピュータ 集積回路	東京港は大量消費地が近いため衣類だけでなく，食料品の輸入も多い。
A	8.2	X X 部品 内燃機関	石油 アルミニウム 有機化合物	周辺地域には工業のさかんな C 工業地帯がある。

※1　財務省《ざいむしょう》貿易統計(2021)より
※2　日本国勢図会《にほんこくせいずえ》 2023/24より

問１　A にあてはまる貿易港を答えなさい。

問２　B，C にあてはまる語句を答えなさい。

問３　a日本の貿易について，誤っているものを，次のア～エの中から一つ選び，記号で答えなさい。

ア　海外から輸入された食料品が増え，日本の食料全体の自給率が低下している。

イ　日本は原料を輸入し，工業製品をつくって輸出するという加工貿易をおこなっていた。

ウ　安い労働力確保のため多くの工場を海外に移したことで，産業の空洞《くうどう》化《か》がおこっている。

エ　1980年代，日本が工業製品をアメリカから大量に輸入したことによって貿易摩擦《まさつ》がおきた。

問４　ｂ貿易品について，次のグラフは表中の X にあてはまる製品の，日本のおもな輸出相手国とその数量の割合《わりあい》をあらわしています。グラフを参考に，X にあてはまる製品を漢字３文字で答えなさい。

おもな輸出相手国と数量の割合(2022年)

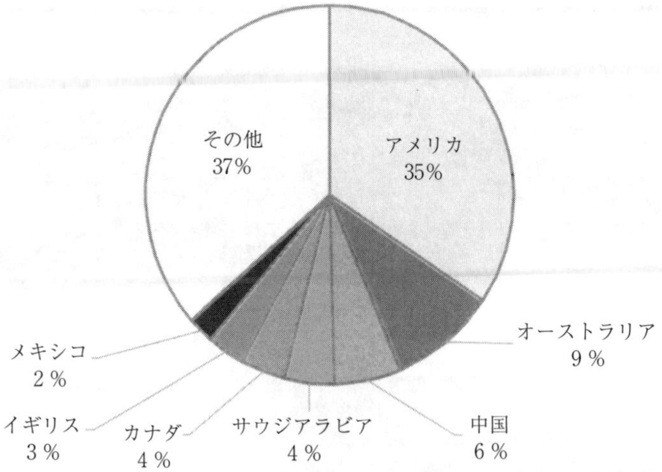

この製品をつくっている会社の団体資料より作成

問５　ｃ製鉄について，誤っているものを，次のア～エの中から一つ選び，記号で答えなさい。

ア　古くはたたらという設備を使い，砂鉄《さてつ》と木炭を原料に鉄をつくり出していた。

イ　明治時代に現在の福岡県北九州市《ふくおかけんきたきゅうしゅうし》に大きな製鉄所である八幡《やはた》製鉄所が完成した。

ウ　製鉄所は，輸入鉱石を用いているため，沿岸部《えんがんぶ》に立地することが多い。

エ　世界の鉄鋼《てっこう》生産量は，かつてさかんであった中国《ちゅうごく》にかわって，現在はインドが第一位である。

問６　ｄ水産について，正しいものを，次のア～エの中から一つ選び，記号で答えなさい。

ア　海の環境に配りょし水産資源《しげん》を守る取り組みの一環《いっかん》として，「海のエコラベル」商品がある。

イ　水産物の消費量について，日本では増加しているが，世界では減少している。

ウ　養殖とは，人間の手で魚や貝のたまごをかえして，川や海に放流し育ててから獲《と》ることをさす。

エ　太平洋側では，四国の沖合《おきあい》に暖流《だんりゅう》と寒流がぶつかる潮目《しおめ》があり，豊かな漁場となっている。

3　次の資料１には，現在の東京都江戸川区《えどがわく》方面から千葉県市川市《ちばけんいちかわし》周辺地域までがえがかれており，左から右に流れるのは現在の江戸川にあたります。また，12～13ページの図Ａ～Ｄは，資料１を拡大《かくだい》したものです。資料を見て，各問に答えなさい。

資料１

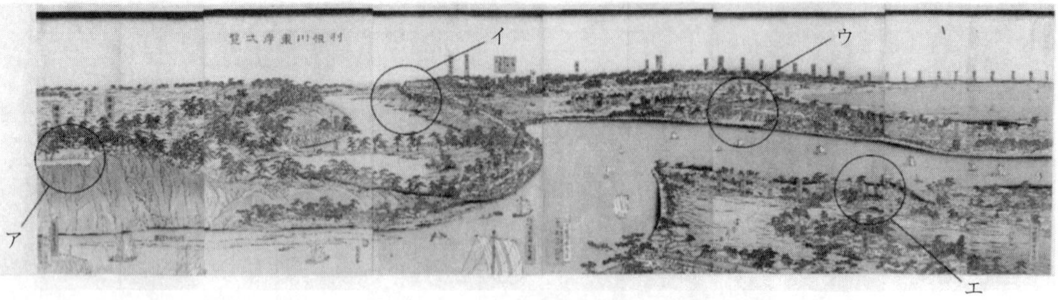

資料２

資料３

問１　資料２と３は，同じ場所をえがいたものです。資料１の中ではどの場所にあてはまりますか，正しいものを資料１のア～エの中から一つ選び，記号で答えなさい。

問２　図Ａに「総念寺《そうねんじ》」と書かれている場所には，もともと国府台《こうのだい》城がありましたが，国府台城は徳川家康《とくがわいえやす》の命令によって廃城《はいじょう》になったといわれています。なぜ家康は国府台城を廃城にしたと考えられますか，次の資料を参考にして説明しなさい。

- 国府台城は台地の上に築かれた城である。
- 山や台地の高い地を利用してつくられた城は，非常に見はらしがよいことが特ちょうの一つである。
- 江戸の大火事のとき，唐沢山《からさわやま》城の城主の佐野氏《さのし》はいち早く江戸にかけつけたが，江戸を見下ろされることを不快に感じた家康は，唐沢山城を取《と》り壊《こわ》すよう命じたという話がある。
- 唐沢山は関東平野の北の端《はし》，平野と山並《やまな》みが接する位置にあり，関東平野を見わたすことができる。

問３　拡大図をみて，この時代の市川周辺地域についての説明として誤っているものを，次のア～エの中から一つ選び，記号で答えなさい。

ア　図Ｂでは，「八幡大神《はちまんおおかみ》」と記されている葛飾八幡宮《かつしかはちまんぐう》の鳥居の近くには，多くののぼりがえがかれていることから，政治演説会が開かれていることがわかる。

イ　図Ｃでは，「塩浜《しおはま》」や「塩家《しおや》」のように塩の字が入る地名がいくつかあり，そのあたりの建物からは煙《けむり》が出ていることから，行徳《ぎょうとく》周辺では塩の生産がおこなわれていたことがわかる。

ウ　図Ｄでは，「笹カ﨑《ささがさき》」の近くには多くの人を乗せた船がえがかれており，対岸の「市川」には「市川渡船《とせん》」とあることから，川の両岸を渡《わた》し舟《ぶね》が行き来していたことがわかる。

エ　図では，「市川」から伸《の》びる道と「弘法寺大門通《ぐほうじだいもんどおり》」がぶつかるあたりには「此《この》辺名物 梨《なし》ノ作り場」とあることから，当時からこのあたりは梨の産地だったことがわかる。

問４　拡大図の「真間山《ままさん》弘法寺」には弘法寺古墳《こふん》があります。弘法寺古墳がつくられた古墳時代の説明として正しいものを，次のア～エの中から一つ選び，記号で答えなさい。

ア　渡来人《とらいじん》によって，はた織りや漢字などが伝えられた。

イ　米づくりが伝えられ，九州地方から東北《とうほく》地方までの各地に広がった。

ウ　仏教が政治にも取り入れられ，法隆寺《ほうりゅうじ》など数多くの寺院も建てられた。

エ　焼き物の技術者が連れてこられ，有田焼《ありたやき》などの焼き物づくりがさかんになった。

問５　資料３をえがいたのは，この時代の代表的な浮世絵《うきよえ》師です。この時代の浮世絵師として正しいものを次のア～エの中から一つ選び，記号で答えなさい。

ア　雪舟《せっしゅう》　　イ　清少納言《せいしょうなごん》　　ウ　近松門左衛門《ちかまつもんざえもん》　　エ　歌川広重《うたがわひろしげ》

問６　市川の歴史について，次のア～エの文を古いものから並《なら》べかえたとき，３番目にくるものはどれですか，ア～エの中から一つ選び，記号で答えなさい。

ア　応仁《おうにん》の乱《らん》で戦国の世が始まり，「国府台」の地で里見氏《さとみし》や北条氏《ほうじょうし》が戦った。

イ　「手子女大明神《てこなだいみょうじん》」にまつわる伝説をもとに和歌がよまれ，万葉集にのせられた。

ウ　五街道《ごかいどう》を中心に街道《かいどう》が整備され，街道沿《ぞ》いに「伊勢宿《いせじゅく》」のような宿場ができた。

エ　石橋山《いしばしやま》での戦いに敗れた源頼朝《みなもとのよりとも》が，「八幡大神」で必勝祈願《きがん》をした。

資料１の拡大図

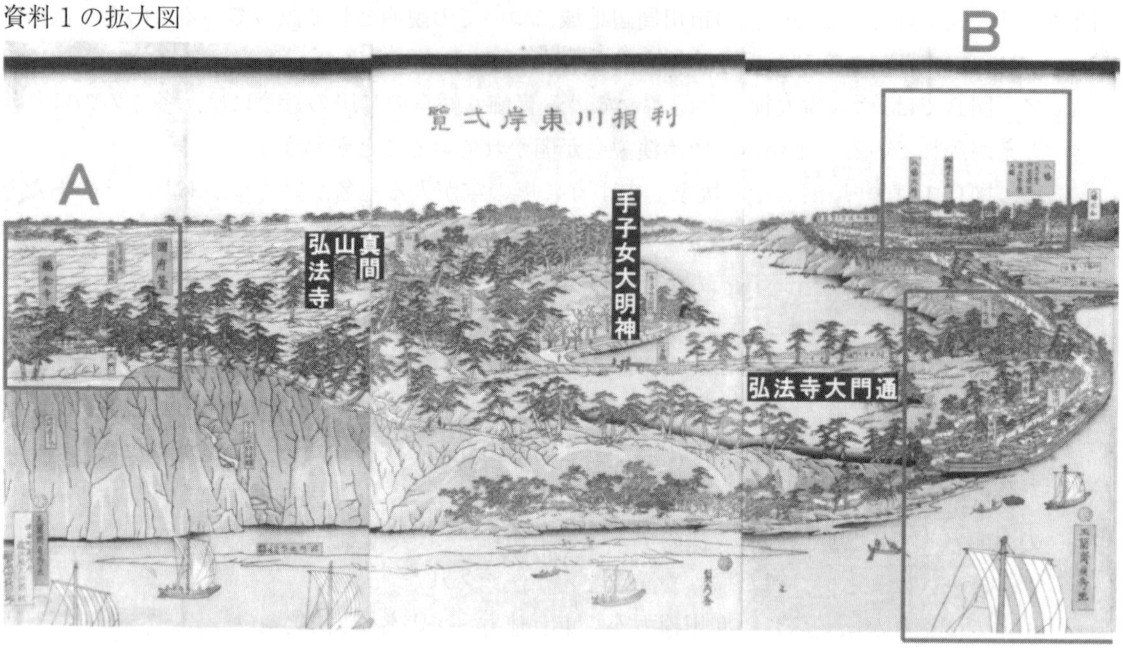
B
利根川東岸弌覧
A
真間山弘法寺
手子女大明神
弘法寺大門通

B

八幡大神
八幡大神
御神木千本
八幡
八月十五日
御祭禮宵中
市立繁榮
之圖

A

國府臺
国府台
總念寺
総念寺
大門

C

二子
本郷
山野
西海神
原木
塩家
塩家
塩濱
塩浜
本行徳

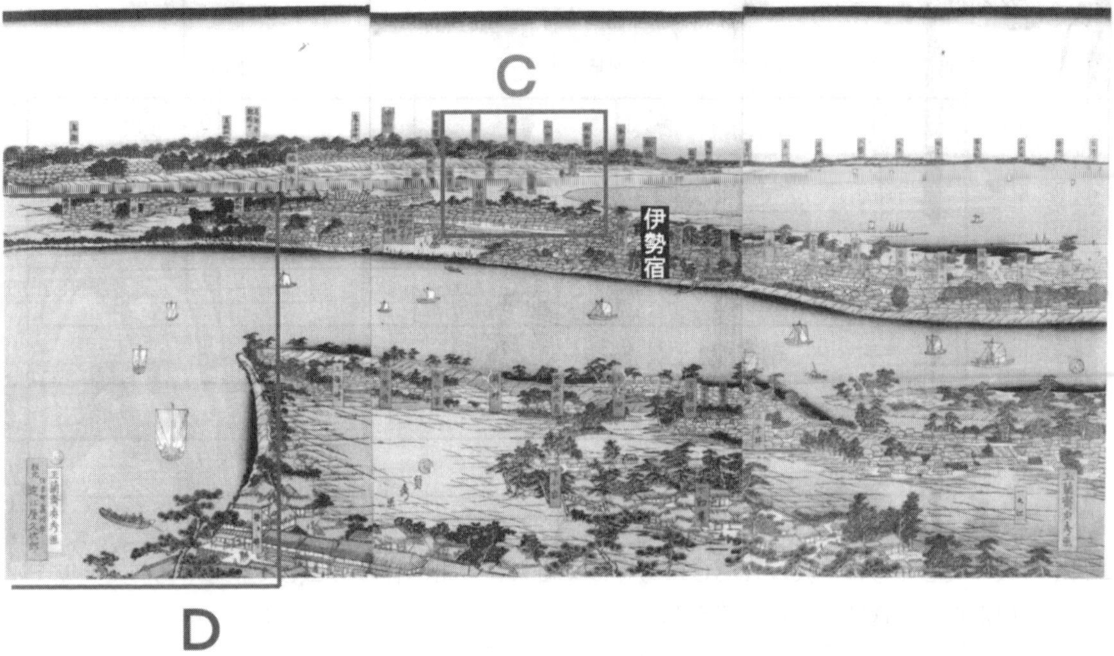
C
伊勢宿
D

D

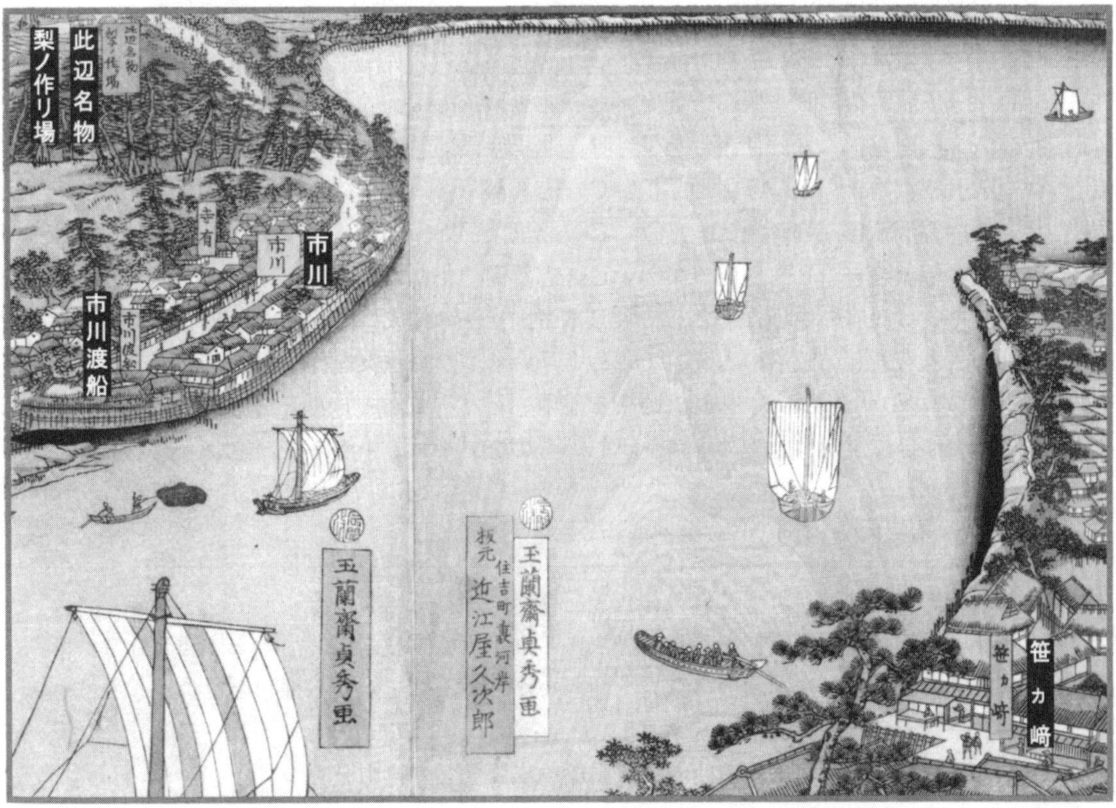
此辺名物
梨ノ作り場
市川
市川
市川渡船
玉蘭斎貞秀画
玉蘭斎貞秀画
板元
住吉町裏河岸
近江屋久次郎
笹ヵ崎

4　次の表は，1950年以降《いこう》にお札の表面に使われた人物や建物をまとめたものです。この表をみて，各問に答えなさい。

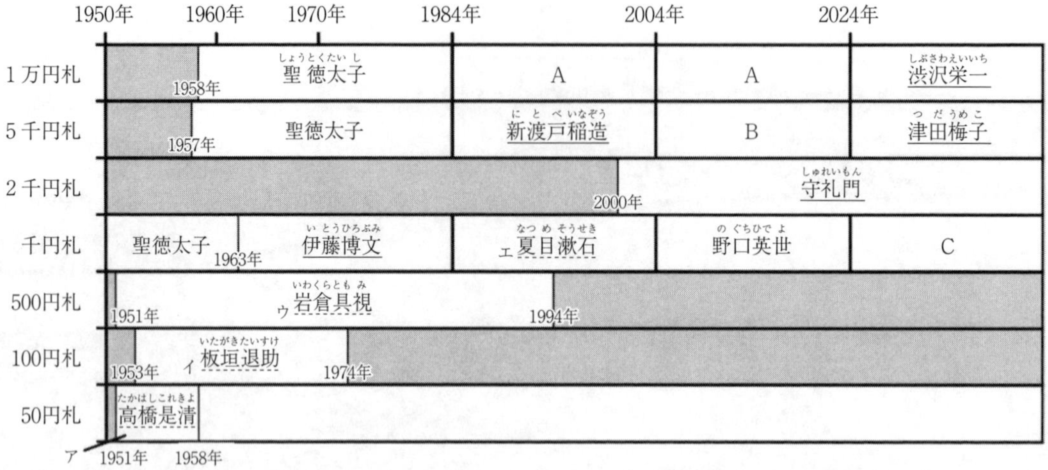

問１　次の文を参考に，表のA～Cにあてはまる人物の組み合わせとして正しいものを，ア～カの中から一つ選び，記号で答えなさい。

Aの人物は，「学問のすゝ《(す)》め」を書き，慶應《けいおう》義塾《ぎじゅく》を創設《そうせつ》しました。
Bの人物は，「たけくらべ」を書き，女流作家としての地位を確立しました。
Cの人物は，破傷風《はしょうふう》の治療《ちりょう》のしかたを発見し，のちに研究所をつくりました。

ア　A―大隈重信《おおくましげのぶ》　B―与謝野晶子《よさのあきこ》　C―志賀潔《しがきよし》
イ　A―大隈重信　B―樋口一葉《ひぐちいちよう》　C―北里柴三郎《きたさとしばさぶろう》
ウ　A―大隈重信　B―与謝野晶子　C―北里柴三郎
エ　A―福沢諭吉《ふくざわゆきち》　B―与謝野晶子　C―志賀潔
オ　A―福沢諭吉　B―樋口一葉　C―北里柴三郎
カ　A―福沢諭吉　B―樋口一葉　C―志賀潔

問２　伊藤博文は政府の中心人物として大日本帝国憲法《ていこくけんぽう》の作成に力をつくしました。その一方で，民間の人々も新しい政治のあり方を求めて，いくつか憲法案を作成しました。その一つが，五日市《いつかいち》(現在の東京都あきる野《の》市)の人々が中心となって作成した五日市憲法です。それぞれの資料について説明した文のうち，正しいものをア～エの中から一つ選び，記号で答えなさい。

大日本帝国憲法のおもな内容(一部要約)

第３条	天皇《てんのう》は神のように尊《とうと》い存在《そんざい》であり，けがしてはならない
第４条	天皇は国の元首であり，憲法にしたがって国や国民を治める権利《けんり》をもつ
第５条	天皇は，帝国議会の意見を聞きながら，法律《ほうりつ》を定める権利をもつ
第11条	天皇は，陸海軍を統率《とうそつ》する
第29条	国民は，法律の範囲内《はんいない》で，言論《げんろん》や出版などの自由をもつ

五日市憲法のおもな内容(一部要約)

第18条　天皇は神のように尊い存在であり，けがしてはならない
第45条　国民は，各自の権利と自由を達成しなければならず，国の法律はこれを保護しなければならない
第47条　国民はすべて，階級にとらわれず，法律の前では平等の権利をもつ
第51条　国民は，法律の範囲内で，あらかじめ検閲を受けることなく，言論や出版などの自由をもつ

ア　大日本帝国憲法では，天皇は国の元首であるが，統治権《とうちけん》はもたない。
イ　大日本帝国憲法では，法律を定めることができるのは帝国議会である。
ウ　五日市憲法では，国民は法律の前に平等であるが，権利と自由は保護されていない。
エ　大日本帝国憲法と五日市憲法はどちらも，言論や出版の自由を認《みと》めている。

問３　新渡戸稲造は，国際社会の発展《はってん》のために力をつくした人物です。新渡戸稲造が事務局次官(事務次長)を務めた，国際社会の平和と安全を守るためにつくられた組織を何といいますか，漢字４文字で答えなさい。

問４　守礼門は，沖縄にある首里城《しゅりじょう》の入口に立つ門です。近代以降の沖縄に関して説明したⅠ，Ⅱの各文が正しいかどうかの組み合わせを，ア～エの中から一つ選び，記号で答えなさい。

Ⅰ　明治政府は，長州藩《ちょうしゅうはん》の支配をうけていた琉球《りゅうきゅう》王国を，軍隊と警察《けいさつ》を動員し日本に統合しました。
Ⅱ　太平洋戦争では，女子生徒たちが「ひめゆり学徒隊」として負傷兵《ふしょうへい》の看護《かんご》などにあたりました。

ア　Ⅰ―正しい　Ⅱ―正しい　　イ　Ⅰ―正しい　Ⅱ―誤っている
ウ　Ⅰ―誤っている　Ⅱ―正しい　　エ　Ⅰ―誤っている　Ⅱ―誤っている

問５　渋沢栄一(1840～1931)は，日本の産業の発展に力をつくした人物であり，江戸時代から昭和時代までの約90年間を生きました。次のａ～ｄのできごとは，渋沢栄一の生きた江戸時代から昭和時代の日本の産業について説明したものです。これらを古い順に並べかえたものを，ア～エの中から一つ選び，記号で答えなさい。

ａ　富岡製糸場《とみおかせいしじょう》などの官営工場がつくられ，外国から技術者が雇《やと》われました。
ｂ　備中《びっちゅう》ぐわや千歯こきなどの新しい農具が普及《ふきゅう》し，農業生産力が高まりました。
ｃ　第一次世界大戦のえいきょうで輸出が増えて，好景気をむかえました。
ｄ　高度経済《けいざい》成長をむかえ産業が発展した一方，公害などの社会問題も増えました。

ア　ａ→ｂ→ｃ→ｄ　　イ　ｂ→ａ→ｃ→ｄ
ウ　ａ→ｂ→ｄ→ｃ　　エ　ｂ→ａ→ｄ→ｃ

問６　津田梅子は，日本で最初の女子留学生として，ある使節団に参加し，10年以上アメリカで教育を受けました。この使節団の全権《ぜんけん》大使を，表中のア高橋是清，イ板垣退助，ウ岩倉具視，エ夏目漱石の中から一つ選び，記号で答えなさい。

5　次の文を読み，各問に答えなさい。

香奈さんのクラスは，学園祭で市川市の特産品を販売《はんばい》しました。

香奈　たくさんのお客さんが買いに来てくれてうれしかったな。また来年もやりたいね。

寛子《ひろこ》　それなら，今回の利益をとっておいて来年の学園祭に役立てるといいんじゃないかな。

麗子　それはいいね。でも今回は市川市のたくさんの方々に助けてもらいながら成功したでしょ。だから協力してくださった方々に何かお返ししてもいいと思うな。

香奈　私は，私たちがんばった利益だから，私たちで分け合えばいいと思っていたよ。

お金の使い方を話し合って決めるって難《むずか》しいね。いろいろな意見が出てくると悩《なや》んじゃうよ。

寛子　国の税金の使い方を決めるのは，もっと難しそうだよね。

麗子　それは国会の仕事だね。私たちが選挙で投票するときは，税金をよりよく使ってくれる人を選びたいよね。

香奈　そういえば，大人になると裁判所《さいばんしょ》の裁判に参加することもあるでしょ。選挙で誰《だれ》に投票するか，裁判の判決をどうするか，自信をもって決められるようになりたいな。

後日，香奈さんのクラスは学園祭の利益をどうするかについて話し合いを始めました。

まずは，全員が自分の希望を１位から３位まで出してみました。

その結果，次の表の通り，回答が３通りに分かれました。

学園祭の利益について　クラス30人の考え

希望	13人	11人	6人
1位	クラスのみんなで分ける	来年の学園祭まで貯金する	特産品の生産者にお礼する
2位	来年の学園祭まで貯金する	特産品の生産者にお礼する	来年の学園祭まで貯金する
3位	特産品の生産者にお礼する	クラスのみんなで分ける	クラスのみんなで分ける

香奈　「クラスのみんなで分ける」を１位にした人が一番多いから，学園祭の利益はみんなで分け合うことで決まりだね。

麗子　ちょっと待って。

確かに「クラスのみんなで分ける」を１位にあげた人は多いけれど

［　　　A　　　］。

だから「クラスのみんなで分ける」に決定してしまうのは正しいといえるのかな。

表を見ながら意見を出し合いましたが，なかなか決まりません。

とりあえず，話し合いはまた別の日におこなうことにして，それまで一人一人が考えてくることにしました。

香奈　みんなで話し合うって大事なことだけど，話し合いの決め方も重要だな。決め方が変われば決定される内容も変わるんだね。

問１　税金の使い方を決めるなかで国会の仕事とはいえないものを，次のア～エの中から一つ選び，記号で答えなさい。

ア　少数の委員で組織された予算委員会に大臣のほぼ全員が出席したなかで話し合う。

イ　それぞれの省庁《しょうちょう》が必要としている資金の計画をもとに予算を作成する。

ウ　予算計画にかかわる人や専門《せんもん》知識をもっている人から意見を聴《き》くために公聴会《こうちょうかい》を開く。

エ　委員会で審議《しんぎ》された予算案を本会議において多数決で決める。

問２　選挙について，平成27年(2015年)の法改正により選挙権年齢《ねんれい》が満18歳《さい》以上に引き下げられました。これについてふさわしくないものを，次のア～エの中から一つ選び，記号で答えなさい。

ア　自分が住んでいる市の市長の選挙権年齢も引き下げられた。

イ　若《わか》い人たちの意見が政治にいかされることが期待された。

ウ　投票率が法律の改正前よりも２倍に上昇《じょうしょう》した。

エ　中高生の政治意識をより高めていくための学校教育が必要となった。

問３　裁判所について次の文を読み，各問に答えなさい。

最高裁判所など多くの裁判所では，法の女神《めがみ》テミスの石像が飾《かざ》られています。テミス像が手に持つ天秤《てんびん》は「公平，平等」を，剣《けん》は「正義を実現するという強い意思」を表現しています。

これは，「公平」と「正義」をもって法に従《したが》い［　　　］を守るという裁判所の役割を示しています。

(1)　文中の［　　］にあてはまる言葉を５文字以上で答えなさい。

(2)　「［　　　］を守る」ために裁判所がおこなっていることを，次のア～エの中から一つ選び，記号で答えなさい。

ア　弾劾《だんがい》裁判所を設置して裁判をおこなう。

イ　内閣《ないかく》を信任しないことを決定する。

ウ　最高裁判所裁判官がふさわしい人物か審査《しんさ》する。

エ　法律が憲法に反していないかを調べる。

問４　クラス30人の考えの表をみながら，各問に答えなさい。

(1)　会話文中の麗子さんの言葉の空欄《くうらん》にあてはまる文を考えて書きなさい。

確かに「クラスのみんなで分ける」を１位にあげた人は多いけれど

［　　　　　A　　　　　］。

だから「クラスのみんなで分ける」に決定してしまうのは正しいといえるのかな。

(2)　あなたが香奈さんのクラスの一員であるとしましょう。クラスの30人の考えをふまえて多くの人が納得《なっとく》できる決定をするために，あなたならどのような提案をしますか。

【理　科】〈第１回試験〉（30分）〈満点：60点〉

〈編集部注：実物の入試問題では，**3**の図はカラー印刷です。〉

1　野生のトノサマバッタは生活のしかたのちがいによって見た目が変化し，緑色のトノサマバッタと黒色のトノサマバッタの２種類に分けることができます。

そのことについて説明した次の文章を読んで，あとの問いに答えなさい。

緑色のトノサマバッタは，集団にならずに１匹《ぴき》(頭)で生活しています。黒色のトノサマバッタは集団で生活しており，緑色のトノサマバッタと比べて前ばねが長く，後あしが短いことが特ちょうです。

トノサマバッタの見た目には密度(生活面積あたりのトノサマバッタの数)が関係しており，密度が１m^2あたり0.1～１匹の場合は緑色に，１m^2あたり10～50匹の場合は黒色になります。

トノサマバッタはイネやススキなどの植物をえさとしてよく食べています。黒色のトノサマバッタが大量に発生すると，黒色のトノサマバッタは農作物を一気に食べつくしてしまいます。このことを蝗害《こうがい》といい，アジアやアフリカなどで大きな社会問題になっています。

問１　トノサマバッタは移動をするために，からだにあしが生えています。緑色のトノサマバッタを横から見たときのあしのようすとして正しいものはどれですか。黒色のトノサマバッタをふくむ次のア～エの図から１つ選び，記号で答えなさい。

ア　　イ　　ウ　　エ

問２　トノサマバッタは幼虫から成虫に成長する過程で，さなぎにはなりません。このような昆《こん》虫の成長のしかたを何というか答えなさい。

問３　１匹で生活するトノサマバッタのからだの色は，生きていくうえで有利にはたらく点があります。どのように有利にはたらくか説明しなさい。

問４　地域Ａ～Ｄでトノサマバッタの数を調べて表にまとめました。それぞれの地域では，緑色または黒色のトノサマバッタのどちらか１種類のみが生息しています。緑色のトノサマバッタが観察できる地域はどれですか。Ａ～Ｄから１つ選び，記号で答えなさい。

地域	地域の面積(km^2)	トノサマバッタの数(匹)
A	0.05	1500000
B	0.1	2000000
C	5	5000000
D	10	100000000

問５　ある地域Ｅ(面積100km^2)では，100m^2あたり30kgのイネを育てています。黒色のトノサマバッタが地域Ｅで大量に発生し，その密度が１m^2あたり100匹とすると，すべてのイネを食べつくすまでに何日かかりますか。ただし，トノサマバッタ１匹が１日で食べるイネの質量を0.5ｇとします。

2 水よう液についての洋子さんと先生の会話文を読み，あとの問いに答えなさい。

洋子：この前の日曜日に母と料理をしました。パスタをゆでたのですが，お湯の中に食塩を入れたとき，食塩がとけて見えなくなりました。不思議だなと思いました。

先生：①食塩を水にとかすことで食塩水になり，見えなくなってしまうのは不思議ですね。食塩水を，水と食塩に分けることもできましたね。

洋子：水よう液は，②ろ過をしたり蒸発させたりすることで分けられることを，授業で勉強しました。

先生：水よう液を，性質のちがいにより分類する実験もしましたね。

洋子：リトマス紙を使って，酸性・中性・アルカリ性の３つに分類する実験をしました。③酸性の水よう液は青いリトマス紙を赤色に，アルカリ性の水よう液は赤いリトマス紙を青色に変えました。リトマス紙の色の変化以外にも，酸性とアルカリ性の水よう液にはどのような性質があるのですか。

先生：酸性の水よう液には酸味が，アルカリ性の水よう液には苦味があります。また，④酸性とアルカリ性の水よう液ではそれぞれ金属を入れたときの反応にもちがいが見られます。

洋子：酸性とアルカリ性の水よう液には，さまざまな性質があるのですね。

先生：酸性とアルカリ性の水よう液を混ぜ合わせると，それぞれの性質が弱くなります。これは酸性とアルカリ性がおたがいの性質を打ち消し合うからです。この反応を中和といいます。水よう液の量や濃《こ》さなどを調節する必要はありますが，⑤酸性とアルカリ性の水よう液を混ぜ合わせることで中性の水よう液を作ることができます。

洋子：中和させる実験をしてみたいです。

先生：興味を持ったことを探究することは良いことです。薬品を用意していっしょに実験してみましょう。

問１　下線部①について，食塩と同様に水にとかすことができるものはどれですか。次のア～オから**すべて選び**，記号で答えなさい。

ア　砂糖　　イ　ホウ酸

ウ　油　　　エ　砂

オ　ミョウバン

問２　下線部②について，でんぷんの粉に食塩が混ざったものからでんぷんと食塩を別々に取り出す実験をしました。この手順を示した次の文中の空らん［A］～［D］に当てはまる言葉の組み合わせはどれですか。下表のア～エから選び，記号で答えなさい。

まず，２つが混ざったものを水に入れ，かき混ぜる。

次に，［A］によって［B］だけを取り出す。

最後に，残った水よう液を［C］て［D］を取り出す。

	A	B	C	D
ア	ろ過	食塩	蒸発させ	でんぷん
イ	ろ過	でんぷん	蒸発させ	食塩
ウ	蒸発	食塩	ろ過し	でんぷん
エ	蒸発	でんぷん	ろ過し	食塩

問３　下線部③について，リトマス紙のように水よう液が酸性かアルカリ性かを調べるために用いる薬品はどれですか。次のア～オから**すべて選び**，記号で答えなさい。

ア　石灰水　　　　イ　ヨウ素液　　　ウ　BTBよう液

エ　ベネジクト液　オ　むらさきキャベツ液

問４　下線部④について，２種類の水よう液に鉄とアルミニウムを入れて十分に時間をかけて反応させる実験をしました。実験の結果，あわを出してとけるものには○，とけないものには×を解答用紙の表に書き入れなさい。

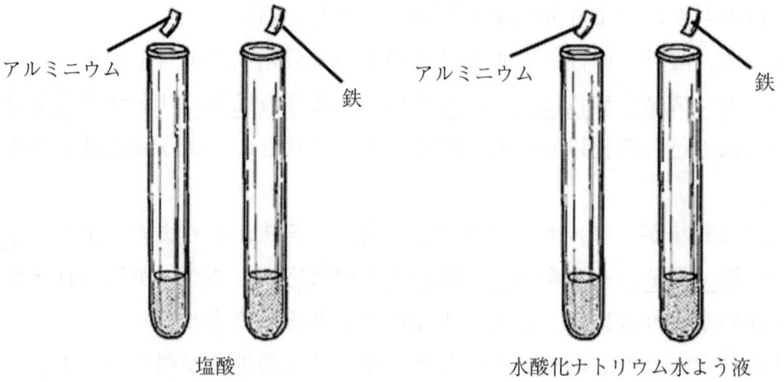

問５　下線部⑤について，濃さがちがう塩酸Ｘ・Ｙをそれぞれ水酸化ナトリウム水よう液と混ぜて中性にする実験を行いました。下図は中性にしたときの塩酸と水酸化ナトリウム水よう液の体積の関係を表したものです。塩酸Ｘの濃さは，塩酸Ｙの濃さの何倍ですか。ただし，水酸化ナトリウム水よう液の濃さは実験ごとに変えないものとします。

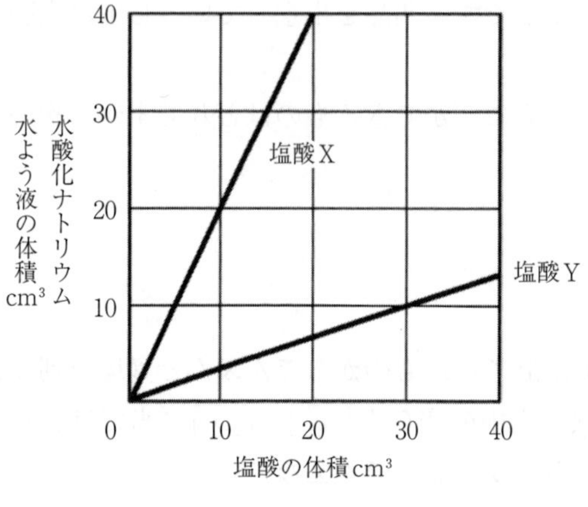

3　燃焼に関する［実験］と［記事］について，あとの問いに答えなさい。

［実験］　長さをそろえた割りばしを３本用意し，それぞれを鉄の皿の上にのせ火をつける実験を行いました。実験の操作ごとに炎《ほのお》が消えるまでの時間を比べました。

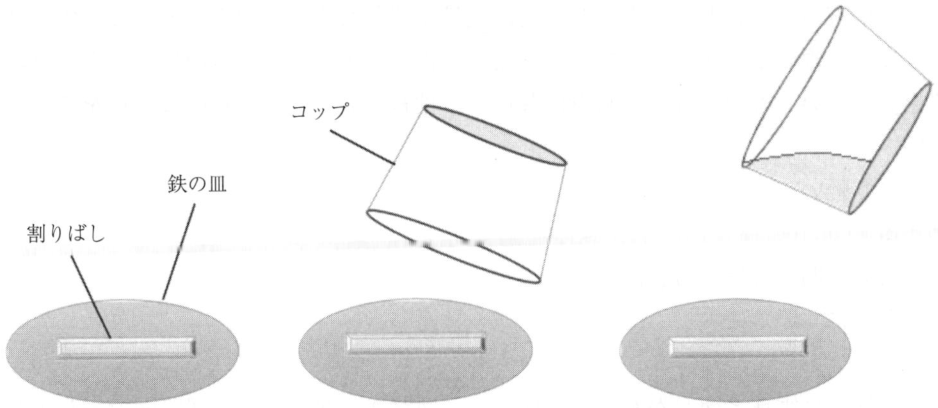

操作1
火をつけて
しばらく放置しました。

操作2
火をつけてすぐに
コップをかぶせました。

操作3
火をつけてすぐに
水をかけました。

問1　操作1と操作2の結果を比べると，炎が消えるまでの時間が異なりました。この実験で炎がはやく消えるのは操作1と操作2のどちらですか。理由と共に，正しいものを次のア～カから1つ選び，記号で答えなさい。

ア　割りばしがはやく冷えたため，操作1の方がはやく炎が消えた。
イ　割りばしがもえつきたため，操作1の方がはやく炎が消えた。
ウ　割りばしのまわりの酸素が少なくなったため，操作1の方がはやく炎が消えた。
エ　割りばしがはやく冷えたため，操作2の方がはやく炎が消えた。
オ　割りばしがもえつきたため，操作2の方がはやく炎が消えた。
カ　割りばしのまわりの酸素が少なくなったため，操作2の方がはやく炎が消えた。

問2　操作3では，水をかけたことで割りばしの炎がすぐに消えました。その理由として**正しくないもの**はどれですか。次のア～ウから1つ選び，記号で答えなさい。

ア　水によって冷えたため。
イ　水によって二酸化炭素が発生したため。
ウ　まわりの酸素が少なくなったため。

［記事］　2021年3月25日，千葉県千葉市にあるグラウンドにおいて新小型固体ロケット2機の打上げ実験が行われました。今までの燃料は，固体の燃料で金属などが使われていました。この新小型ロケットには，新しく開発された宇宙をよごさないクリーンな固体の燃料が使われています。今後，①宇宙ゴミを発生させないクリーンな燃料が様々な場面で求められています。また，ロケットの燃料は液体の燃料もあります。水素と酸素を液体にした燃料です。この燃料は宇宙でも燃やすことができます。②気体にした水素と酸素を混ぜて燃やすと，とてもよく燃え，ロケットを飛ばすことができます。

問3　下線部①にある宇宙ゴミはカタカナで表現されます。「スペース」のあとに続く言葉はどれですか。次のア～エから1つ選び，記号で答えなさい。

ア　フラグメント　　イ　トラッシュ
ウ　デブリ　　　　　エ　ガーベージ

問4　下線部②のように，宇宙で水素が燃えるとできるものは何ですか。漢字一文字で答えなさい。

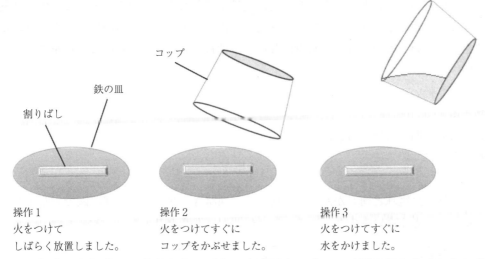

問5　ロケットの液体の燃料として水素と酸素は大量に使われます。次の1～4は気体の性質を表しています。次の1～4について，水素だけの性質を表しているものにはAを，酸素だけの性質を表しているものにはB，両方に共通する性質を表しているものにはCをそれぞれ答えなさい。

1　空気より軽い

2　燃える

3　燃えるのを助けるはたらきがある

4　水にとけにくい

4　いくつかの同じ豆電球と同じかん電池を使って，回路A～Fを作り，回路図で表しました。どう線の抵抗《ていこう》は，考えないものとします。あとの問いに答えなさい。

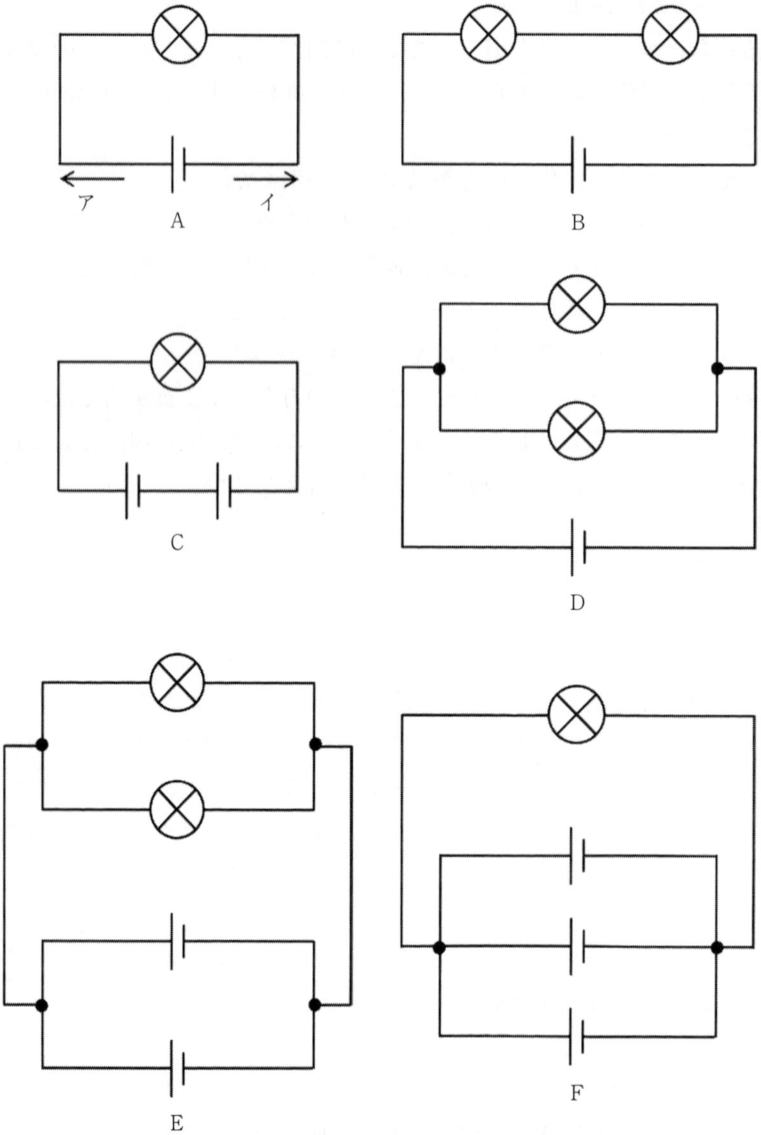

問1　回路Aで，電流の流れる向きはどちらですか。ア・イから選び，記号で答えなさい。

問２　回路Ａで，豆電球を流れる電流の大きさを１とします。回路Ｂで，豆電球１個を流れる電流の大きさはいくらですか。次のア～オから１つ選び，記号で答えなさい。

ア　0　　イ　0.5　　ウ　1　　エ　1.5　　オ　2

問３　豆電球１個の明るさが回路Ａと同じものはどれですか。回路Ｂ～Ｆから**すべて選び**，記号で答えなさい。

問４　豆電球１個の明るさが最も明るいのはどれですか。回路Ａ～Ｆから１つ選び，記号で答えなさい。

問５　豆電球の点灯が最も長く続くのはどれですか。回路Ａ～Ｆから１つ選び，記号で答えなさい。

5　洋子さんと父親の会話文を読み，あとの問いに答えなさい。

洋子：最近寒い日が続くわね。ところで，植物も暑いとか寒いとか感じるのかな。

父親：植物もまわりの環境《かんきょう》の変化を感じ取っているんだよ。しかも，変化を感じ取るだけではなく，自分のからだを季節や時間などに合わせてふさわしい状態へと変化させているんだよ。

洋子：例えば，どういうこと？

父親：アサガオの種子《しゅし》をふくろに入れていても芽は出ないよね。でも，春にアサガオの種を土にまき，水をあたえるとどうなると思う？

洋子：それ，小学校でやったよ。芽が出て，大きくなって夏に花がさいた！

父親：そうだね。

洋子：わかった。アサガオなどの植物は，温度や水分や光などの変化を感じ取って，反応するしくみを備えているんだね。

父親：そうそう。光についてくわしく話をしよう。植物は光を使って(1)光合成をするよね。光の量や光の色も大きく関係しているんだよ。森の中では，背の高い木が光を使ってしまうので地面近くまで届く光は少なくなってしまう。だから地面では植物は工夫が必要なんだ。

洋子：確かに，森の中でハイキングをすると日陰《ひかげ》ですずしいよね。

父親：調べると，『植物の葉は赤色光の大部分を吸収し利用するが，遠赤色光はあまり吸収せず利用しない』と書いてあるね。赤色光と遠赤色光は一見どちらも似たような赤だけれども，ちがう色の光なんだ。森林の上の方では赤色光も，遠赤色光もある。森林の地面近くでは，遠赤色光はあるけれど，赤色光はないんだよ。ちょうど，お姉ちゃんが２種類の光のちがいによる植物の反応のちがいを大学で研究しているよ。

洋子さんは発芽に興味を持ち，大学生の姉がレタスの種子を用いて赤色光と遠赤色光を一定時間交互《こうご》に当てて(2)発芽するかを調べる実験を行ったレポートを見せてもらいました。

姉の実験レポート

［実験］

実験	光の当て方	発芽
①	赤色光	する
②	遠赤色光	しない
③	遠赤色光→赤色光	する
④	赤色光→遠赤色光	しない
⑤	赤色光→遠赤色光→赤色光	する
⑥	赤色光→遠赤色光→赤色光→遠赤色光	しない
⑦	赤色光→遠赤色光→赤色光→遠赤色光→赤色光	する
⑧	赤色光→遠赤色光→赤色光→遠赤色光→赤色光→遠赤色光	しない
⑨	遠赤色光→赤色光→遠赤色光→赤色光→遠赤色光→赤色光	する

［実験結果］ ①～⑨の実験より，赤色光と遠赤色光を当てた回数は［　A　］。
また，最後に当てた光が［　B　］であると発芽することがわかった。

問1　下線部(1)について，植物が光合成をしてつくるものは何ですか。それは，ヨウ素液で色が変わる性質があります。

問2　光合成で作られたものは，どこを通って運ばれますか。管の名前を答えなさい。

問3　下線部(2)について，発芽に**必要でないもの**はどれですか。次のア～エから1つ選び，記号で答えなさい。

ア　肥料　　イ　酸素　　ウ　適温　　エ　水

問4　実験結果の空らん［A］・［B］に当てはまる文と語句の組み合わせとして正しいものはどれですか。次のア～カから選び，記号で答えなさい。

	A	B
ア	赤色光が多い方が発芽する	赤色光
イ	赤色光が多い方が発芽する	遠赤色光
ウ	遠赤色光が多い方が発芽する	赤色光
エ	遠赤色光が多い方が発芽する	遠赤色光
オ	無関係である	赤色光
カ	無関係である	遠赤色光

問5　「最後に当てた光が［　B　］であると発芽する」という性質は，この植物にとってどのような利点がありますか。

6 地球とエネルギーに関する文を読み，あとの問いに答えなさい。

下図は，地球が受け取ったり放出《ほうしゅつ》したりするエネルギーの１年間での平均的な流れを表現したものです。図中のＡ～Ｈはそれぞれ「大気圏《たいきけん》外」「大気と雲」「地表」の間でやり取りされるエネルギーの移動の向きと大きさを表しています。

Ａは太陽からのエネルギーのうちで「地表」に届くエネルギーを表しています。

ＢはＡの内，「地表」に吸収されずに反射されるエネルギーを表しています。

Ｃは「地表」まで届かず，「大気と雲」まで届くエネルギーを表しています。

ＤはＣの内，「大気と雲」で反射されるエネルギーを表しています。

Ｅは「大気と雲」から「地表」へもたらすエネルギーを表しています。

Ｆは「大気と雲」から「大気圏外」へ放出されるエネルギーを表しています。

Ｇは「地表」から放出され「大気と雲」に吸収されるエネルギーを表しています。

Ｈは「地表」から直接「大気圏外」へ放出されるエネルギーを表しています。

それぞれの数値は，１年間に太陽が地球にもたらすエネルギーの大きさ(Ａ＋Ｃ)を100としたときの比で表しています。

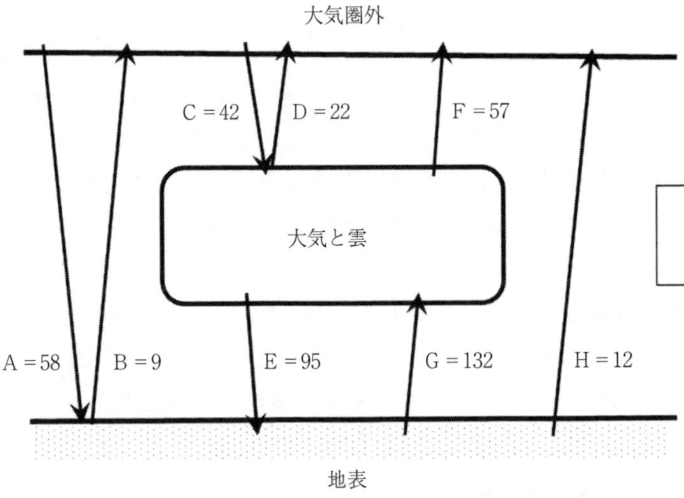

大気が存在するはんいを
大気圏といいます。

問１　次の文中の空らん [a] ～ [c] に当てはまる数字はどれですか。下のア～クからそれぞれ選び，記号で答えなさい。

> 太陽がもたらすエネルギー(A＋C＝100)のうち一部は「大気と雲」によって反射・吸収されて，約58％だけが直接「地表」に届くことが分かります。その直接「地表」に届くエネルギーは，一部が反射されるので，太陽からのエネルギーのうち約 [a] ％だけが「地表」に吸収されるエネルギーになります。
>
> 「地表」に吸収されるエネルギーのうち，「大気圏外」から直接受け取るエネルギーは約 [b] ％だけになります。
>
> 一方，「大気と雲」が「大気圏外」から受け取るエネルギー(C＝42)に対して，「大気と雲」が「地表」へもたらすエネルギー(E＝95)は２倍以上もあることから，「大気と雲」は常にたくさんのエネルギーをたくわえていることが予想できます。
>
> 夜になると図中Aのエネルギーはほぼ0《ゼロ》になりますが，「地表」の気温は大気のない月と比べると大きくは低下しません。
>
> これは，「地表」から放出されたエネルギーのうち約 [c] ％が「大気と雲」への放出であり「大気と雲」にエネルギーがたまっているからです。

ア　15　　イ　27　　ウ　34　　エ　49　　オ　53　　カ　66　　キ　71　　ク　92

問２　「大気と雲」が吸収するエネルギーと放出するエネルギーは，つり合っています。このとき「大気と雲」の温度が保たれる関係はC＋G＝D＋E＋Fという式で表すことができます。地球の平均気温は約15℃と言われますが，地表面の温度が約15℃に保たれるための関係を，図中のA～Hのうち必要なものを用いて式で表しなさい。

問３　近年問題となっている地球の温暖化現象は，エネルギーの移動についてどのように変化したためにもたらされたものと考えられますか。次のア～エから１つ選び，記号で答えなさい。

ア　地球が太陽から受け取るエネルギー(A＋C)が大きくなり地球全体の温度が上昇《じょうしょう》したから。

イ　「地表」から「大気圏外」に直接放出するエネルギーの量(H)が小さくなったから。

ウ　「地表」と「大気と雲」の間でより多量のエネルギーが移動するようになったから。

エ　「大気と雲」が多量のエネルギーをためられるようになったから。

【英　語】〈第１回試験〉（40分）〈満点：100点〉

注意　リスニング問題の放送は試験開始３分後に始まります。

《リスニング問題》

1　(1)～(4)の英文を聞き，それぞれの問いの答えを表す絵として最も適切なものを，あ～う の中から１つ選びなさい。

(1)　女の子は何をしていますか。

あ.

い.

う.

(2)　子どもたちが最初にすることは何ですか。

あ.

い.

う.

(3)　市川フラワーガーデンでしてはいけないことは何ですか。

あ.

い.

う.

(4)　女の子はなぜ悲しんでいるのですか。

あ.

い.

う.

2 (1)~(5)の対話を聞き，その最後の文に対する応答として最も適切なものを，あ～う の中から1つ選びなさい。

(1) あ．At the library.
い．Australia.
う．From three o'clock.

(2) あ．Yes, I am.
い．It is like a pencil case.
う．Of course, I love it.

(3) あ．No, I don't like it.
い．I'd like a blue one.
う．I'd like a smaller one.

(4) あ．Once a week.
い．Next week.
う．Last week.

(5) あ．About 5 minutes.
い．About 100 meters.
う．About 10 o'clock.

3 (1)~(5)の英文を聞き，その後に放送される質問に対する答えとして最も適切なものを，あ～う の中から1つ選びなさい。

(1) あ．At 5:30.
い．At 6:00.
う．At 7:30.

(2) あ．The father and the sister.
い．The mother and the brother.
う．The brother and the sister.

(3) あ．An apple.
い．Some sugar.
う．Eggs.

(4) あ．On Tuesdays.
い．On Thursdays.
う．On Saturdays.

(5) あ．She can enjoy shopping with friends.
い．She can enjoy the fireworks.
う．She can wear a colorful *yukata*.

※＜**リスニング問題放送原稿**＞は英語の問題の終わりに付けてあります。

《リーディング問題》

4　以下は雪まつりのポスターです。これを見て，(1)〜(4)の問いに対する答えとして最も適切なものを，あ〜う の中から１つ選びなさい。

Snow Festival

Let's enjoy the snow!

Time	Event	Place
10 a.m. – 4 p.m.	**Make a snowman** You need gloves. If you want to make a big one, our staff will help you.	Central Park
11 a.m. – 5 p.m.	**Drink hot tea in a snow house** You can enjoy free hot tea inside. We have many kinds of tea.	Central Park
9 a.m. – 4 p.m.	**Enjoy skiing** We have three courses. You need to buy a lift ticket. You can rent skis, ski shoes, ski jackets and ski pants at the shop in front of the ticket office.	North Mountain

It takes 10 minutes from Central Park to North Mountain by bus.
The buses leave every 15 minutes.

Prices for Rental Goods			
Gloves	300 yen	Skis	1,000 yen
Ski shoes	500 yen	Ski jacket	800 yen
Ski pants	500 yen		

Prices for Lift Tickets	
Children (7-15 years old)	500 yen
Adults (16 years old or older)	1,000 yen

(1)　来場者は無料の紅茶を何時から飲めますか。

あ．9 a.m.　　い．10 a.m.　　う．11 a.m.

(2)　雪だるまを作るイベントでは何が必要ですか。

あ．A pair of gloves.

い．A ticket.

う．A ski jacket.

(3)　Central Park から North Mountain までは，バスで何分かかりますか。

あ．5 minutes.

い．10 minutes.

う．15 minutes.

(4) あなたは雪まつりでスキーをしようと考えています。以下の条件では，スキーをするために，いくら必要ですか。

条件： You are twelve years old. You have a ski jacket, pants, and gloves. You need skis, shoes and a lift ticket.

あ．1,600 yen.　　い．2,000 yen.　　う．2,500 yen.

5 Saraは家族と泊まった外国のホテルに忘れ物をしました。

以下はSaraとホテルマネージャーとのメールのやり取りです。２人のメールを読み，(1)～(3)の問いに対する答えとして最も適切なものを，あ～う の中から１つ選びなさい。

From : Sara Kobayashi
To : The Golden Sky Hotel
Date : March 8
Subject : Things left in the hotel

To the hotel manager :

Hi, I'm Sara Kobayashi. My family and I stayed at your hotel from March 3 to March 7 in Room 507.

I would like to ask about some things we left in the hotel.

Did your staff find a blue watch, a pair of earrings, and a pink hat in our room on the day we checked out ? Can you send them back to our address here in Japan ?

We didn't have time to pack our things carefully. I hope you can help us. We had a great time during our short stay at your hotel. All of the staff were kind and friendly. My family and I would like to stay there again someday soon.

Thank you.

Best regards,
Sara Kobayashi

From : Emily Sanders
To : Ms. Sara Kobayashi
Date : March 8
Subject : Re : Things left in the hotel

Dear Ms. Kobayashi,

Good day ! I'm Emily Sanders, the hotel manager. Thank you for staying at our hotel.

On the day you checked out, our staff found a watch and a pair of earrings in the room, but there was no hat. However, I checked the hotel's list of lost and found items. Someone left a pink hat at the poolside on March 6, so it may be the hat you are looking for.

I am sending this email with the photos of these things. Please check them. If they are yours, we can send them back to you.

If you have any other questions, we'll be more than happy to help you.

We'll be waiting for your next visit here at the Golden Sky !

Best regards,
Emily Sanders
Manager
The Golden Sky Hotel

(1) Saraと家族はいつホテルに到着しましたか。
あ．March 3.
い．March 7.
う．March 8.

(2) ホテルの従業員がSaraの部屋で見つけたものは何ですか。
あ．A watch, a pair of earrings, and a hat.
い．A pair of earrings and a hat.
う．A watch and a pair of earrings.

(3) Saraは写真を確認した後，次に何をすべきですか。
あ．She should go back to the hotel.
い．She should send the items back to Japan.
う．She should send another message to the hotel manager.

6　Hana と Mika は学校で話しています。以下の対話文を読み，(1)～(4)の問いに対する答えとして最も適切なものを，あ～う の中から１つ選びなさい。

Hana： Finally, it's Friday!　Mika, do you have any plans after school?　My brother and I are going to play badminton in the park.　Do you want to join us?

Mika： Thanks, but I'm sorry, I can't.　I'm not feeling well today.

Hana： What's wrong?　Did you catch a cold, or do you have a fever?

Mika： I don't think so.　I feel tired, so I want to take a rest at home.

Hana： Hmm . . .　Did you eat breakfast this morning?

Mika： No, I didn't.　I woke up late so I didn't have time.

Hana： You should always eat breakfast.　It is the most important meal of the day.

Mika： I know, but it was very difficult to wake up early this morning.　I couldn't get out of my bed.

Hana： What time did you go to bed last night?

Mika： Around 12:00.

Hana： That's so late!　Why?　Did you have a lot of homework to do?

Mika： Not really.　I finished doing my homework at 8:00.　Then I checked messages on my phone and played games until 12:00.　The new game was so exciting.　I couldn't stop.

Hana： Well, I sometimes play games on my phone too, but we shouldn't use it too much.　I only use my phone after dinner, from 8 o'clock.　Then, I stop using it at 9:00.　I get ready to go to bed and sleep around 9:30.

Mika： I see.　I think it's a great idea.　I'll do that.　Thanks so much.

Hana： No problem.　Next time, sleep early so we can play badminton together.　All right?

Mika： I will.　I promise!

(1)　What does Mika want to do after school today?

あ．She wants to play badminton.

い．She wants to eat something.

う．She wants to go home.

(2)　Why didn't Mika eat breakfast this morning?

あ．She had a lot of homework to do.

い．She got up late.

う．She thinks it's not important.

(3)　How long does Hana use her phone in a day?

あ．For 1 hour.　　い．For 2 hours.　　う．For 4 hours.

(4)　Which is true?

あ．Mika can't play badminton because she has a fever.

い．Hana usually sleeps before 10 o'clock.

う．Mika does not like Hana's advice.

＜リスニング問題放送原稿＞

ただいまから令和６年度入試，英語の試験を行います。これからお話しすることについて質問は受けませんので，よく注意して聞いてください。

このテストには，**1** から **6** まであります。**1** から **3** はリスニング問題で，**4** から **6** はリーディング問題です。リスニング問題では，英文はすべて２度ずつ読まれます。放送の間メモをとってもかまいません。

1　(1)〜(4)の英文を聞き，それぞれの問いの答えを表す絵として最も適切なものを，あ〜う の中から１つ選びなさい。では，始めます。

(1)　A girl is drawing a picture in front of the library.

(2)　Today, we are going to make curry and rice.　Let's put on our aprons.　After that, please wash the pots and pans.

(3)　Welcome to the Ichikawa Flower Garden.　You can pick some flowers, and it's OK to drink water, but you can't eat snacks.　Enjoy your tour.　Thank you.

(4)　Last Sunday, I bought a new CD, and I went to my friend's house.　We enjoyed listening to the CD together.　On the way home, I left it on the train.　I'm really sad.

2　(1)〜(5)の対話を聞き，その最後の文に対する応答として最も適切なものを，あ〜う の中から１つ選びなさい。では，始めます。

(1)　A：　Who is that woman?
　　B：　She is Ms. Brown, our English teacher.
　　A：　Where is she from?
　あ．At the library.　　い．Australia.　　う．From three o'clock.

(2)　A：　Happy birthday!　Here is a present for you.
　　B：　Thanks.　Oh, a pencil case!
　　A：　Do you like it?
　あ．Yes, I am.　　い．It is like a pencil case.　　う．Of course, I love it.

(3)　A：　Hello.　May I help you?
　　B：　Yes.　I'm looking for a T-shirt.
　　A：　What color would you like?
　あ．No, I don't like it.　　い．I'd like a blue one.　　う．I'd like a smaller one.

(4)　A：　These photos of the temples are wonderful.
　　B：　Thanks.　I took them in Kyoto.
　　A：　When did you go there?
　あ．Once a week.　　い．Next week.　　う．Last week.

(5)　A：　Excuse me.　Is there a Japanese restaurant around here?
　　B：　Yes, there is.　Go straight and turn right at the third corner.
　　A：　How long does it take from here?
　あ．About 5 minutes.　　い．About 100 meters.　　う．About 10 o'clock.

3　(1)～(5)の英文を聞き，その後に放送される質問に対する答えとして最も適切なものを，あ～う の中から１つ選びなさい。では，始めます。

(1)　This is my schedule after school.　I usually come home at 5:00 in the afternoon.　Then, I walk the dog in the park for 30 minutes.　I eat dinner with my family at 6:00 and take a bath at 7:30.　After that, I do my homework and try to go to bed before 9 o'clock.

Question：　What time does the girl have dinner ?

あ．At 5:30.　　い．At 6:00.　　う．At 7:30.

(2)　My family enjoys different kinds of sports.　My mother likes playing badminton with her friends.　My father and sister are baseball fans, and my brother likes basketball.　He can play it well, too.

Question：　Who likes baseball ?

あ．The father and the sister.

い．The mother and the brother.

う．The brother and the sister.

(3)　I wanted to bake an apple pie, so I went to the convenience store near my house to buy an apple, some butter, eggs, sugar, and milk.　The store didn't have any apples, so I went to the supermarket across the street to buy one.

Question：　What did the girl buy at the supermarket ?

あ．An apple.　　い．Some sugar.　　う．Eggs.

(4)　Hello !　I'm Ami.　I'm a first-year junior high school student.　I'm a member of the art club and the calligraphy club.　I have club activities every Tuesday and Wednesday.　Every Thursday, I have piano lessons at home.　I take guitar lessons on Saturdays, too.　I have a busy schedule but I love art and music, so I enjoy doing all of them.

Question：　When does Ami have piano lessons ?

あ．On Tuesdays.　　い．On Thursdays.　　う．On Saturdays.

(5)　What season do you like ?　I like summer because we can enjoy outdoor activities with friends like camping and hiking.　There are many festivals in summer.　Some people like to wear *yukata*, but for me, the best part of summer is the colorful fireworks.　They make the summer evening sky so beautiful.　How about you ?　Do you like summer, too ?

Question：　Why does the girl like summer ?

あ．She can enjoy shopping with friends.

い．She can enjoy the fireworks.

う．She can wear a colorful *yukata*.

リスニング問題は以上です。リーディング問題に進んでください。

三　言葉に関する次の問いに答えなさい。

問一　次の例文1～4の（　）にあてはまるものを後からそれぞれ一つ選び、記号で答えなさい。

1　私はお米を大切にしたいです。なぜなら（　　　）

2　私はお米を大切にしたいです。ところが（　　　）

3　私はお米を大切にしたいです。だから（　　　）

4　私はお米を大切にしたいです。また（　　　）

ア　日本の食文化そのものをよく知り学んで、同じように考えられる人と出会い、お米以外の日本らしいものも大切にしたいです。

イ　グローバル化社会と言われる中でも、今まで積み上げてきた日本ならではの食文化に欠かせない食材だからです。

ウ　毎日必ず感謝しながらおいしく食べて、そのおいしさや栄養についてもよく考えたり他の人に伝えたりしていきたいです。

エ　日本の伝統的な食文化がどのように営まれてきたか、農家の苦労などを全く考えずにいる人も残念ながら多くいます。

問二　次の1～3の語句について、例と同じような組み合わせの表現を答えなさい。

1　星　　例　ヨーグルト　―とろとろ
　　　　　　タンポポの綿毛―ふわふわ

2　集合　例　固定―流動
　　　　　　下船―乗船

3　同意　例　簡単―安易
　　　　　　広告―宣伝

四　次の1～5のカタカナを漢字に直して答えなさい。送りがなが必要な場合はひらがなでつけること。

1　スマートフォンをカイヤクした。

2　ロボットのコウゾウは興味深い。

3　セイジツな人になりたい。

4　空が夕日でオレンジ色にソマル。

5　シリゾク勇気は今はいらない。

説明した次の文にあてはまる言葉を、本文からぬき出して答えなさい。ただし、【1】には二字、【2】には四字の言葉が入ります。

関東平野は、利根川がしばしばはんらんし、【 1 】や【 2 】が広がっている、人の住めない土地だった。

問五　――線④「では、治水のあと、水田は、どんなふうにして、ひらかれていったのでしょうか」とありますが、水田を広げるために作られたものを、本文から十二字でぬき出して答えなさい。

問六　――線⑤「用水」について説明した左の表について、(1)～(3)にあてはまる言葉を、本文からぬき出して答えなさい。ただし字数は解答用紙にあわせること。

様子	役割
・（ 1 ）のよう	・飲み水 ・いねをそだてる ・やさいをあらう水 ・せんたくの水 ・（ 2 ） ・水生生物たちのすみか ・子どもたちのあそび場 ・日用品や（ 3 ）を船で運ぶための水路

問七　――線⑥「自然のめぐみとは川の水と、こうずいがはこんでくる土であり」とありますが、なぜこうずいがはこんでくる土が自然のめぐみなのですか。その理由を本文の語句を使って、四十字以上、五十字以内で説明しなさい。

問八　――線⑦「先祖たちのこうした川とのたたかいがあればこそ、日本の文化はそだてられ、わたしたちもこの国土に、生まれてくることができたのです」とありますが、「たたかい」と表現している理由として適切なものを次から一つ選び、記号で答えなさい。

ア　日本は昔から水害が多い国だが、日本人はそれに打ち勝って外国との交易や文化交流を大いにすすめてきたから。

イ　徳川家康が大きな工事をしたために農民に大きな負担が課されたが、そのおかげで日本の農業が大きく発展したから。

ウ　人々は長い間水害に苦しめられたが、その被害《ひがい》を教訓にして水害が決して起こらないような工夫《くふう》をこらしてきたから。

エ　こうずいによって大きな被害を出しながらも、それに負けずにその特性を利用して様々な流通や生産が行われてきたから。

問九　――線⑧「自然とつきあうには、人間も、ときにはがまんしなければならない」とありますが、自然と共に生きるために人間ががまんしなければならないことには、どのようなことがありますか。本文にある川の例を除いて、自分で考えた事例を八十字以内で説明しなさい。

たかいがあればこそ、日本の文化はそだてられ、わたしたちもこの国土に、生まれてくることができたのです。

もちろん水害には、いつもなやまされました。[　　]そのかわりにこうずいは、養分にとんだ土を、山からはこんでくれました。

「水につかると、なるほどその年は、畑はつかえない。けれどもつぎの年は、畑に肥料をやらなくてもすむ。川が山の土を客土(土をこやすために、よその土地の土をもってきて、畑にくわえること。)してくれた。」

といって、むかしの人たちは、かんしゃしたものです。

「雨がふれば、川はひろがるのがあたりまえだよ。水が引いたら、また土地をつかわせてもらうさ。」

そんなふうにいうおひゃくしょうさんもいました。水と、みんななかよくくらしたのです。⑧自然とつきあうには、人間も、ときにはがまんしなければならないということを、むかしの人たちはよく知っていたのです。

きけんな場所に住む人たちは、土を高くもった上に、家をたてました。その高いしき地のおくに、さらに高い二階だてのものおきをつくりました。水がきたら、いつでもにげられるように、日ごろからじゅんびをしたのです。これを「水屋」といいます。もちろん、どの家にも船をそなえました。水害のない年でも、船の手入れだけはおこたりませんでした。

利根川や長良川のほとりには、いまでも水屋を守っている家々があります。

(富山和子『川は生きている』)

※　はんらん原…こうずいの時に、河の水が水路からあふれてはんらんする範囲《はんい》の平野のこと。

問一　[　　]に入る言葉として適切なものを次から一つ選び、記号で答えなさい。

ア　でも　　イ　そして　　ウ　また
エ　なぜなら　　オ　つまり

問二　――線①「日本人のじつにじょうずな、川とのつきあいかたでした」とありますが、筆者は日本人のどのようなことについて上手なつきあいかたと言っているのですか。あてはまらないものを次から一つ選び、記号で答えなさい。

ア　水田をひらくことで、水をたくわえてはんらんさせないようにできたこと。
イ　川からもらった水を地下に返して、川にもどしたこと。
ウ　上流の田で使われた水が川にもどり、また下流で使われたこと。
エ　降った雨水や田で使われた水を集めて、海へ流したこと。

問三　――線②「もしもこれが水田ではなくて、こむぎややさいなどの畑地だったなら、日本人はとうていあばれ川と、つきあうことはできなかったにちがいありません」とありますが、それはなぜですか。適切なものを次から一つ選び、記号で答えなさい。

ア　水田ならはんらんした水をたくわえることができるが、畑地ではできないから。
イ　畑地は平野ではなく山にあるため、遊水池として利用することができないから。
ウ　こうずいという災害を防ぐために人工的に作った畑には、水をためておけないから。
エ　はんらん原に畑を作ってしまうと、こむぎややさいしか育たずに生活できないから。

問四　――線③「そんな関東平野をゆたかな土地にかえたいと考えました」とありますが、徳川家康が治水する前の関東平野についてむかし、利根川は、いまのように太平洋へそそいではいませんでした。東京湾《とうきょうわん》にそそいでいたのです。そして関東平野は、利根川のはんらんする、人の住めない土地でした。いたるところぬまがあり、かぞえきれないほどの小さな川が、ついたりはなれたり、ときには、海のようにひろがったりしていました。

家康は③そんな関東平野をゆたかな土地にかえたいと考えました。江戸《えど》(いまの東京)の町も、水害から守らなければなりませんでした。家康は、利根川のながれをとちゅうから東へむかわせ、銚子《ちょうし》の海へおとす大事業をおこないます。こうしてできたのが、げんざいの利根川でした。利根川のこのつけかえによって、江戸の町は安全になりました。そしてゆたかな関東平野のきそが、つくられていきました。

④では、治水のあと、水田は、どんなふうにして、ひらかれていったのでしょうか。

利根川つけかえの大事業がおわると、そのあとには、川から水を引くための水路がつくられていきました。その代表的なものが、見沼代《みぬまだい》用水です。見沼代用水は、関東平野の動脈として、二百五十年後のいまもなお、生きつづけている農業用水です。またげんざい、東京都が利根川から引く水も、この用水の水路を一部、つかわせてもらっています。

⑤用水は何キロも、何十キロも、何百キロものびました。古い野川のあとを利用したところもあれば、新たにほったところもありました。何年も、何十年ものあいだには、農民たちは、しっぱいのけいけんを生かしながら、水路をつくりかえていきました。小高い土地にも水がながれるよう、さまざまなくふうをこらしました。いつか水路は、あみの目のように大地を走り、金色のいねのほが波うつ水田が、いちめんにひろがっていたのです。

一つの水田の水は、つぎの水田へながれました。その水はまた、べつの水田へとながれました。水田でつかわれてあまった水は用水にあつめられ、まったくべつの用水へそそぎこんで、さらにべつの地域をうるおすことになりました。水はどこまでも大地をやしなっていきました。

用水は、ただ、いねをそだてただけでしょうか。その水は農民たちの飲み水であり、やさいをあらう水でもあり、またせんたくの水でもありました。火事にそなえての防火用水にもなりました。用水には、こいやこぶなや、めだかやどじょうもすみつきました。うなぎやなまずもいました。子どもたちはそこで泳ぎ、さかなつりをしてあそびました。一つの用水がじつにたくさんの、やくわりをはたしてくれたのです。

用水には船もうかべられました。つくった米は船で江戸へおくられて、江戸の人たちをやしなうことになりました。そして江戸からは、肥料や着物や、茶わんなどの日用品が、つまれて帰りました。

母なる川。ふるさとの川。わたしたちはそうよびます。その母なる日本の川はこのように、わたしたちの先祖たちがつくり、そだててきたものでした。

日本の文化とは、まぎれもない川の文化でした。日本人にとって大地とは、川のつくってくれた土地であり、⑥自然のめぐみとは川の水と、こうずいがはこんでくる土であり、そして自然のきょういもまた、川の水――こうずいだったのです。

日本人はその水をおさめ、おさめたその水――はんらんしていた水――を利用して、土地をたがやしました。そのようにしてつくった米は、おさめた川の水を利用してはこびました。明治になって鉄道がしかれるまで、日本では交通は、船をつかっていたのです。

なんとじょうずに、川を利用したことでしょう。川のめぐみをじゅうぶんに、うけいれたことでしょう。⑦先祖たちのこうした川とのた

洋　…やさしい子たちばかりだし、安心して読んでいけそうだね。

1　会話中の――線「ルカの気持ちはすごく丁寧に書かれている」について説明した次の文章の二つの空らんに共通して入る語句を考え、文章を完成させなさい。

カズサと安田の気持ちはセリフと態度から読み取ることができる。それに対してルカの気持ちは、セリフと態度、さらに心の中のひとりごとのような形でくわしく書かれている。Ⅰの終《しゅう》了《りょう》部分では、心の中で（　　）が生まれている。安田とのやりとりであるⅡでも、同じように心の中で（　　）が生まれる場面がある。その描写《びょうしゃ》により、ルカが二人とのやりとりを通じてさらに感じよう、考えようとしていることがしっかりと伝わってくる。

2　三人の会話をもとに、この作品についての説明をまとめました。適切なものを次から一つ選び、記号で答えなさい。

ア　クラスメイトであるカズサと安田の二人が、この先ルカを通じてどのようにして出会うことになるのかに注目して読むべき物語である。

イ　主人公ルカのすなおで人を信頼《しんらい》する人がらが、二種類の異なるエピソードを通じて伝わってくる、温かみが感じられる物語である。

ウ　前半の話と後半の話は似たところがあるようで実はまったく異なるため、それぞれのちがいを楽しみながら読める物語である。

エ　作品内で三人がお互いのことをしっかりと伝え合っており、コミュニケーションの大切さを学ぶことができる物語である。

二　次の文章を読み、後の問いに答えなさい。

さて、こうして治水がすすむにつれて、人びとは平野へおり、水田をひらいていきます。この「※はんらん原に水田をひらいた。」ということも、①日本人のじつにじょうずな、川とのつきあいかたでした。

なぜなら水田は、ふった雨をたくわえる遊水池にもなりました。水田をひらいたということは、そのまま、水をおさめることにもなったのです。水田がたくわえたその水は、地下にしみこんで地下水になり、ゆっくりと川へながれでて、川の水になりました。水田は、川の水をつくるしごともしたわけです。

川から引いて水田でつかった水も、土に返されて地下水になり、やはり川へながれでて川の水になりました。その水はまた下流の水田でつかわれて、また地下をくぐって川へもどされました。水はくりかえしくりかえし、つかわれることになりました。だからこそ日本人は、水をゆたかにつかえたのです。

むかしの日本人の川とのつきあいかたは、このように、水をもらったり、あげたりするつきあいかたでした。いまの大都市のように、人間がただ水をとりあげて、ふった雨もつかった水も、下水のパイプで海へすててしまう「つかいすて」とは、ずいぶんちがいますね。

それにしても、はんらん原に水田をひらくということは、なんとすばらしい土地のつかいかただったでしょう。はんらん原に水田をひらくということは、いままではんらんしていた水を、そのまま人間がうけいれたということでした。川の水はこうずいまで、目いっぱいつかったということでした。ようするに自然にさからわず、自然を利用したのです。②もしもこれが水田ではなくて、こむぎややさいなどの畑地だったなら、日本人はとうていあばれ川と、つきあうことはできなかったにちがいありません。

ところでみなさんは、徳川家康の治水を知っていますか。

とに驚きを隠せないでいるが、わざわざ自分のことを見ながら話すルカのことを否定してはかわいそうだと考えている。お互いのちがいをあきらめて受け入れる姿勢を見せようとしての発言である。

問七　――線⑥「ぼくと安田は、少し黙った」について、次の1・2の各問いに答えなさい。

1　ここまでの二人の話した内容を左の表のように整理しました。（A）・（B）にあてはまる言葉を考えて、表を完成させなさい。ただし字数は解答用紙に合わせること。

人物	安田	ルカ
隠れ場所	ある。場所は体育館の裏。	ない。
「体育館の裏」をどのような場所ととらえているか。	（　A　）場所。	学校にいる気がすごくする場所。
理由	音が違うから。	（　B　）いるから。

2　二人が黙ったことについての説明として適切なものを次から一つ選び、記号で答えなさい。

ア　お互いこの先も一緒《いっしょ》にいたいと思いつつも、二人が離れていた時間が重くのしかかり、少し考えこんでしまっている。

イ　隠れ場所を打ち明け合うことができたため、これ以上話す秘密はもうなくなってしまい、次はどの話をしようかと困っている。

ウ　お互い大切な気持ちを伝え合ったことで少し疲れてしまった。最後の会話では、正反対な自分達《たち》がなぜ一緒にいるのかに疑問がわいてきている。

エ　よく考える時間を互いに持とうとしているため、少しの時間二人で何も話さないことに決めた。二人はお互いのことが手にとるようにわかっている。

問八　この文章について、小学生の三人（和美さん、洋さん、凛《りん》さん）が感想を話しています。これを読んで、後の1・2の各問いに答えなさい。

和美…本文のⅠはルカとカズサ、Ⅱはルカと安田の話だね。

洋　…ⅠとⅡはばらばら、というか別々の話みたい。

和美…いやいや、ⅠとⅡは実はすごく似ているよ。どちらもルカの気持ちはすごく丁寧《ていねい》に書かれているじゃない。

凛　…そうだよね。あと、それぞれの二人の関係も似ていると思う。

和美…カズサと安田はルカの話を、とてもやさしく、また、興味を持って聞いていて、ルカを好きなことが伝わるよね。お話がⅠとⅡで違うように見えるけど、両方をルカがつなぐ。

洋　…なるほど。ルカによる新しく始まる友情と再びつながる友情のお話ということか。

凛　…うん。ルカの存在が二組の友情を育むんだよ。

和美…私はⅠのカズサとの話が好きだな。本が関係するのがおもしろくて。

凛　…私は主人公だしルカを中心に読んでしまうな。自分を持っているなあと思う。

洋　…私は安田が気になる。一番頑張《がんば》っていることが伝わるし。ところで安田だけ、なんで「安田」なのかな。ルカはカズサのことは下の名前で呼んでいるのに。

凛　…お、洋の目のつけどころ、いいね。

和美…確かに。それに安田はカズサをどう思ってどう呼ぶのかな。続きを早く読みたいね。

ア

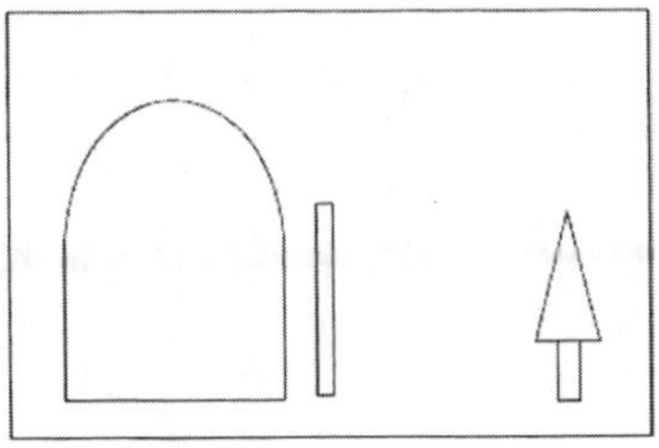

イ

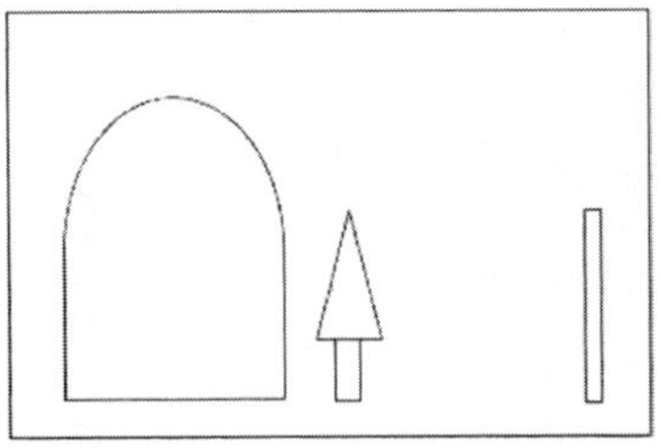

ウ

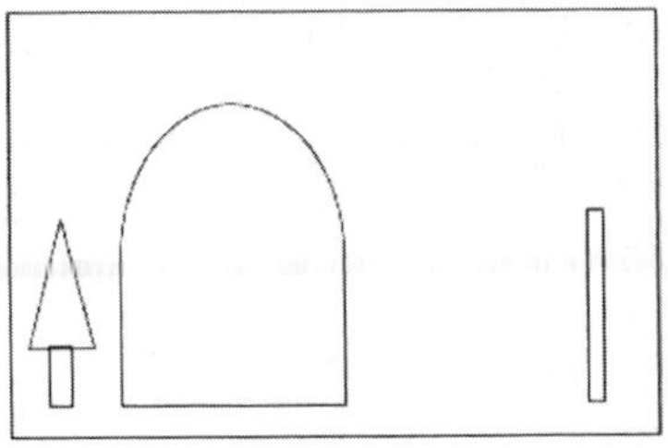

エ

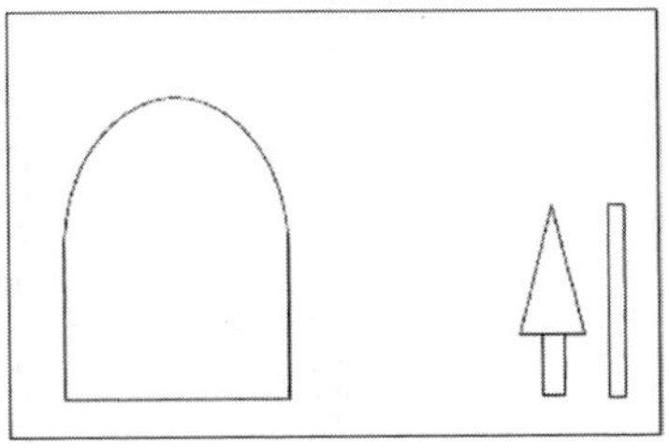

問四　――線③「ここだと音が違うんだよね」とありますが、安田はなぜこのようにルカに伝えたのでしょうか。適切なものを次から一つ選び、記号で答えなさい。

ア　教室とは違う音がすることで、自然と気持ちを切りかえることができるということをルカに伝え、ルカのことを助けてあげたいと思っているから。

イ　居場所がない思いをして訪《おとず》れた自分にとって、この場所にいると聞こえてくるいろいろな声がいっそう一人であることを感じさせたと知ってほしいから。

ウ　音について自分がした発見をルカに教えることで、ルカに自分のすごいところを知らせて尊敬させて、友情を前よりもいっそう深めていきたいと思っているから。

エ　自分が二年間どう過ごしていたのかをルカに知ってほしくて、ここにいる間だけは学校から離れた安心感を感じられる場所だったということをルカに伝えたいから。

問五　――線④「そういうこと」とありますが、具体的にどのようなことですか。二十字以内で答えなさい。

問六　――線⑤「オレと正反対だな。おもしろいな」とありますが、安田は友人であるルカが自分と正反対の考え方をしていることを「おもしろい」と言っています。これについての説明として適切なものを次から一つ選び、記号で答えなさい。

ア　普通《ふつう》は自分と正反対の考え方を持つ相手とは気が合わないと考えることもあるが、「おもしろい」と言うことで、相手に興味があり、その思いがたとえ自分とちがっても受け入れたいという安田の気持ちが表現されている。だから、その後笑い合うことができる。

イ　クラスがちがった二年間で苦労したことをお互いに伝え合った後に出た言葉であり、それが正反対であることにがっかりしている。でもそれをそのまま言えず、あえて「おもしろい」とごまかすことで安田はこの話を終えてしまおうとしている。

ウ　安田はルカとはちがって本を読まないため、正反対であることに対してがっかりしたが、それをどう表現したらよいか困ってしまった。そして、なぜ自分の気持ちによりそってくれないのかと問いつめるかわりに、「おもしろい」と言うしかなかった。

エ　仲が良いと思っているルカの発言が自分とはちがっていることこ

まれているんだなあって、思ってしまう」
　ぼくは首を回して安田を見た。
「ルカはそう感じるんだ。⑤オレと正反対だな。おもしろいな。同じ場所にいるのに、感じ方が全然違うんだもん」
　安田もぼくを見て言った。
「ぼくは安田じゃないもん」
　ぼくは笑った。
「オレも、ルカじゃないもん」
　安田も笑った。
「ルカには、オレのここみたいな場所ないの？」と安田が聞いた。
「学校からの隠れ場所？」
「うん」
　ぼくは答えた。
「席が窓側だと、そこから運動場を眺《なが》めているかなあ。でも、隠れ場所って持ってない」
「そっか。それは、必要なかったからだよ。ルカ」
　⑥ぼくと安田は、少し黙《だま》った。
「なんでクラス替《が》えって、あんのかな」
　安田がポツンと言った。
なければ、安田とぼくは、ずっと友だちでいたんだろうか？　それとも、けんかして別れてしまったんだろうか？
「どうしてかな。先生がクラスのメンバーにあきてしまうとか」
　ぼくが言うと、安田が、「それはあるかも」と言った。
「謎《なぞ》だね。学校の謎」

（ひこ・田中『ぼくは本を読んでいる。』）

問一　――線①「読書の最中に声をかけたら、セーラのようにいやなんだろうか？」とありますが、なぜルカは「セーラのように」と表現しているのでしょうか。理由として適切なものを次から一つ選び、記号で答えなさい。
ア　カズサとセーラ・クルーは絶対に似ていると決めつけているから。
イ　『小公女』という本の話題をカズサに対して上手に出したいから。
ウ　読書を中断させたらカズサが怒り出すのではないかと思っているから。
エ　今のルカにとってはセーラ・クルーがあこがれの人だから。

問二　Ⅰでのルカとカズサの気持ちについて説明したものとして適切なものを次から一つ選び、記号で答えなさい。
ア　少しぎこちないながらもお互いのことに興味を持ち、共通の話題を見つけたこともあって、より深く知り合っていきたいと思っている。
イ　同じ本を読んだことがあるとわかり、それぞれの感想を伝え合いたいけれど、なかなかうまくできないため非常に苦しい思いをしている。
ウ　本や本の主人公が使った表現など、言葉への強い興味をお互いに持っていることがわかり、この先良いライバルになれる予感がしている。
エ　カズサは話しかけられて少し困っており、ルカは仲良くなりたい気持ちよりも恐《こわ》い気持ちがまさってしまい、お互いにとまどっている。

問三　――線②「安田に誘われて体育館の裏側に行った」とありますが、この場所について最も正しく描《えが》かれた図を次の中から選び、記号で答えなさい。

も意識しないで友だちになれたけど、友だちを作ろう、友だちを作ろうって意識すると、難しいな。無理して相手に合わそうとしても、そんなのすぐばれるし」

　安田のため息が聞こえた。

「無理して相手に合わそうとしても、そんなのすぐばれるし」かあ。

　ぼくは、自分の三、四年生のときを考えた。やっぱりぼくも、そんなところがあった。

　クラスでいちばん人気がある名取は、どうしてかぼくに仲間に入るよう声をかけてくれた。それで、ぼくは、名取に気に入られたいと思って、彼《かれ》が好きなゲームを好きだと言ってみたり、アニメのキャラも同じのが好きだと言ってみたりしたけど、名取はだんだんぼくを相手にしなくなった。たぶんあれは、ぼくが名取に合わせようと嘘をついているのがばれていたんだと思う。

　落ち込《こ》んだぼくは、④そういうことをやめることにしたけれど、そうしたら、友だちになれそうな子はいなくなってしまった。

「安田の言うこと、わかる。ぼくもそんな感じだったから」

「ルカも？」

　ぼくは名取とのことを話した。

「それで大丈夫《だいじょうぶ》だった？」

「名取は別に、ぼくをのけものにしようとはしなかったから。どっちかっていうと、落ち込んだぼくのほうから離れてしまったんだ。それからは、近くの席の子とちょっと話したりはしてたけど。そんな感じ」

「名取っていいやつだな」

「うん。いちばん人気があって、いいやつ。いや、いいやつだから人気があるのかな」

「オレ、クラスで一人になって、さみしいってわけじゃなかったけど、それでも、教室にいるのが疲れるときがあって」

「そんなときに、ここに来ていたの？」

「そういうこと。学校の外じゃないけど、フェンスの向こうの空気を吸って、よし、学校に戻《もど》るぞって」

　五年生になって、また同じクラスになった安田が「オレ、ほっとしたよ」って言った意味がわかった。

「安田、ぼくもほっとしたよ」

「え？　何が？」

「ほら、始業式の日、校門で別れるとき、安田が言ったじゃない。『オレ、ほっとしたよ』って。あれへの返事」

「そんな前のこと覚えてないし」

「ぼく、覚えているし」

「覚えていても、返事が遅《おそ》すぎだし」

「遅すぎでも、返事したし」

　安田とぼくは、いっしょに並んで前を向いて話していた。向かい合っていたらたぶん、ちょっと恥《は》ずかしくて、こんなふうに軽く話せなかったと思う。

　ぼくは、体育館の裏側と、フェンスと、フェンスと並んで植わっている木に感謝した。

「でも、ここさ。安田は、フェンスの外を通る車の音が、学校にいるのをちょっとだけ忘れさせてくれるって言ったけど。ぼくは、学校にいるって感じがすごくする」

「なんで？」

「うまく言えないけど、ここだと、フェンスがあるのがすごくわかるよね。教室の中だと、フェンスのことなんて思い出すこともないけど、ここだと、意識してしまう。学校って、門とフェンスとブロックで囲て言った。

「嘘《うそ》だろ」

「外れてた？」

「当たってた。でも、どうしてわかるの？」

「わたし、そこを読んだとき、セーラの気持ちがよくわかるって思ったんや。それで覚えてる。『小公女』。古典やね」

「うん。百年以上も前、一九〇五年に出た本だよ」

「そんなことまでくわしく知ってるんや。やっぱり、ルカって本好きやんか」

ぼくは本好きだろうか？　ただ、両親が子どものころに読んでいた本に興味があるだけだと思うけど。

「いや、これはネットで検索《けんさく》しただけだから。カズサは『小公女』を、もう読んだんだ」

「読んだよ。少女小説の定番やしね」

担任の先生が入ってきて、話はそこで止まった。

カズサが、『小公女』のことを「少女小説の定番」って言ったことが、ぼくの頭に残った。ってことは、『小公女』はやっぱり、女子が読む本なんだろうか？　男子が読むのはおかしいのだろうか？

Ⅱ

昼休み、給食と掃除《そうじ》が終わって、ぼくは②安田に誘《さそ》われて体育館の裏側に行った。裏側といっても、体育館は校門を入ってすぐの所に建っているので、運動場の入り口から見れば裏側だけど、通学路に面している。体育館と通学路の間はフェンスと、そのフェンスと並ぶように木が植えられていて、外からはあまり見えない。

「ここ、人がそんなにやってこないんだよ」

体育館の壁《かべ》にもたれて安田が言った。

少し暗いせいか、湿気《しっけ》もあって冷たく、確かにあんまりいたい場所じゃない。

「ぼくも初めてだよ。安田はよく来るの？」

「まあ、ときどきね。疲《つか》れたときに、ここでボーッとしてた」

ぼくも並んで壁にもたれた。

木とフェンスのすきまから、通学路を歩いている人たちが見える。

「③ここだと音が違《ちが》うんだよね」と安田が言った。

「音？」

「うん。教室だと、グループごとのみんなの声が、狭《せま》い中で混じり合って、重なり合って、耳に刺《さ》さってくる感じがするんだ。運動場は、広いから、みんな大声を出していて、聞いていると疲れることがあるんだ。でも、ここだと、みんなの声がそんなに届かないだろ。それと、フェンスの外をときどき通る車の音が、学校にいるのをちょっとだけ忘れさせてくれるし」

目を閉じて、音を聞いてみた。

教室の音はもちろん聞こえない。運動場の音は、体育館をはさんでいるからか遠くに聞こえる。

通学路からは、自転車や車の通る音が少し聞こえる。

ぼくは目を開けた。

「ここ、学校の中と外の境目みたいな感じだね」

「だろ。オレの隠《かく》れ場所」

「え？　何から？」

「だから、学校からの隠れ場所」

「学校からって？」

「三年生になって、ルカと離《はな》れてからオレ、新しいクラスで友だち作ろうとしたの。けど、あんまりうまくいかなくて。ルカとは、なんに

2024年度 和洋国府台女子中学校

【国　語】〈第一回試験〉（五〇分）〈満点：一〇〇点〉

注意　句読点・記号も一字に数えます。

一　次の文章を読み、後の問いに答えなさい。なお、設問の都合上、ⅠⅡと段落を分けています。

進級したばかりのルカは、二年生の時に同じクラスだった安田とまた同じクラスになりほっとしている。そのクラスに四月から転校してきた松岡さんは、自己紹介《しょうかい》で「私は特徴《とくちょう》のない子です。教室の隅《すみ》にそっと置いてやってください。静かに本を読んでいます」と言っていた。親が子どもの頃《ころ》に読んでいた本を最近読み始めたばかりのルカは、そんな松岡さんに話しかけることにした。

Ⅰ

教室に入ると、松岡さんはもう来ていて、一人で本を読んでいた。

やっぱり近づきにくい感じがあった。

①読書の最中に声をかけたら、セーラのようにいやなんだろうか？ぼくは机にリュックを置いて、「松岡さん、おはよう」と言ってみた。

松岡さんは本から顔をあげて、「成瀬《なるせ》くん、おはよう。あ、カズサでええよ」と笑った。

笑ったのでほっとした。

「なら、ぼくもルカでええよ」

「『ええよ』のアクセントがヘン」

「やっぱり、大阪弁は無理か」

「わたしも東京弁は無理やし。お互《たが》いさま」

「だね。松岡さん、じゃなくてカズサ。カズサって、本好きだね」

「それ、自己紹介のときに言うたけど」

「でも、間近で見ると、リアルに本好き」

「おもしろい言い方するなあ」

「声かけたら怒《おこ》られそうな感じ。今もビビってた」

「え？　なんで？」とカズサは目を丸くして、驚《おどろ》いたような顔をしたけど、すぐに、「わたし好きな本やと、周りを気にしなくなるから、怖《こわ》い顔をしているかも。自分ではわからへんけど」と言った。

ぼくは、セーラが言っていた言葉を使ってみた。

「読書に夢中なとき、じゃまをされると、誰《だれ》かにぶたれたような気がするの？」

カズサはぼくをじっと見つめてから笑った。

「すごい表現やなあ」

「あ、ごめん。今読んでいる本の主人公が、やっぱり本好きで、自分のことをそんなふうに言ってたんだ」

「なんや、ルカも本好きやんか」

「ぼくは、別に本好きってわけでもないけど……」

「今、読んでいるその本、良かったら教えて。そんな言い方する子って……」

カズサが目を閉じたので、ぼくはビクッとした。

「あ、思い出した」

カズサが目を開けた。

「セーラ・クルーやろ？」

え？　なんで？

驚いたぼくは、口を馬鹿みたいにぽかんと開けてしまって、あわて

2024年度 和洋国府台女子中学校 ▶解説と解答

算　数　＜第１回試験＞（50分）＜満点：100点＞

解　答

1 (1) 58　(2) $\frac{1}{3}$　(3) $3\frac{3}{4}$　(4) 0　(5) 123　2 (1) $1\frac{1}{2}$　(2) 107　(3) 2800　(4) 79　(5) 18　(6) 56　(7) 38　(8) 9.72　3 (1) 5％　(2) 300g　4 (1) 時速6km　(2) 16分後　5 (1) 五角形　(2) イ　6 (1) $9000cm^3$　(2) 20cm

解　説

1 四則計算，計算のくふう

(1) $60-3\times4\div(23-17)=60-3\times4\div6=60-2=58$

(2) $1-\left\{\frac{5}{6}-\left(\frac{1}{3}-\frac{1}{4}\right)\times2\right\}=1-\left\{\frac{5}{6}-\left(\frac{4}{12}-\frac{3}{12}\right)\times2\right\}=1-\left(\frac{5}{6}-\frac{1}{12}\times2\right)=1-\left(\frac{5}{6}-\frac{1}{6}\right)=1-\frac{4}{6}=1-\frac{2}{3}=\frac{1}{3}$

(3) $4.2\div2.8\times2.5=\frac{21}{5}\div\frac{14}{5}\times\frac{5}{2}=\frac{21}{5}\times\frac{5}{14}\times\frac{5}{2}=\frac{15}{4}=3\frac{3}{4}$

(4) $1.5-\left(1-\frac{1}{5}\right)\div\frac{8}{15}=1.5-\frac{4}{5}\times\frac{15}{8}=1.5-\frac{3}{2}=1.5-1.5=0$

(5) $12.3\times5\times3-4\times5\times1.23-2\times5\times1.23\times3=1.23\times10\times5\times3-4\times5\times1.23-2\times5\times1.23\times3=1.23\times5\times(10\times3-4-2\times3)=1.23\times5\times(30-4-6)=1.23\times5\times20=1.23\times100=123$

2 逆算，約数と倍数，売買損益，平均，速さ，つるかめ算，比の性質，角度，面積

(1) $0.2+\frac{6}{7}\times\left(\square+\frac{3}{5}\right)=2$ より，$\frac{6}{7}\times\left(\square+\frac{3}{5}\right)=2-0.2=1.8$，$\square+\frac{3}{5}=1.8\div\frac{6}{7}=\frac{9}{5}\times\frac{7}{6}=\frac{21}{10}$　よって，$\square=\frac{21}{10}-\frac{3}{5}=\frac{21}{10}-\frac{6}{10}=\frac{15}{10}=\frac{3}{2}=1\frac{1}{2}$

(2) 5で割ると2余る数は，2，2＋5＝7，7＋5＝12，…のように，2に5を足していった数となる。同様に，7で割ると2余る数は，2，2＋7＝9，9＋7＝16，…のように，2に7を足していった数となる。よって，両方に共通する数は，2に，5と7の最小公倍数である35を足していった数となる。そのような数は，小さい方から順に，2，37，72，107，…なので，100に一番近い数は107となる。

(3) 定価の15％引きは，定価の，1－0.15＝0.85(倍)になる。これが2380円なので，定価は，2380÷0.85＝2800(円)である。

(4) 転校生をふくめない24人の合計点は，66.5×24＝1596(点)で，転校生をふくめた25人の合計点は，67×25＝1675(点)なので，転校生の点数は，1675－1596＝79(点)とわかる。

(5) 33分間をすべて毎分90mの速さで進んだとすると，進んだ道のりは，90×33＝2970(m)になり，実際に進んだ道のりよりも，2970－2250＝720(m)多くなる。毎分90mで1分進むかわりに，毎分50mで1分進むと，進んだ道のりは，90－50＝40(m)少なくなる。よって，毎分50mの速さで，

720÷40＝18(分)歩いたとわかる。

(6)　赤玉の個数を□個，白玉の個数を△個とすると，□と△について，$□\times\frac{2}{7}=△\times\frac{4}{11}$という式が成り立つので，$□:△=\left(1\div\frac{2}{7}\right):\left(1\div\frac{4}{11}\right)=\frac{7}{2}:\frac{11}{4}=14:11$とわかる。この比の和の，14＋11＝25が100個にあたるので，赤玉は，100÷25×14＝56(個)ある。

(7)　右の図で，OA，OB，OC はいずれも円の半径なので，長さが等しい。すると，三角形 OAB，OAC は二等辺三角形となり，角イの大きさは，180－80×２＝20(度)，角ウの大きさは，(180－124－20)÷２＝18(度)である。よって，三角形 OAD に注目すると，三角形の外角と内角の関係より，角アの大きさは，角イ＋角ウ＝20＋18＝38(度)とわかる。

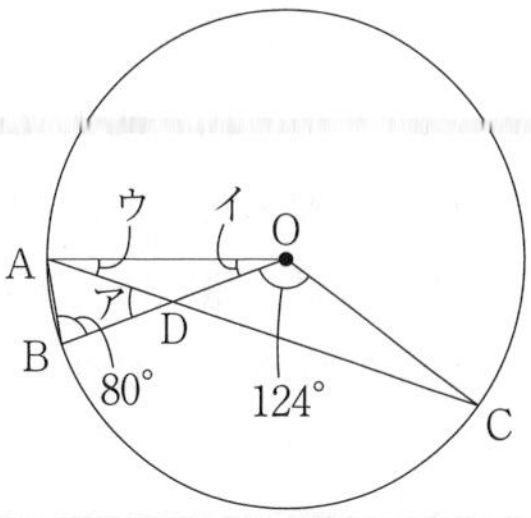

(8)　問題文中の図の斜線《しゃせん》部分は，１辺の長さが４cmの正方形から，半径２cm(直径４cm)の半円を除いたものだから，その面積は，$4\times4-2\times2\times3.14\times\frac{1}{2}=16-6.28=9.72$(cm²)となる。

3　濃度《のうど》

(1)　10gの食塩水に0.5gの食塩がふくまれていたので，容器Aの食塩水の濃度は，0.5÷10×100＝５(％)である。

(2)　混ぜ合わせた食塩水Aと食塩水Bにふくまれる食塩の重さを面積図で表すと，右の図のようになる。この図で，２つの長方形の面積の合計と，点線で表した長方形の面積は等しいので，アとイの部分の面積も等しい。アとイの縦の長さの比は，(７－５)：(８－７)＝２：１だから，横の長さの比は，(１÷２)：(１÷１)＝１：２である。よって，容器Bから取り出した食塩水は，$150\times\frac{2}{1}=300$(g)とわかる。

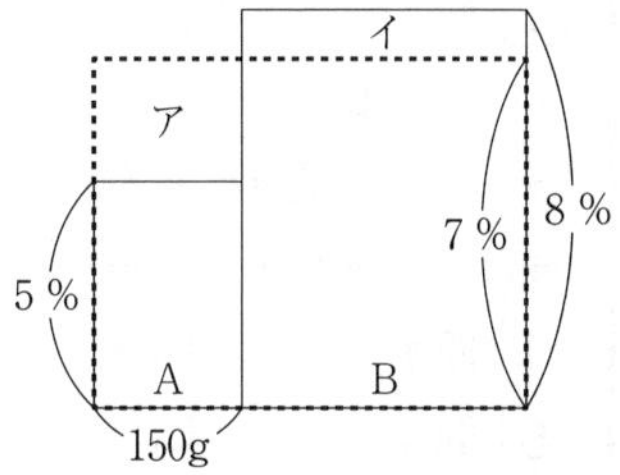

4　グラフ―速さ，旅人算

(1)　問題文中のグラフより，Aさんは家と公園の間の１kmの距離《きょり》を，10分＝$\frac{10}{60}$時間＝$\frac{1}{6}$時間で進んだので，Aさんの歩く速さは，時速，$1\div\frac{1}{6}=6$(km)である。

(2)　グラフより，Aさんが家を出発してから10分後に，Aさんはちょうど公園に着く。このとき，妹が家から出発したので，Aさんと妹は１km離《はな》れていたことになる。この後，Aさんと妹が最初に出会うまでに，$1\div(6+4)=\frac{1}{10}$(時間)，つまり，$\frac{1}{10}\times60=6$(分)かかるので，２人が最初に出会うのは，Aさんが家を出発してから，10＋６＝16(分後)となる。

5　平面図形―図形の移動

(1)　直角三角形を４cm移動させると，右の図Ⅰのようになり，重なる部分は，図Ⅰでかげをつけた五角形になる。

(2)　直角三角形を少しずつ移動させ，そのときの重なる部分について調べると，下の図Ⅱのようになる。図Ⅱより，重なる部分は，三角形→四角形→五角形→四角形と変化するので，イが選べる。

図Ⅰ

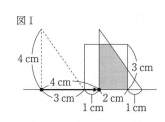

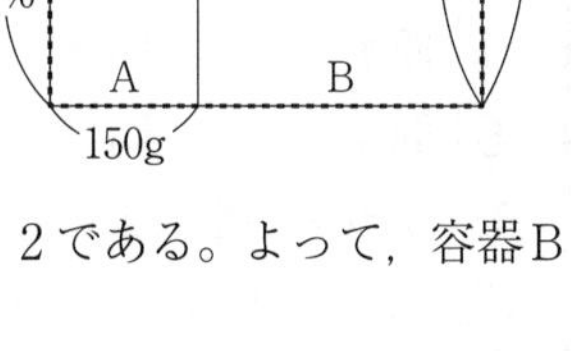

図Ⅱ

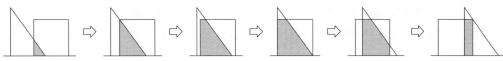

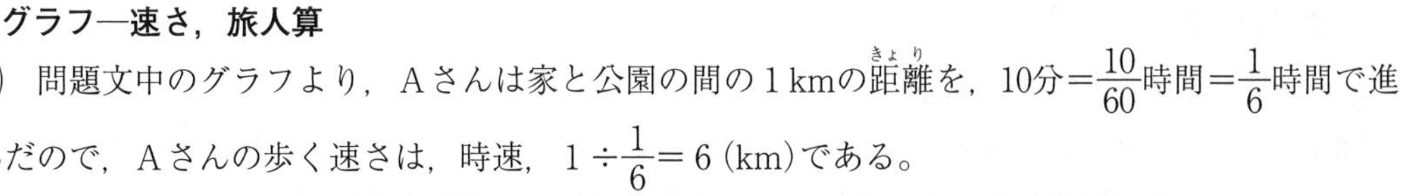

6 立体図形―水の深さと体積

(1) 問題文中の図で，容器に入っている水の形は縦25cm，横30cm，高さ12cmの直方体なので，水の量は，$25 \times 30 \times 12 = 9000(\mathrm{cm}^3)$である。

(2) ⬅の方向から見た面を下にして容器を置くと，右の図のようになる。このとき，下の部分の容積は，$(12+12) \times 25 \times (30-20) = 24 \times 25 \times 10 = 6000(\mathrm{cm}^3)$なので，$9000\mathrm{cm}^3$の水のうち，$9000-6000=3000(\mathrm{cm}^3)$が上の部分に入る。よって，上の部分に入る水の高さは，$3000 \div (25 \times 12) = 10(\mathrm{cm})$だから，一番高いところの水面の高さは，$10+10=20(\mathrm{cm})$になる。

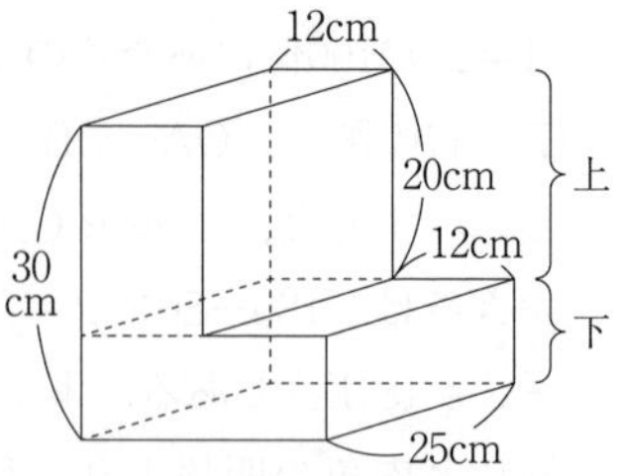

社　会　＜第１回試験＞（30分）＜満点：60点＞

解　答

1 **問1** ⛩ 神社　〶 郵便局　**問2** 2　**問3** 南東　**問4** 織田信長　**問5** イ　**問6** (1) イ　(2) ウ　**2** **問1** 横浜港　**問2** **B** 中京　**C** 京浜　**問3** エ　**問4** 自動車　**問5** エ　**問6** ア　**3** **問1** ア　**問2** (例) 国府台城は江戸を見下ろす位置にあったため。　**問3** ア　**問4** ア　**問5** エ　**問6** ア
4 **問1** オ　**問2** エ　**問3** 国際連盟　**問4** ウ　**問5** イ　**問6** ウ
5 **問1** イ　**問2** ウ　**問3** (1) (例) 国民の権利(基本的人権)　(2) エ　**問4** (1) クラスの半数よりも少ない　(2) (例) 希望の多い２つを残してもう一度投票をする。(選択を１つにせず，それぞれ利益を分割する。)

解　説

1 地形図を題材とした総合問題

問1　(⛩)は神社を表す地図記号で，神社の参道の入口などに立っている鳥居の形をもとにデザインされている。(〶)は郵便局を表す地図記号である。日本の郵便事業や郵便局のシンボルマークである郵便マーク(郵便記号)を丸で囲んでつくられた。

問2　実際の距離《きょり》は，(地形図上の長さ)×(縮尺の分母)で求められる。この地形図の縮尺は25000分の１なので，地形図上で約８cmの長さの実際の距離は，$8 \times 25000 = 200000(\mathrm{cm}) = 2000(\mathrm{m}) = 2(\mathrm{km})$となる。

問3　特にことわりがないかぎり，地形図では上が北となる。「安土城跡《あと》」から見て博物館(🏛)は右下にあり，これは８方位で南東にあたる。

問4　織田信長は尾張《おわり》(現在の愛知県西部)の戦国大名である。支配地域を拡大していく中で，全国統一事業の拠点《きょてん》として琵琶《びわ》湖の東岸に安土城を築いた。しかし，家臣の明智光秀の裏切りによって1582年に本能寺で自害し，全国統一の願いは果たされなかった。

問5　Ｘには日本最大の淡水《たんすい》湖である琵琶湖が当てはまる。琵琶湖は滋賀県内をはじめ京都，大阪，神戸など，近畿地方の広い範囲《はんい》に水を供給することから近畿の水がめと呼ばれている(イ…○)。なお，アの海は瀬戸内海，ウの湖は静岡県西部に位置する浜名湖，エの川は木曽《きそ》三川(木曽川・揖斐《いび》川・長良《ながら》川)である。

問６ (1) 地形図を見ると，安土城跡の周辺地域には水田(||)が広がり，その間を直線的な水路が通っている様子が読み取れることから，この地域は米を増産するために干拓《かんたく》されたと推測できる(イ…○)。なお，安土城跡の周辺に，工場は見られない(ア…×)。地形図からは地震《じしん》や温暖化を原因とする地形の変化は読み取れない(ウ，エ…×)。 (2) ①の釧路湿原《くしろしつげん》は，北海道東部に位置する日本最大の湿原・湿地であり，日本で最初のラムサール条約登録地となった。②の屋久島は鹿児島県の南方沖に浮かぶ円形状の島で，ユネスコ(国連教育科学文化機関)の世界自然遺産にも登録されている。③の渡良瀬《わたらせ》遊水地は大部分が栃木県に位置しているが，群馬県・埼玉県・茨城県にもまたがっている。明治時代に起こった足尾銅山鉱毒事件による鉱毒を沈殿《ちんでん》させて無毒化するためと，渡良瀬川下流域で起こる洪水を防止するためにつくられた日本最大の遊水地である。

2 貿易と産業についての問題

問１ 横浜港は，幕末の1858年に欧米諸国との間で結ばれた修好通商条約にもとづいて開港され，日本を代表する貿易港として発展した。貿易総額は成田国際空港・名古屋港・東京港に次いで日本で４番目に多い。

問２ **B** 中京工業地帯は愛知県西部と三重県北東部の伊勢《いせ》湾岸を中心に広がる工業地帯で，製造品出荷額等が全国の工業地帯・地域の中で最も大きい。 **C** 京浜工業地帯は東京都と神奈川県の東京湾岸を中心に広がる工業地帯である。かつては日本一の出荷額をほこっていたが，工業用地や工業用水の不足に加えて公害への規制も厳しくなり，近年は地位が低下している。

問３ 日本とアメリカとの間では，両国の貿易収支のバランスが悪いことが原因となり，たびたび貿易摩擦《まさつ》が起こっている。1970年代から1990年代半ばにかけて，繊維《せんい》・鉄鋼《てっこう》・自動車・テレビ・半導体など，次々にアメリカから日本に対して輸出規制の要求が出された。特に1980年代には，日本が自動車を中心とする工業製品を大量に輸出したことで問題が深刻化し，現地生産や輸出の自主規制など，貿易摩擦を解消するためにさまざまな対策がとられた(エ…×)。

問４ 自動車は日本を代表する工業製品で，日本の主要な輸出品の１つでもあり，最大の輸出相手国はアメリカである。自動車の生産は愛知県豊田市や神奈川県横浜市，関東内陸の地域などでさかんに行われており，名古屋港や横浜港がその輸出港となっている。

問５ 鉄鋼(粗鋼)の生産量は1990年代に中国が世界第１位となって以降，その地位を保っている(2022年)。インドの鉄鋼生産量も2010年代には日本を抜《ぬ》いて世界第２位となったが，中国の12％ほどに過ぎない(エ…×)。

問６ 海の生物や環境《かんきょう》に配慮《りょ》し，ルールを守ってとられた水産物には「海のエコラベル」がつけられている(ア…○)。なお，日本の水産物の消費量は減少傾向《けいこう》にあるが，世界では水産物の消費量が増加している(イ…×)。養殖《ようしょく》とは，いけすなどを使って稚魚《ちぎょ》・稚貝を食べられる大きさになるまで人間の手で育て，管理する漁業である。たまごを人工的にふ化させて，稚魚を川や海に放流し，育ってからとる漁業は栽培《さいばい》漁業という(ウ…×)。東北地方の太平洋側には，沖合に暖流の黒潮(日本海流)と寒流の親潮(千島海流)がぶつかる潮目がある。潮目の位置は季節によって移動し，冬に関東地方の沖合まで下がってくることはあるが，四国沖までくることはない(エ…×)。

3 資料の読み取りと歴史上の出来事，人物についての問題

問１ 資料２・資料３とも，高台から川を見下ろすような景色と，遠くには富士山が描《えが》かれている。

富士山は，東京都江戸川区や千葉県市川市から見ると南西の方角に位置する。また，問題文に「左から右に流れるのは現在の江戸川」と書かれていることから，資料１の左が北，右が南と判断できる。したがって，高台から川を見下ろすことができるアとイのうち，西(資料１の手前)の方を見たときに眼下を川が流れているアが当てはまる。

問２　資料の１つ目と２つ目の文から，国府台《こうのだい》城は台地の上に築かれた城で，非常に見はらしがよかったことが読み取れる。また，３つ目と４つ目の文から，徳川家康は江戸を見下ろされることを不快に感じており，それができる場所にあった唐沢《からさわ》山城を取り壊《こわ》すよう命じたことがわかる。以上のことから，唐沢山城とほぼ同じ条件の土地に建っていた国府台城についても徳川家康が快く思わず，廃城を命じたと考えられる。

問３　図Ｂにはいくつものぼりが描かれているが，それらが政治演説会のためにかかげられたものであるかどうかはこの資料では正確に判断できない(ア…×)。ただし，図Ｂの八幡《はちまん》の欄《らん》には，八月十五日の左側に旧字体で「御祭礼」と書かれており，のぼりが祭礼のためにかかげられたものであると推測できる。

問４　古墳時代には，主に朝鮮半島から多くの渡来人が日本に移り住み，機織《はたお》りや漢字，儒教《じゅきょう》などの進んだ技術や文化を伝えた(ア…○)。なお，米づくりは縄文時代末期に日本に伝わり，弥生時代に各地に広がった(イ…×)。法隆寺は，聖徳太子が飛鳥時代に建てた現存する世界最古の木造建築物である(ウ…×)。安土桃山時代に豊臣秀吉が行った朝鮮出兵のさい，日本に連行された朝鮮の陶工が有田焼や萩《はぎ》焼などを始めた(エ…×)。

問５　浮世絵とは，江戸時代に描かれた風俗画である。エの歌川広重は，江戸時代後半に栄えた化政文化を代表する浮世絵師で，『東海道五十三次』がその代表作として知られる。なお，アの雪舟は，日本風の水墨《すいぼく》画を大成したことで知られる室町時代の画僧《がそう》，イの清少納言は『枕草子』で知られる平安時代の随筆家，ウの近松門左衛門は江戸時代の歌舞伎《かぶき》・人形浄瑠璃《じょうるり》の作家・脚本《きゃくほん》家である。

問６　アは室町時代(応仁の乱の開始)，イは奈良時代(『万葉集』の成立)，ウは江戸時代(五街道の整備)，エは平安時代(石橋山の戦い)の出来事なので，年代の古い順にイ→エ→ア→ウとなる。

４　近代の人物や出来事についての問題

問１　Ａには，江戸時代末～明治時代に活躍《かつやく》した思想家・教育家である福沢諭吉が当てはまる。慶《けい》應《おう》義塾の創設者として知られ，人間の平等などを説いた代表作『学問のすゝ《(す)》め』は，ベストセラーとなった。また，Ｂには女性小説家で，『たけくらべ』や『にごりえ』などの作品を残した樋口一葉が当てはまる。Ｃの人物は，主に明治時代～大正時代に活躍した細菌《さいきん》学者で，破傷風の血清療《りょう》法《ほう》を確立したり，伝染病研究所を設立したりするなど日本の医学に大きく貢献《こうけん》した北里柴三郎である(オ…○)。なお，大隈重信は東京専門学校(現在の早稲田大学)の創設者，与謝野晶子は日露戦争の反戦歌「君死にたまふことなかれ」を詠《よ》んだ歌人，志賀潔は赤痢《せきり》菌を発見したことで知られる細菌学者である。

問２　大日本帝国憲法第29条と五日市憲法第51条はいずれも，法律の範囲《はんい》内ではあるが，言論や出版の自由を認めている(エ…○)。なお，大日本帝国憲法第４条には天皇が「国や国民を治める権利をもつ」とあり，これが統治権にあたる(ア…×)。大日本帝国憲法第５条には，天皇が「法律を定める権利をもつ」とある(イ…×)。五日市憲法は第45条で，国民の権利と自由について，国の法律が保護しなければならないとしている(ウ…×)。

問３　国際連盟は，第一次世界大戦(1914～18年)の反省を受け，国際社会の平和と安全を守るための国際組織として1920年に発足した。第一次世界大戦の戦勝国となった日本は，常任理事国として設立当初から国際連盟に参加し，新渡戸稲造が事務局次官(事務次長)を務めた。

問４　琉球王国は，江戸時代には長州藩(現在の山口県)ではなく薩摩《さつま》藩(現在の鹿児島県)の支配を受けながら，清(中国)にも服属していた。しかし，明治時代になると1872年に琉球藩が設置され，1879年には沖縄県として日本に統合された(Ⅰ…誤)。太平洋戦争(1941～45年)末期には沖縄で国内唯一《ゆいいつ》となる地上戦が行われ，「ひめゆり学徒隊」など多くの女子学生らが負傷兵の看護《かんご》などのために従軍し，犠牲《ぎせい》となった(Ⅱ…正)。

問５　ａは明治時代(官営工場の建設)，ｂは江戸時代(備中ぐわや千歯こきの普及《ふきゅう》)，ｃは大正時代(第一次世界大戦)，ｄは昭和時代(高度経済成長)の出来事なので，年代の古い順にｂ→ａ→ｃ→ｄとなる。

問６　1871年，日本政府は江戸幕府が結んだ不平等条約の改正交渉《こうしょう》をするため，ウの岩倉具視を全権大使とする使節団を欧米に派遣《はけん》した。この岩倉使節団には留学生なども同行し，津田梅子は日本で最初の女子留学生の１人としてアメリカに渡った。なお，アの高橋是清《これきよ》は1920～23年に第20代内閣総理大臣を務めた政治家である。イの板垣退助は土佐藩(現在の高知県)出身の政治家で，自由民権運動の中心人物として活躍し，1881年に自由党を結成した。エの夏目漱石は，明治時代から大正時代にかけて活躍した小説家で，『吾輩《わがはい》は猫である』や『坊《ぼ》っちゃん』で知られる。

5　政治のしくみや民主主義についての問題

問１　予算は内閣が作成して国会に提出し，これを国会が審議《しんぎ》・議決することで成立する(イ…×)。なお，予算の議決は年に１回，１月に召集《しょうしゅう》される通常国会(常会)で行われる。

問２　2015年に公職選挙法が改正され，選挙権年齢がそれまでの満20歳《さい》以上から満18歳以上へと引き下げられた。これによって満18歳，満19歳の人も選挙権を得たが，仮にこの人たちが全員投票したとしても，満20歳以上の有権者の方がずっと多いので，投票率がそれまでの２倍になるとは考えにくい(ウ…×)。なお，10代の投票率はあまり高くなく，全体の投票率に大きく影響《えいきょう》していない。

問３　(1)　裁判は利害がぶつかったり，何らかの権利が侵《おか》されたりした場合に行われる。裁判所は基本的人権をはじめとする国民のさまざまな権利を守るため，法に従い判断を下さなくてはならない。　(2)　全ての裁判所は，国会が制定した法律が憲法に違反していないかどうかを判断する違憲立法審査権を持っている(エ…○)。なお，裁判官として不適切かどうかを判断する弾劾《だんがい》裁判所は国会に設置される(ア…×)。内閣不信任決議は衆議院が持つ権限である(イ…×)。最高裁判所裁判官は国民審査を受け，適任かどうかを国民に判断される(ウ…×)。

問４　(1)　表より，「クラスのみんなで分ける」を１位にした人は13人で最も多いが，３位にした人も合計17人おり，クラスの半数以上がほかの考えの方がよいと思っていることがわかる。多数決の原則に従えば最も多くの票を得た「クラスのみんなで分ける」に決定することになるが，クラスの半数以上が不満をいだく可能性もあるので，麗子さんは正しいといえるのか疑問を持ったと考えられる。　(2)　より多くの人が納得できる決め方の１つとして，１位にあげた人が多い「クラスのみんなで分ける」と「来年の学園祭まで貯金する」など，希望の多い２つに候補をしぼり，その２つで決選投票を行うという方法がある。あるいは，利益はお金であり分配できるものなので，どれか１つに使い道を決めて少数の意見を切り捨てるのではなく，それぞれの考えに沿った方法で利益を分配するという方法も考えられる。

理　科　＜第１回試験＞（30分）＜満点：60点＞

解　答

1 **問1**　エ　**問2**　不完全変態　**問3**　（例）　敵に見つかりにくいため生き残りやすい。　**問4**　C　**問5**　6日

2 **問1**　ア，イ，オ　**問2**　イ　**問3**　ウ，オ　**問4**　（アルミニウム，鉄の順に）　**塩酸**…○，○　**水酸化ナトリウム水よう液**…○，×　**問5**　6倍

3 **問1**　カ　**問2**　イ　**問3**　ウ　**問4**　水　**問5**　**1**　A　**2**　A　**3**　B　**4**　C

4 **問1**　ア　**問2**　イ　**問3**　D，E，F　**問4**　C　**問5**　F

5 **問1**　でんぷん　**問2**　師管　**問3**　ア　**問4**　オ　**問5**　（例）　発芽したときに確実に光合成をすることができる

6 **問1**　**a**　エ　**b**　ウ　**c**　ク　**問2**　（例）　$A+E=B+G+H$　**問3**　エ

解　説

1 トノサマバッタの生態についての問題

問1　トノサマバッタは昆《こん》虫のなかまで，昆虫のからだは頭・胸・腹の３つの部分に分かれていて，３対のあしが胸に生えている。黒色のトノサマバッタは緑色のトノサマバッタと比べて後あしが短いことから，緑色のトノサマバッタは後あしが長いエがあてはまる。

問2　昆虫が幼虫から成虫に成長する過程で，さなぎにならないような成長のしかたを不完全変態という。なお，さなぎの時期のある育ち方を完全変態という。

問3　１匹《びき》で生活するトノサマバッタのからだの色は緑色をしている。これには，トノサマバッタがイネやススキなどのイネ科の植物をえさとして食べるため，緑色をしていると敵に見つかりにくく，生き残りやすいという利点がある。

問4　1 km^2＝1000000m^2である。よって，1 m^2あたりに生息しているトノサマバッタの数は，地域Ａでは，1500000÷(0.05×1000000)＝30(匹)，地域Ｂでは，2000000÷(0.1×1000000)＝20(匹)，地域Ｃでは，5000000÷(５×1000000)＝１(匹)，地域Ｄでは，100000000÷(10×1000000)＝10(匹)となる。トノサマバッタの色は密度が1 m^2あたり0.1〜１匹の場合に緑色になることから，緑色のトノサマバッタが観察できるのは地域Ｃである。

問5　地域Ｅ 1 m^2あたりで育てているイネの量は，30×1000÷100＝300(g)である。また，トノサマバッタ100匹が１日で食べるイネの量は，0.5×100＝50(g)だから，すべてのイネを食べつくすまでにかかる日数は，300÷50＝６(日)と求められる。

2 水よう液の性質についての問題

問1　砂糖，ホウ酸，ミョウバンは水にとけるが，油は水と混ざらずに水の上に層となってうき，砂は水にとけないで水の底にたまる。

問2　水に食塩はとけるがでんぷんはとけない。これより，２つが混ざったものを水に入れ，ろ過することで，でんぷんだけを取り出すことができる。次に，残った水よう液を加熱して水を蒸発さ

せると，食塩を小さなつぶとして取り出すことができる。

問３　BTBよう液に，酸性の水よう液を加えると黄色，アルカリ性の水よう液を加えると青色になる。また，むらさきキャベツ液に，酸性の水よう液を加えると赤色，アルカリ性の水よう液を加えると黄色になる。

問４　鉄を塩酸に加えるとあわを出してとけるが，水酸化ナトリウム水よう液に加えてもとけない。一方，アルミニウムは塩酸，水酸化ナトリウム水よう液のどちらに加えてもあわを出してとける。

問５　それぞれの塩酸10cm^3を中和するのに必要な水酸化ナトリウム水よう液の体積は，塩酸Ｘではグラフより20cm^3，塩酸Ｙでは，$10\times\frac{10}{30}=\frac{10}{3}$($cm^3$)である。塩酸の濃《こ》さは，同じ体積の塩酸を中性にするために必要な水酸化ナトリウム水よう液の体積に比例するから，塩酸Ｘの濃さは塩酸Ｙの濃さの，$20\div\frac{10}{3}=6$（倍）となる。

3　ものの燃え方についての問題

問１　ものが燃えるためには酸素があること，燃えるものがあること，発火点以上の温度であることの３つが必要である。操作２では割りばしにコップをかぶせていて，割りばしが燃えることにより，コップ内の酸素が使われて少なくなる。よって，操作２の方が操作１よりはやく炎《ほのお》が消える。

問２　水をかけたことで割りばしが冷やされる。また，水が変化した水蒸気によって割りばしのまわりがおおわれ，酸素が少なくなって炎が消える。燃えている割りばしに水をかけても二酸化炭素は発生しない。

問３　宇宙空間にただよっている打ち上げ後のロケットの部品や，運用を終えた人工衛星などのことを宇宙ゴミ(スペースデブリ)という。

問４　水素と酸素を混ぜて燃やすと，水素が酸素と結びつき，水ができる。

問５　それぞれの気体の性質をまとめると，右の図のようになる。よって，１と２は水素のみ，３は酸素のみ，４は両方にあてはまる。

	空気より軽い	燃える	燃えるのを助ける	水にとけにくい
水素	○	○	×	○
酸素	×	×	○	○

(○はその性質があることを，×はないことを示す。)

4　回路と豆電球の明るさについての問題

問１　電流はかん電池の＋極から出て豆電球を通り，かん電池の－極にもどる。かん電池の記号で，長い方が＋極，短い方が－極である。

問２　かん電池を直列つなぎに増やすと，豆電球１個を流れる電流の大きさが大きくなり，豆電球を直列つなぎに増やすと，豆電球１個を流れる電流の大きさが小さくなる。豆電球１個を流れる電流の大きさは，回路Ｂは0.5，回路Ｃは２，回路Ｄ～回路Ｆは１となる。

問３　豆電球に流れる電流の大きさが同じとき，豆電球の明るさは同じになる。これより，豆電球１個の明るさが回路Ａと同じになるのは，問２より，回路Ｄ～回路Ｆである。

問４　豆電球に流れる電流が大きいほど，豆電球の明るさは明るくなる。よって，豆電球の明るさが最も明るいのは，回路Ｃになる。

問５　かん電池１個を流れる電流の大きさが小さいほど，豆電球の点灯が長く続く。回路Ａでかん電池を流れる電流の大きさを１とすると，回路Ｂでは0.5，回路Ｃと回路Ｄでは２，回路Ｅでは１，回路Ｆでは$\frac{1}{3}$である。したがって，回路Ｆの豆電球の点灯が最も長く続く。

5　光合成と光についての問題

問１　植物が光合成をしてつくるものはでんぷんと酸素で，このうち，でんぷんはヨウ素液と反応して青むらさき色になる。

問２　でんぷんは水にとけるものに変えられて，師管を通ってからだの各部分に運ばれる。

問３　発芽に必要な条件は，酸素，適温，水の３つである。肥料は植物の成長には必要だが，発芽には必要ない。

問４　A　たとえば，実験③と実験④はどちらも赤色光と遠赤色光を同じ回数だけ当てているが，結果が異なるから，赤色光と遠赤色光を当てた回数は発芽とは無関係であるとわかる。　B　最後に当てた光が赤色光の実験①，実験③，実験⑤，実験⑦，実験⑨では発芽しているが，最後に遠赤色光を当てた実験では発芽していないことから，最後に当てた光が赤色光のとき発芽するとわかる。

問５　問題文に，「植物の葉は赤色光の大部分を吸収し利用するが，遠赤色光はあまり吸収せず利用しない」とある。したがって，赤色光に反応して発芽すれば，種子が発芽したあと，光合成に必要な光(赤色光)があるため，確実に光合成をすることができるという利点がある。

6　**地球とエネルギーの移動についての問題**

問１　**a**　地表に届くエネルギーは58％で，そのうち吸収されずに反射されるエネルギーが９％なので，地表に吸収されるエネルギーは，58－９＝49(％)となる。　**b**　地表に吸収されるエネルギーの総量は，49＋95＝144だから，地表に吸収されるエネルギーのうち，大気圏《たいきけん》外から直接受け取るエネルギーの割合は，49÷144×100＝34.0…より，約34％になる。　**c**　地表から放出されるエネルギーの総量は，132＋12＝144で，そのうち大気と雲への放出の量は132なので，その割合は，132÷144×100＝91.6…より，約92％である。

問２　「地表に吸収されるエネルギー」と「地表から放出されるエネルギー」が等しくなればよいので，$A-B+E=G+H$という関係が成り立てばよい。式を整理して，$A+E=B+G+H$としてもよい。

問３　地球の温暖化現象は，おもに大気中の二酸化炭素の濃度《のうど》の増加が原因だと考えられている。二酸化炭素には熱を吸収する性質があるため，二酸化炭素の濃度が増加すると「大気と雲」がより多くのエネルギーをためられるようになり，それにともなって図中のEの割合も大きくなるため，地球の温暖化が進むと考えられる。

英　語　＜第１回試験＞（40分）＜満点：100点＞

※　編集上の都合により，英語の解説は省略させていただきました。

解　答

1 (1)　い　(2)　う　(3)　あ　(4)　あ　**2** (1)　い　(2)　う　(3)　い　(4)　う　(5)　あ　**3** (1)　い　(2)　あ　(3)　あ　(4)　い　(5)　い　**4** (1)　う　(2)　あ　(3)　い　(4)　い　**5** (1)　あ　(2)　う　(3)　う　**6** (1)　う　(2)　い　(3)　あ　(4)　い

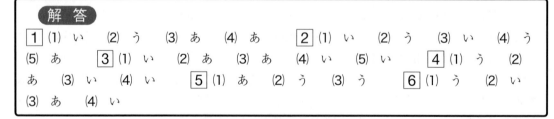

国　語　＜第１回試験＞（50分）＜満点：100点＞

解　答

一　**問１**　ウ　**問２**　ア　**問３**　エ　**問４**　エ　**問５**　（例）　気に入られたいと思って嘘をつくこと。　**問６**　ア　**問７**　**１**　（例）　**A**　学校にいるのを忘れさせてくれる　**B**　囲まれて　**２**　ア　**問８**　**１**　問いかけ（疑問）　**２**　イ　二　**問１**　ア　**問２**　エ　**問３**　ア　**問４**　**【１】**　ぬま　**【２】**　小さな川　**問５**　川から水を引くための水路　**問６**　⑴　あみの目　⑵　防火用水　⑶　米　**問７**　（例）　こうずいは，養分にとんだ土を，山からはこんでくれるので，つぎの年は，畑に肥料をやらなくてすむから。　**問８**　エ　**問９**　（例）　雪国は，雪のおかげで良質な水が豊富で農業や産業に使えるが，雪が降ると，毎日のように除雪作業が必要なうえ，交通の不便さやきびしい寒さにもたえなければならない。

三　**問１**　**１**　イ　**２**　エ　**３**　ウ　**４**　ア　**問２**　（例）　**１**　きらきら　**２**　解散　**３**　賛成　四　下記を参照のこと。

●漢字の書き取り

四　**１**　解約　**２**　構造　**３**　誠実　**４**　染まる　**５**　退く

解　説

一　**出典：ひこ・田中《たなか》『ぼくは本を読んでいる。』**。小学５年生のルカはもともと本好きではない少年だが，親が小学生のころ読んでいた本を，家で見つけたのをきっかけに読書をし始めた。本文は，ルカが，転校生で読書好きの松岡さん（カズサ）や，二年ぶりに同じクラスになった安田と会話をする場面である。

問１　今，ルカが読んでいる『小公女』の主人公セーラも，カズサのように本が好きだったが，セーラは「読書に夢中なとき，じゃまをされると，誰《だれ》かにぶたれたような気がする」と言っていた。だから，ルカは，カズサもセーラと同じように感じ，読書中に話しかけたら気分を悪くするのではないかと考えたのである。

問２　最近，親が子どものころに読んでいた本を読み始めたルカは，本好きなカズサに興味を持ち，話しかけてみた。カズサは「近づきにくい感じ」で，会話もはじめのうちはスムーズに進まなかったが，ルカが『小公女』を読んでいると聞いたカズサもルカに興味を持った。共通の話題が見つかってからは話も盛り上がり，お互《たが》いにもっと親しくなりたいという雰囲気《ふんいき》になっていったので，アが合う。

問３　Ⅱの初めに，体育館は「通学路に面して」いて，「体育館と通学路の間はフェンスと，そのフェンスと並ぶように木が植えられて」いるとある。また，体育館の壁《かべ》にもたれると「木とフェンスのすきまから，通学路を歩いている人たちが見える」ので，木とフェンスは，体育館から少し離《はな》れたところに並んでいると想像できる。よって，エがよい。

問４　安田は，ルカと違《ちが》うクラスになってからうまく友だちが作れず，教室にも運動場にも居場所がないように感じていたので，「人がそんなにやってこ」ず，「学校にいるのをちょっとだけ忘れさせてくれる」場所である「体育館の裏側」を安心できる「隠《かく》れ場所」にしていた。安田は，この二年間，自分がどのようにして過ごしてきたことを知ってほしくて，ルカに，「体育館の裏側」では教室や運動場とは音が違って聞こえるという話をしたと考えられるので，エが選べる。

問５　三，四年生のときに友だちを作るため，ルカがした「そういうこと」とは，声をかけてくれた名取に「気に入られたいと思って」，「名取に合わせようと嘘《うそ》をついて」いたことだった。

問６　安田にとって「体育館の裏側」は，「学校にいるのをちょっとだけ忘れさせてくれる」場所だったが，ルカはここを「学校にいるって感じがすごくする」と言った。安田は，ルカの感じ方が，自分とは「正反対」であることをおもしろいととらえ，お互いの考え方が違っていても友だちであることに変わりはないという気持ちを表していると思われるので，アがふさわしい。

問７　**１**　**Ａ**　安田にとって，フェンスの外を通る車の音が聞こえる「体育館の裏側」は，「学校にいるのをちょっとだけ忘れさせてくれる」場所である。　**Ｂ**　ルカが「体育館の裏側」を「学校にいる気がすごくする場所」だと感じるのは，学校が「門とフェンスとブロックで囲まれている」ということを強く意識させられるからである。　**２**　この二年間，安田は「隠れ場所」を必要としていたが，ルカに「隠れ場所」は必要なかった。二人は，これからも友だちでいたいと望んでいるが，それぞれに異なる二年間を過ごしてきたことを思い知らされ，しばらく黙《だま》って考えこんでしまったのだろう。よって，アが選べる。

問８　**１**　Ⅰの終わりで，カズサに，『小公女』は「少女小説の定番」だと言われたルカの心の中に，「『小公女』はやっぱり，女子が読む本なんだろうか？　男子が読むのはおかしいのだろうか？」という思いが浮かんでいる。Ⅱでもルカは，クラス替《が》えが「なければ，安田とぼくは，ずっと友だちでいたんだろうか？　それとも，けんかして別れてしまったんだろうか？」と想像している。ともに「～だろうか？」という思い(疑問)である。　**２**　和美は，「カズサと安田はルカの話を，とてもやさしく，また，興味を持って聞いていて，ルカを好きなことが伝わる」と言っている。カズサと安田がルカを好きなのは，ルカが優《やさ》しく，まっすぐ人に向き合おうとしているからだろう。二つの場面を通して，好感が持てるルカの人柄《ひとがら》が伝わり，洋が言うように，「やさしい子たちばかりだし，安心して読んでいけそう」な「温かみが感じられる物語」であるといえる。よって，イがよい。

二　**出典：富山和子《とみやまかずこ》『川は生きている』**。筆者は，日本人が，川とどのようにつきあってきたのかを紹介《しょうかい》し，日本の文化や土地が川によってつくられたことを説明している。

問１　わたしたちの先祖も「水害には，いつもなやまされ」てきたが，「そのかわりにこうずいは，養分にとんだ土を，山からはこんでくれ」たとあるので，前のことがらに対し，後のことがらが対立する関係にあることを表す「でも」が合う。

問２　日本人が「はんらん原に水田をひらいた」ことは，「じつにじょうずな，川とのつきあいかた」だったとある。それは，水田が「ふった雨をたくわえる遊水池にも」なったからであり，水田で使った川の水は「地下にしみこんで地下水になり，ゆっくりと川へながれでて」再び川に戻《もど》されたからである。よって，アとイは正しい。また筆者は，上流で使った水が「地下水になり，やはり川へながれでて川の水に」なると，今度は下流で使われて，「水はくりかえしくりかえし，つかわれる」ことになっていたことも理由にあげている。よって，ウも合う。しかし，「いまの大都市のように，人間がただ水をとりあげて，ふった雨もつかった水も，下水のパイプで海へすててしまう『つかいすて』」は，「じょうずな，川とのつきあいかた」とはいえないので，エはふさわしくない。

問３　同じ段落に，「はんらん原に水田をひらくということは，いままではんらんしていた水を，そのまま人間がうけいれたということ」だとある。水をたくわえることのできる水田をつくることで，日本人は「川の水はこうずいまで」利用したのである。はんらんした川の水を利用するのは，水をたくわえることのできない畑地では，不可能である。よって，アが正しい。

問４　ぼう線③の前の段落に，昔の関東平野は「利根川《とねがわ》のはんらんする，人の住めない土地」で，「いたるところにぬまがあり，かぞえきれないほどの小さな川が，ついたりはなれたり～ひろがったりして」いたと書かれている。

問５　筆者は，ぼう線④前後の段落で，家康が「利根川のながれをとちゅうから東へむかわせ，銚子《ちょうし》の海へおとす大事業」を行ったあと，水田をひらいて関東平野を豊かな土地にするために「川から水を引くための水路」をつくったと述べている。

問６　**１**，**２**「用水の水路」は，「あみの目のように大地を走り」，その水は，農業水や飲み水などに使われるだけでなく，「火事にそなえて防火用水」にもなった。　**３**「用水には船もうかべられ」て，農地で「つくった米」が江戸に運ばれ，江戸からは「肥料や着物や，茶わんなどの日用品が，つまれて」帰ってきたとある。

問７　ぼう線⑥の三，四段落後で筆者が述べているように，「こうずいは，養分にとんだ土を，山からはこんでくれ」るので，洪水《こうずい》の起きた年に畑は使えないが，「つぎの年は，畑に肥料をやらなくてもすむ」ことから，「こうずいがはこんでくる土」は，「自然のめぐみ」だったといえるので，これらの部分をまとめるとよい。

問８　人の命や財産を奪《うば》う洪水は自然の脅威《きょうい》であったが，わたしたちの先祖は，川の性質をたくみに利用して，農業やその他の産業を発展させていった。川が与《あた》えてくれるめぐみをただ利用したのではなく，川のもたらす災害に負けずに産業や文化を育てていったので，筆者は，先祖と川との関係を「たたかい」と表現している。このことから，エが選べる。

問９「自然と共に生きるために人間ががまんしなければならないこと」の例としては，このほかにも，台風，地震，火山の噴火《ふんか》といった自然災害の影響《えいきょう》が考えられる。それぞれについて，自然がもたらすめぐみについてもふくめて自分の言葉で説明するとよい。

三　接続語，ことばの知識

問１　**１**「なぜなら」の後には理由の説明がくるので，イを選ぶ。　**２**「ところが」は，前のことがらを受けて，期待に反することを述べるときに用いるので，エがよい。　**３**「だから」は，前のことがらを原因・理由として，後にその結果が続くときに用いるので，ウがあてはまる。　**４**「また」は，あることがらとは別のことがらをつけ加えるときに使うので，アが入る。

問２　**１**「星」を形容する擬態語《ぎたいご》には，「きらきら」「ちかちか」などがある。　**２**「集合」は，人や物が一か所に集まること。対義語は，別れて散っていくことを意味する「解散」「離散《りさん》」などがある。　**３**「同意」は，他人の意見と同じ意見を持っていると示すこと，同じ意味であること。同様の意味を持つ言葉には，前者の場合は「賛成」「賛同」など，後者の場合は「同義」などがある。

四　漢字の書き取り

１　契約《けいやく》を取り消すこと。　**２**　一つのまとまりを作り上げている部分の組み合わせ方，仕組み。　**３**　言葉や行動に嘘がなく，真心をもって，人や物に接するさま。　**４**　音読みは「セン」で，「染色」などの熟語がある。　**５**　後ろへ下がること。

Dr.福井の

入試に勝つ！脳とからだのウルトラ科学

右の脳は10倍以上も覚えられる！

手や足，目，耳に左右があるように，脳にも左右がある。脳の左側，つまり左脳は，文字を読み書きしたり計算したりするときに働く。つまり，みんなはおもに左脳で勉強していることになる。一方，右側の脳，つまり右脳は，音楽を聞き取ったり写真や絵を見分けたりする。

となると，受験勉強に右脳は必要なさそうだが，そんなことはない。実は，右脳は左脳の10倍以上も暗記できるんだ。これを利用しない手はない！　つまり，必要なことがらを写真や絵などで覚えてしまおうというわけだ。

この右脳を活用した勉強法は，図版が数多く登場する社会と理科の勉強のときに大いに有効だ。たとえば，歴史の史料集には写真や絵などがたくさん載っていて，しかもそれらは試験に出やすいものばかりだから，これを利用する。やり方は簡単。「ふ～ん，これが○○か…」と考えながら，載っている図版を5秒間じーっと見つめる。すると，言葉は左脳に，図版は右脳のちょうど同じ部分に，ワンセットで記憶される。もし，左脳が言葉を忘れてしまっていたとしても，右脳で覚えた図版が言葉を思い出す手がかりとなる。

また，項目を色でぬり分け，右脳に色のイメージを持たせながら覚える方法もある。たとえば江戸時代の三大改革の内容を覚えるとき，享保の改革は赤，寛政の改革は緑，天保の改革は黄色というふうに色を決め，チェックペンでぬり分けて覚える。すると，「“目安箱”は赤色でぬったから享保の改革」というように思い出すことができ，混同しにくくなる。ほかに三権分立の関係，生物の種類分け，季節と星座など，分類されたことがらを覚えるときもピッタリな方法といえるだろう。

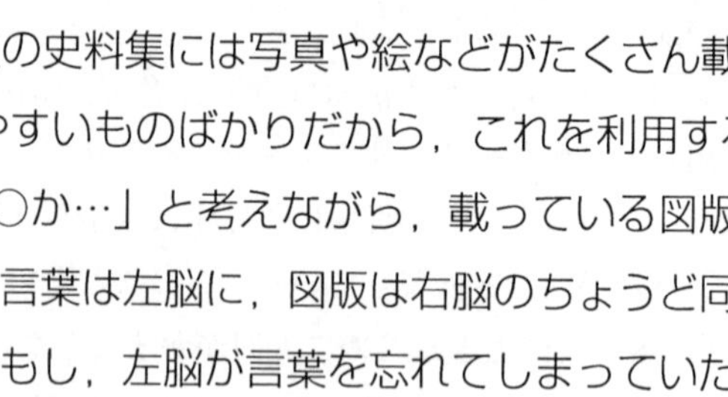

Dr.福井（福《ふく》井《い》一成《かずしげ》）…医学博士。開成中・高から東大・文Ⅱに入学後，再受験して翌年東大・理Ⅲに合格。同大医学部卒。さまざまな勉強法や脳科学に関する著書多数。

Memo

Memo

2023年度 和洋国府台女子中学校

【算　数】〈第１回試験〉（50分）〈満点：100点〉

注意　1．途《と》中の計算などは，問題用紙のあいているところを使用し，消さないで残しておきなさい。
　　　2．定規，コンパス，分度器，電卓《たく》は使用できません。
　　　3．円周率は，3.14を使って計算しなさい。
　　　4．答えが分数になるときは，それ以上約分できない形で答えなさい。

1　次の計算をしなさい。

(1)　$91-(48\div6+2\times8)$

(2)　$3-2\div\left\{3\times\left(2-\frac{2}{3}\right)\right\}$

(3)　$1-0.038-7.62\div10$

(4)　$3\frac{2}{3}-\frac{3}{4}\div2\frac{1}{4}-2\frac{1}{3}\div7$

(5)　$99-11\times(17-9)+121\div11$

2　次の□にあてはまる数を答えなさい。

(1)　$\frac{5}{4}-0.5\times\left(1\frac{1}{3}-\square\right)\div\frac{7}{3}=1$

(2)　１から30までの整数のうち，２の倍数でもなく，５の倍数でもない数を全部足すと□になります。

(3)　定価4000円の品物を，35％引きで売ると，値段は□円です。

(4)　周の長さが等しい正方形と長方形があります。その長方形のたてと横の長さの比が２：３であるとき，正方形と長方形の面積の比は25：□です。

(5)　480ｇの水に，20ｇの食塩を入れると，□％の食塩水ができます。

(6)　全部で210ページの本を，昨日は全体の20％を読み，今日は残りの$\frac{1}{3}$にあたる□ページを読みました。

(7)　右の図において，角アと角イの大きさの和は□度です。

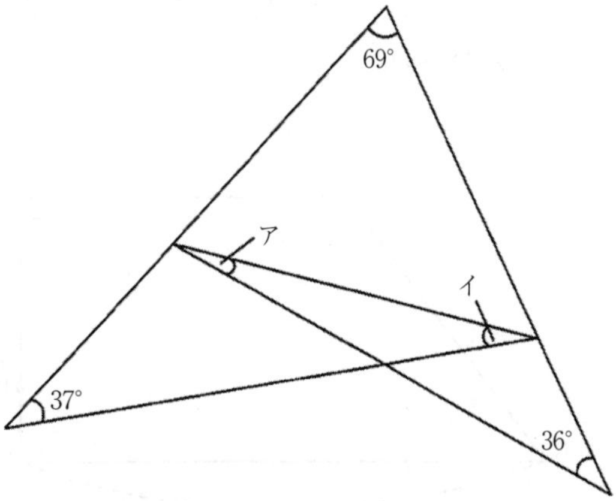

(8)　次のページの図は，半径５cmの円が直線上をすべらないようにちょうど１回転したようすを表したものです。▨部分の面積は□cm^2です。

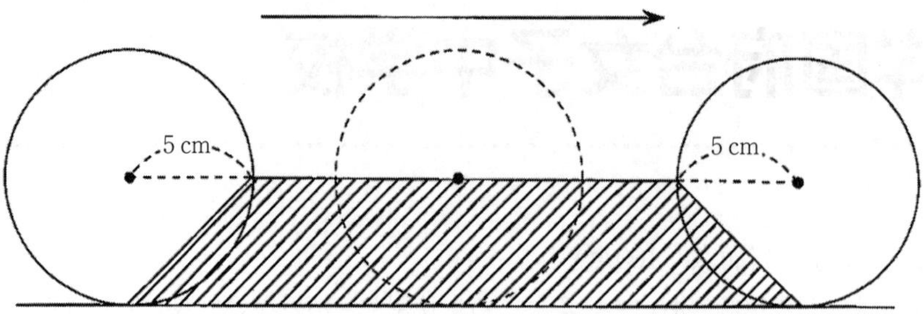

3　ある電話会社では，１回の通話の料金プランを次のようにしています。

Ａプラン	最初の20分までは無料　20分をこえると通話１分あたり25円
Ｂプラン	１分あたり20円

(1)　50分間通話をすると，Ａ，Ｂどちらのプランに加入していれば，１回の通話料金が安くなりますか。理由とともに答えなさい。

(2)　ＡプランとＢプランの通話料金が等しくなるのは，通話を始めてから何時間何分後でしょうか。

4　５人の生徒Ａ，Ｂ，Ｃ，Ｄ，Ｅの算数のテストの平均点は76点です。ここにもう１人の生徒Ｆの点数を加えると，平均点は３点上がりました。Ｆの点数は何点ですか。

5　次の条件にしたがって，ア～カには１～６の数字が１つずつあてはまります。ウにあてはまる数字はいくつですか。ただし，同じ数字はくり返しあてはめることはできません。

【条件】　ア＋イ＝カ，ア＋ウ＝オ，イ＋ウ＝エ，ア＜ウ，ウ＜イ

6　次の図のような台形ABCDがあります。点ＰはＣを出発して，辺上をＣ→Ｄ→Ａ→Ｂまで動きます。右のグラフは点Ｐが動いた道のりと三角形BCPの面積を表しています。下の問いに答えなさい。

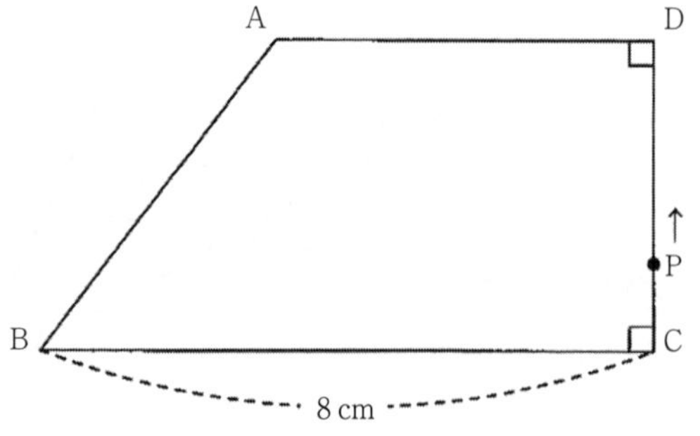

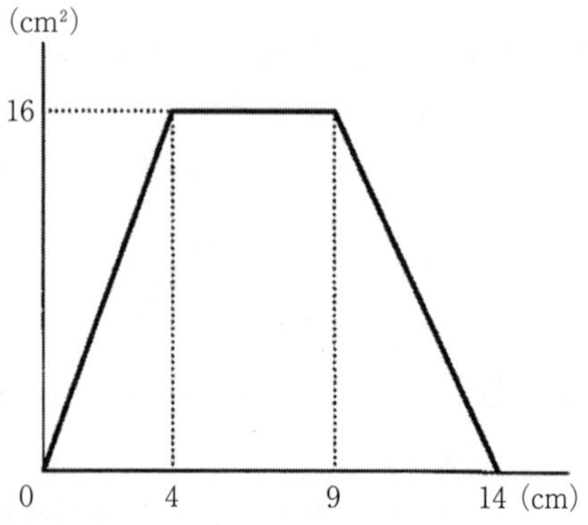

(1)　ADの長さは何cmですか。

(2)　点ＰがＡから３cm進んだとき，四角形APCDの面積は何cm^{2}ですか。

7　図１の立体を，「こたつ型」と呼ぶことにします。この「こたつ型」を図２のようにいくつか組み合わせたとき，一辺が９cm の大きな立方体の形をした立体と，その中に一辺が３cm の立方体の形をしたすき間ができました。このとき，下の問いに答えなさい。

図１

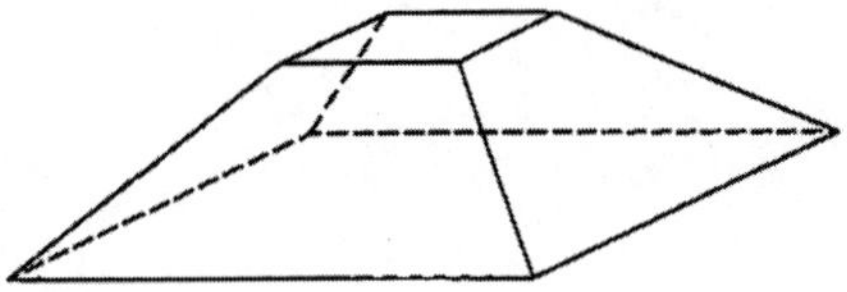

図２

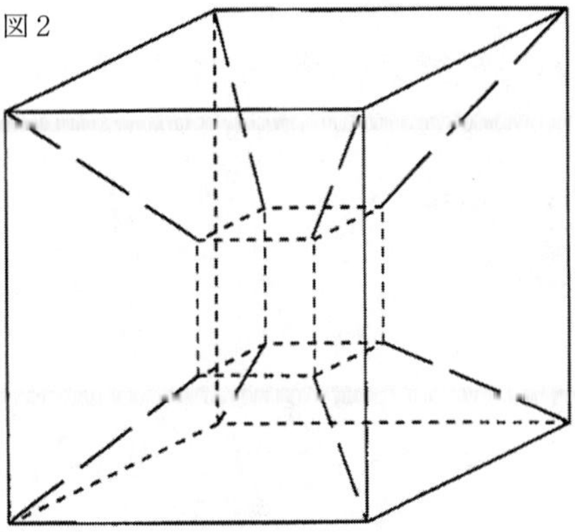

(1)　「こたつ型」をいくつ組み合わせましたか。

(2)　「こたつ型」１つ分の体積は何 cm^3 ですか。

【社　会】〈第１回試験〉（30分）〈満点：60点〉

〈編集部注：実物の入試問題では，1と2問３・5Ｃの地図およびグラフ・写真はカラー印刷です。〉

1　下の会話を読み，地形図を見て，各問に答えなさい。

国土地理院　電子地形図25000(縮尺《しゅくしゃく》1/25000)をもとに作成

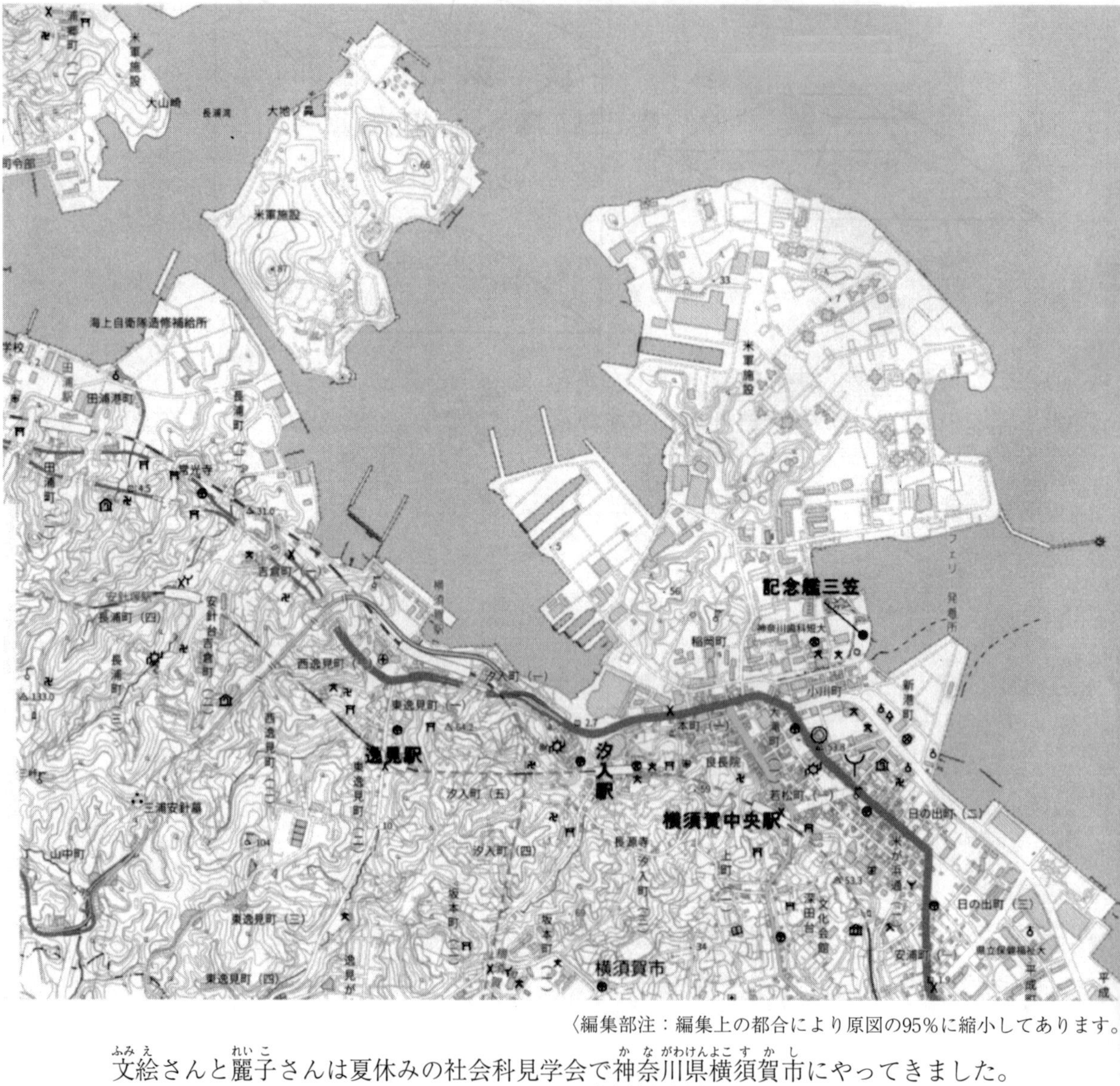

〈編集部注：編集上の都合により原図の95％に縮小してあります。〉

文絵《ふみえ》さんと麗子《れいこ》さんは夏休みの社会科見学会で神奈川県横須賀市《かながわけんよこすかし》にやってきました。

麗子：横須賀中央駅から少し寄り道をしながら，記念艦三笠《きねんかんみかさ》まで歩いたね。

文絵：地図で見ると，◎ や Y のところを通ったね。

麗子：記念艦三笠はすごかったね。

文絵：当時の様子をいろいろ想像することができたね。

麗子：記念艦三笠からながめた景色もきれいだったね。

文絵：そうだね。これから食べる“横須賀海軍カレー”も楽しみだね。どこのお店にしようか。

麗子：来る前にお店のホームページを調べたら，こんなふうに書かれていたよ。

『私たちは，横須賀に生まれ育ち，この地を愛してやまないことから，[　　　]を目指し，ヨコスカ小麦の栽培《さいばい》育成や地元農家とのコラボレーションを続けています。』

つまり横須賀で作られたものを，横須賀でおいしくいただく，ということだよね。

文絵：私が調べたお店のホームページにもこのように書かれていたよ。

『人気店第１位受賞の「海軍カレー」は地元横須賀の食材とビーフがたっぷり。海上自衛隊認定《にんてい》「あすかポークカレー」も人気。』

麗子：どっちのお店もおいしそうで迷っちゃうね。

文絵：来る前に調べたんだけど，横須賀には製鉄所や自動車工場もあって，横須賀からもたくさん出荷《しゅっか》されているみたいだね。

麗子：横須賀は色々な魅力《みりょく》があっておもしろそうだから，家に帰ったらもっと詳《くわ》しく調べてみようかな。

問１　２人が通った ◎ と Y の地図記号は，それぞれ何をあらわしていますか。

問２　２人が歩いたコースは地図上では６cm ありました。実際の距離《きょり》は何mですか。

問３　地図中の「汐入《しおいり》駅」からみて，「記念艦三笠」はどの方位にありますか。８方位で答えなさい。

問４　この地図がしめす範囲《はんい》について説明したものとして，誤っているものを次のア〜エの中から一つ選び，記号で答えなさい。

ア　小川《おがわ》町のあたりには小・中学校，高等学校，大学がある

イ　沿岸部《えんがんぶ》には自衛隊の関連施設《しせつ》や米軍の関連施設がある

ウ　逸見《へみ》駅から横須賀中央駅までの線路には橋が多くかかっている

エ　この地図の範囲内の低いところと高いところの標高差は50m以上ある

問５　会話の中の□には，その場所で作られたものをその場所の近くで使うことを意味する言葉が入ります。その言葉を漢字４文字で答えなさい。

問６　自動車工場について，日本の自動車産業の説明として誤っているものを，次のア〜エの中から一つ選び，記号で答えなさい。

ア　かつては日本で生産し世界に輸出していたが，今は現地生産されることも多い

イ　工場は，輸送に便利な海や高速道路の近くにあることが多い

ウ　ジャストインタイム方式により，必要な部品はすべて組み立て工場で作っている

エ　ハイブリッド車や燃料電池自動車，自動運転技術などの開発も進められている

2　次の会話を読み，各問に答えなさい。

昼食を終えた文絵さんと麗子さんは，次の集合場所である港に向けて，横須賀の街を散策《さんさく》しています。どうやら２人とも，お昼に食べた海軍カレーがとても気に入ったみたいですね。

麗子：海軍カレー，とってもおいしかったね。私が注文したビーフカレーは，お肉がゴロゴロ入ってたよ。

文絵：麗子は本当にお肉が大好きだね。まさか大盛《おおも》りを注文するとは思わなかったよ。私は野菜カレーを食べたけど，いろんな種類の野菜が入っていて，すごくおいしかった。

麗子：さすがに文絵は，水泳をやってるだけあって，ヘルシー志向なのね。そういえば，さっき野菜の直売所があったよね。いろんな野菜が並《なら》んでて，おいしそうだったよ。

文絵：土田《つちだ》先生にきいたんだけど，横須賀市のある三浦《みうら》半島は，野菜栽培がとてもさかんなんだ

って。きっと地元でとれた野菜が使われてるんじゃないかな。

麗子：へぇ，そうなんだ，じゃあ帰りにお母さんに，おみやげで買って帰ろうかな。あっ，港が見えてきたよ，あそこに泊《と》まってる船に，私たち乗るのかな。

文絵：午後の軍港クルーズも楽しみだね。

「横須賀軍港クルーズ」を終えた２人が，クルーズ船から降《お》りてきました。あいにくの天気でしたが，約１時間の短い船旅を，２人とも楽しんだようです。

麗子：ちょっと天気は悪かったけど，港のクルーズ楽しかったね。

文絵：途中《とちゅう》からは雨もやんだから，船の外に出ることもできて，とても海風が気持ち良かったよ。

麗子：今まであまりくわしく知らなかったけど，いろんな種類の船があるんだね。

文絵：近くで潜水艦《せんすいかん》を見たの，私は初めてだったけど，船員さんが手を振《ふ》ってくれていたね。

麗子：ほかにも，南極観測船や海洋探査船《たんさせん》，自動車をのせる大型の貿易船も泊まっていたね。

文絵：船以外にも，製鉄所や自動車工場，ごみ処理場《しょりじょう》なんかも見えたね。

麗子：海の風にあたったら，何だかお腹《なか》がすいてきちゃった。

文絵：えーっ，さっきカレーを食べたばっかりじゃない，もうお腹すいたの？

麗子：えへへ，私って食《く》いしん坊《ぼう》だからさ。

２人にとっては，忘《わす》れられない夏の思い出となる１日になったようですね。

問１　野菜の直売所について，横須賀市の農業の特色として正しいものを，次のア～エの中から一つ選び，記号で答えなさい。

ア　火山灰《かざんばい》がつもった台地で，栄養分の少ない土になやまされたが，土の改良をおこなったことでさつまいもや茶などの生産がおこなわれている

イ　大都市との距離が近く，収穫《しゅうかく》した新鮮《しんせん》な野菜をその日のうちに消費者に届《とど》けることができるため，トマトやキュウリなどの生産がおこなわれている

ウ　標高が1000メートルをこえる高原の地形であるため，夏でも涼《すず》しい気候をいかしたキャベツやレタスなどの生産がおこなわれている

エ　ひとつの農家が所有する耕地面積が広く，大型機械をもちいた大規模《だいきぼ》な農業でじゃがいもやタマネギなどの生産がおこなわれている

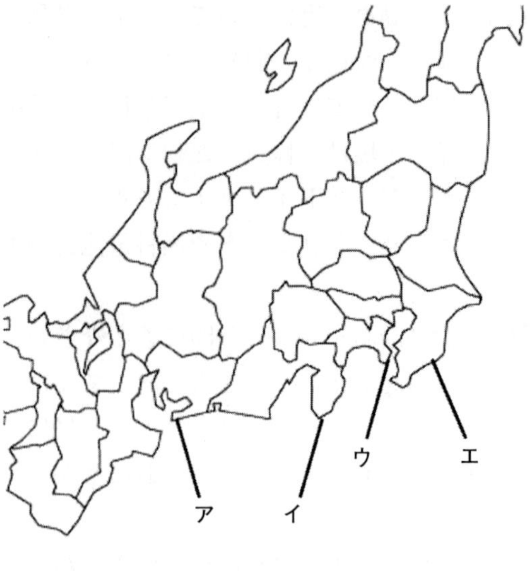

問２　三浦半島について，正しい位置を右の地図中のア～エの中から一つ選び，記号で答えなさい。

問３　南極について，次のページの南極を中心にえがかれた地図を正しく説明したものを，下のア～エの中から一つ選び，記号で答えなさい。

"どこでも方位図法" by (株)オンターゲット / 当画像はCC BY-SA 4.0ライセンスで提供されています

ア　陸地や海の形や面積，中心からの方位や距離をすべて正しくあらわしている

イ　陸地や海の形や面積は正しくあらわしているが，中心からの方位や距離は正確ではない

ウ　陸地や海の形や面積は正確ではないが，中心からの方位や距離は正しくあらわしている

エ　陸地や海の形や面積，中心からの方位や距離のいずれも正確ではない

問４　海洋探査について，近年の海洋問題として誤っているものを，次のア～エの中から一つ選び，記号で答えなさい。

ア　大きな津波《つなみ》の発生原因が，海底にある火山の爆発《ばくはつ》であることが明らかとなり，太平洋沿《えん》岸《がん》の多くの国で被害《ひがい》が発生した

イ　地球全体の温暖化《おんだんか》にともなって，海水温も上昇《じょうしょう》していることが明らかとなり，日本でも巨大《きょだい》な台風やゲリラ豪雨《ごうう》の被害が懸念《けねん》されている

ウ　プラスチックごみの廃棄《はいき》が，海の生態系《せいたいけい》を破壊《はかい》していることが明らかとなり，日本でもプラスチック製品の消費を減らす取り組みがおこなわれている

エ　北極や南極の氷河が巨大化《きょだいか》しているために，海面の大幅《おおはば》な上昇が明らかとなり，陸地が水没《すいぼつ》してしまう危機《きき》に瀕《ひん》している国がある

問５　貿易について，日本の貿易を説明した文として誤っているものを，次のア～エの中から一つ選び，記号で答えなさい。

ア　貿易品の輸出入のほとんどは船でおこなっている

イ　最近の貿易では，以前に比べて機械類や衣料などの工業製品の輸入が減っている

ウ　日本は資源《しげん》が少なく，ほとんどの原料やエネルギー資源を外国から輸入している

エ　日本の工業製品が多く輸出されたため，かつてアメリカなどとのあいだで貿易摩擦《まさつ》がおきた

問６　製鉄所について，日本の製鉄業を説明した文として正しいものを，次のア～エの中から一つ選び，記号で答えなさい。

ア　最近では，鉄をつくるときに出た熱などを利用して発電をおこなっている

イ　日本でもっとも多く鉄鋼《てっこう》を生産しているのは九州地方である

ウ　鉄の生産に必要な鉄鉱石や石炭は現在，その大半を国内で産出している

エ　日本で最初の本格的な製鉄所は，明治時代に群馬県《ぐんまけん》の富岡《とみおか》に建設された

3　次の会話を読み，各問に答えなさい。

文絵：見学会は楽しかったね。私はクルーズ船から自衛隊の艦船《かんせん》を見学したのがおもしろかったな。

麗子：自衛隊は外国に出動して国際連合の活動に参加することがあったよね。あの艦船も海外で活動することがあるのかな。

文絵：自衛隊の海外派遣《はけん》を決めるのは内閣《ないかく》だったね。私たちが見た艦船が世界の海へ出動することがあるかもしれないね。ところで麗子は見学会で何が一番楽しかったの？

麗子：もちろん私は海軍カレー！　少し辛《から》かったけどおいしかった！

文絵：「食べたい！　食べたい！」って言っていたもんね。念願の海軍カレーを食べられてよかったね。私は記念艦三笠の見学もよかったな。日本の海軍があの戦艦《せんかん》に乗って戦ったんだよね。

麗子：公園のなかに本物の戦艦が保存《ほぞん》されているなんておもしろいよね。

文絵：そういえば，横須賀市は公園が多い町なんだよ。＊1 人口1人当たりの公園面積が，県内の市のなかで2番目に大きいの。私たちの市川市と比べたら，横須賀市はまちづくりのための費用が多かったよ。

麗子：市民の豊かな生活を守るといっても，市によって税金の使い方に違《ちが》いがあるね。

文絵：自分がどんな暮《く》らしをしたいのかは人によって考え方が違うし，どんな人が住んでいるのかによってそれぞれの市に特徴《とくちょう》が出てくるのかもしれないね。

＊1：「神奈川県内市町村別都市公園整備状況《じょうきょう》」令和元年度による

問1　国際連合の本部がおかれている国を説明している文を，次のア〜エの中から一つ選び，記号で答えなさい。

ア　日本からの輸出額の6割《わり》以上を機械類と自動車でしめるこの国では，宇宙《うちゅう》開発の研究が進んでいる

イ　日本と共同でサッカーワールドカップを開いたこの国には，24時間利用できるハブ空港がある

ウ　日本の最大の貿易相手国であるこの国では，税金や貿易などが優遇《ゆうぐう》される経済特区《けいざいとっく》に外国企業《きぎょう》が進出している

エ　日本への輸出額の約90％が石油であるこの国では，教育や福祉《ふくし》の費用を国が負担《ふたん》するので大学まで授業料が無料である

問2　次の図は自衛隊の海外派遣がおこなわれた地域《ちいき》を表しています。これらの地域に自衛隊が派遣された目的として正しいものを，下のア〜エの中から一つ選び，記号で答えなさい。

ア　オリンピックや国際会議が開かれ，各国から集まる代表者たちの警護《けいご》が必要だった

イ　暴動やテロを起こす集団をおさえるために，武力を用いての応戦が必要だった

ウ　紛争《ふんそう》や災害がおさまったが，社会を安定させるための監視《かんし》や道路などの整備が必要だった

エ　エネルギーに用いられる資源が発見され，調査や発掘《はっくつ》作業，資源の運搬《うんぱん》が必要だった

問３　内閣の長である内閣総理大臣について誤っているものを，次のア～エの中から一つ選び，記号で答えなさい。

ア　衆議院《しゅうぎいん》で多数をしめる政党《せいとう》の代表が選ばれることが多い

イ　国務大臣を任命して専門的《せんもんてき》な仕事を担当《たんとう》させる

ウ　閣議《かくぎ》を開いて政治の進め方を相談して決定している

エ　外国と話し合って結ばれた条約について承認《しょうにん》する

問４　市民の豊かな生活を実現するために横須賀市には「ボイスバンク」という制度があります。これは市民の意見とそれに対する市の回答について誰《だれ》もが自由に読んだり調べたりできるものです。この制度によってもっとも保障《ほしょう》される市民の権利《けんり》はどれか，次のア～エの中から一つ選び，記号で答えなさい。

ア　自由に発言する権利

イ　政治に参加する権利

ウ　情報を知る権利

エ　教育を受ける権利

問５　税金の使い方について，次の資料は令和４年度(2022)と，平成14年度(2002)の横須賀市の税金の使いみちを示しています。資料からわかることについて正しいものを，下のア～エの中から一つ選び，記号で答えなさい。

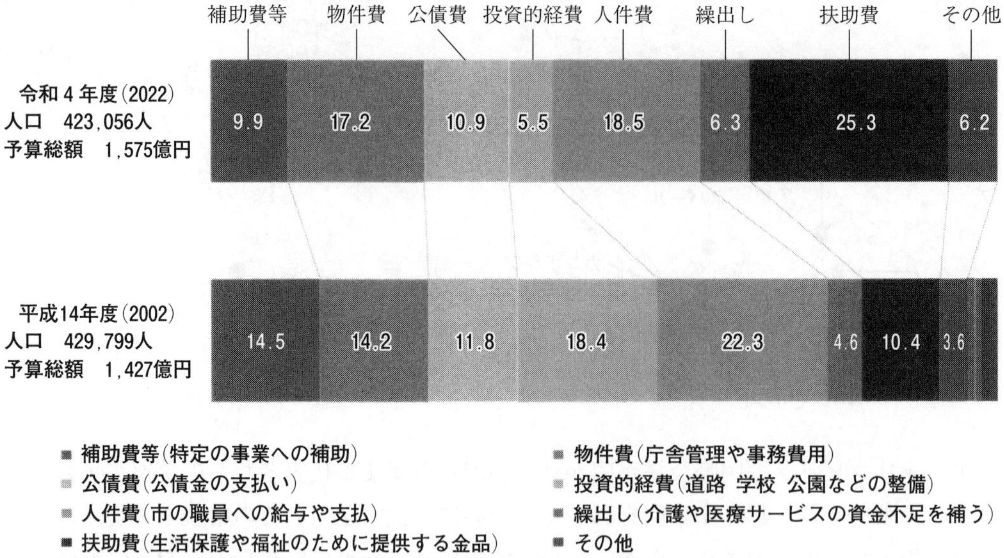

横須賀市の歳出　単位：%

ア　現在は20年前よりも人口が増えて，予算総額も増大している

イ　現在は20年前と比べると道路・学校・公園にあてる費用が増えている

ウ　20年前よりも増えている扶助費《ふじょひ》は，社会保障に関わる費用である

エ　20年前も現在も横須賀市は資金を借りることなく活動することができている

問６　次の２人の会話中の□にはそれぞれＡ～Ｄの文が一つずつ一回だけ入ります。文絵さんの発言である□にあてはまる文の組み合わせとしてもっともふさわしいものを，下のア～カの中から一つ選び，記号で答えなさい。

文絵：いとこの家の近くにあった林が，市の工事で新しく公園になるの。カブトムシやクワガタが見られたあの木は残しておいてほしいなぁ。

麗子：その話を聞いたら私の弟はうらやましがるよ。公園があれば毎週のサッカーの練習場所を探《さが》すのに困《こま》らなくなるって。

文絵：サッカーの練習かあ。公園の近くに住む人は□と心配するんじゃないかな。

麗子：でもさ，サッカーができるくらいの大きな広場があれば□と思うんだけど。

文絵：それはいいね。だけど，そこまで広い公園になると□のではないかな。

麗子：その問題はあるね。だけど，小さい子どもを連れたお母さんやお年寄りのことを考えたら□と思うんだ。

□に入る文

Ａ　音がうるさくて困るし，ボールが飛んできて危《あぶ》ない
Ｂ　誰が利用しても迷惑《めいわく》にならない広さがあれば安全にもつながる
Ｃ　地震《じしん》などが起きたときにたくさんの人が避難《ひなん》できる
Ｄ　土地を購入《こうにゅう》したり工事をしたりするための費用が多くなってしまう

ア　ＡとＢ　　イ　ＡとＣ　　ウ　ＡとＤ
エ　ＢとＣ　　オ　ＢとＤ　　カ　ＣとＤ

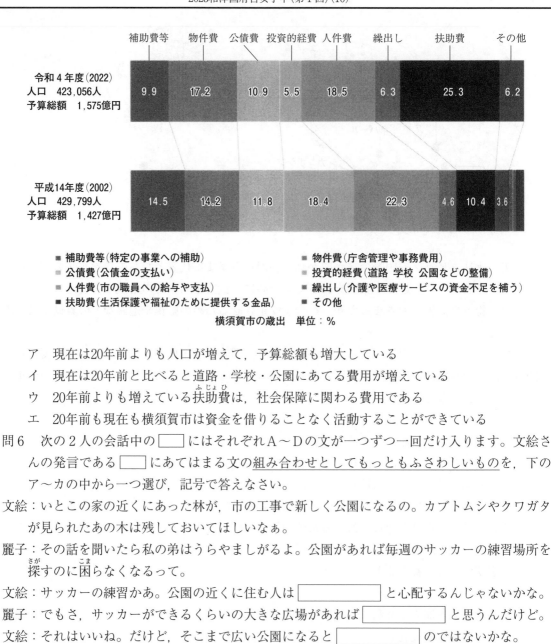

4　和洋の中学２年生は，学園祭で日本の歴史を調べて発表することにしました。時代順に展示《てんじ》室《しつ》Ⅰ～Ⅳを用意し，それぞれの時代を代表する文化遺産《ぶんかいさん》の写真を展示しました。これらを見て各問に答えなさい。

展示室Ⅰ

クニが各地につくられた時代

展示室Ⅱ

天皇《てんのう》が政治の中心だった時代

展示室Ⅲ

武士が政治を動かした時代

展示室Ⅳ

江戸幕府《えどばくふ》がおさめた時代

問１　和美《かずみ》さんは，「〇×クイズ」を用意し，見学者に答えてもらうことにしました。ａ・ｂは

展示室Ⅰの時代についてのクイズです。答えの正しい組み合わせを，下のア～エの中から一つ選び，記号で答えなさい。

○×クイズ

a　邪馬台国《やまたいこく》の卑弥呼《ひみこ》が使者を送り，中国《ちゅうごく》と対等な関係を結びました
b　石包丁や田げたなど，米作りに必要な新しい道具が使われました

ア　a　○　b　○　　イ　a　○　b　×
ウ　a　×　b　○　　エ　a　×　b　×

問2　次の年表は，展示室Ⅱの時代の流れを説明したものです。下の各問に答えなさい。

聖徳太子《しょうとくたいし》が天皇を助ける地位につく
A
中大兄皇子《なかのおおえのおうじ》が蘇我《そが》氏をたおす
B
大宝律令《たいほうりつりょう》が定められる
C
都が平安京《へいあんきょう》に移る

できごと
①　奥州藤原《おうしゅうふじわら》氏が滅《ほろ》ぼされる
②　国分寺《こくぶんじ》を建てる命令がだされる
③　藤原京《ふじわらきょう》がつくられる
④　遣唐使《けんとうし》を廃止《はいし》する
⑤　冠位十二階《かんいじゅうにかい》を定める

(1)　年表中 A ～ C にあてはまるできごとの組み合わせとして正しいものを，次のア～カの中から一つ選び，記号で答えなさい。

ア　A―②　B―④　C―⑤
イ　A―②　B―③　C―①
ウ　A―③　B―⑤　C―②
エ　A―③　B―②　C―④
オ　A―⑤　B―④　C―①
カ　A―⑤　B―③　C―②

(2)　大宝律令のように，当時の日本は唐《とう》にならって新しい法律《ほうりつ》をつくり，人々をおさめました。この法律によって北九州《きゅうしゅう》の守りについた兵士を何といいますか。漢字で書きなさい。

問3　展示室Ⅲで，三人の生徒が，右の写真の建造物が建てられた時代の文化について説明しました。下のア～エの中から，あてはまるものを一つ選び，記号で答えなさい。

洋絵《ひろえ》：本居宣長《もとおりのりなが》は，日本古来の考えを大切にする国学《こくがく》をおこしました。
凛子《りんこ》：雪舟《せっしゅう》が中国で修行し，自然を題材とした水墨画《すいぼくが》を完成しました。
和美：観阿弥《かんあみ》は，田楽《でんがく》や猿楽《さるがく》から発展した能《のう》を芸術としてつくりあげました。

ア　洋絵と凛子が正しい　　イ　洋絵と和美が正しい
ウ　凛子と和美が正しい　　エ　全員が正しい

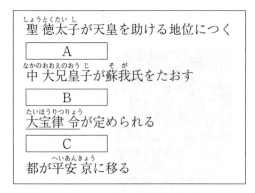

問4　凜子さんは，次の絵画を展示室Ⅲに展示することにしました。この絵画にえがかれた貿易が日本に与《あた》えた影響《えいきょう》について誤っているものを，下のア～エの中から一つ選び記号で答えなさい。

ア　キリスト教が伝わり，各地に教会や学校が建てられた

イ　陶磁器《とうじき》の技術が伝わり，伊万里焼《いまりやき》・有田焼《ありたやき》がつくられた

ウ　スペイン・ポルトガルの食べ物が伝わり，日本に定着した

エ　鉄砲《てっぽう》が伝わり，戦国大名の戦い方が大きく変わった

問5　展示室Ⅳには，江戸幕府が定めたきまりを展示することにしました。あてはまる法律を次のア～ウの中から一つ選び記号で答えなさい。また，そのときの将軍を漢字で書きなさい。（資料は，一部書き改めている）

ア

一にいわく，人の和を第一にしなければなりません。
二にいわく，仏教をあつく信仰《しんこう》しなさい。
三にいわく，天皇の命令は，必ず守りなさい。

イ

一．大名は，毎年4月に参勤《さんきん》交代すること。近ごろは，参勤交代の人数が多すぎるので，少なくすること。
一．すべて幕府の法令に従《したが》い，全国どこでもそれを守ること。

ウ

一．頼朝《よりとも》公の時代に定められた，国々の守護の役目は，御家人《ごけにん》を都の警備《けいび》にあたらせること，そして犯罪人を取りしまることである。
一．女性が養子《ようし》をむかえることは，……頼朝公の時代から今日まで，子のいない女性が土地を養子にゆずることは，武家の社会のしきたりとしてよくあることである。

5　次の地図Ａ～Ｃは，国府台《こうのだい》周辺の各年代の地図です。これを見て各問に答えなさい。

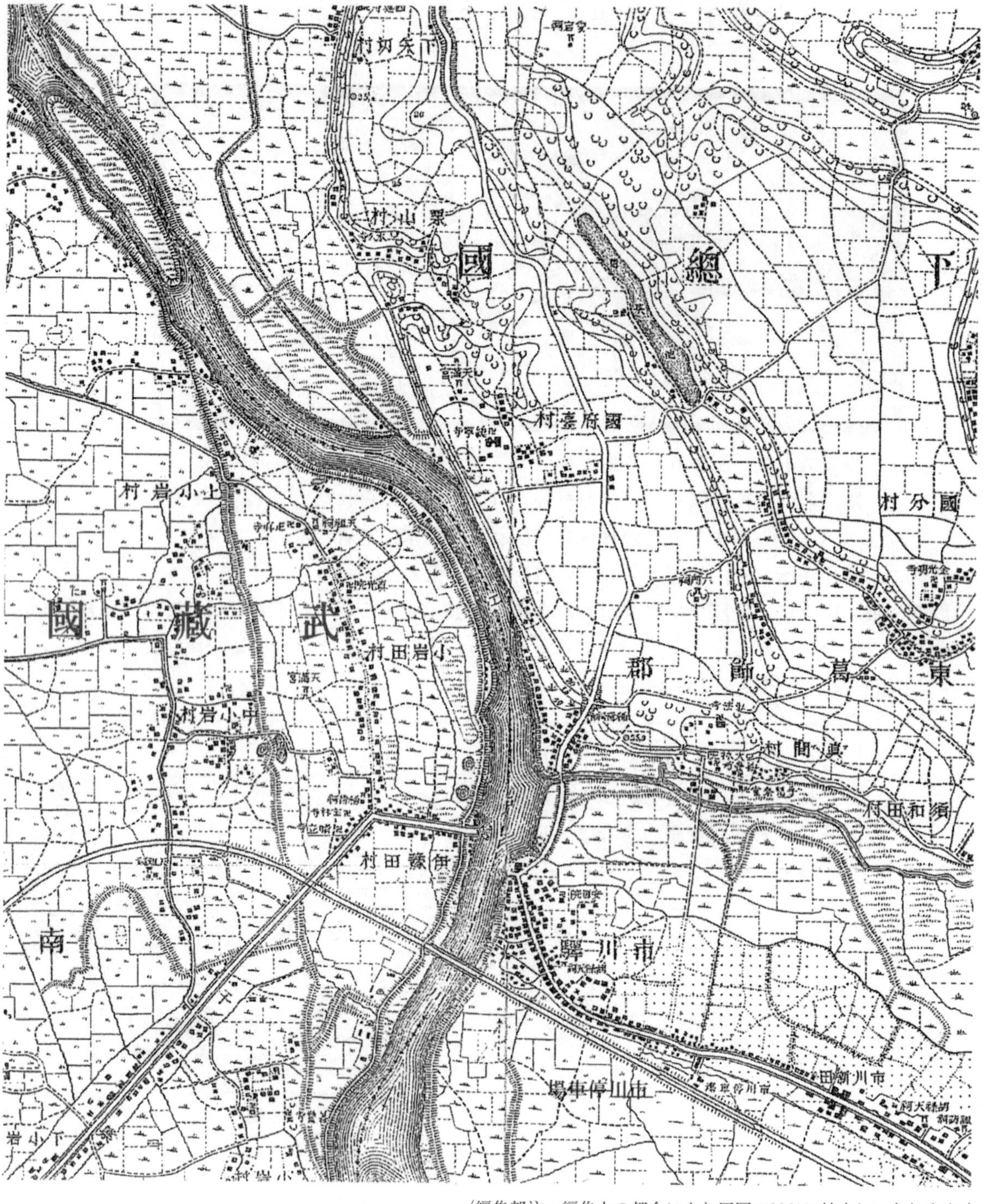

〈編集部注：編集上の都合により原図の90％に縮小してあります。〉

Ａ　1897年

（注）　昔の字→今の字：總→総　國→国　臺→台　藏→蔵
Ａ・Ｂの地図上の地名などは右から左へ読みます

〈編集部注：編集上の都合により原図の90％に縮小してあります。〉

B　1937年

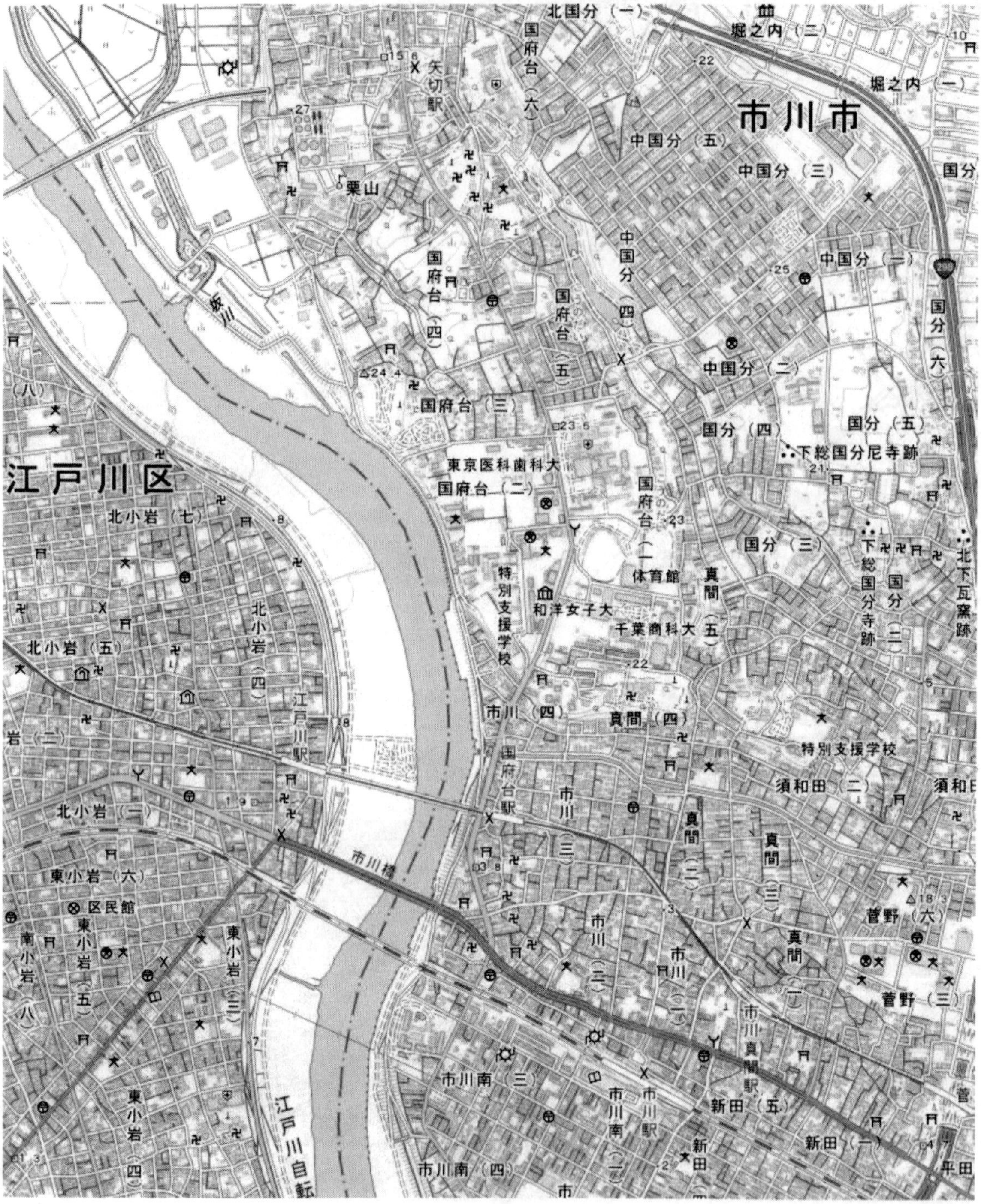

〈編集部注：編集上の都合により原図の90％に縮小してあります。〉

C　2022年

問１　ＡとＢの地図から考えられることとして誤っているものを，次のア～エの中から一つ選び，記号で答えなさい。

ア　市川に「停車場」と呼《よ》ばれる鉄道が停車するための駅が建設されたのは1900年より後である

イ　1900年以前は江戸川《えどがわ》には鉄道橋以外に橋はなく，川を渡《わた》るために当時は舟《ふね》も使われていた

ウ　現在の江戸川が東京都《とうきょうと》と千葉県《ちばけん》の県境になっているように，かつては国境になっていた

エ　現在の東京都と千葉県の一部は，かつてはそれぞれ武蔵《むさし》国と下総《しもうさ》国と呼ばれていた

問２　現在の和洋国府台女子中学校の周辺には多くの学校があります。戦時中だったＢの地図の時期にはこれらの土地の多くはどのように利用されていたと考えられますか。次の二つの地図を参考に，下のア～エの中から正しいものを一つ選び，記号で答えなさい。

〈編集部注：編集上の都合により原図の95%に縮小してあります。〉

ア　中学校や高校，大学が建てられ，教育施設がいくつも集まっていたと考えられる

イ　東京に近く通勤《つうきん》や通学に便利なことから，住宅地《じゅうたくち》として利用されていたと考えられる

ウ　飲食店や百貨店などの商業施設が立ちならび，多くの人が集まる繁華街《はんかがい》であったと考えられる

エ　軍の施設が多く立ちならび，陸軍の軍事基地として利用されていたと考えられる

問３　戦時中だったＢの地図では，右上の国府台周辺地域だけ欠けています。なぜ戦時中の地図には国府台周辺部分が欠けているのでしょうか。問２であなたが選んだ解答を参考に，あなたの考えを書きなさい。

問４　地図Ｂの時期の全国の小学校のようすを説明した文として正しいものを，次のア～エの中から一つ選び，記号で答えなさい。

ア　校庭にいすを並べて「青空教室」で授業がおこなわれ，すみぬり教科書が使われた

イ　授業料の負担が重く，全国的に多くの子どもが小学校に通うことができなかった

ウ　タブレットたんまつやスマートフォンがふきゅうし，授業でも使うようになった

エ　小学校が国民学校と改められ，国につくすための教育がおこなわれるようになった

問５　次のア～エのうち三つは地図Ａ～Ｃの時期のできごとを説明していますが，一つだけ，どの時期にもあてはまらないものがあります。その一つを次のア～エの中から選び，記号で答えなさい。

ア　イギリスとの交渉《こうしょう》によって，治外法権《ちがいほうけん》の撤廃《てっぱい》と関税自主権《じしゅけん》の一部回復に成功した

イ　オリンピックが初めて延期《えんき》されたが，開催《かいさい》時には歴史上で最も多くの国や選手が参加した

ウ　東京でオリンピックとパラリンピックが初めて開かれ，日本の経済発展《けいざいはってん》を世界に示した

エ　軍人が大臣らを殺害する事件が起き，政治に対する軍人の発言がさらに強まった

問６　次のページの地図は，ある年代の国府台周辺地域の地図です。地図の年代として正しいものを，次のア～エの中から一つ選び，記号で答えなさい。

ア　Ａの地図より前　　イ　ＡとＢの地図の間

ウ　ＢとＣの地図の間　　エ　Ｃの地図より後

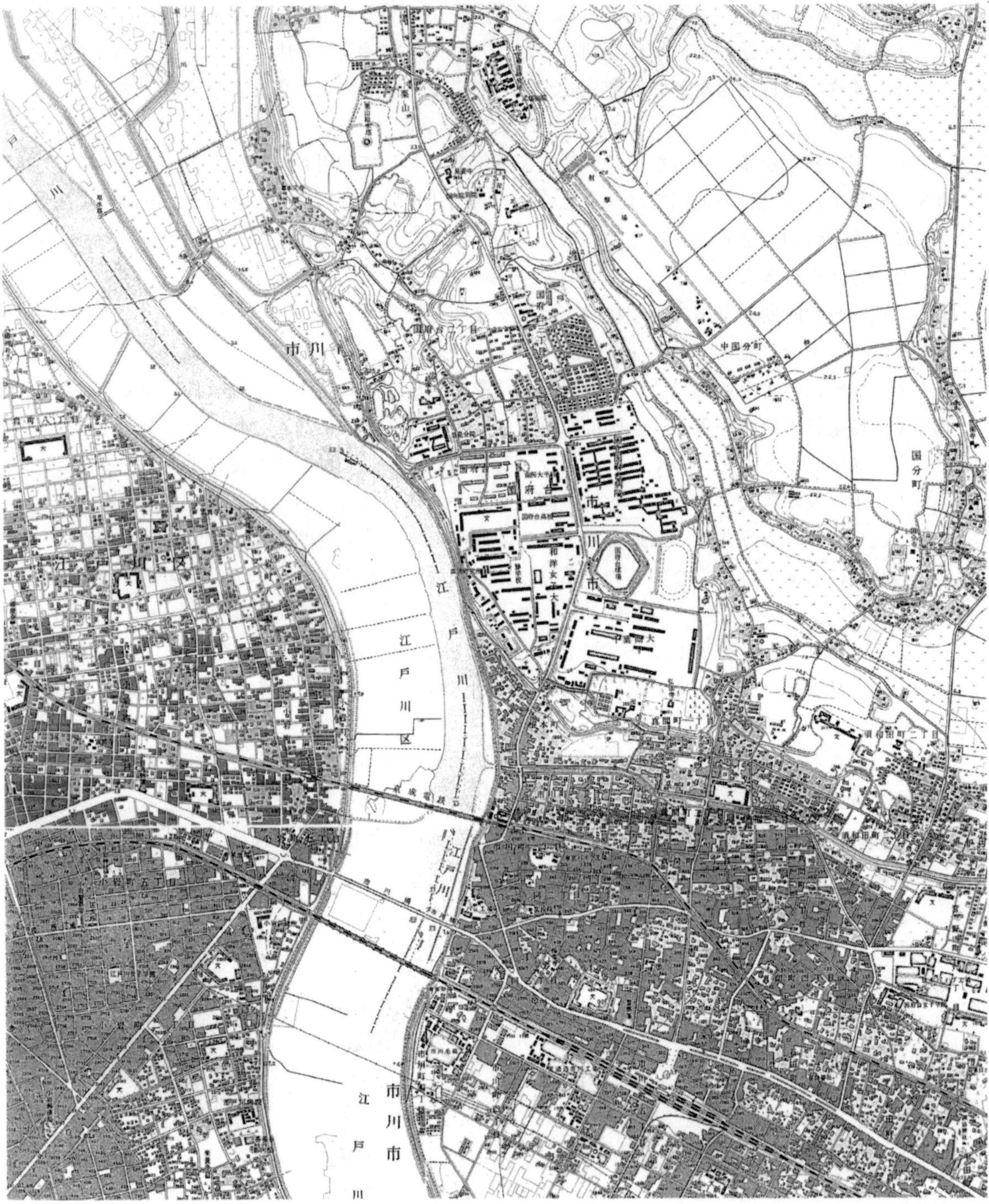

〈編集部注：編集上の都合により原図の90％に縮小してあります。〉

【理　科】〈第１回試験〉（30分）〈満点：60点〉

1　次の文章を読んで，あとの問いに答えなさい。

和美さんは学校の遠足でイノシシカレーを食べることになりました。イノシシを食べることにとても驚《おどろ》いたことを家族に話したところ，おじいさんがイノシシを家畜《かちく》化したものがブタだと教えてくれました。ミツバチもカイコも家畜だと聞き，興味を持ったので，家畜について自分でも調べてみようと思いました。

〈和美さんが調べたこと〉

家畜とは：人間が生活に役立つよう，野生動物であったものを飼い慣らし，飼育し，はん殖させ品種改良したものをいう

	動物	いつ頃《ごろ》家畜になったか	祖先	利用のしかた
1	イヌ	約２～１万年前	オオカミ	ペット・犬ぞり・放牧や狩猟《しゅりょう》の手伝い・盲導犬《もうどうけん》など
2	ネコ	約9500年前	ヤマネコ	ペット・ネズミ捕《と》り（穀物の見張り）
3	ウシ	約8000～6000年前	オーロックス	肉・乳・皮革・労働力・肥料
4	ブタ	１万3000～１万2000年前	イノシシ	肉・皮革
5	ニワトリ	約１万年前	ガルスガルス	肉・卵・羽・肥料
6	ミツバチ	約5000年前	ミツバチ	はちみつ・受粉
7	カイコ	約5000年前	カイコガ	ア

問１　カイコは人間の生活にどのように利用されていますか。アにあてはまる利用のしかたを１つ書きなさい。

問２　和美さんは表の１～７の動物を分類しました。１～７は，ほ乳類・鳥類・は虫類・両生類・その他のどれに分類されますか。解答用紙の表に番号で答えなさい。あてはまるものがない場合には「なし」と答えなさい。

問３　ニワトリの特徴《とくちょう》としてあてはまるものはどれですか。次のア～カから正しいものをすべて選び，記号で答えなさい。

ア　陸上に卵を産む　　　　　イ　水中に卵を産む

ウ　親がある期間，子を育てる　　エ　呼吸を一生肺でする

オ　背骨がある　　　　　　　カ　周囲の温度によって体温が変わる

問４　ミツバチが成長する過程はどれが正しいですか，正しいものを次のア～ウから選び，記号で答えなさい。

ア　卵→幼虫→さなぎ→成虫　　イ　卵→幼虫→成虫　　ウ　幼虫→成虫

問５　ミツバチを描《えが》いたものはどれですか。次のア～オから正しいものを選び，記号で答えなさい。

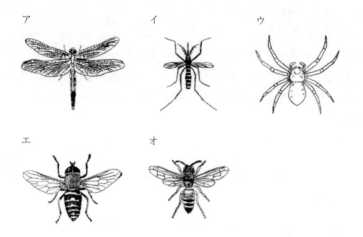

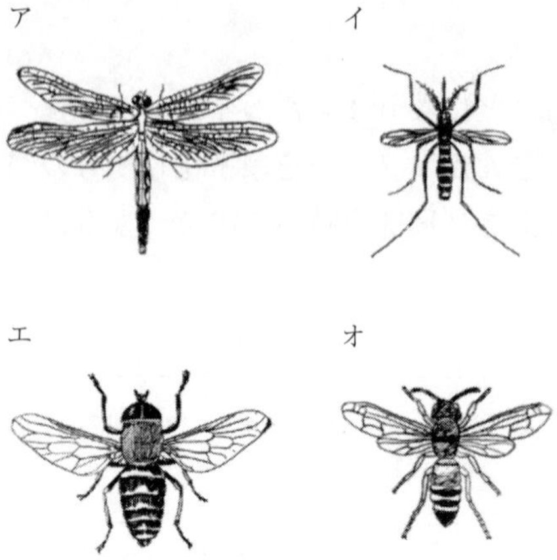

2　２種類のけんび鏡を使ってメダカの成長やメダカのえさになる小さな生き物を観察しました。図を見て，あとの問いに答えなさい。

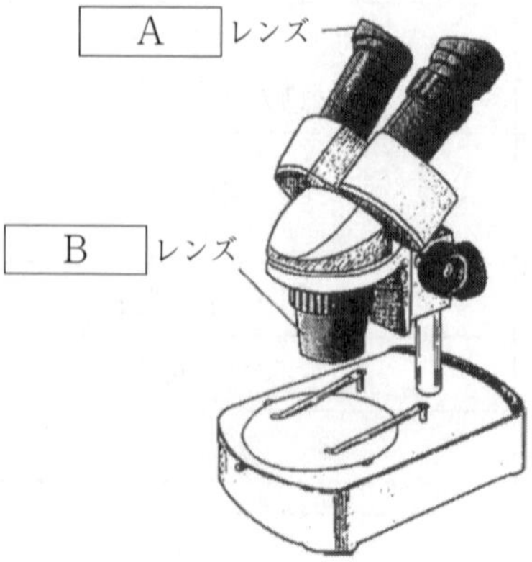

図１

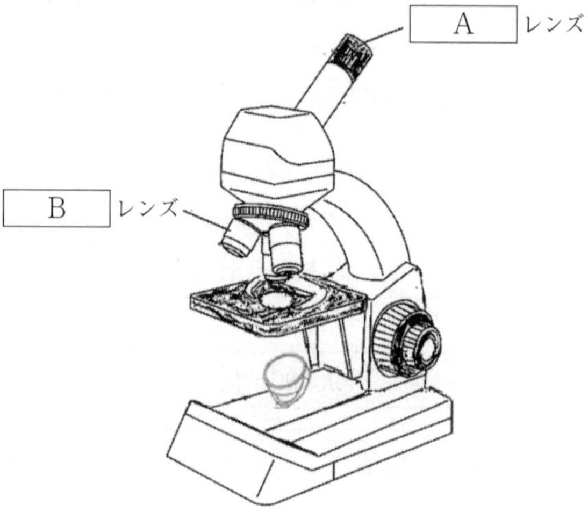

図２

問１　図１はそう眼実体けんび鏡，図２はけんび鏡(光学けんび鏡)を示しています。レンズの名前を示した，図の［A］，［B］には図１と図２で同じ言葉が入ります。それぞれ漢字で正しく書きなさい。

問２　２種類のけんび鏡のどちらにもあてはまるものを次のア～オから<u>２つ選び</u>，記号で答えなさい。

ア　倍率は図の(［A］レンズの倍率×［B］レンズの倍率)で求められる
イ　上下左右が逆になった像が観察できる
ウ　観察したものの立体的な像が見られる
エ　直射日光が当たるところで使ってはいけない
オ　材料は，プレパラートをつくって観察する

問３　次のページの図はメダカのたまごが育つようすを観察してスケッチしたものです。次のア～ウを成長する順に並べ，記号で答えなさい。

ア　　　　イ　　　　ウ

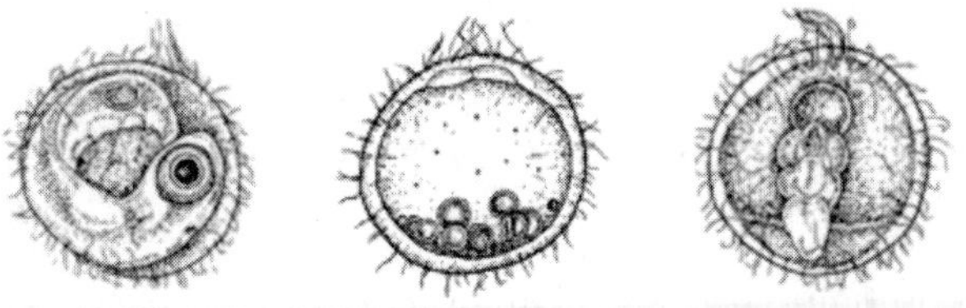

問４　次の図は，水中の小さな生き物をけんび鏡で観察したものです。えさを食べて生活するものをア～オからすべて選び，記号で答えなさい。

ア　　　イ　　　ウ　　　エ　　　オ

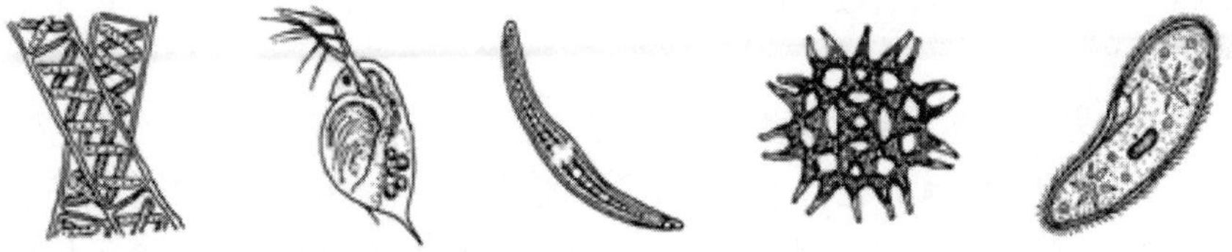

問５　右図のようなミドリムシがたくさん泳いでいるようすを光学けんび鏡で観察しました。倍率を100倍で観察したものを写真に撮《と》って数を数えると，視野全体に80匹《ひき》が写っていました。次に倍率を400倍に変えて何枚か写真を撮りました。このとき，視野全体に写っているミドリムシは平均何匹だと考えられますか。次のア～オから選び，記号で答えなさい。

ア　５匹　　イ　10匹　　ウ　20匹　　エ　80匹　　オ　320匹

3　凜子《りんこ》さんは，化石の発掘《はっくつ》体験をしました。一辺10cm くらいのしま模様の入った四角い岩石を，マイナスドライバーとハンマーでたたくと，しま模様にそって平らに割れます。うまく割れると入っている化石がきれいに見えます。凜子さんは木の葉の化石をいくつか取り出すことができました。凜子さんと先生の会話を読み，あとの問いに答えなさい。

凜子：この化石はなんという木の葉ですか。

先生：ブナという木の葉です。こちらはミズナラです。どちらも，関東地方だと筑波山《つくばさん》や丹沢山《たんざわさん》のような少し高い山に生えていますが，東北地方だと平地にも生える植物です。この岩石から出てくる化石の生物は，どれも今も生きているのと同じ種類の生物ですので，恐竜《きょうりゅう》などと違《ちが》って化石としては割合新しい時代のものです。

凜子：化石になるのは，かたい骨や貝がらのようなものばかりだと思っていましたが，木の葉も化石になるのですね。木の葉の化石はどのようにできるのですか。

先生：木の葉が泥《どろ》などに埋《う》まっておし固められると，長い間くさらずに残ることがあります。やがて木の葉の成分は分解されますが，葉のかたちや葉脈が型を取ったように地層の中に残るのです。

凜子：この岩石をとってきた地層からは，動物の化石も出てくることがあるそうですね。

先生：ウグイという魚やカエル，トンボの幼虫であるヤゴ，クモやハチのなかまも出てくることがあります。

凜子：この岩石の，細かいしま模様はどうやってできたのですか。

先生：細かいしま模様を年縞《ねんこう》といいます。一年のうち春夏には，流れ込《こ》んだ泥などの黒っぽい層が，秋冬には，ケイソウというプランクトンのからが積もった白い層ができます。毎年それがくり返されて，１年に約１mmの厚さのしま模様となるのです。福井県《ふくいけん》には，７万年ものあいだ積み重なった年縞が見られる場所があり，過去に起こった火山活動や洪水《こうずい》，気候の変化などを調べる大きな手がかりになっています。

凜子：地層や化石から，本当にいろいろなことが分かるのですね。

問１　地層や岩石の中に，昔の生物の死がいや生活のあとなどが残されたものを化石といいます。化石を含《ふく》んでいることがある岩石はどれですか。次のア～オからあてはまるものをすべて選び，記号で答えなさい。

ア　砂岩　　イ　泥岩　　ウ　花こう岩　　エ　溶岩《ようがん》　　オ　石灰岩

問２　化石からは，過去の生物のすがたや生活のようすだけでなく，化石が出てきた地層についてもいろいろなことが分かります。地層ができた当時の環境《かんきょう》が分かる化石を示相化石《しそうかせき》，地層ができた年代が分かる化石を示準化石《しじゅんかせき》といいます。示準化石に適したものを次のア～オから選び，記号で答えなさい。

ア　あたたかくきれいな海にだけ生息するサンゴ

イ　古い時代から現在まで生き続けているゴキブリ

ウ　ある時代では多数生息していたが，絶滅《ぜつめつ》してしまったアンモナイト

エ　淡水《たんすい》と海水の混じるような河口や湖に生息するシジミ

オ　生きている化石といわれるシーラカンス

問３　凜子さんが化石を取り出した地層はどのような環境でできたものでしょうか。次のア～カより正しいものを選び，記号で答えなさい。

ア　現在の千葉県よりあたたかい気候の，浅いきれいな海

イ　現在の千葉県よりあたたかい気候の，流れのはやい川

ウ　現在の千葉県よりあたたかい気候の，森の中の静かな湖

エ　現在の千葉県より涼《すず》しい気候の，浅いきれいな海

オ　現在の千葉県より涼しい気候の，流れのはやい川

カ　現在の千葉県より涼しい気候の，森の中の静かな湖

問４　福井県に見られる７万年重なった年縞は，１年分の厚さの平均がおよそ0.65mmです。７万年分ではおよそ何mですか。計算して小数第１位まで求めなさい。

問５　地層が堆積《たいせき》した年代を地質年代といい，化石などから分かる生物の移り変わりをもとに，古生代・中生代・新生代に大きく分けられます。凜子さんが化石を取り出した地層ができたのは，約30万年前頃《ごろ》と考えられ，新生代の一部です。

令和２年１月17日，新生代をさらに細かく分けた時代区分の中のこの時代に，新たに名前がつけられました。千葉県の地層の研究がもとになって，世界中で使われる地質年代に日本の地名がはじめて使われました。ラテン語という言語で「千葉の時代」を意味する，この時代の名称《めいしょう》を答えなさい。

4　下図は，レジ袋《ぶくろ》をくわえているウミガメの写真です。この写真についての洋子さんと先生の会話を読み，あとの問いに答えなさい。

洋子：ウミガメはどうしてレジ袋をくわえているのですか。

先生：ウミガメはエサであるクラゲとまちがって食べようとしているのかもしれません。

洋子：私たち人間が出したゴミが原因で，他の生き物にも迷惑《めいわく》をかけているのですね。

先生：地球の環境《かんきょう》を守っていくために，私たち人間はゴミの問題についてよく考えていかなければいけません。最近，特にレジ袋のようなプラスチックのゴミ問題が注目されています。

洋子：最近になって(A)レジ袋の有料化も始まりましたね。プラスチックのゴミは，特にどのようなところが問題なのですか。

先生：プラスチックは生ゴミなどとは違《ちが》い，自然には分解されないことが問題です。(B)プラスチックは小さくなることはあっても，完全にはなくならないのです。

洋子：分解されないから，ずっと残ってしまうのですね。

先生：このままでは地球がゴミだらけの星になってしまいますね。レジ袋のかわりにエコバックを使うなど，プラスチックのゴミを出さない工夫が大切です。

洋子：ゴミを出さないという工夫だけではなく，プラスチックは生ゴミのように燃やすという工夫はできないのですか。

先生：プラスチックのゴミも燃やすことはできます。(C)レジ袋も燃えやすい種類のプラスチックからできています。最近では，プラスチックを燃やしたときに発生する熱を有効活用することも進められています。

洋子：燃やしたときに出る熱も活用されているのですね。ゴミをきちんと焼却《しょうきゃく》できるように，ポイ捨ては絶対にしないようにします。私たちの学校では，(D)空《あ》き缶《かん》のリサイクル運動にも取り組んでいます。プラスチックもリサイクルできるのですか。

先生：プラスチックもリサイクルすることができます。たとえば，(E)プラスチックのペットボトルをリサイクルして洋服を作っている会社がありますよ。

洋子：ペットボトルから洋服を作ることができるのですね。全然違うものに見えるので驚《おどろ》きました。

問１　下線部(A)に関連して，石油素材のレジ袋の有料化を義務付けた主な目的として誤っているものを次のア～オから選び，記号で答えなさい。

ア　海洋汚染《おせん》の原因削減《さくげん》　　イ　地球温暖化の防止

ウ　バイオマス素材の普及《ふきゅう》　　エ　ライフスタイルを見直すきっかけ

オ　酸性雨による森林破かいの防止

問２　下線部(B)に関連して，プラスチックは自然界で時間がたつにつれてこわれ，小さくなっていきます。5 mm 以下になったプラスチック片のことを何といいますか。

問３　下線部(C)に関連して，次の(①)・(②)にあてはまる言葉の組み合わせとして正しいものを，あとのア～カから選び，記号で答えなさい。

プラスチックは(①)からできているので，燃やすと高い熱が発生します。焼却炉《しょうきゃくろ》でゴミを燃やすとき，生ゴミなど水分の多いゴミは燃えにくく温度が下がるので，プラスチックをまぜて燃やすことで高温にし，発がん性物質である(②)の発生を抑《おさ》える効果があります。発生した熱は温水プールや施設《しせつ》の暖房《だんぼう》などに利用されています。

	①	②
ア	石油	フロンガス
イ	石油	ダイオキシン
ウ	石炭	フロンガス
エ	石炭	ダイオキシン
オ	ろう	フロンガス
カ	ろう	ダイオキシン

問４　下線部(D)に関連して，アルミ缶とスチール缶は，分けずにまとめて回収されることがよくあります。空き缶の回収工場では，多量のアルミ缶とスチール缶をどのような方法で分けていますか。簡単に説明しなさい。

下線部(E)に関連して，ペットボトルを分別するため，ペットボトルのキャップ，ボトル，ラベルに分けて水の中に入れました。すると，ボトルとラベルは沈《しず》み，キャップは浮《う》きました。次にある濃《こ》さの食塩水の中にボトルとラベルを入れたところボトルは沈み，ラベルは浮きました。ペットボトルに使われているプラスチックの種類を調べたところ，表のいずれかであることがわかりました。

表

プラスチックの種類	$1.0cm^3$の重さ
ポリエチレンテレフタラート(PET)	1.38 g ～1.40 g
ポリプロピレン(PP)	0.92 g ～0.97 g
ポリスチレン(PS)	1.05 g ～1.07 g

問５　キャップ，ボトル，ラベルのプラスチックの種類の組み合わせとして正しいものを次のア～カから選び，記号で答えなさい。ただし，水$1.0cm^3$の重さは1.0 g とします。

	キャップ	ボトル	ラベル
ア	PET	PP	PS
イ	PET	PS	PP
ウ	PP	PET	PS
エ	PP	PS	PET
オ	PS	PET	PP
カ	PS	PP	PET

5　夏休みの自由研究で手作りの電池に挑戦《ちょうせん》しました。あとの問いに答えなさい。

《方法》　液体に浸《ひた》したキッチンペーパーを備長炭に巻き，その上からアルミニウムはくを巻いて電池としました。下図のように備長炭電池にはプロペラモーターを導線でつなぎ，モーターの回った時間を測りました。実験ごとにアルミニウムはくを新しいものに変えました。

実験１　キッチンペーパーに浸す液体を変えて実験し，その結果を表にまとめました。ただし，アルミニウムはくは同じ幅《はば》のものを使用しました。

液体の種類	水道水	25%食塩水	25%砂糖水	70%エタノール	５%食酢《しょくす》	醤油《しょうゆ》	スポーツドリンク
回った時間[秒]	回らない	260	回らない	回らない	22	140	わずかに動いた

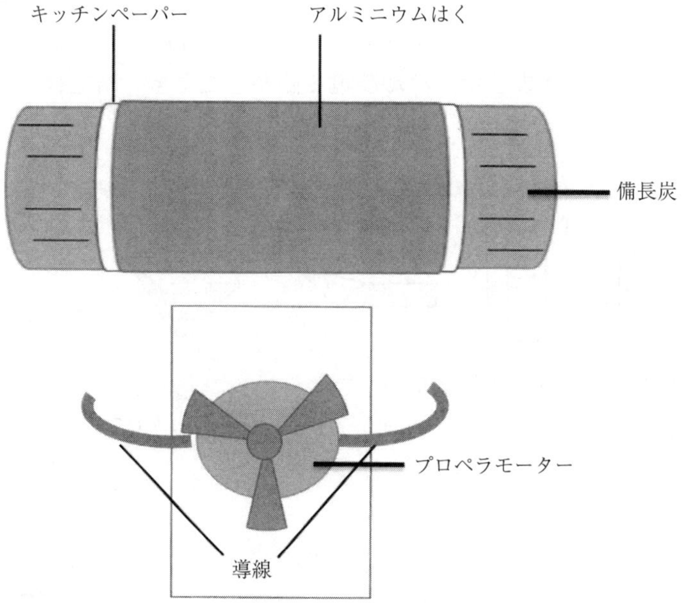

図　備長炭電池

実験２　アルミニウムはくの大きさは変えずに，食塩水の濃度《のうど》を変えて，実験した結果を表１にまとめました。

表１　《アルミニウムはく８cm のとき》

食塩水の濃度[%]	5	10	15	20	25
モーターが回った時間[秒]	100	130	160	200	260

実験３　食塩水の濃度を変えずに，アルミニウムはくの幅を表のとおりに変えて実験し，その結果を表２にまとめました。

表２　《食塩水の濃度が22%のとき》

アルミニウムはくの幅[cm]	4	6	8
モーターが回った時間[秒]	110	150	220

問１　備長炭電池をつないでプロペラモーターが回ったとき何が流れましたか。漢字２文字で答えなさい。

問２　プロペラモーターを回すには，プロペラモーターと備長炭電池をどのようにつなげばいいですか。解答欄《らん》にプロペラモーターから伸《の》びた導線から線で備長炭電池につなぎ，完成した回路を図で表しなさい。

表３　《栄養成分表示》

栄養成分表示100ｇあたり	食塩	砂糖	醤油	スポーツドリンク
エネルギー［キロカロリー］	0	391	65	25
タンパク質［ｇ］	0	0	8.3	0
脂質［ｇ］	0	0	0.1	0
炭水化物［ｇ］	0	99.3	10	6.2
塩分相当量［ｇ］	92.5	0	16	0.12

問３　醤油やスポーツドリンクにはモーターを動かすために必要な成分がふくまれています。必要な成分を知るために，表３の栄養成分表示のどの項目《こうもく》に着目すると良いですか。正しいものを次のア～エから選び，記号で答えなさい。

ア　エネルギー　　イ　タンパク質　　ウ　脂質《ししつ》　　エ　炭水化物　　オ　塩分相当量

問４　問３の必要な成分が結晶《けっしょう》になりました。けんび鏡で観察したときの結晶はどれですか。次のア～オから選び，記号で答えなさい。

ア　　イ　　ウ　　エ　　オ

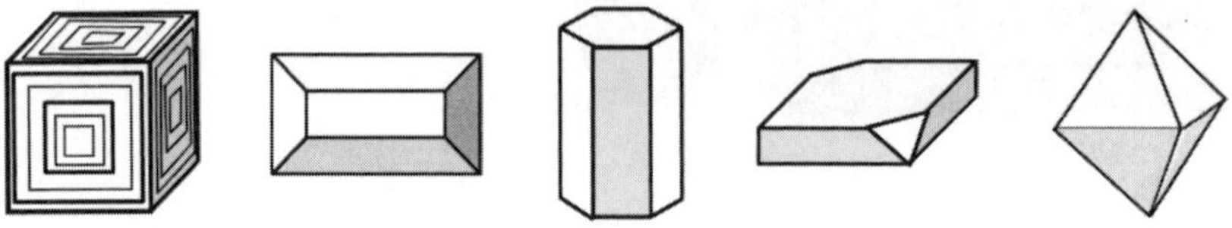

問５　実験１ で用いたアルミニウムはくの幅は何cm ですか。

問６　アルミニウムはくの幅を６cm にしたときの食塩水の濃度とモーターが回った時間の関係のグラフとして正しいものを 1～5 から選び，番号で答えなさい。

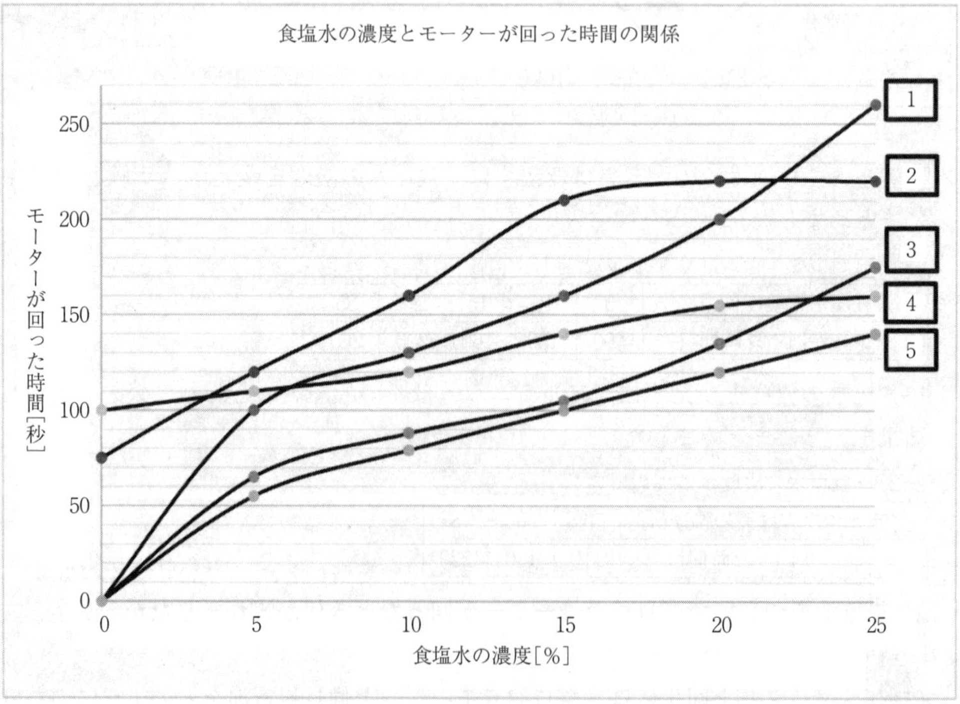

6　プールに入ると水の中で自分の身体が浮《う》くことを，多くの人が体験できます。海水浴ではプールの水以上に自分の身体が浮くことを体験した人も少なくないと思います。ヨルダンという国には「死海(しかい)」と呼ばれる湖があり，そこでは本を読めるくらいに身体が浮きます。今回は液体の中で物体にはたらく力を考察していきます。

＜用意するもの＞　バネばかり，500cm^{3}の水を入れたビーカー，ゼムクリップ多数，プラスチック製の密閉できる中空の箱(箱の体積５cm×５cm×２cm＝50cm^3)

箱にゼムクリップを入れ，バネばかりに吊《つ》るしたところ目盛りは52ｇを指しました。この箱を水の入ったビーカーに入れたところ目盛りは２ｇを指しました。水の中で箱が50ｇ分軽くなったということは，①50ｇ分だけ上向きの力を受けていることが予想されます。

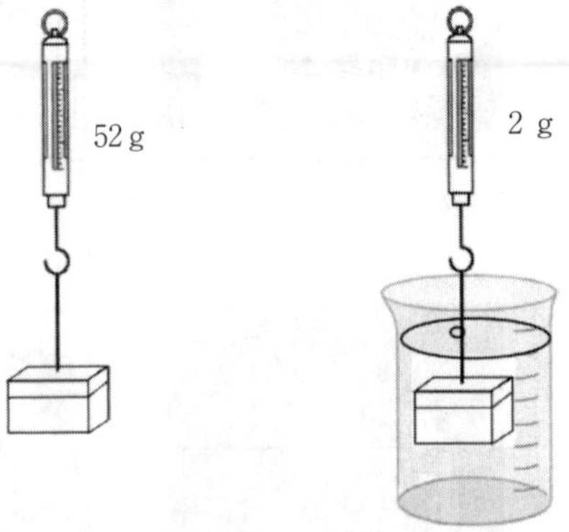

問１　下線部①のような力を何といいますか。

この力の大きさは，箱の体積５cm×５cm×２cm＝50cm^3，水の密度1.0cm^{3}あたり1.0ｇから計算できる箱と同じ体積の水の重さと同じ大きさです。つまり，液体中の物体には②その物体と同じ体積の液体の重さと同じ大きさの力が上向きにはたらくと考えられます。

問２　下線部②の予想を確かめるために，ビーカーの水に食塩を完全にとかして，バネばかりの目盛りが０ｇとなることを調べます。食塩を加えても液体の体積はほとんど変化しないものとすると何ｇの食塩をとかしたときに目盛りが０ｇとなることが予想されますか。

実際には食塩をとかすことによって液体の体積は増加し，問２の答えより多くの食塩が必要となります。

問３　食塩の代わりに砂糖をとかしたところ，さらに多くの量が必要でした。より多くの量が必要となった理由を考えなさい。

箱にゼムクリップを入れ，バネばかりに吊るし目盛りが48ｇを指すようにしました。この箱の下に４ｇのおもりを吊るし全体で52ｇを指すようにしました。これをビーカーの水に入れて，図のような状態にしました。

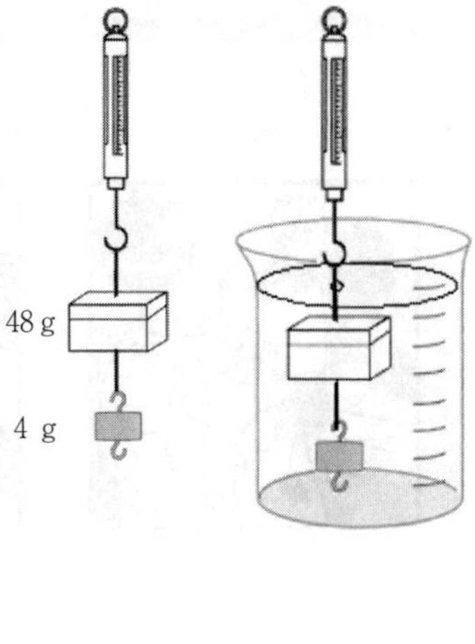

問４　目盛りは何ｇを指しますか。次のア～エから選び，記号で答えなさい。

ア　０ｇ
イ　２ｇよりもわずかに小さな数値
ウ　２ｇ
エ　２ｇよりもわずかに大きな数値

【英　語】〈第１回試験〉（40分）〈満点：100点〉

《リスニング問題》

1　(1)〜(4)の英文を聞き，それぞれの問いの答えを表す絵として最も適切なものを，あ〜う の中から１つ選びなさい。

(1)　お父さんは毎朝何をしますか。

あ.

い.

う.

(2)　女の子たちが最初にすることは何ですか。

あ.

い.

う.

(3)　生徒たちはまず何をするように言われましたか。

あ.

い.

う.

(4)　マイクは何をすることを頼《たの》まれましたか。

あ.

い.

う.

2　(1)～(5)の対話を聞き，その最後の文に対する応答として最も適切なものを，あ～う の中から１つ選びなさい。

(1)　あ．Oh, that's wonderful!
　　い．I see.　Take care!
　　う．All right.　Have fun!

(2)　あ．Please tell him to call me back.
　　い．That was the wrong number.
　　う．Sure.　You're welcome.

(3)　あ．I'm great, thank you.
　　い．How much is it?
　　う．I don't have any plans yet.

(4)　あ．Oh, it's next to the bookstore.
　　い．Oh, you can send a letter and buy a stamp.
　　う．Oh, it's in the post office.

(5)　あ．I want to sleep now.
　　い．I went to bed around 11 p.m.
　　う．I get up at 9 p.m.

3　(1)～(5)の英文を聞き，その後に放送される質問に対する答えとして最も適切なものを，あ～う の中から１つ選びなさい。

(1)　あ．Play the piano on stage.
　　い．Watch her sister's piano performance.
　　う．Have lunch with her family at a park.

(2)　あ．Her special day.
　　い．Her mother's birthday.
　　う．Her father's new racket.

(3)　あ．She didn't go to school.
　　い．She went to school by bicycle.
　　う．She went to school by car.

(4)　あ．Go to a convenience store.
　　い．Get some drinks at a supermarket.
　　う．Have a drink at a restaurant.

(5)　あ．He left his house.
　　い．He lost his smartphone.
　　う．He found his smartphone.

※＜**リスニング問題放送原稿**＞は英語の問題の終わりに付けてあります。

《リーディング問題》

4 　下のポスターは和洋国府台女子中学校の英語部が新入生を歓迎《かんげい》するために作ったもので，また，中学１年生のあなたの予定も示されています。これらをよく見て，(1)〜(4)の問いに対する答えとして最も適切なものを，あ〜う の中から１つ選びなさい。

Welcome to Wayo Konodai Girls' Junior High School !

The English Club will hold welcome events for the first-year students.

Come and join us !

■ Events Schedule

When ?	What ?	Where ?
Saturday, April 9 4:00 p.m. – 5:00 p.m.	Board Games Playing board games is a good way to learn English !	Gym
Saturday, April 16 3:45 p.m. – 4:45 p.m.	Movie Watching Title: *Wild Green*	Movie Hall (first floor)
Wednesday, April 20 4:30 p.m. – 5:00 p.m.	Enjoy English ! If you want to know about the English Club, please come !	Classroom 5 (third floor)
Friday, April 22 4:30 p.m. – 6:00 p.m.	English Conversation Practice You can talk with our teachers from the Philippines and Russia in English.	Classroom 8 (second floor)

■あなたのカレンダー

April

Monday	Tuesday	Wednesday	Thursday	Friday	Saturday	Sunday
4	5	6 piano practice 4:00 p.m. - 5:00 p.m.	7	8 tennis practice 3:30 p.m. - 6:00 p.m.	9 hospital 3:00 p.m. - 5:00 p.m.	10
11	12	13 piano practice 4:00 p.m. - 5:00 p.m.	14	15	16	17 shopping 9:00 a.m. - 5:00 p.m.
18	19	20 piano practice 4:00 p.m. - 5:00 p.m.	21	22 tennis practice 3:30 p.m. - 6:00 p.m.	23	24

(1)　体育館で行われるイベントはどれですか。

あ．Board Games　　い．Movie Watching　　う．English Conversation Practice

(2)　英語部について知りたいと思っている生徒は，どのイベントに参加すればよいですか。

あ．Movie Watching　　い．Enjoy English !　　う．English Conversation Practice

(3)　外国出身の先生と会うことのできるイベントは何階で行われますか。

あ．On the first floor.

い．On the second floor.

う．On the third floor.

(4) クラスメイトのMeiに下のようにさそわれました。「あなたのカレンダー」を確認して，応答として最も適切なものを答えなさい。

Mei ; “English Conversation Practice looks interesting.　Let’s go there together !”

あ．OK, sure.　I’m free on that day.

い．Sorry, but I can’t.　I have to go to the hospital on that day.

う．Sorry, but I can’t.　I have tennis practice on that day.

5　**Jenny** と **Yuka** がメールのやり取りをしています。２人のメールを読み，(1)〜(3)の問いに対する答えとして最も適切なものを，あ〜う の中から１つ選びなさい。

From : Jenny
To : Yuka
Date : May 5, 2022

Hi Yuka,

How are you ?　I’m so happy to read your message.　I really want to join your birthday party on Friday, but I can’t.　I have dance practice every day after school.　Our team will perform at a dance festival next week and we are practicing hard for it.　This big event will be for two days.　There will be dance groups from all over the country.　Some teams will perform on the first day, Monday, but our team will perform the next day.　I’m so nervous and excited at the same time !

I’m really sad that I can’t come to your party, but I still want to see you.　You are one of my best friends !　Are you free this weekend ?　If you have time, let’s have lunch at our favorite restaurant near the school.　I’m free on Saturday and Sunday.　Which is better for you ?　Also, I would like to get you a birthday present.　Is there anything you want ?

I hope we can meet soon !

Your friend,
Jenny

From : Yuka
To : Jenny
Date : May 6, 2022

Hi Jenny,

Thank you for your e-mail. I'm sad you can't come to the party, but of course, I would be happy to meet you this weekend!

I can't meet you on Saturday because I have to help my mother clean the house. On Sunday, I am going to the dentist in the morning, but I'm free after that, so we can have lunch at the restaurant. Let's meet there at around 12:30. You don't have to give me a birthday present. Spending time with you is the best present I could ever have!

You must be very tired practicing for the festival. I'm sure you will give the best performance! How many teams are going? Please tell me all about it when we meet. We have so many things to talk about! I'm excited!

I am looking forward to seeing you soon!

Your friend,
Yuka

(1) Jennyのダンスチームは何曜日に発表をしますか。

あ．On Sunday.　い．On Monday.　う．On Tuesday.

(2) Yukaは日曜日の午前中に何をする予定ですか。

あ．Go to the dentist.　い．Go to the restaurant.　う．Clean the house.

(3) Yukaは何を楽しみにしていますか。

あ．Getting a present from her friend.

い．Going to the dance festival with her friend.

う．Talking with her friend.

6　中学生の**Maiko**がカナダ出身の先生の**Ms. White**と話しています。下の対話文を読み，(1)～(4)の問いに対する答えとして最も適切なものを，あ～う の中から１つ選びなさい。

Maiko　　: Hello, Ms. White.
Ms. White : Hi, Maiko! Oh, you came back from Canada! How was your homestay?
Maiko　　: It was great. I enjoyed it a lot.
Ms. White : So, you stayed there for three weeks, right?
Maiko　　: I was planning to stay there for three weeks, but my mother got sick, so I

could only stay for two weeks.

Ms. White : Oh, that's too bad. How's your mother ? Is she OK ?

Maiko : Yes. She was in the hospital for a few days, but she's home and fine now.

Ms. White : I'm glad to hear that. What was your best memory of Canada ?

Maiko : Well, my host family took me to many places. For example, we went to a zoo and a big shopping mall, but I liked ABC Park the best.

Ms. White : Oh, I've been there many times. I like it, too. How was it ?

Maiko : It was big and beautiful. I enjoyed cycling there.

Ms. White : That's good. Did you try some new food ?

Maiko : Yes, I did. I tried rice pudding.

Ms. White : Oh, you did ? It's unique, isn't it ?

Maiko : Yes. When I heard the name for the first time, I didn't want to try it because we don't usually use rice in pudding.

Ms. White : That's right.

Maiko : But my host family liked it a lot, and it looked delicious, so I tried it.

Ms. White : Good. Did you like it ?

Maiko : Yes ! It became my favorite.

Ms. White : That's nice.

(1) How long did Maiko stay in Canada ?

あ. For one week. い. For two weeks. う. For three weeks.

(2) What is Maiko's favorite place in Canada ?

あ. The zoo. い. The shopping mall. う. The park.

(3) What does Maiko think of rice pudding ?

あ. It's one of her favorite foods now.

い. It didn't look delicious.

う. She doesn't want to try it again.

(4) Which is true ?

あ. Maiko enjoyed cycling in Canada.

い. Maiko's mother is still in the hospital.

う. Ms. White didn't know about rice pudding.

＜リスニング問題放送原稿＞

ただいまから令和５年度入試，英語の試験を行います。これからお話しすることについて質問は受けませんので，よく注意して聞いてください。

このテストには，1から6まであります。1から3はリスニング問題で，4から6はリーディング問題です。リスニング問題では，英文はすべて２度ずつ読まれます。放送の間メモをとってもかまいません。

では，1から始めます。これは(1)～(4)の英文を聞き，それぞれの問題の答えを表す絵として最も適切なものを あ～う の中から１つ選ぶ形式です。では，始めます。

(1) My father reads the newspaper on the train every morning.

(2) I'm excited to watch this movie. Let's buy the tickets first, and then let's get some popcorn.

(3) Did you enjoy playing soccer, everyone ? Please go back to your classroom after you wash your hands.

(4) Hi, Mike. My dog, Speedy, is missing now. He was playing in the park with me but he ran away. I know you live next to the park, so can you go there and look for him ? I will walk around the station.

続いて，**2** です。これは，(1)〜(5)の対話を聞き，その最後の文に対する応答として最も適切なものを，あ〜う の中から１つ選ぶ形式です。では，始めます。

(1) A : I'm not feeling well today.
B : What's the matter ?
A : I have a headache. I'm going home early.
あ. Oh, that's wonderful !
い. I see. Take care !
う. All right. Have fun !

(2) A : (phone rings) This is Aoba Hospital. How may I help you ?
B : Hello. May I speak with Dr. Smith ?
A : Oh, he's not here right now. Can I take a message ?
あ. Please tell him to call me back.
い. That was the wrong number.
う. Sure. You're welcome.

(3) A : Finally ! It's the weekend !
B : Do you have any plans ?
A : I'm going to go shopping with my sister. How about you ?
あ. I'm great, thank you.
い. How much is it ?
う. I don't have any plans yet.

(4) A : Excuse me. May I ask you something ?
B : Sure. What is it ?
A : Where is the post office ?
あ. Oh, it's next to the bookstore.
い. Oh, you can send a letter and buy a stamp.
う. Oh, it's in the post office.

(5) A : You look so sleepy.
B : Yes, I am.
A : Did you stay up late last night ?
あ. I want to sleep now.
い. I went to bed around 11 p.m.

う．I get up at 9 p.m.

続いて，**3** です。これは，(1)～(5)の英文を聞き，その後に放送される質問に対する答えとして最も適切なものを，あ～う の中から１つ選ぶ形式です。では，始めます。

(1) I'm Emi. My sister is playing the piano at Higashi Music Hall this Saturday morning. My parents and I are going to see her on stage. After that, we are planning to have lunch together at a restaurant.

Question : What will Emi do this Saturday morning?

あ．Play the piano on stage.

い．Watch her sister's piano performance.

う．Have lunch with her family at a park.

(2) Today is my birthday. I'm 12 years old now. My mother made a special dinner for me. My dad gave me a new tennis racket. I really wanted one. It was a wonderful day.

Question : What is the girl talking about?

あ．Her special day.

い．Her mother's birthday.

う．Her father's new racket.

(3) I usually go to school by bicycle. But it rained a lot this morning. I didn't want to get wet, so I asked my mother to drive me to school. She said OK, and I was happy.

Question : Why was the girl happy?

あ．She didn't go to school.

い．She went to school by bicycle.

う．She went to school by car.

(4) It is very hot today. Ken and his father are thirsty. They want to buy a drink, but there is no convenience store or supermarket around here. They decide to go to a restaurant to get something.

Question : What are Ken and his father going to do next?

あ．Go to a convenience store.

い．Get some drinks at a supermarket.

う．Have a drink at a restaurant.

(5) Takumi is looking for his smartphone. When he left his house, it was in his pocket. But he can't find it now.

Question : What is Takumi's problem?

あ．He left his house.

い．He lost his smartphone.

う．He found his smartphone.

２　ア〜エはすべて定型の俳句である。
３　ア〜ウの季語はすべて短詩のはじめに置かれている。
４　ア〜ウは二つ以上のもののようすについて描写している。

Ⅱ　次の文章Ａ・Ｂは、ア〜エのどの短詩について説明したものですか。記号で答えなさい。

Ａ　この短詩は目に見えたものをそのまま絵画に写し取ったように感じられる。様々な種類の自然のそれぞれのようすが、色彩あざやかに描写されている。

Ｂ　この短詩は他とはちがうものが詠《よ》み込まれている短詩である。また、最後の語句では時間の経過が感じられる内容が工夫された表現で述べられている。

問二　次の１〜４の語句について、反対語を答えなさい。

１　集合　２　満ちる　３　アップ　４　差し出す

四

次の１〜５のカタカナを漢字に直して答えなさい。送りがなが必要な場合はひらがなでつけること。

１　母はツウヤクの仕事をしている。
２　モケイ飛行機を作る。
３　カンシャの気持ちを忘れない。
４　白組を勝利にミチビク。
５　アヤマリをただちに直す。

イ　文明世界の人間は惨劇とも言えるような生き物の死に対して受け入れがたく思うが、草原の動物たちにはそのような死も日常のことである。

ウ　文明世界の人間は年老いて死んだり病気で死んだりする人が多いが、草原の動物たちは寿命《じゅみょう》が来る前に肉食獣に食べられて死んでしまうことが多い。

エ　文明世界の人間は自分たちに害をなす肉食獣を憎んでいるが、草原の動物たちは肉食獣に殺されることを仕方のないこととして抵抗《ていこう》したりしない。

問六　――線⑥「肉食獣もその循環の中で一役を演じているのです。」について、

1　肉食獣が演じている役とはどのようなものですか。本文より十三字でぬき出して答えなさい。

2　筆者は肉食獣の営みを述べることを通してどのようなことを伝えようとしているのですか。最も適切なものを次から選び、記号で答えなさい。

ア　人間や家畜《かちく》を襲う肉食獣を殺害する行為は善であると考える人々もいるが、そのような人々が住む文明世界と大自然とは全く異なった善悪の上に存在しているため、人間の考えを押《お》しつけてはいけないこと。

イ　草食獣を襲って食べる肉食獣の姿に人間がおそろしく感じるのはもっともなことだが、肉食獣も生きるために仕方なく行っていることであるため、人間が肉食獣をむやみやたらに殺害してはいけないこと。

ウ　肉食獣は文明発生以来人間に憎まれてきた存在であるが、草食獣を襲って殺すことで実は大自然の無数の生き物の生命をつなげるという大切な役割を果たしており、欠かすことのできない存在であること。

エ　大自然の生き物たちは弱肉強食の関係の中で生きており、肉食獣が草食獣の命をうばうのは当然の行為であるため、今後もこの関係を人間が守ることで大自然の関係を保っていかなければならないこと。

問七　本文を「1　肉食獣と人間の関係」、「2　肉食獣と草食獣の闘《たたか》いとその後」、「3　生命のつながり」の三つの段落に分けるとすると、2と3の段落はどこから始まりますか。それぞれの始まりを本文よりぬき出し、最初の五字で答えなさい。

問八　〜〜線「人間が自分を守ろうとして、〜世界各地には少なくありません。」とありますが、人間が自分や家畜を守るために動物を殺す行為について、あなたはどのように考えますか。次の条件に従って、自分の意見を書きなさい。

条件1　賛成か反対か、立場を明確にすること。

条件2　なぜそのように考えたのか、理由を書くこと。

条件3　一二〇字以内で書くこと。

三

言葉に関する次の問いに答えなさい。

問一　次の短詩ア〜エを読み、後の問いに答えなさい。

ア　春の海※ひねもすのたりのたりかな

イ　菜の花や月は東に日は西に

ウ　梅が香にのつと日の出る山路かな

エ　小春日の子らの遊びは地より暮れ

※ひねもす…一日中ずっと

Ⅰ　ア〜エについて説明した次の1〜4の文が適切であれば○、適切でなければ×とそれぞれ解答らんに書きなさい。

1　ア〜エはすべて同じ季節の短歌である。

私は改めて思いました。バッファローに限らず、草原の動物たちが病死したり、老死したりした姿をほとんど見たことがないことを。

⑤文明世界の人間とは、まるで違《ちが》うのです。彼らにとって、死の多くは、肉食獣によるものなのです。

肉食獣とは、死を担《にな》っている自然界の使者でもあるのです。

そしてあの夜の戦いは、決してライオンとバッファローの決闘《けっとう》だけでは終わらなかったのです。

そこで生まれた一つの死体。

そこから何千、何万の新しい生命が生きていく。⑥肉食獣もその循環の中で一役を演じているのです。

大自然の中では、一つの死は、そのものだけの死ではありません。多くの生命につながっていくのです。

私はそのことを決して忘れてはならないと心に誓《ちか》いました。

（羽仁　進『サバンナの動物親子に学ぶ』）

※執拗…ねばり強くしつこいこと。
※惨劇…目をそむけたくなるような、むごたらしい出来事。

問一　――線①「果たせるかな」というのはどのような意味ですか。前後の内容から当てはまる意味として適切なものを次から選び、記号で答えなさい。

ア　思っていたとおり
イ　思いがけないことに
ウ　思ったこととは逆に
エ　思ったこととは違い

問二　――線②「肉食獣と草食獣の双方にとって、緊張と興奮に満ちた時間だと思いました。」とあります。「緊張と興奮に満ちた時間」を過ごした肉食獣と草食獣とは、その後どのように変化しましたか。その変化後の姿がはっきり書かれているところをそれぞれ一文でぬき出し、最初の五字で答えなさい。

問三　――線③「もっと深い教訓を、翌日の朝に与えられたのです。」について、

1　「もっと深い教訓を、翌日の朝に与えられた」とありますが、それでは最初に得た教訓とはどのようなことだと考えられますか。最も適切なものを次から選び、記号で答えなさい。

ア　草食獣は、肉食獣に食べられてしまう運命からはのがれられないということ。
イ　肉食獣は、草食獣の命をうばわないと生きていくことができないということ。
ウ　肉食獣も草食獣も、生きぬくためには命をかけて戦わなければならないということ。
エ　肉食獣も草食獣も、他の生き物に食べられて命を終えなければならないということ。

2　「もっと深い教訓」とはどのようなことですか。本文の言葉を使って、三十字以内で説明しなさい。

問四　――線④「バッファローの残骸は、何千、何万の生命に食べられて、それぞれの身体の一部になってしまうのです。」とありますが、それを筆者は別の言葉で何と表現していますか。本文より五字でぬき出して答えなさい。

問五　――線⑤「文明世界の人間とは、まるで違うのです。」とありますが、草原の動物たちと文明世界の人間とはどのように違うのですか。本文全体をふまえて、当てはまるものを次からすべて選び、記号で答えなさい。

ア　文明世界の人間は便利で安全な生活の中、食べ物を手に入れる苦労を全くしたことがないが、草原の動物たちは生きていくために日々苦労して食べ物を得ている。

オンたちは逃げる。しかし、何頭かは後ろに回って、攻撃《こうげき》をしかけます。

そんな大騒動《そうどう》のさなかに、一〇頭ほどの象の群れも現れました。長い鼻を巻き上げ、大きな叫《さけ》び声をあげながら……。象の子どももいたので、余計な騒動に巻き込《こ》まれないように警告したのかもしれません。一進一退、こんなに正面きった大戦闘《せんとう》が、三〇分ほど続いたのは、めずらしいことでした。

最後に、一頭のバッファローのまわりに全ライオンが集結したかと思ったら、三頭が束になって、何度もそのバッファローに跳《と》び乗ろうとしました。たまらずバッファローはそれを振《ふ》り落として、角で突《つ》きかかります。続いて、大きなオスライオンが、あおむけに落とされながらバッファローの首筋の急所に嚙《か》みついて、長い戦いに終止符《しゅうしふ》を打ちました。

すでにあたりは暗くなっています。他のバッファローも象もどこかに消えてしまいました。

ライオンたちの食事がはじまりました。子どもたち、若いライオンから食べはじめたのも印象的でした。大きいオスライオンは、リーダー格のメスの唸《うな》り声を浴びて、後ろで待っていたのも記憶《きおく》に残っています。

私は、真っ暗な中で、目を閉じて、めまぐるしかった一夕《いっせき》の出来事を、嚙みしめるように思い返していました。②肉食獣と草食獣の双方《そうほう》にとって、緊張《きんちょう》と興奮に満ちた時間だと思いました。しかしじつは、③もっと深い教訓を、翌日の朝に与《あた》えられたのです。

翌朝は、相変わらず快晴でした。早朝から厳しい太陽の光が射《さ》していました。昨夜の大闘争のあたりは、まるでうそのように静まり、光に照らされた景色がむしろ美しく感じられたくらいです。

ふと、あたりを見渡《みわた》すと近くの草むらには、あのライオンたちがみな寝《ね》ていました。腹を上に向けています。まだその腹は、ポンポンに膨《ふく》れています。一〇日間の飢えを解消したのです。あの※執拗《しつよう》な闘志《とうし》を見せたライオンたちとは思えない、のんびりした姿です。

一方、水辺の近くには、昨夜の光景とは一変して、バッファローたちがやはりくつろいでいました。たしかに、そのうちの一頭の生命は消えているはずなのですが、それは信じられないくらい落ち着きはらった群れの姿でした。

しばらくして私たちは、※惨劇《さんげき》の現場に着きました。

さすがにバッファローは巨大《きょだい》な身体です。三〇頭のライオンたちが貪《むさぼ》り食っても、まだ身体の一部は残っていました。

そこに集まっている動物たち、そして鳥たちの数の多さは、想像を超《こ》えています。

ジャッカルも、ハイエナも、そしてもっと小さい肉食獣も……。

七〇羽《わ》近くのハゲタカたち。空を見ると、こちらに向かって飛んできます。早くから来ていた鳥たちは、腹いっぱい食べて、あたりに座《すわ》りこんでいます。

小さな美しい鳥たちもいました。羽が鮮《あざ》やかな色をして、丸っこい顔がかわいらしく見えた小鳥も、肉食だったのです。忙《せわ》しく、バッファローの死体の残骸《ざんがい》をつついています。

さらに近寄ってみると、いろいろな昆虫《こんちゅう》たちも蠢《うごめ》いています。角張ったのも、脚《あし》の長いのも、いろいろな昆虫が、忙しく死体を消化しているのです。

いやいや、こんな連中だけではないのだ。顕微鏡《けんびきょう》でももっていれば、小さな生き物が何千、何万種類といるでしょう。

数日のうちに、まだ大きかった④バッファローの残骸は、何千、何万の生命に食べられて、それぞれの身体の一部になってしまうのです。

ア　主人公ルイがモデルになってどのように描かれているかを中心にストーリーは展開する。クライマックスではその驚きの絵にみな動揺《どうよう》するが、本人はあまり理解できずにいて、読者はその部分を励まし、共に寄り添っているような気持ちで読み進めることができる作品である。

イ　絵を描くことの難しさが伝わる作品である。様々な登場人物がそれぞれの立場から「お友達を描く」というよくある課題に対して工夫《くふう》して取り組んでいるようすがくわしく描写されている。年齢それぞれで絵の描き方や向き合い方に違《ちが》いがあることが強調されている作品である。

ウ　一つの絵画教室の中で大人と子どもの感じ方の違いが描写されているが、同時に、絵を描くことに対しては等しく熱意をもって向き合っていることも伝わってくる。技術よりも、絵を描くために考えたり感じたりすることの方が大切であり尊いことが伝わってくる作品である。

エ　主人公実弥子が最後にゴムボートに乗る想像で話は終わり、ルイやまゆちゃんといった子どもの絵が大人にも大きな影響《えいきょう》を及《およ》ぼすことがわかる。いつもは少しえらそうにふるまってしまう大人も、結局のところ子どもの持つ純粋《じゅんすい》さにはかなわないと感じられる作品である。

二　次の文章を読み、後の問いに答えなさい。

肉食獣《にくしょくじゅう》という生き物は、文明発生以来、人間に、いつも憎《にく》まれてきました。人間が自分を守ろうとして、さらにウシ、ウマを保護しようとして、オオカミを殺害しつくしたことは、今日では愚《おろ》かな行為《こうい》であったと認識《にんしき》されています。

しかし、いまだにそういう行為は善であると信じている人々が、世界各地には少なくありません。

大自然の中で、肉食獣は生命の循環《じゅんかん》に大切な役割を果たしています。私自身がアフリカで撮影《さつえい》しているあいだに、それを深く学びました。

三〇頭近いライオンの大群が、二〇頭の成獣《せいじゅう》ばかりのバッファローの群れと、正面きって決戦したのを見たことがあります。

ライオンたちはとても飢《う》えていました。一〇日近く、彼《かれ》らはほとんど獲物《えもの》を捕《つか》まえる機会を得られませんでした。

赤ん坊《ぼう》ライオンはその群れにはいませんでしたが、ある程度大きい子どもや若いライオンはいました。彼らは明らかにひどくやせて見えました。

ふつうライオンは三〇頭ほどが群れをなしていても、いっしょに行動するということは滅多《めった》にありません。しかし、その日は午後から全員が集結していました。そして熱心に舐《な》め合っていたのです。

これは互《たが》いに元気を奮い起こしているときに、よく見るしぐさです。相手を変えて舐め合い、オスライオンの背中に子どものライオンが乗って舐めたりしています。

きっと、ふだんは手が出せないような大物を、意を決して狙《ねら》っているのだ、と私は直感しました。

①果たせるかな、日が落ちて、薄暗《うすぐら》くなりはじめた頃《ころ》、ライオンの群れは二列になって大きな水場まで進み、そこにいるバッファローの成獣群を襲《おそ》ったのです。

バッファローたちにも、ライオンの群れが近づいてくるのはしっかり見えていましたが、まさか全員で突撃《とつげき》してくるとは、予想していなかったのです。だから、はじめは驚《おどろ》いて逃《に》げだしたのですが、すぐに反撃《はんげき》に打って出ました。

両者は夕暮れの草原のいたるところで、戦いはじめました。

正面からバッファローが向かってくると、身体はずっと小さいライおく見ながら描いているうちに一瞬遠いところに行った気がして、そこに（　２　）が見えた。だから、瞳を緑色に塗り、髪も同じ色にした。

問六　――線⑥「一本ですっと立つ草の花のようだ」について、

1　「すっと立つ」に使われている技巧《ぎこう》について正しいものを次から選び、記号で答えなさい。

ア　ものの名前やものごとで文の最後をしめくくる表現である体言止め。

イ　人間ではないものが、人間の動作をしているように表現している擬人《ぎじん》法。

ウ　おなじ言葉や似た表現を何度も繰《く》り返《かえ》し使ってリズムを独特にする反復法。

エ　ものごとの状態や身ぶりなどの感じをいかにもそれらしく音声にたとえた擬態語。

2　これはルイくんのどのようなようすを表現していますか。最も適切なものを次から選び、記号で答えなさい。

ア　緑とレモンイエローという組み合わせ、また、まっすぐに立っているようすから、まるで自然とそこに生えている野原の草花のように見え、他に交じらないルイのしなやかさのあるようすを表しているということ。

イ　風に吹《ふ》かれてただただゆれている草花のイメージがもともとの細い手足の頼りない感じとぴったりと合っていて、たくましさがまだ足りていないルイのありのままのようすがしっかりと描写《びょうしゃ》されているということ。

ウ　ルイと仲良しなまゆちゃんであるため、ルイにいちばん合う色がわかっており、その緑色を使い、さらに女の子らしいお花もつけることでモデルをしている時の全体のようすが丁寧に表現できているということ。

エ　はみ出しそうな切れ長の目のようすは草、髪の毛は草原、レモンイエローの肌はその草をはなやかに見せるお花というように、ルイの目立ってしまう外見を少し奇妙《きみょう》な表現で描いているということ。

問七　――線⑦「実弥子がまゆちゃんの肩に、ぽんと手を置いた。」とありますが、これについて説明したものとして最も適切なものを次から選び、記号で答えなさい。

ア　同情となぐさめの気持ちを表現するための動作。

イ　励《はげ》ましや応援《おうえん》の気持ちを伝えるための動作。

ウ　興奮を少しでも早く落ちつかせるための動作。

エ　怒《いか》りをしずめてなだめるための動作。

問八　――線⑧「そこには、自分ではない人がいるようで、確かに自分がいる、とも思う。自分が、別の世界にいる……。」とあります。これはどのようなことを表現していますか。最も適切なものを次から選び、記号で答えなさい。

ア　ルイの目を通した自分を絵で見ることで、他人の目を通すことでしか見えない自分の存在に気付いたということ。

イ　絵の中に描かれた自分は別の世界に行った自分であり、本来の自分とはちがって自由で何でもできる存在になったということ。

ウ　実際に絵を描いている時間にはモデルとともに旅をした気持ちになり、そのことがこの絵にも反映されているということ。

エ　絵の中の自分が自分のことを見ていると気付き、絵の世界で生きている自分がいるという事実を思い出したということ。

問九　この文章について説明したものとして最も適切なものを次から選び、記号で答えなさい。

イ　実弥子は年齢《ねんれい》差《さ》がある四人を「友達」と呼んで、互《たが》いをモデルにして遠慮《えんりょ》なく絵を描けるようにしようとしたが、姉妹二人はその呼び方をおかしいと感じている。

ウ　俊子はこの台詞《せりふ》を聞いて自分が他の絵画教室の生徒と比べると年齢《ねんれい》が高いということにあらためて気付かされて、胸を張りたい気持ちになっている。

エ　まゆちゃんは妹と同じタイミングで同じ台詞をあえて言うことで小さな妹を満足させようとしたが、本当に他の二人と友達になれるのか不安になっている。

問二　――線②「生き生きと血の通う、エネルギーの充ちた子どもの身体なのだということを、実物以上に伝えているようだった。」とあります。絵のまゆちゃんがどう描かれていたのか、たとえを用いて表現しているところを本文より二十字以内でぬき出して答えなさい。

問三　――線③「『なんのために絵を描くのか』という問いの答えが、もしかするとこうした絵の中にあるのではないかと、実弥子は思った。」とありますが、「絵の中にある答え」とはここでは何ですか。最も適切なものを次から選び、記号で答えなさい。

ア　絵を見ているとその作者それぞれの年齢ならではの成長の度合いが伝わるし、本来のその人よりも実際以上に伝えられることがあるということ。

イ　絵を見ていると母親は自分の子が絵を描く理由を自然と考えてしまうけれど、その答えは結局描いた人の心の中にあるものだということ。

ウ　絵を見ていると、自分が本当にその中に生きて存在していられる不思議な世界があるという事実に気付き、人生が豊かになるということ。

エ　絵を見ていると自分が今ここに生きていることが実感でき、同時に今まで見えなかったその人や、心の奥にあるものが見えるような気持ちになること。

問四　――線④「実弥子がやさしく言った。」とありますが、なぜ「やさしく」言ったのでしょうか。最も適切なものを次から選び、記号で答えなさい。

ア　この教室で初めて絵を見せ合う機会であり、先生として少しでもゆかいな時間にしたいという気持ちから、どうにかまゆちゃんにも明るい気持ちで絵の鑑賞会《かんしょうかい》を続けられるように説得をしたいと考えているため。

イ　絵を隠すふるまいは小学五年生らしくないし、他の生徒も見ている中での困った行動であるから少し腹が立っていたが、ルイくんの絵のすばらしさに圧倒《あっとう》されて当然落ちこむだろうという同情の気持ちもあったため。

ウ　ルイくんのすばらしい絵の後に見せるのをためらう気持ちになってしまうことを理解していると示しつつ、描き上がった絵の持つ特別さも伝えたいと考え、まゆちゃんに気持ちを落ちつけて自分の話を聞いてもらう必要があったため。

エ　絵を見せることをはずかしがっているまゆちゃんを見て、これは自分の芸術に対する思いを教室に通っているみんなに知ってもらうチャンスだと考えて、まずはまゆちゃんの機嫌《きげん》をどうしても取らなくてはいけないと思ったため。

問五　――線⑤「『ねえ、なんで緑色なの？』」について、この疑問文の解答を次のようにまとめました。（1）（2）にあてはまる語句をそれぞれ本文よりぬき出して答えなさい。ただし、字数は解答用紙にしたがうこと。

まゆちゃんは最初、「（　1　）」と答えたが、実はルイくんをよ緑色の髪と瞳が溶《と》け合《あ》って、絵に描かれたルイが、⑥一本ですっと立つ草の花のようだと、実弥子は思った。

「こうしてみると、ほんと、ルイくんと緑色って、似合うね。いいなあ、この絵も、気持ちがいいよ。子どもって、やっぱり自由だね。みんな天才だわ」

　俊子が感心するように言うと、まゆちゃんが、棚の上の絵をさっと取って、くるくると丸めた。

「やっぱり、それほどでもないし、はずかしい」

　くるくると丸めた画用紙を、ルイがつかんだ。

「これ、ほしい」

「ええっ⁉」

　まゆちゃんが、目を丸くした。

「ほしいって……、私の、この絵が、気に入った、ってこと？」

　ルイが、こくりと頷いた。

「そっか、それってやっぱりまゆちゃんの絵が、とってもすてきだからだよね！」

　⑦実弥子がまゆちゃんの肩に、ぽんと手を置いた。

「でも、みなさんの描いた絵は、それぞれ一度持ち帰って、お家の人に必ず見せて下さいね。そのあとで、どうするかはお母さんたちにも訊いて、みんなでよく相談して決めて下さい」

「相談ってことは、じゃあ、私の絵をルイくんにあげるかわりに、そのルイくんの絵を、私がもらったりしても、いいってこと？」

　まゆちゃんが、ローテーブルの上に広げられたままの、自分が描かれたルイの絵を見た。

「いいよ」

　ルイがさらりと返事をした。

　まゆちゃんは、どきどきしてきた。ルイが描いた自分の顔が、自分を見ている、とまゆちゃんは思った。ルイが描いた自分。ルイが見ていた自分。自分が、他の人の目に映っているということを初めて知った気がしたのだった。

　自分も、ルイを見て、描いた、とまゆちゃんは思う。よおく見ながら描いているうちに、なんとなく見ていたときには気付かなかったことが見えてきた。ルイの、一見どこを見ているかわからないその瞳をじっと見ているうちに、遠いところへ一瞬《いっしゅん》、一緒に行った気がしたのだ。そこに、風にゆれる草原が見えた、気がした。だから、その瞳を緑色に塗り、草原のような髪にも、同じ色を置いたのだ。

　そんなふうに顔には時間をかけてこだわって描いたけれど、身体の形はうまく描けなかった気がして、まゆちゃんは自信がなかった。でも、ルイにこの絵がほしいと言われて、ずいぶんうれしかった。自分も、ルイが描いてくれた自分の絵はとてもきれいだと思った。その絵が、ほしくなった、とても。なんだろう、この感じ。⑧そこには、自分ではない人がいるようで、確かに自分がいる、とも思う。自分が、別の世界にいる……。

　絵の道具を片づけながらまゆちゃんは、水に浮かんだゴムボートに乗ってゆられているような、不思議な心地《ここち》がしていた。

（東　直子『階段にパレット』）

※希一…実弥子の亡《な》くなった夫。絵画教室「アトリエキーチ」の名前は
　ここから来ている。

問一　――線①「『今日は、お友達を描きます』『おともだちぃ？』」とあります。この部分について説明したものとして最も適切なものを次から選び、記号で答えなさい。

ア　ゆずちゃんは実弥子が大人の俊子も男の子のルイくんもお友達とした間違いに驚《おどろ》いてしまい、教えてあげる必要を感じて大きな声で反応をしている。

ルイと※希一、それぞれの母親がふと口にした③「なんのために絵を描くのか」という問いの答えが、もしかするとこうした絵の中にあるのではないかと、実弥子は思った。

「ねえ、ルイくんって、何年生？」まゆちゃんが訊《き》いた。

「三年」

「うわあ、私より二コも下なんだあ。やだなあ、こっちは、見せるのはずかしすぎる」

まゆちゃんが自分の絵を隠《かく》すように、覆《おお》いかぶさった。

「まゆちゃん、絵はね、描き上がったときに、描いた人を離《はな》れるんだよ」

④実弥子がやさしく言った。

「え？　離れる……？　どういうことですか？」

まゆちゃんが、絵の上に手をのせたまま顔を上げた。

「でき上がった絵は、ひとつの作品だから、でき上がった瞬間《しゅんかん》に、作者の手から離れて、まわりに自分を見てもらいたいな、という意志が生まれるのよ。それは作品自体の心。描いた人の心とは別に、新しく生まれるの」

「……ほんとに？」

まゆちゃんの眉が少し下がり、不安そうに数度まばたきをした。

「そうよ。たとえば、今ルイくんの描いたこの絵は、ルイくんだけのものだって思う？　ルイくんだけが見て、満足すれば、それでいいと思う？」

実弥子の質問に、まゆちゃんは長い睫毛を伏《ふ》せてしばらく考えた。

「そりゃあ、ルイくんの絵は、上手だから……みんなで一緒《いっしょ》に見たいなあって思うけど……」

「まゆちゃんの絵も、みんなが一緒に見たいなあって思ってるよ」

実弥子がそう言ったとき、ルイがその言葉にかぶせるように「見せてよ」と言った。

まゆちゃんは、少し照れたような表情を浮かべて、ルイにちらりと視線を送ってから背筋を伸《の》ばした。

「わかった。モデルのルイくんが見たいって言うなら、見せないわけにはいかないよね」

まゆちゃんは、絵の上を覆っていたてのひらを滑《すべ》らせるように引いた。画用紙の中には、こちらをじっと見据《みす》えてまっすぐに立つルイが現れた。手も足も細くてやや頼《たよ》りない身体をしているが、顔はしっかりと大きく描かれていた。

「私、人を描くの、あんまり得意じゃなくて……。バランスが変になっちゃって、なんか、やっぱり、下手だ」

まゆちゃんが、小さな声で言った。

「そんなことないよ、まゆちゃん。よく描けてる。とてもいいと思う」

実弥子がゆっくりと言った。

⑤「ねえ、なんで緑色なの？」

ゆずちゃんが絵を見ながら訊いた。

まゆちゃんの絵の中で、ルイの顔の輪郭《りんかく》からはみ出しそうなほど切れ長に描かれた目の中の瞳と、ふわふわと描かれた髪が、深い緑色をしていた。

「なんでって……それは、なんとなく、かな。ルイくんのこと、じっと見ていたら、そんな色をしているような気がしたから」

「そうなのね、まゆちゃんには、ルイくんがこんなふうに見えるんだね」

実弥子が、絵を手に取って持ち上げた。

「ちょっと、ここに置いてみるね」

棚《たな》の上に、その絵を立てかけた。レモンイエローで塗られた肌《はだ》と、ルの人の全身を、まず鉛筆《えんぴつ》で描いて下さい。お友達の頭の先から形を捉《とら》えて、目で見えた通りに、ゆっくり線を引いて下さいね。五分で描けなかったら、あとでまたポーズを取ってもらうので、焦《あせ》らずに描いてね」

　まゆちゃんは、まっすぐに立つルイをしばらくじっと見つめた。人の顔をじろじろ見てはいけません、と昔お母さんに言われたことをふと思い出した。でも、今は、いいんだ。そう思いながら、ルイの髪《かみ》や顔や、腕や足をじっと見つめた。

　その横で、ゆずちゃんが、くすくす笑い始めた。大人の女の人がまじめに、自分のためだけにポーズを取ってくれている、という状況《じょうきょう》そのものが、なんだかおもしろくなってしまったのだった。気付いたまゆちゃんが、まじめにやりなさい、と言うように、ゆずちゃんをひじで軽く突《つ》いた。

　そうして鉛筆で全身の形を描き合ったあと、水彩《すいさい》絵の具で色をつけた。ゆずちゃんの描いた俊子の全身像は、暖色でまとめられた明るい絵に仕上がった。大きな口を開けて笑っている唇《くちびる》も、口の中も、鮮《あざ》やかな赤い色で塗《ぬ》られている。

「絵の中の俊子さん、楽しそうで、とてもいいわねえ」

　実弥子がゆずちゃんに声をかけた。

「ゆずちゃん、こんなふうに見てくれてたんだあ」

　俊子が、絵を手に持って言った。

「私、めちゃくちゃ元気そう。うれしいなあ。絵に描いてもらえるって、いいもんだね。こっちは見せるのがちょっとはずかしいけど……」

　そう言いながら差し出した俊子の絵の中で、ゆずちゃんは、ふんわりと笑っている。その口に、俊子がかわいいな、と感じた生えかけの永久歯もちらりとのぞき、今着ているワンピースの水色のチェックの模様も、丁寧《ていねい》に描かれている。

「おんなじだあ」

　ゆずちゃんがワンピースの模様と絵を見比べながら、うれしそうに言った。

「俊子さん、繊細《せんさい》な絵になりましたね。すてきです」

　ルイとまゆちゃんも、三人の後ろから絵をのぞいている。

「さて、ルイくんとまゆちゃんの絵も、みんなで見ましょうね」

　ルイが描いたまゆちゃんは、今にも絵の中から飛び出してきそうだった。細密に描かれた鉛筆の下書きの上に、慎重《しんちょう》に絵の具が塗り重ねられていた。筆先を使って髪《かみ》の毛《け》や眉《まゆ》や睫毛《まつげ》が一本一本描かれ、瞳《ひとみ》には淡《あわ》い光がともっていた。まゆちゃんの顔によく似ていると同時に、その心の奥《おく》にある芯《しん》の強さを感じさせる。頬《ほお》や指先、膝《ひざ》がしらには淡い桃色《ももいろ》がかすかな青を滲《にじ》ませながら置かれていた。②生き生きと血の通う、エネルギーの充《み》ちた子どもの身体なのだということを、実物以上に伝えているようだった。

「ルイくん、すばらしいね……」

　実弥子は、ルイの絵のすばらしさを伝えるための言葉を探そうとしてうまく見つからず、口ごもった。

「わあ、すごい……。これが私……？」

「まゆちゃんに、にてる」

　ゆずちゃんが、感心して言った。

「なんだろう、これ……。こんなふうに描いてもらうと、自分が今、ちゃんと生きてここにいるんだって、気がついた気がする……」

　まゆちゃんがつぶやいた。実弥子ははっとする。

　ルイが、まゆちゃんをモデルに絵を描いた。ただそれだけの、シンプルなこと。でも、描かれた絵の中には、今まで見えていなかったその人が見えてくる。言葉では言えない、不思議な存在感を放つ姿が。

2023年度

和洋国府台女子中学校

【国　語】〈第一回試験〉（五〇分）〈満点：一〇〇点〉

注意　句読点・記号も一字に数えます。

一　次の文章を読み、後の問いに答えなさい。

イラストレーターの実弥子《みやこ》は古い家を改築して絵画教室を始めた。長い付き合いのある女性編集者、絵の才能がある少年、近くに住む姉妹《しまい》が、教室「アトリエキーチ」に今日も集まっている。

①<u>「今日は、お友達を描《か》きます」</u>

「おともだちい？」

ゆずちゃんとまゆちゃんが同時にそう言うと、ルイは無言で顔を上げた。俊子《としこ》は、自分だけが「大きいお友達」であることに引け目を感じつつ、承知しました、と答えるかわりに軽く何度も頷《うなず》いた。

「目の前のお友達の顔と全身をよく見て、描きます。描くときと、モデルになるとき、それぞれ一人ずつ交代で行います。今から、そのペアを組みます。描き合うお友達は、くじ引きで決めます」

実弥子は、あらかじめ割《わ》り箸《ばし》で作っておいたくじをルイとゆずちゃん、まゆちゃん姉妹、そして俊子に引かせた。結果、ルイとまゆちゃん、ゆずちゃんと俊子、というペアになった。

ゆずちゃんが、まゆちゃんの耳元で「おともだちじゃないよね、このひと、おとなだもん」とささやくと、まゆちゃんが、「今だけ、絵を描くときだけの〝おともだち〟って意味だよ」と説明しているのに実弥子は気付いたが、あえて自分からは「お友達」の解説は付け加えないことにした。

「それでは、今組んだお友達の片方がモデルになって、もう片方が描いて下さい。五分間ずつ、交代しながら描きます。まず、どちらが先にモデルになるか、決めてくれるかな？」

「あ、はい、じゃあ、私、最初はモデルをやるわ」

俊子が最初に手を挙げると、ルイも横で手を挙げた。

「ルイくんも、最初にモデルをやってくれるの？」

「うん」

ルイはひとことそう答えて、立ち上がった。両手をぴたりと足に添《そ》え、直立不動の格好になった。

「ルイくんさ、その感じ、ちょっとかたすぎるんじゃないかな」

俊子も立ち上がった。

「もうちょっとこう、モデルというからには、なにかポーズ取った方がいいんですよね、先生」

俊子は実弥子に話しかけながら腕《うで》を組み、両足をクロスさせた。

「五分間そのままでいなきゃいけないんだから、モデルになるときは、無理のないように、楽なポーズをして下さいね。二人とも、肩《かた》にそんなに力を入れない方が、いいですよ」

実弥子は、ルイと俊子の肩を順番にもんだ。俊子は、組んでいた腕をほどいた。

「自然にしてればいいってことね。そうね、今は、ゆずちゃんだけのモデルだからね」

俊子がゆずちゃんの方を見て言うと、ゆずちゃんが少しはずかしそうな表情を浮《う》かべながら笑った。前歯二本がまだ生えかけの永久歯で、そのちょっと間の抜《ぬ》けた口元が実にかわいいなあ、と俊子は思う。

「では、ルイくんと俊子さんは、これから五分間、そのまま立っていて下さいね。まゆちゃんとゆずちゃんは、画用紙を縦に使って、モデ

2023年度

和洋国府台女子中学校　▶解説と解答

算数　＜第１回試験＞（50分）＜満点：100点＞

解答

1 (1) 67　(2) 2.5　(3) 0.2　(4) 3　(5) 22　**2** (1) $\frac{1}{6}$　(2) 180　(3) 2600　(4) 24　(5) 4　(6) 56　(7) 38　(8) 132　**3** (1) A　(2) 1時間40分後　**4** 94点　**5** 2　**6** (1) 5 cm　(2) 19.6cm²　**7** (1) 6　(2) 117cm³

解説

1　四則計算

(1)　$91-(48\div6+2\times8)=91-(8+16)=91-24=67$

(2)　$3-2\div\left\{3\times\left(2-\frac{2}{3}\right)\right\}=3-2\div\left\{3\times\left(\frac{6}{3}-\frac{2}{3}\right)\right\}=3-2\div\left(3\times\frac{4}{3}\right)=3-2\div4=3-0.5=2.5$

(3)　$1-0.038-7.62\div10=0.962-0.762=0.2$

(4)　$3\frac{2}{3}-\frac{3}{4}\div2\frac{1}{4}-2\frac{1}{3}\div7=3\frac{2}{3}-\frac{3}{4}\div\frac{9}{4}-\frac{7}{3}\times\frac{1}{7}=3\frac{2}{3}-\frac{3}{4}\times\frac{4}{9}-\frac{1}{3}=3\frac{2}{3}-\frac{1}{3}-\frac{1}{3}=3\frac{1}{3}-\frac{1}{3}=3$

(5)　$99-11\times(17-9)+121\div11=99-11\times8+11=99-88+11=11+11=22$

2　逆算，倍数，割合，辺の比と面積の比，濃度《のうど》，角度，図形の移動，面積

(1)　$\frac{5}{4}-0.5\times\left(1\frac{1}{3}-\square\right)\div\frac{7}{3}=1$ より，$0.5\times\left(1\frac{1}{3}-\square\right)\div\frac{7}{3}=\frac{5}{4}-1=\frac{5}{4}-\frac{4}{4}=\frac{1}{4}$，$0.5\times\left(1\frac{1}{3}-\square\right)=\frac{1}{4}\times\frac{7}{3}=\frac{7}{12}$，$1\frac{1}{3}-\square=\frac{7}{12}\div0.5=\frac{7}{12}\div\frac{1}{2}=\frac{7}{12}\times\frac{2}{1}=\frac{7}{6}=1\frac{1}{6}$　よって，$\square=1\frac{1}{3}-1\frac{1}{6}=1\frac{2}{6}-1\frac{1}{6}=\frac{1}{6}$

(2)　あてはまる整数は，1，3，7，9，11，13，17，19，21，23，27，29だから，これらの数の和は，$1+3+7+9+11+13+17+19+21+23+27+29=(1+29)+(3+27)+(7+23)+(9+21)+(11+19)+(13+17)=30+30+30+30+30+30=30\times6=180$となる。

(3)　定価4000円の35％引きの値段は，$4000\times(1-0.35)=2600$(円)である。

(4)　長方形のたてと横の長さをそれぞれ2，3とすると，周の長さは，$(2+3)\times2=10$だから，正方形の一辺の長さは，$10\div4=2.5$とわかる。よって，正方形と長方形の面積の比は，$(2.5\times2.5):(2\times3)=6.25:6=25:24$と求められる。

(5)　(濃度)＝(食塩の重さ)÷(食塩水の重さ)×100より，この食塩水の濃度は，$20\div(20+480)\times100=4$（％）となる。

(6)　昨日読んだあとの残りのページ数は，$210\times(1-0.2)=168$(ページ)なので，今日読んだページ数は，$168\times\frac{1}{3}=56$(ページ)である。

(7)　下の図１で，○印をつけた角の大きさは等しいから，角アと角イの大きさの和は，角ウと角エの大きさの和と等しい。よって，角ウと角エの大きさの和，つまり，角アと角イの大きさの和は，180－(69＋37＋36)＝180－142＝38(度)とわかる。

⑻　下の図２で，アの長さは円の円周の長さと等しいので，５×２×3.14＝31.4(cm)である。よって，イの長さは，31.4－５×２＝21.4(cm)で，斜線《しゃせん》部分の台形の高さは５cmだから，斜線部分の面積は，(21.4＋31.4)×５÷２＝132(cm^2)と求められる。

図１

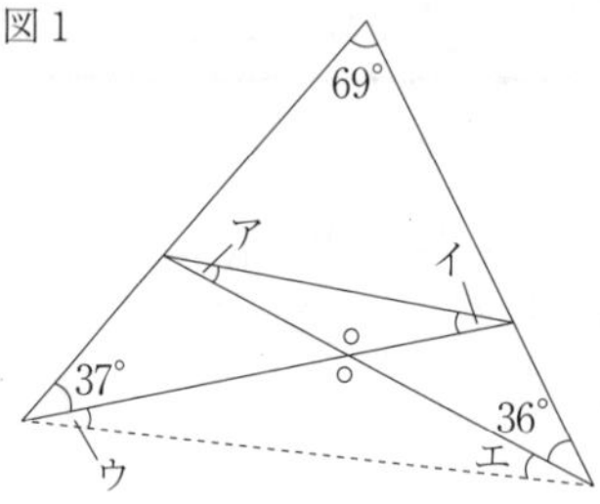

図２

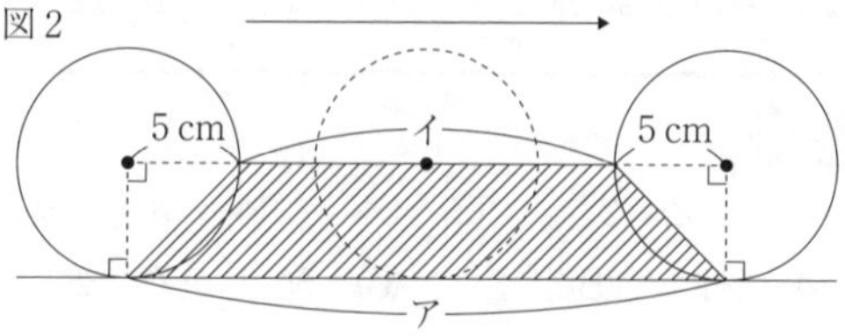

3　正比例

⑴　50分間通話したときのそれぞれの料金を求めると，Ａプランでは料金がかかる時間が，50－20＝30(分)だから，25×30＝750(円)となり，Ｂプランは，20×50＝1000(円)である。よって，Ａプランの方が安い。

⑵　20分のときの料金は，Ａプランが無料，Ｂプランが，20×20＝400(円)なので，400円の差がある。このあと，１分増えるごとにＡプランとＢプランの料金の差は，25－20＝５(円)ずつ縮まるので，通話料金が等しくなるのは，20分からさらに，400÷５＝80(分)通話したときとわかる。よって，通話料金が等しくなるのは，通話を始めてから，20＋80＝100(分後)なので，100÷60＝１あまり40より，１時間40分後と求められる。

4　平均

(合計点)＝(平均点)×(人数)より，Ａ～Ｅの５人の生徒の合計点は，76×５＝380(点)になる。また，Ｆを加えた６人の平均点は，76＋３＝79(点)なので，６人の生徒の合計点は，79×６＝474(点)となる。よって，Ｆの点数は，474－380＝94(点)とわかる。

5　条件の整理

ア＜ウ，ウ＜イより，イはア，ウよりも大きい。また，ア＋イ＝カより，カはア，イよりも大きい。同じように，オはア，ウより大きく，エはイ，ウより大きい。よって，イ，エ，オ，カはすべてア，ウより大きくなり，ア＜ウだから，１番小さいのがア，２番目に小さいのがウとわかる。したがって，ウは２である。

6　グラフ―図形上の点の移動，長さ，面積

⑴　右のグラフより，点Ｐが動いた道のりが４cmのときから９cmのときまで三角形BCPの面積は一定だから，点ＰはＣから４cm動いたときにＤに着き，Ｃから９cm動いたときにＡに着いたとわかる。よって，CDの長さは４cm，CDとADの長さの和は９cmだから，ADの長さは，９－４＝５(cm)と求められる。

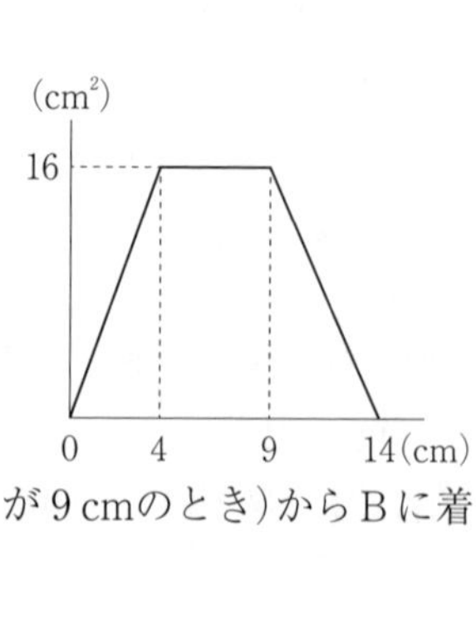

⑵　⑴より，台形ABCDの面積は，(５＋８)×４÷２＝26(cm^2)である。また，グラフより，点ＰがＡに着いたとき(点Ｐの動いた道のりが９cmのとき)からＢに着

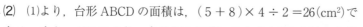

くまでの間，点Ｐは，14－９＝５(cm)動いて，三角形BCPの面積は16cm^{2}減ったので，点Ｐが１cm動くごとに三角形BCPの面積は，16÷５＝3.2(cm^2)減ったとわかる。よって，点ＰがＡから３cm進んだとき，三角形BCPの面積は16cm^{2}から，3.2×３＝9.6(cm^2)減ったので，16－9.6＝6.4(cm^2)となる。したがって，このときの四角形APCDの面積は，台形ABCDの面積から三角形BCPの面積をひいて，26－6.4＝19.6(cm^2)と求められる。

7 立体図形―構成，体積

(1) 「こたつ型」は一辺が９cmの立方体の６つの面にそれぞれあるので，組み合わせた「こたつ型」の個数は６である。

(2) 「こたつ型」６つ分の体積の和は，９×９×９－３×３×３＝729－27＝702(cm^3)だから，「こたつ型」１つ分の体積は，702÷６＝117(cm^3)となる。

社　会　＜第１回試験＞(30分)＜満点：60点＞

解　答

1 **問１** ◎　市役所　Y　消防署　**問２**　1500(m)　**問３**　北東　**問４**　ウ　**問５**　地産地消　**問６**　ウ　**2** **問１**　イ　**問２**　ウ　**問３**　ウ　**問４**　エ　**問５**　イ　**問６**　ア　**3** **問１**　ア　**問２**　ウ　**問３**　エ　**問４**　ウ　**問５**　ウ　**問６**　ウ　**4** **問１**　ウ　**問２**　(1)　カ　(2)　防人　**問３**　ウ　**問４**　イ　**問５**　イ，徳川家光　**5** **問１**　ア　**問２**　エ　**問３**　(例)　外国に軍事情報がもれることを防ぐため。　**問４**　エ　**問５**　ウ　**問６**　ウ

解　説

1 地形図の読み取りと日本の産業についての問題

問１　(◎)は市役所の地図記号で，東京23区(特別区)の区役所も，この記号であらわされる。(Y)は消防署の地図記号で，かつて消火活動に使われた「さすまた」が図案化されている。なお，現在，さすまたは不審《ふしん》者対応などに用いられることが多い。

問２　実際の距離《きょり》は，(地形図上の長さ)×(縮尺の分母)で求められる。地形図の縮尺は25000分の１なので，この地形図上での６cmは，６×25000＝150000(cm)＝1500(m)となる。

問３　この地形図には方位記号が示されていないので，地形図の上が北，右が東，下が南，左が西にあたる。「汐入《しおいり》駅」からみて「記念艦三笠《きねんかんみかさ》」は右上にあり，これは８方位では北東にあたる。

問４　ア　小川町の周辺には小・中学校(文)と高等学校(⊗)のほか，神奈川歯科短大という短期大学もある。　イ　沿岸部には広大な米軍施設《しせつ》や，海上自衛隊造修補給所もみられる。　ウ　逸《へ》見《み》駅から横須賀《よこすか》中央駅までの間には，橋ではなくトンネル(-)---(-)が多くみられる。　エ　地形図の左端《はじ》に標高133mを示す三角点(△)があることや，米軍施設内に標高７mを示す標高点(・)があることなどから，地形図上の標高差が50m以上あるとわかる。

問５　地元で生産された農林水産物を地元で消費することを，地産地消という。輸送にかかるエネルギーを減らせるので環境《かんきょう》への負担が減ることに加え，地元の農林水産業や経済の活性化につながるため，地産地消をすすめる動きが広がっている。

問６　ジャストインタイム方式とは，必要な量を必要なタイミングで組み立て工場に送り，在庫をつくらないようにするためのしくみである。このシステムのもと，自動車を構成する各部品はおもに関連工場でつくられ，組み立て工場で自動車として組み上げられる。

2　日本の地形や各地方の特色などについての問題

問１　横須賀市は，大都市である横浜市(神奈川県)や東京都に近いという立地条件をいかして，新《しん》鮮《せん》な野菜を生産・出荷する近郊《きんこう》農業が行われている。なお，アは鹿児島県，ウは群馬県や長野県，エは北海道にあてはまる農業の特色。

問２　三浦半島は神奈川県の南東部に位置し，東京湾《わん》と相模《さがみ》湾をへだてている。なお，アは愛知県の渥美《あつみ》半島，イは静岡県の伊豆《いず》半島，エは千葉県の房総《ぼうそう》半島。

問３　示された地図は正距方位図法という図法で描《えが》かれたもので，中心からの距離と方位は正確にあらわされるが，形や面積は正しくあらわされない。

問４　氷河が巨大化するということは，地球が寒くなっていることを意味するが，現在は地球が温暖化していることが問題となっている。また，氷河が巨大化する氷河期のような状況《じょうきょう》では，海面は低下する。

問５　かつて，日本では原材料を輸入し，高い技術で製品にして輸出する加工貿易がさかんだったが，現在は機械類が輸入品目で最も大きな割合を占《し》めている。また，中国やベトナムなどからの衣類の輸入も多い。統計資料は『日本国勢図会』2022／23年版による(以下同じ)。

問６　ア　資源やエネルギーの有効利用をすすめるため，最近では鉄をつくるさいに発生した熱を発電に利用しているところもある。よって，正しい。　　イ　九州地方では，福岡県北九州市と大分県大分市に製鉄所があるが，九州地方全体の鉄鋼業の製造品出荷額等を合計しても，全国第２位の兵庫県の製造品出荷額等におよばない。地方別では，近畿地方の鉄鋼業の製造品出荷額等が全国で最も多い。統計資料は『データでみる県勢』2023年版による。　　ウ　日本は，鉄鉱石と石炭のほとんどを海外からの輸入にたよっている。　　エ「群馬県の富岡」ではなく「福岡県の八幡《やはた》」(現在の北九州市)が正しい。

3　現代の国際社会や政治のしくみなどについての問題

問１　国際連合の本部は，アメリカのニューヨークにおかれている。日本はアメリカに多くの機械類や自動車を輸出しており，自動車の最大の輸出先となっている。なお，イは韓国，ウは中国，エはサウジアラビアの説明。

問２　1992年にPKO(国際連合平和維持《いじ》活動)協力法が成立し，これにもとづいて自衛隊が海外のPKOに参加するようになった。PKOは，紛争地域などで休戦・停戦の監視《かんし》や治安維持などを担当するほか，復興支援《しえん》なども行う。

問３　条約は内閣が結び，国会が事前または事後にこれを承認する。

問４　市民の意見や，それに対する市の回答を誰《だれ》もが自由に読んだり調べたりできる制度なので，情報を知る権利にあてはまる。なお，行政機関の持つ情報を国民が自由に入手できるという権利は，一般に「知る権利」とよばれ，日本国憲法には明記されていないが，社会の変化にともなって認められるようになってきた「新しい人権」にふくまれる。

問５　ア　令和4(2022)年度の人口は，平成14(2002)年度の人口よりも少ない。　　イ　道路・学校・公園にあてる費用である投資的経費は，平成14(2002)年度には，1427×0.184＝262.568(億円)

だったが，令和4(2022)年度には，1575×0.055＝86.625(億円)に減っている。　ウ　予算総額も割合も増えていることから，扶助《ふじょ》費は令和4(2022)年度のほうが多いと判断できる。また，説明に「生活保護や福祉《ふくし》のために提供する金品」とあり，生活保護や福祉は社会保障に関わることがらなので，正しい。　エ　予算の中に「公債《こうさい》費(公債金の支払い)」とある。これは，市が公債を発行して借りた資金の返済にあてるお金である。

問６　文絵さんの２つめの発言にある□は，公園でサッカーの練習をすることに対して，近くに住む人が心配するような内容なので，Ａがあてはまる。また，文絵さんは３つめの発言で大きな広場をつくることに賛成しつつ，「だけど」と始めて問題点をあげていることが読み取れる。ここから，広い公園をつくると費用がかかるというＤが，この文中の□にあてはまる。なお，麗子さんの２つ目の発言中の□にはＣが，３つ目の発言中の□にはＢが入る。

4　各時代の歴史的なことがらについての問題

問１　a　中国の古い歴史書『魏志《ぎし》』倭人《わじん》伝によると，邪馬台国《やまたいこく》の女王卑弥呼《ひみこ》は239年に魏(中国)に使いを送り，皇帝から「親魏倭王」の称号などを授《さず》けられた。これは，卑弥呼が中国の皇帝に対して臣下の立場をとり，その代わりに王としての地位を認めてもらったということで，対等な関係ではなかった。　b　展示室Ｉの「クニが各地につくられた時代」は，弥生時代にあたる。bの文は，弥生時代のようすとして正しい。

問２　(1)　年表において，聖徳太子が天皇を助ける地位についたのは593年，中大兄《なかのおおえの》皇子が蘇我《そが》氏をたおしたのは645年，大宝律令が定められたのは701年，都が平安京に移ったのは794年のことである。また，①は1189年，②は741年，③は690年ごろ，④は894年，⑤は603年のできごとである。なお，①は鎌倉幕府の初代将軍源頼朝，②は聖武天皇，⑤は聖徳太子に関わるできごと。③について，藤原京は天武天皇のときに造営が始まり，694年に持統天皇が都を藤原京に移した。④について，菅原道真が遣唐使の廃止《はいし》を提案し，宇多《うだ》天皇がこれを受け入れたことで，遣唐使が廃止された。　(2)　律令制度のもと，成年男子にはいくつかの兵役の義務が課された。このうち，３年間北九州の守りにつくものを防人《さきもり》といい，多くは東国の農民の中から選ばれた。

問３　写真の建造物は，室町幕府の第８代将軍足利義政が京都東山に建てた銀閣で，室町時代の1489年に完成した。本居宣長《もとおりのりなが》が国学を大成したのは，江戸時代後半のことである。

問４　16世紀末，豊臣秀吉が二度にわたって朝鮮出兵を行ったさい，九州の大名が朝鮮から陶工《とうこう》を日本に連れてきた。こうした陶工のうち，李参平《りさんぺい》によって現在の佐賀県でつくられるようになった陶磁器が，伊万里《いまり》焼・有田焼として受けつがれている。なお，示された絵画には南蛮《なんばん》貿易のようすが描かれている。

問５　江戸幕府は，大名を治めるためのきまりとして1615年に武家諸法度《しょはっと》を制定した。武家諸法度はたびたび改定され，第３代将軍徳川家光が1635年に改定したときには，参勤交代が制度化された。なお，アは聖徳太子が604年に出した十七条の憲法，ウは鎌倉幕府の第３代執権《しっけん》北条泰時《やすとき》が1232年に出した御成敗《ごせいばい》式目(貞永《じょうえい》式目)の内容。

5　国府台《こうのだい》周辺の地図を題材とした問題

問１　1897年の地図の下のほうに「市川停車場」の文字がみえるので，1900年以前から駅があったことがわかる。

問２　地図に「陸軍用地」とあらわされた広い土地があり，「市川町鳥瞰《ちょうかん》」の図には，ここにあたると考えられる場所に軍の施設と推測される建物がいくつも描かれている。ここから，かつてこの地域が陸軍の軍事基地として利用されていたことがわかる。

問３　問２でみたように，Ｂの地図の右上の場所には陸軍の軍事基地があった。軍事基地の情報が敵国に知られると，戦いの勝敗に影響《えいきょう》する危険性があるので，その情報がもれないよう，あえて欠けた地図にしたのだと考えられる。

問４　Ｂの地図がつくられた1937年に，日中戦争が始まった。このあと，戦争は長期化し，国民全体を戦争に協力させるような政策が次々と打ち出されるようになった。1941年には小学校が国民学校と改められ，軍事訓練なども行われた。なお，アは太平洋戦争(1941～45年)敗戦直後，イは明治時代，ウは現代のようす。

問５　アは1894年，イは2021年，ウは1964年，エは1936年のできごとである。なお，エの事件は二・二六事件とよばれる。

問６　1937年には軍事基地だった場所に「和洋女子大」ができていることなどから，Ｂよりあとの地図とわかる。また，Ｃの地図の右上側にみえる国道や住宅地などが，示された地図にはないことから，ＢとＣの地図の間だと判断できる。

理　科　＜第１回試験＞（30分）＜満点：60点＞

解　答

1　**問１**　(例)　生糸(絹)　**問２**　**ほ乳類**…１，２，３，４　**鳥類**…５　**は虫類**…なし　**両生類**…なし　**その他**…６，７　**問３**　ア，ウ，エ，オ　**問４**　ア　**問５**　オ
2　**問１**　**Ａ**　接眼　**Ｂ**　対物　**問２**　ア，エ　**問３**　イ→ウ→ア　**問４**　イ，オ　**問５**　ア　**3**　**問１**　ア，イ，オ　**問２**　ウ　**問３**　カ　**問４**　45.5m　**問５**　チバニアン　**4**　**問１**　オ　**問２**　マイクロプラスチック　**問３**　イ　**問４**　(例)　アルミ缶は磁石につかないがスチール缶は磁石につくという性質を使って分別している。　**問５**　ウ　**5**　**問１**　電流　**問２**　(例)　解説の図を参照のこと。　**問３**　オ　**問４**　ア　**問５**　８cm　**問６**　３　**6**　**問１**　浮力　**問２**　20g　**問３**　(例)　砂糖を水にとかした場合，食塩をとかした場合以上に，液体の体積が増えたから。　**問４**　イ

解　説

1　**動物の分類とこん虫についての問題**

問１　カイコは，さなぎになるときにまゆをつくる。このまゆから生《き》糸を取り出し，絹糸として利用している。

問２　イヌ，ネコ，ウシ，ブタはほ乳類，ニワトリは鳥類に分類される。また，ミツバチとカイコは節足動物のうちのこん虫類に分類されるので，その他に当てはまる。

問３　ニワトリは，陸上に卵を産み，親がある期間子を育て，呼吸を一生肺で行う。また，背骨を持つ動物をせきつい動物といい，鳥類も含《ふく》まれる。さらに，鳥類は周囲の温度が変化しても体温が一定に保たれる。

問４　ミツバチは，卵→幼虫→さなぎ→成虫の順に育つ。このような育ち方を完全変態という。こ

れに対し，卵→幼虫→成虫のように，さなぎの時期のない育ち方を不完全変態という。

問５　ミツバチを描《えが》いたものはオである。なお，アはトンボ，イはカ，ウはクモ，エはハエである。

2　けんび鏡と水中の小さな生き物についての問題

問１　Aは目に接するレンズで接眼レンズ，Bは観察する物体に近いレンズで対物レンズという。

問２　けんび鏡の倍率は，(接眼レンズの倍率)×(対物レンズの倍率)で求められる。けんび鏡を直射日光の当たるところで使うと，目に入る光の量が多くなって目を痛めてしまう。イとオは光学けんび鏡だけに，ウはそう眼実体けんび鏡だけに当てはまる。

問３　メダカのたまごは，油のつぶが一方に集まる(イ)→目のようなものができる(ウ)→魚のような形ができる(ア)というように成長する。

問４　水中でただようようにして生活している生き物をプランクトンといい，動物プランクトンと植物プランクトンがある。イのミジンコ，オのゾウリムシは動物プランクトンで，植物プランクトンであるアのアオミドロ，ウのミカヅキモ，エのクンショウモをえさにしている。

問５　倍率を100倍から400倍の，400÷100＝４(倍)にしたとき，視野は，$\frac{1}{4}\times\frac{1}{4}=\frac{1}{16}$になる。したがって，視野全体に写っているミドリムシの平均の数は，$80\times\frac{1}{16}=5$ (匹《ひき》)と考えられる。

3　化石と地層・岩石についての問題

問１　化石は，流れる水のはたらきでできる砂岩や泥《でい》岩，生物の死がいなどが積み重なってできる石灰岩などに含まれることがある。なお，地下のマグマが固まってできた花こう岩や，火山のふん火によってできた溶岩《ようがん》などに化石が含まれることはない。

問２　示準化石《しじゅんかせき》は地層ができた年代が分かる化石なので，短い期間に栄えて絶滅《ぜつめつ》し，広い範囲《はんい》に多数生息していた生物の化石が適している。

問３　ブナやミズナラは東北地方では平地にも見られ，それより南の地域ではおもに山地で見られる。また，泥岩はほとんど流れのない海や湖の底で堆積《たいせき》してできる。これらのことから，ブナやミズナラの化石を取り出した地層は，現在の千葉県より涼《すず》しい気候の，森の中の静かな湖でできたと考えられる。

問４　１年分の年縞《ねんこう》の厚さの平均がおよそ0.65mmだから，７万年分の厚さは，0.65×70000÷1000＝45.5(m)になる。

問５　千葉県の市原市で見つかった地層は，新生代を分ける境界がよくわかるものとして世界的に認められ，チバニアンと名づけられた。

4　プラスチックを題材にした環境《かんきょう》についての問題

問１　酸性雨は，自動車や工場から出される硫黄《いおう》酸化物やちっ素酸化物などが雨にとけ，強い酸性になって降ったもので，レジ袋《ぶくろ》の有料化とは関係がない。

問２　５mm以下になったプラスチック片のことを，特にマイクロプラスチックという。

問３　プラスチックは石油からできているので，水分の多い生ゴミにプラスチックをまぜて燃やすと高い熱が発生する。また，塩素を含む物質を低い温度で燃やすと，発がん性物質であるダイオキシンが発生する。このため，ゴミにプラスチックを混ぜて高温で燃やすことで，ダイオキシンの発生を抑《おさ》える効果がある。

問４　アルミニウムは磁石につかないが，スチール(鉄)は磁石につく。この性質を利用して，アルミ缶《かん》とスチール缶を分別することができる。

問５　水1.0cm^{3}の重さは1.00gだから，1.0cm^{3}の重さが1.00gより軽い物質は水に浮《う》く。よって，表より，キャップはポリプロピレン(PP)でできていると考えられる。また，食塩水の中に入れたとき，ボトルは沈《しず》み，ラベルは浮いたから，ボトルのほうが重いとわかる。したがって，ボトルはポリエチレンテレフタラート(PET)，ラベルはポリスチレン(PS)でできていると考えられる。

5　備長炭電池についての問題

問１　プロペラモーターと備長炭電池をつないだときにプロペラモーターが回ったことから，回路に電流が流れたことがわかる。

問２　電流は，プロペラモーターと備長炭，アルミニウムはくの間を流れるので，プロペラモーターからのびた１本の導線を備長炭に，もう１本の導線をアルミニウムはくにつなげばよい。よって，このときの回路を図で表すと，右の図のようになる。

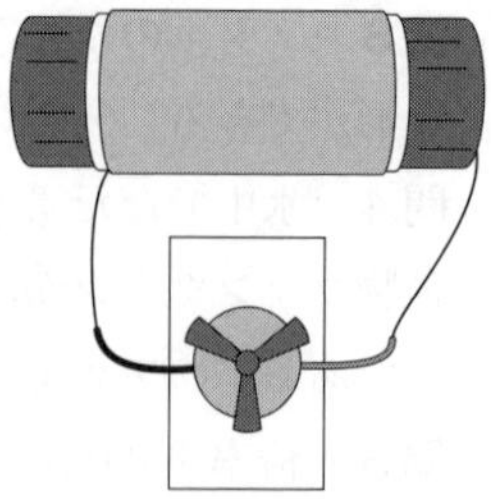

問３　実験１で，砂糖水ではモーターが回らず，食塩水，醤油《しょうゆ》ではモーターが回り，スポーツドリンクではモーターがわずかに動いている。このことから，表３で砂糖に含まれていなくて，食塩，醤油，スポーツドリンクに含まれている塩分相当量がモーターを動かすために必要な成分とわかる。

問４　食塩の結晶《けっしょう》は立方体をしている。

問５　実験１で，25％の食塩水を用いたとき，プロペラモーターが回った時間は260秒である。この結果と表１から，実験１で用いたアルミニウムはくの幅《はば》は８cmとわかる。

問６　実験３より，アルミニウムはくの幅を６cm，食塩水の濃度《のうど》を22％にしたときにモーターが回った時間は150秒である。１～５のグラフのうち，食塩水の濃度22％，モーターが回った時間150秒の点を通るグラフは３と読み取れる。

6　浮力《ふりょく》についての問題

問１　水中の物体にはたらく上向きの力を浮力という。

問２　食塩水50cm^{3}の重さが52gのときに，バネばかりの目盛りが０になると考えられる。したがって，500cm^{3}の水にとかした食塩の重さは，$52\times\frac{500}{50}-500=20$(g)である。

問３　バネばかりの目盛りを０gにするのに必要な砂糖の量が食塩の量より多かったのは，砂糖を水にとかしたときに増えた液体の体積が食塩を水にとかしたときに増えた体積より大きかったためと考えられる。

問４　４gのおもりにも浮力がはたらくため，バネばかりの目盛りは２gよりわずかに小さな数値を示す。

英　語　＜第１回試験＞（40分）＜満点：100点＞

※編集上の都合により英語の解説は省略させていただきました。

解　答

1　(1) う　(2) い　(3) あ　(4) い　2　(1) い　(2) あ　(3) う　(4) あ　(5) い　3　(1) い　(2) あ　(3) う　(4) う　(5) い　4　(1) あ　(2) い　(3) い　(4) う　5　(1) う　(2) あ　(3) う　6　(1) い　(2) う

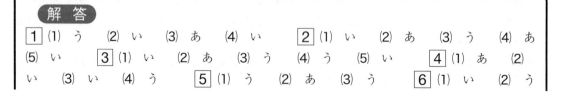

⑶　あ　⑷　あ

国　語　＜第１回試験＞（50分）＜満点：100点＞

解　答

一　**問１**　イ　**問２**　今にも絵の中から飛び出してきそうだった。　**問３**　エ　**問４**　ウ　**問５**　**１**　なんとなく　**２**　風にゆれる草原　**問６**　**１**　エ　**２**　ア　**問７**　イ　**問８**　ア　**問９**　ウ　二　**問１**　ア　**問２**　**肉食獣**…あの執拗な　**草食獣**…たしかに，（一方，水辺）　**問３**　**１**　ウ　**２**　（例）　大自然の中では，一つの死が多くの生命につながっていくこと。　**問４**　生命の循環　**問５**　イ，ウ　**問６**　**１**　死を担っている自然界の使者　**２**　ウ　**問７**　**２**　二〇頭近い　**３**　私は改めて　**問８**　（例）　私は人間が自分や家畜を守るために動物を殺す行為について賛成です。なぜなら，そうしなければ人間が殺されてしまうからです。どんな生き物も自分の身を守って生きているのだから，その結果として他の動物が死んでしまうのはしかたのないことだと思います。　三　**問１**　Ⅰ　**１**　×　**２**　○　**３**　○　**４**　×　Ⅱ　**Ａ**　イ　**Ｂ**　エ　**問２**　**１**　解散　**２**　欠ける（干る）　**３**　ダウン　**４**　受け取る　四　下記を参照のこと。

●漢字の書き取り

四　１　通訳　２　模型　３　感謝　４　導く　５　誤り

解　説

一　**出典は東直子《ひがしなおこ》の『階段にパレット』による。**実弥子《みやこ》の絵画教室で，おたがいをモデルにして絵を描《か》いた生徒たちは，自分が描かれた絵を見ながら，さまざまなことを感じる。

問１　実弥子は，生徒たちがおたがいをモデルにして，気楽に絵を描けるようにと，あえて「お友達」という言葉を使った。しかし，そこに大人の俊子《としこ》がいたので，まゆちゃんとゆずちゃんは，「おともだち」という言葉にしっくりしない感じがしたものと考えられる。

問２　ぼう線②の段落の初めに，「ルイが描いたまゆちゃんは，今にも絵の中から飛び出してきそうだった」とあり，ルイの絵には生き生きしたまゆちゃんが描かれていたことがわかる。

問３　まゆちゃんは，ルイに描いてもらった自分の姿を見て，「自分が今，ちゃんと生きてここにいる」と気づいたと言っている。それを聞いて実弥子は，絵の中に「今まで見えていなかったその人が見えてくる」ことを感じた。自分が生きていることを確認し，それまで自分が知らなかった自分の姿を知るために，人は絵を描くのではないかと実弥子は思ったのである。

問４　二年も年下のルイくんが描いた絵が，あまりにもすばらしかったので，まゆちゃんは，自分の絵を見せるのがはずかしくなった。実弥子にはその気持ちがよくわかったが，描き上がった絵は，ひとつの作品なので，「まわりに自分を見てもらいたいな，という意志が生まれる」ということをまゆちゃんに伝えたかった。まゆちゃんの気持ちに心を配りつつ，自分の考えを理解してもらいたかったので，実弥子は「やさしく言った」と考えられる。

問５　**１**　ぼう線⑤のゆずちゃんの質問に，まゆちゃんは「ルイくんのこと，じっと見ていたら，そんな色をしているような気がした」ので，「なんとなく」緑色にしたと答えている。　**２**　最後から三番目の段落に注目すると，実際にはまゆちゃんは，ルイくんの「瞳《ひとみ》をじっと見ているうちに，遠いところへ一瞬《いっしゅん》，一緒《いっしょ》に行った気が」して，そこに「風にゆれる草原が見えた」ので，ルイくんの「瞳を緑色に塗《ぬ》り，草原のような髪《かみ》にも，同じ色を置いた」ことがわかる。

問６　１　「すっと」は，一直線にのびているさまを表す擬態語《ぎたいご》である。　　２　レモンイエローと緑色で描かれたルイの絵から，実弥子は「草の花」を連想しているが，それはまっすぐで，自立しているルイのようすを表している。

問７　ルイに自分の絵がほしいと言われて，まゆちゃんはおどろいた。実弥子は，ルイがほしがるほどまゆちゃんの絵はすばらしいのだと言って，まゆちゃんに自信をもたせるために，その肩に手を置いたと考えられる。

問８　「ルイが描いてくれた自分の絵」には，ルイから見たまゆちゃんの姿が描かれており，それは，自分ではないようでありながら，間違《まちが》いなく自分だった。自分が「他の人の目に映っている」ことを知り，それは今まで知らなかった自分であり，「他の人の目」を通さなければ出会えないということに，まゆちゃんは気がついたのである。

問９　同じ絵画教室に通っていても，俊子のような大人と，ゆずちゃんのような子どもでは，考え方や感じ方に違いがあるが，生徒たちは，だれもが真剣に絵を描くことに取り組んでいる。ルイのように絵の才能がある子もいれば，まゆちゃんのように普通の子もいるが，絵の才能や技術よりも，絵を描くことを通して考えたり感じたりすることの方が大切だという筆者の思いが読み取れる。

二　**出典は羽《は》仁《に》進《すすむ》の『サバンナの動物親子に学ぶ』による。**ライオンの大群とバッファローの群れとの戦いを目撃《もくげき》した経験を紹介し，肉食獣《にくしょくじゅう》が大自然の中で果たす役割が説明されている。

問１　「果たせるかな」は，“予想どおり，やはり”という意味。

問２　「緊張《きんちょう》と興奮に満ちた時間」とは，肉食獣のライオンが草食獣のバッファローを襲《おそ》って，両者が戦ったことを指しているので，翌朝の両者の姿に注目する。ライオンは，みなポンポンに膨《ふく》れた「腹を上に向けて」寝《ね》ていた。それは，「あの執拗《しつよう》な闘志《とうし》を見せたライオンたちとは思えない，のんびりした姿」だった。「一方，水辺の近くには，昨夜の光景とは一変して，バッファローたちがやはりくつろいで」いて，「そのうちの一頭の生命は消えているはず」だが，「それは信じられないくらい落ち着きはらった群れの姿」だったと書かれている。

問３　１　ライオンの大群とバッファローの群れとの戦いを見て，筆者はまず，肉食獣も草食獣も自然界の中で生き延びるためには，必死で戦わなければならないという教訓を学んだと考えられる。　　２　最後から二つ目の段落で筆者は，「大自然の中では，一つの死は，そのものだけの死」ではなく，「多くの生命につながっていく」といっている。そして，最後の一文に「私はそのことを決して忘れてはならないと心に」誓《ちか》ったとある。よって，これが「もっと深い教訓」だと考えられる。

問４　ぼう線④は，「一つの死」が「多くの生命につながっていく」ということであり，筆者はこれを最初から三つ目の段落で「生命の循環《じゅんかん》」と言い表している。

問５　「食べ物を手に入れる苦労」をしているかどうかという点は，本文では取り上げられていないため，アは合わない。バッファローがライオンの大群に襲われて死ぬようなことは，「文明世界の人間」にとっては，とても残酷《ざんこく》なことに感じられるだろうが，「草原の動物たち」にとっては，ごく当たり前の出来事なので，イは合う。「文明世界の人間」は，「病死したり，老死したり」するのがふつうだが，「草原の動物たち」の多くは，病気や年老いて死ぬ前に，肉食獣に殺されて食べられてしまうため，ウは合う。「草原の動物」たちも，バッファローのように，肉食獣に襲われれば，殺されまいとして必死に抵抗《ていこう》するので，エは合わない。

問６　**１**　ぼう線⑤の次の段落で，肉食獣は，「生命の循環」の中で「死を担《にな》っている自然界の使者」とされている。　**２**　肉食獣は，「文明発生以来，人間に，いつも憎《にく》まれて」きたが，実際には，草食獣を殺すことで，「多くの生命」をつなげている。筆者は，肉食獣の営みを述べることで，肉食獣が，自然界の中で重要な役割を果たしている，必要不可欠な存在であることを説明しようとしている。

問７　「１　肉食獣と人間の関係」で筆者は，肉食獣が人間にいつも憎まれてきたことを紹介し，人間が「オオカミを殺害しつくしたこと」もあったが，それは「今日では愚《おろ》かな行為《こうい》であったと認《にん》識《しき》されて」おり，肉食獣は，「生命の循環に大切な役割を果たして」いると述べている。「２　肉食獣と草食獣の闘《たたか》いとその後」では，筆者が目撃したライオンの大群とバッファローの群れとの戦いのようすと，その翌日，多くの動物や鳥たちや昆虫《こんちゅう》たちが，バッファローの残骸《ざんがい》を食べているのを見たことが述べられている。「３　生命のつながり」では，ライオンとバッファローの決闘が，ただそれだけでは終わらず，「一つの死」が「多くの生命につながっていく」ことを説明している。

問８　賛成か反対かを，まず明記すること。賛成の理由としては，他に，肉食獣に家畜《かちく》を食べられるのを放置しておいたら，生活が成り立たなくなる，などが考えられる。反対の理由としては，他に，どんな動物にも生きる権利があるはずであり，人間や家畜にだけ生きる権利を認めて，肉食獣には認めないのはおかしい，などが考えられる。また，「私は人間が自分や家畜を守るために動物を殺す行為について反対です。確かに自分の命は大切ですが，人間を守ろうとしてたくさんの生き物を殺してしまうと，生き物が絶滅《ぜつめつ》して生態系がくずれてしまい，結果として人間の命に影響《えいきょう》をおよぼすかもしれないからです」などのようにまとめてもよい。

三　**短詩の知識と読み取り，反対語の知識**

問１　ア　春の海が，一日中，のどかにゆったりと寄せては返している，という意味。作者は与謝《よさ》蕪村《ぶそん》。　イ　菜の花が咲《さ》いている，東の空からは月が上り，西の空には太陽が沈《しず》んでいく，という意味。作者は，与謝蕪村。　ウ　山道を歩いていると，梅の香りに誘《さそ》われたのか，山並みの向こうから朝日が顔を出した，という意味。作者は，松尾芭蕉《まつおばしょう》。　エ　冬の始めのおだやかな日に遊んでいる子どもたちにとっては，夕暮れは地面からやってくるものである，という意味。作者は，若林卓宣《わかばやしたかのぶ》。　Ⅰ　「春の海」「菜の花」「梅」は，春の季語。「小春日」は，冬の季語なので１はふさわしくないが，３は合う。四つの句は，いずれも五・七・五の定型でよまれているので２はよい。「春の海」の句は，海のようすだけをえがいているため４は適切でない。　Ⅱ　**Ａ**　イは，目の前の情景をそのままえがくことによって，菜の花，空，月と太陽といった，さまざまな自然の美しさをよんだ句である。　**Ｂ**　他の句が，自然の情景をよんでいるのに対して，エは子どもたちの遊ぶようすをえがいている。結句の「地より暮れ」は，空にはまだ明るさが残っているのに，地面はもう暗くなりつつあるという時間の経過を表している。

問２　**１**　「集合」は，集まること。反対語は，集まっていた人々が，別れて，散っていくことを意味する「解散」。　**２**　「満ちる」は，“限界に達するまでいっぱいになる”という意味。反対語は，“不足する”という意味の「欠ける」。また，「満ちる」には，“満潮になる”という意味もあり，反対語は，“潮がひく”という意味の「干る」。　**3**　「アップ」は，上げること，上がること。反対語は，下げること，下がることを意味する「ダウン」。　**4**　「差し出す」は，“提出する，手紙などを発送する”という意味。反対語は，“自分のところに来たものを収める”という意味の「受け取る」。

四　漢字の書き取り

1　異なる言語を話す人の間に入って，言葉を言いかえて話を通じるようにすること。そうする人。　**2**　実物の形に似せて，拡大または縮小して作ったもの。　**3**　ありがたいと感じて，礼を言うこと。ありがたいと思う気持ち。　**4**　音読みは「ドウ」で，「指導」などの熟語がある。　**5**　音読みは「ゴ」で，「誤字」などの熟語がある。

2022年度　和洋国府台女子中学校

〔電　話〕 (047) 374－０１１１
〔所在地〕 〒272-0834　千葉県市川市国分４－20－１
〔交　通〕 市川駅・松戸駅(JR)よりバス－「北台」下車徒歩７分

【算　数】〈第１回試験〉 (50分) 〈満点；100点〉

注意　1．途《と》中の計算などは，問題用紙のあいているところを使用し，消さないで残しておきなさい。
　　　2．定規，コンパス，分度器，電卓《たく》は使用できません。
　　　3．円周率は，3.14を使って計算しなさい。
　　　4．答えが分数になるときは，それ以上約分できない形で答えなさい。

1　次の計算をしなさい。

(1)　$24 - 4 \times 5 + 3$

(2)　$\frac{1}{5} + \frac{1}{4} + \frac{1}{3} + \frac{1}{2} - 1$

(3)　$1.4 \times 5 + 0.14 \times 120 - 140 \times 0.07$

(4)　$0.25 + \frac{2}{3} \times \left(1.75 - \frac{7}{8}\right)$

(5)　$\left\{3.9 - \left(\frac{1}{5} + 1\frac{2}{3} \times 0.3\right)\right\} \div 1\frac{3}{5}$

2　次の □ にあてはまる数を答えなさい。

(1)　(8 × □ ＋11) × 2 ＝2022

(2)　縮尺が25万分の１の地図上で，長さが □ mm のとき，実際の距離は１km です。

(3)　分速40mで６km の道のりを歩くと □ 時間 □ 分かかります。

(4)　姉と妹の所持金の比は７：４でしたが，姉が妹に300円渡したので，姉と妹の所持金の比は４:３になりました。姉のはじめの所持金は □ 円です。

(5)　８％の食塩水200ｇに水を600ｇ加えると □ ％の食塩水ができます。

(6)　(a，b)は a の３倍と b の和，＜a，b＞は a の２倍と b の和，【a，b】は a と b の積を表すとき，【($\frac{1}{18}$，$\frac{5}{6}$)，＜$\frac{1}{2}$，$\frac{4}{5}$＞】は □ になります。

(7)　次の図１において，角アの大きさは □ 度です。

図１

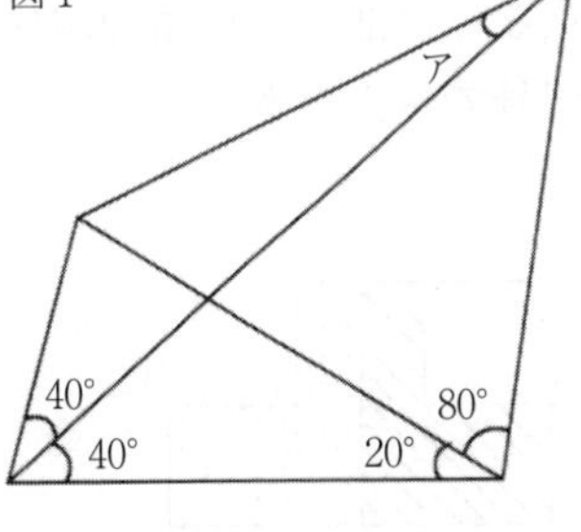

図２

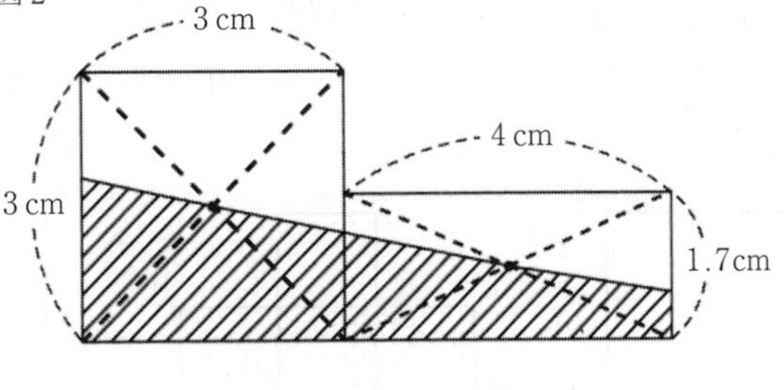

(8)　上の図２は，正方形と長方形を並べたものです。図の ▨ 部分の面積は □ cm^2です。

3 定価2500円の品物があります。定価で売れば仕入れ値の２割５分の利益がありますが，定価の１割４分引きで売りました。このときの利益はいくらになりますか。

4 生徒が35人いるクラスで犬とねこのどちらを飼っているかを調査したところ，犬を飼っている人は13人，ねこを飼っている人は27人でした。このとき，次の問いに答えなさい。

(1) 犬とねこをどちらも飼っている人は，もっとも少なくて何人でしょうか。

(2) 犬とねこをどちらも飼っている人が９人であるとき，犬とねこをどちらも飼っていない人は何人でしょうか。理由とともに求め方も答えなさい。

5 空の水槽《そう》に水を入れていっぱいにするのに毎分45Ｌずつ入れると予定より５分早く終わり，毎分30Ｌずつ入れると予定より15分遅くなります。このとき，次の問いに答えなさい。

(1) 予定の時間でいっぱいにするには，毎分何Ｌずつ水を入れればよいですか。

(2) この水槽の容積は何Ｌですか。

6 次の図のように，点Ｏを中心とする円周上に，円周の長さを３等分する３点Ａ，Ｂ，Ｃがあります。このとき，下の問いに答えなさい。

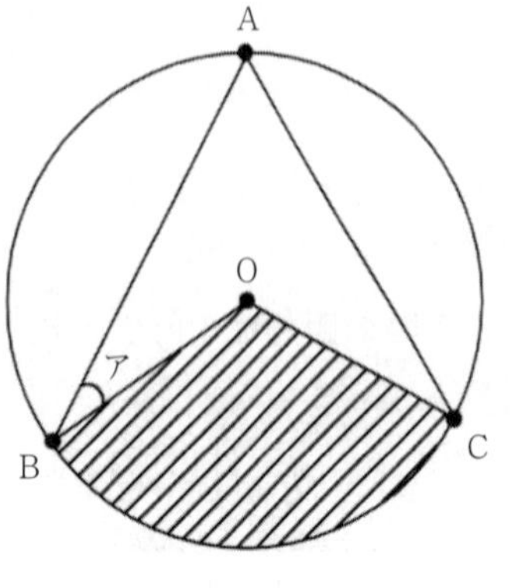

(1) 円の半径が６cm であるとき，図の 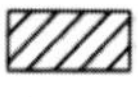 部分の面積は何 cm^{2}ですか。

(2) 角アの大きさは何度ですか。

7 次の図１のような長方形の厚紙と，図２のような１辺１cm の正方形を４枚並べた厚紙があります。図３のように，図２の厚紙を長方形の辺 BC にそって左方向に毎秒１cm の速さで移動させます。頂点Ｆを点ＣからＢまで移動させるとき，時間と重なった部分の面積の関係を表すグラフとして正しいものを，下のア～カの中から１つ選び，記号で答えなさい。

図１

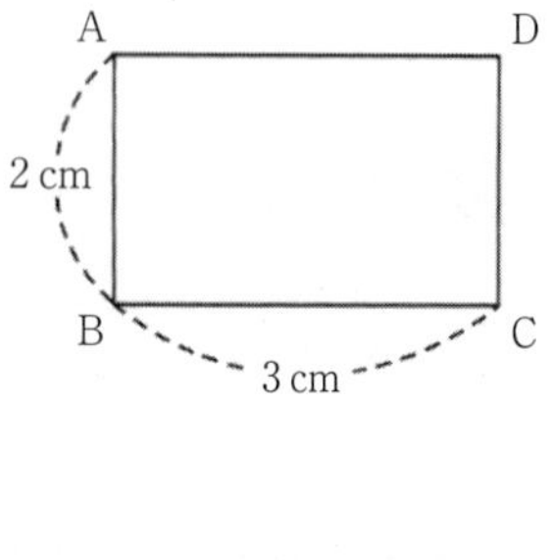

図２

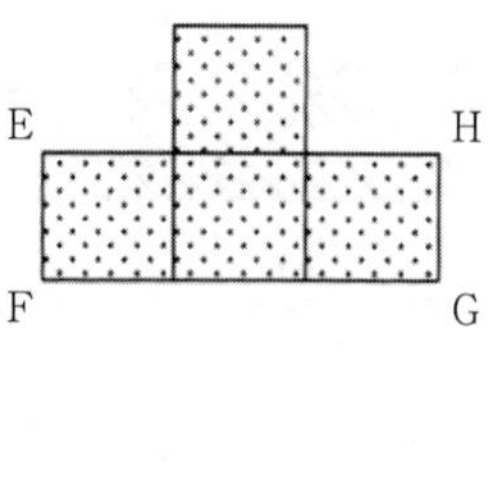

図３

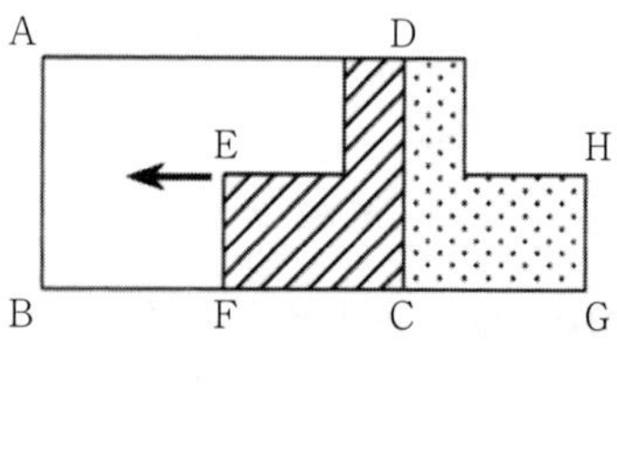

ア

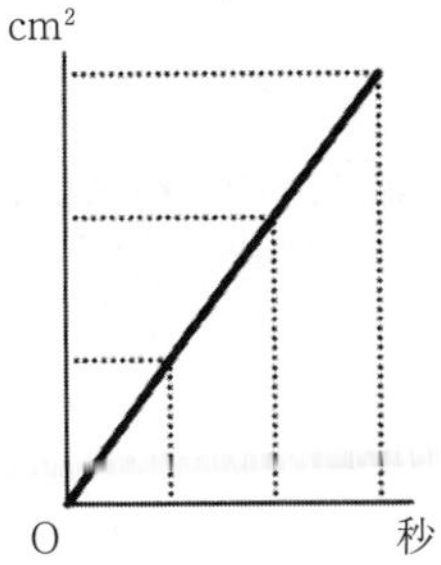

イ

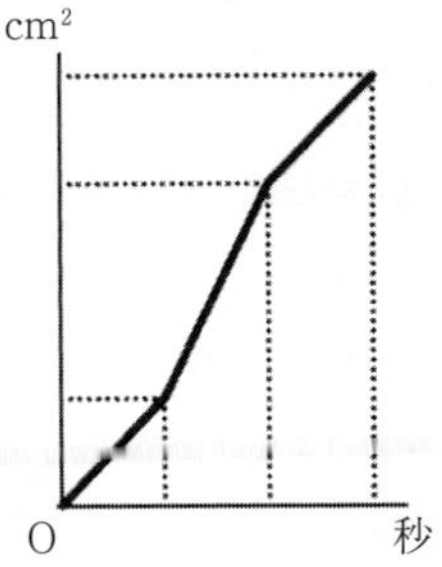

ウ

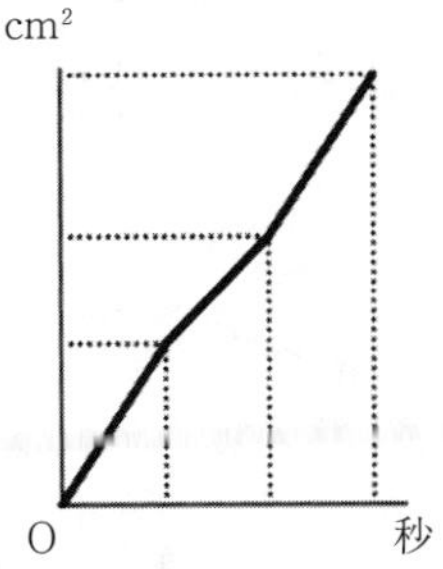

エ

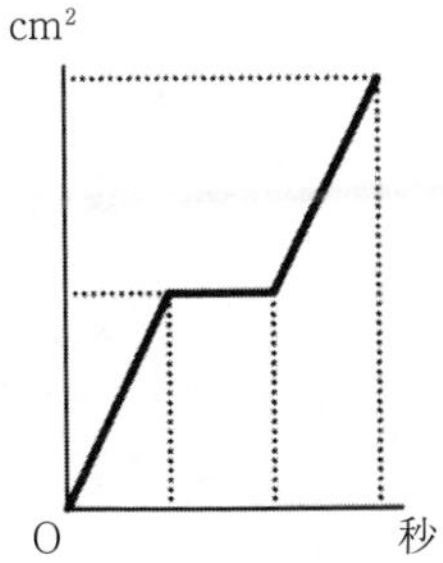

オ

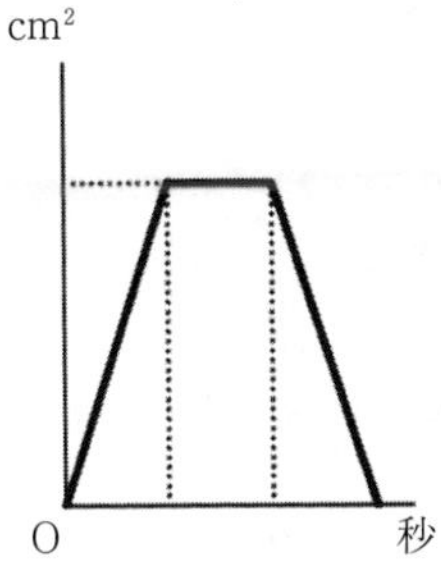

カ

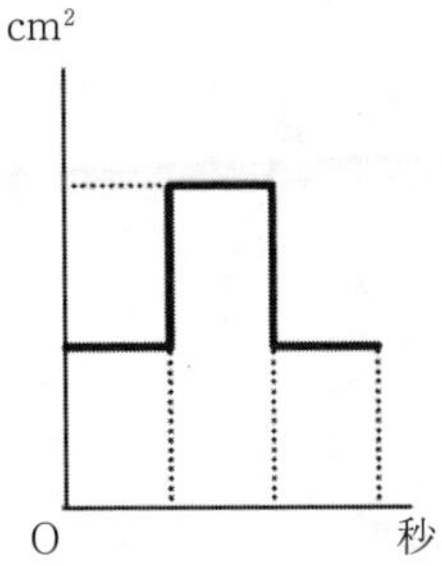

【社　会】〈第１回試験〉（30分）〈満点：60点〉

1　次の地形図を見て，各問に答えなさい。

国土地理院《こくどちりいん》　電子地形図25000（縮尺《しゅくしゃく》１/25000）をもとに作成

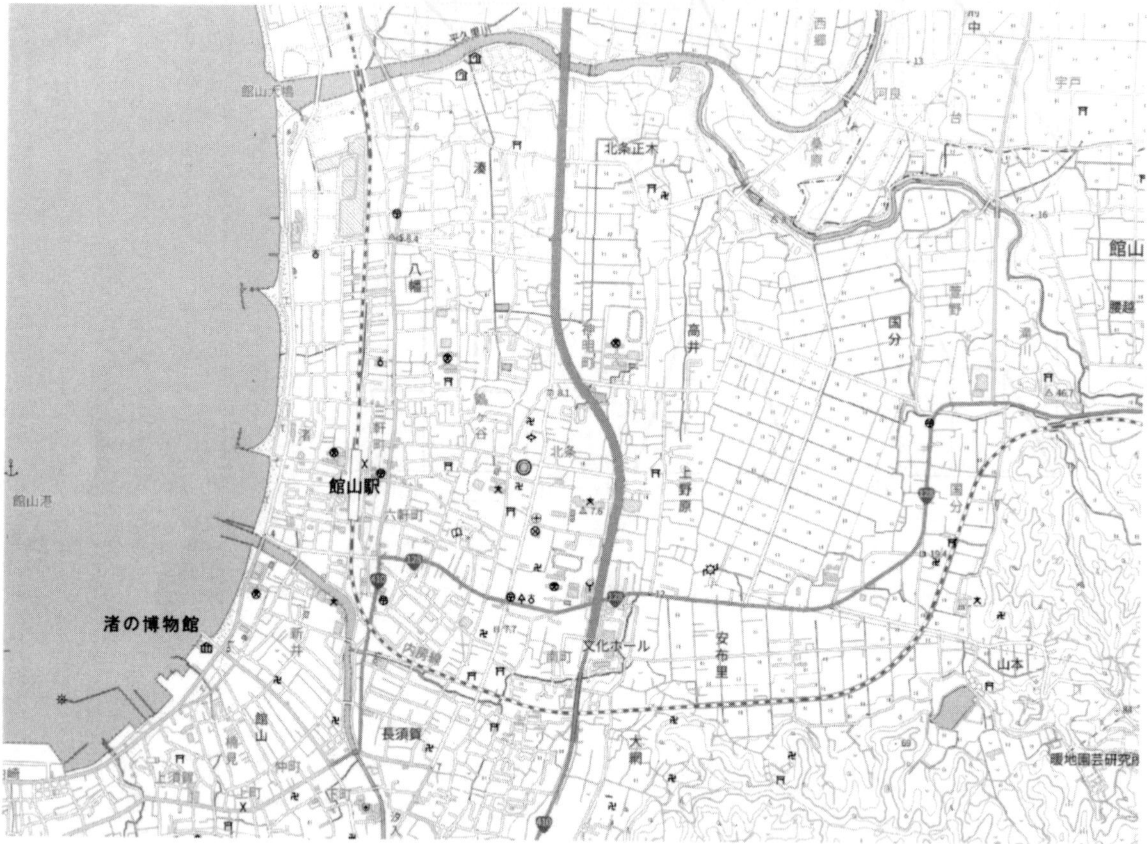

〈編集部注：編集上の都合により原図の90％に縮小してあります。〉

麗子《れいこ》さんは遠足で行った館山《たてやま》が気に入り，家族で再び行くことにしました。電車で「館山駅」へ行き，地形図を見ながら徒歩で「渚《なぎさ》の博物館」に向かいました。はじめ，駅の出口を間《ま》違《ちが》えて反対口に出てしまいました。しかし，駅前の **X** の位置を地図で確認《かくにん》し，間違っていることに気がつきました。道を進むと途中《とちゅう》で川ぞいに ★ があるのが見え，さらに進むと「渚の博物館」に着きました。「渚の博物館」で学ぶことで，漁業についてさらに興味がわきました。そこで，家に帰ってから日本の漁業について調べてみることにしました。以下はそのときのメモです。

・日本の漁獲量《ぎょかくりょう》は減ってきている
・外国から水産物を輸入している
　さけ・ます類の輸入が多い（私《わたし》の好きなサーモンもふくまれる）
　※さけ・ます類のおもな輸入先：チリ，ノルウェー，ロシア
・とる漁業だけでなく育てる漁業も，日本の各地で行われている

問１　X と 文 の地図記号は，それぞれ何をあらわしていますか。

問２　「館山駅」から「渚の博物館」までの距離《きょり》は地図上では５cm ありました。実際の距離は何mですか。

問３　「館山駅」から見て，「渚の博物館」はどの方位にありますか。８方位で答えなさい。

問４　メモの中の日本の漁獲量について，1970年頃《ごろ》から現在までのあいだに減ってきた理由を説明したものとして**誤《あやま》っているもの**を次のア　エの中から　つ選び，記号で答えなさい。

ア　200海里水域《すいいき》の設定によって，各国の魚をとる範囲《はんい》が決められたから

イ　外国から安い魚が輸入されるようになり，競争が激《はげ》しくなったから

ウ　気候変動で日本人があまり食べない種類の魚が増えてしまったから

エ　漁場の環境《かんきょう》悪化によって，魚の資源《しげん》そのものが減ってきたから

問５　チリ，ノルウェー，ロシアの位置を組み合わせたものとして正しいものを次のア～カの中から一つ選び，記号で答えなさい。

	1	2	3
ア	チリ	ノルウェー	ロシア
イ	チリ	ロシア	ノルウェー
ウ	ノルウェー	チリ	ロシア
エ	ノルウェー	ロシア	チリ
オ	ロシア	チリ	ノルウェー
カ	ロシア	ノルウェー	チリ

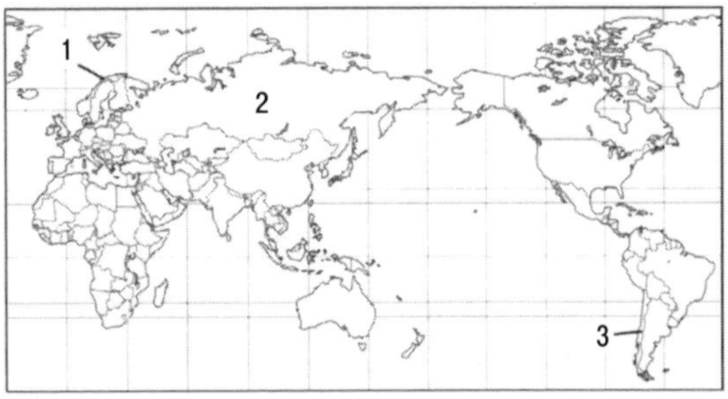

問６　育てる漁業について，人間の手で魚や貝の卵《たまご》をかえして，川や海に放流し，自然の中で育ててからとる漁業のことを何といいますか。

問７　この地形図がしめす範囲について説明したものとして，もっともふさわしくないものを次のア～エの中から一つ選び，記号で答えなさい。

ア　この地にはかつて国分寺《こくぶんじ》があったことをしめす地名がある

イ　鉄道の線路は標高の高いところを避《さ》けて敷《し》かれている

ウ　内陸の低地には果樹園《かじゅえん》が広がっている

エ　館山駅より内陸側には市役所など官公庁《かんこうちょう》が多くある

2　文絵《ふみえ》さんたちが日本各地の観光地について調べ，発表しました。次の文はその発表メモです。これらを読んで，各問に答えなさい。

> 大きな祭りが夏に行われます。青森《あおもり》のねぶた祭は，真夏の病魔《びょうま》や邪気《じゃき》を払《はら》う「ねぶり流し」が起源《きげん》といわれています。また，仙台《せんだい》の七夕祭りは，江戸《えど》時代の初めごろに始まり，昭和になってから現在のような形になったそうです。1980年代から新幹線が開通し，多くの観光客が夏の祭りに訪《おとず》れるようになりました。

> 長野県《ながのけん》，岐阜県《ぎふけん》，富山県《とやまけん》，新潟県《にいがたけん》には，北アルプスを中心とした国立公園があります。戦後，黒部川《くろべがわ》上流に，大規模《だいきぼ》な水力発電所が建設されました。黒部峡谷《きょうこく》と巨大《きょだい》なダム，

そして立山連峰《たてやまれんぽう》の壮大《そうだい》な景観を目的に，春から初冬にかけて多くの観光客が訪《おとず》れます。

本州《ほんしゅう》と四国《しこく》を結ぶ三つの橋がかけられています。中でも本州の尾道《おのみち》と四国の今治《いまばり》を結ぶ高速道路は「瀬戸内《せとうち》しまなみ海道」の呼《よ》び名《な》で親しまれています。この高速道路には，島々を渡《わた》る橋に側道が設けられ，瀬戸内海《せとないかい》の景色を楽しむことができるサイクリングロードが人気を集めています。

江戸《えど》時代につくられた寺や神社が観光地になっています。日光《にっこう》には，徳川家康《とくがわいえやす》をまつる東照宮《とうしょうぐう》があります。東京《とうきょう》の浅草《あさくさ》は，浅草寺《せんそうじ》とその周辺の街並《まちな》みも含《ふく》め，海外からも多くの観光客が集まってきます。また，毎年夏に隅田川《すみだがわ》河岸で，江戸時代から盛大《せいだい》な花火大会が行われています。

問１　次の写真は日本各地の祭りを紹介《しょうかい》したものです。青森のねぶた祭を，次のア～オの中から一つ選び，記号で答えなさい。

ア

イ

ウ

エ

オ

写真提供：イ　一般社団法人東北観光推進機構，ウ　一般社団法人長崎観光連盟

問２　富山の気温・降水量《こうすいりょう》を表したグラフを，次のア～エの中から一つ選び，記号で答えなさい。

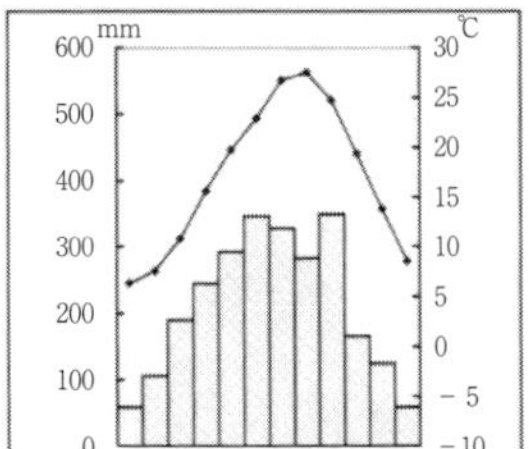

ア

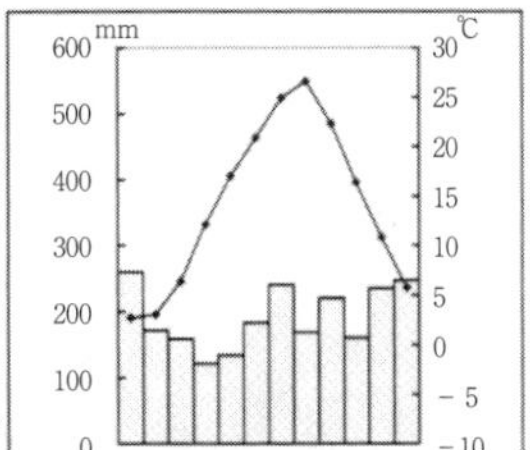

イ

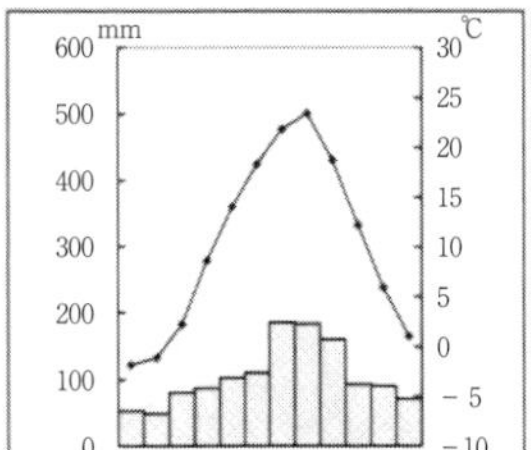

ウ

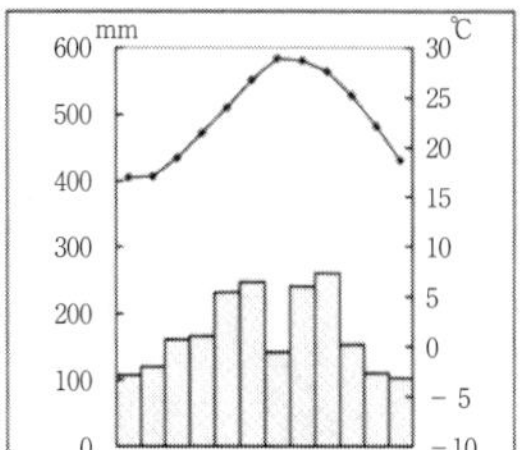

エ

『理科年表』(1981～2010)より作成

問３　水力発電のように，「資源が枯渇《こかつ》しない」「どこにでも存在する」「CO_2を排出《はいしゅつ》しない（増加させない）」エネルギーを何といいますか。

問４　次の世界遺産《いさん》のうち，本州と四国を結ぶ三つの橋がかかる瀬戸内海沿岸《えんがん》に**ないもの**を，ア～エの中から一つ選び，記号で答えなさい。

ア　厳島《いつくしま》神社　　イ　原爆《げんばく》ドーム
ウ　宗像《むなかた》大社沖津宮《つのみや》　　エ　姫路城《ひめじじょう》

問５　文絵さんたちは東京の市場で取引されるキュウリの量と価格を月ごとにしめしたグラフを見ました。すると，季節によって産地にちがいがあることに気がつきました。グラフを見て，下のア～エの中から**誤っているもの**を一つ選び，記号で答えなさい。

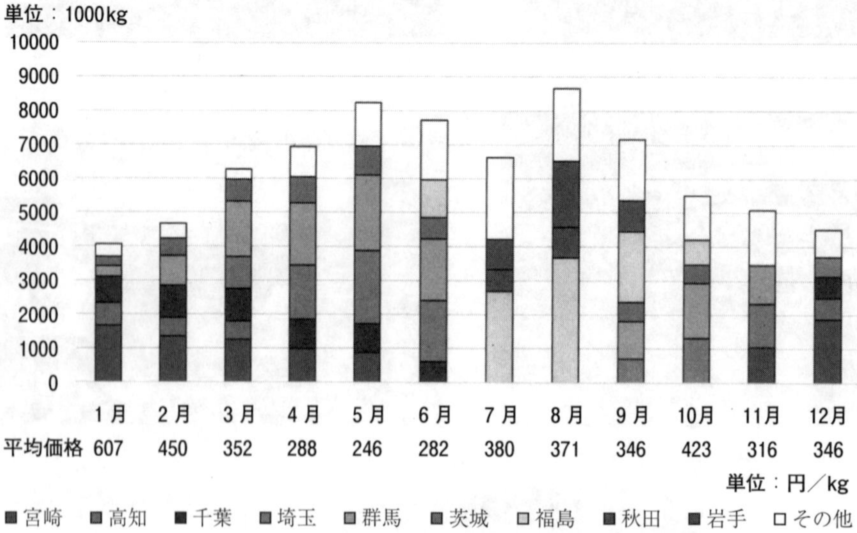

東京中央卸売市場《おろしうりしじょう》　市場統計情報（月報・年報）より作成

東京向けのキュウリの出荷量《しゅっかりょう》　2020年

ア　７・８月のキュウリの産地は，おもに東北《とうほく》地方である
イ　平均価格のもっとも高い月のキュウリは，おもに九州《きゅうしゅう》・四国地方で促成栽培《そくせいさいばい》で生産されている
ウ　平均価格の低い時期の産地は，おもに東京近郊《きんこう》である
エ　秋のキュウリは，おもに関東《かんとう》地方北部の高原で抑制《よくせい》栽培で生産されている

問６　次の図は，夏の関東地方の平均気温をしめしたものです。平均気温が高いところはなぜ高くなるのか，その理由について簡単《かんたん》に説明しなさい。

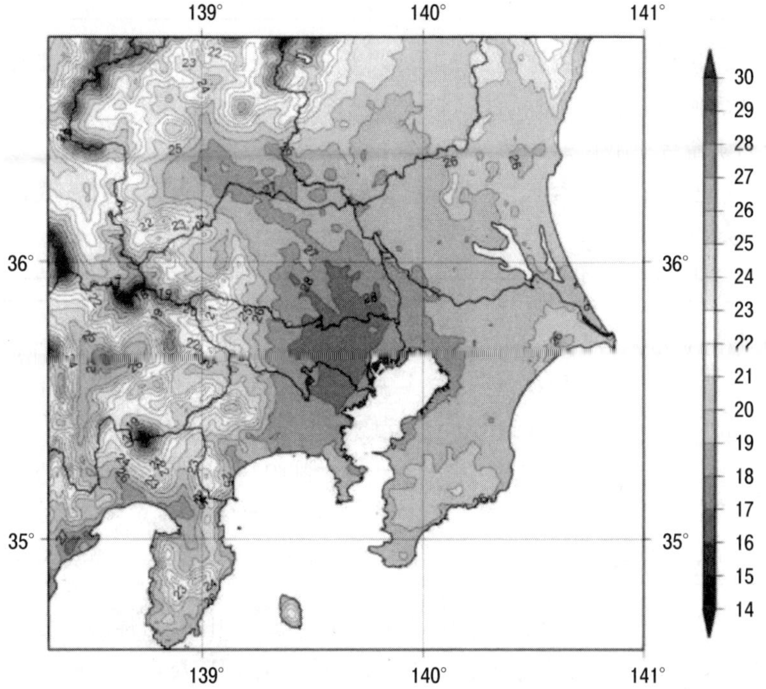

関東地方における9年間(2009～2017年)平均した8月の平均気温(単位：℃)　気象庁《きしょうちょう》HPより

3　次の文を読み，各問に答えなさい。

和洋国府台女子中学校の文絵さんと麗子さんは，社会科の授業の中で，国を統治するための法について，土田《つちだ》先生から学びました。

土田先生：これまでの授業では，憲法《けんぽう》や法律《ほうりつ》の学習をしてきましたね。法というものが社会の中でどのような役割《やくわり》を果たしているのか，理解することはできましたか？

麗子さん：はい先生，今の日本では，さまざまな法がつくられていることを知りました。最近では，水防法なんていう法律も改正されたのですね。私の知らないものも含《ふく》めて，たくさんのルールによって生活が営まれているということがわかりました。

文絵さん：法がないと，私たちの生活は困《こま》ったことになってしまいます。世の中の秩序《ちつじょ》をたもったり，争いを解決したりすることが難《むずか》しくなってしまうのだと思います。

土田先生：そうですね，文絵さんの言うとおり，法は多くの人びとに公平・公正である必要がありますね。ですから，現代の社会では民主主義の手続きにそって法律や条例といった法が定められるのです。歴史的に見ても，これまでの日本ではそれぞれの時代に法が定められてきたのです。

麗子さん：むかしの日本では，どのようにしてルールがつくられたのですか？

土田先生：現代のように，多くの人びとの合意のもとでつくられたことは少なかったです。むしろ，時代ごとの権力者《けんりょくしゃ》の都合に合わせてつくられることが多かったですね。

麗子さん：へぇ，今とはずいぶん違っていたのですね。

文絵さん：先生，むかしの日本でつくられた法について教えてください。

土田先生：わかりました，文絵さん。では，皆《みな》さんが小学校でも学習したむかしの日本の法を３つ紹介しますね。

Ⅰ

平氏をたおした源　頼朝《みなもとのよりとも》は，鎌倉《かまくら》を拠点《きょてん》として武士を中心とした政治を始めました。源氏《げんじ》の将　軍《しょうぐん》が３代で絶え，幕府《ばくふ》の政治が1執権《しっけん》の座《ざ》にあった一族に引きつがれると，朝　廷《ちょうてい》は幕府をたおす命令を出しました。幕府のもとに集まった武士たちが朝廷の軍を打ち破り，幕府の支配が西国までおよぶようになると，［　　　］とよばれる裁判の基準となる法がつくられました。

Ⅱ

関ヶ原《せきがはら》の戦いで敵対《てきたい》する大名たちを破った徳川家康は江戸《えど》に幕府を開き，全国を支配する体制をつくりました。2大阪《おおさか》を拠点とする一族をほろぼすと，幕府は武家諸法度《ぶけしょはっと》という法を定め，全国の大名をきびしく取りしまりました。これとともに幕府は，キリスト教の信仰《しんこう》をきびしく禁じたり，外国との貿易を大幅《おおはば》に制限したりする法も定めていきました。

Ⅲ

3朝廷の実権《じっけん》をにぎった一族をたおした中　大兄皇子《なかのおおえのおうじ》らは，中国から帰国した人々とともに天皇《てんのう》を中心とする国づくりを始めました。この後，中国にならった政治制度が徐々《じょじょ》に整えられ，藤原　京《ふじわらきょう》という日本で初めての本格的な都もつくられました。この藤原京では，国を治めるための法である律　令《りつりょう》ができあがり，これにもとづく政治がおこなわれるようになりました。

問１　［　　　］に入る語句を漢字で書きなさい。

問２　文中の1執権の座にあった一族，2大阪を拠点とする一族，3朝廷の実権をにぎった一族を，次のア～オの中からそれぞれ一つずつ選び，記号で答えなさい。

ア　足利氏　　イ　蘇我《そが》氏　　ウ　豊臣氏　　エ　藤原氏　　オ　北条氏

問３　武家諸法度の内容として**あてはまらないもの**を，次のア～エの中から一つ選び，記号で答えなさい。

ア　五人組をつくり，互《たが》いに監視《かんし》しあうこと

イ　将軍の許可なく大名の家どうしで結婚《けっこん》しないこと

ウ　城を修理する場合には，必ず幕府に届《とど》け出《で》ること

エ　大名は１年おきに江戸と自分の領地を行き来すること

問４　中国から帰国した人々にあてはまるものを，次のア～エの中から一つ選び，記号で答えなさい。

ア　開拓団《かいたくだん》として満州に移住した移民　　イ　遣唐使《けんとうし》として中国に渡《わた》った留学生

ウ　日明貿易で中国に渡った商人　　エ　日清《にっしん》戦争で中国に渡った兵士

問５　律令によって定められた税の制度を，次のア～ウの中から一つ選び，記号で答えなさい。

ア　稲《いね》の収　穫高《しゅうかくだか》の約３％を納《おさ》める

イ　購　入《こうにゅう》した金額の３％を納める

ウ　所有する土地の価格の３％を納める

問６　Ⅰ～Ⅲを時代の古い順に並《なら》べたものを，次のア～カの中から一つ選び，記号で答えなさい。

ア　Ⅰ→Ⅱ→Ⅲ　　イ　Ⅰ→Ⅲ→Ⅱ　　ウ　Ⅱ→Ⅰ→Ⅲ

エ　Ⅱ→Ⅲ→Ⅰ　　オ　Ⅲ→Ⅰ→Ⅱ　　カ　Ⅲ→Ⅱ→Ⅰ

4　西南《せいなん》戦争，日清戦争，日露《にちろ》戦争，第一次世界大戦，日中《にっちゅう》戦争・太平洋《たいへいよう》戦争と，明治以降《いこう》の日本は，ほぼ10年に一度のペースで大きな戦争をくり返してきました。次の表は，明治以降に日本が参戦した戦争に関するものです。これを見て，各問に答えなさい。

項目名《こうもくめい》 戦争名	戦争に動員された兵士数(万人)	戦費のうち輸送費・旅費にかけた割合《わりあい》(%)	戦費のうち兵器調達・維持《いじ》修理にかけた割合(%)	戦費のうち陸海軍の比(陸：海)
①西南戦争	7	34.1	11.0	100：2
②日清戦争	35	19.2	22.7	100：22
③日露戦争	120	18.8	19.2	100：18
④第一次世界大戦	7	18.8	24.2	100：41
⑤日中戦争・太平洋戦争	860	5.2	46.4	100：88

＊戦費：戦争にかかる費用　　『日本戦争経済史《けいざいし》』より作成

問１　次のⅠ・Ⅱのカードは，表の中の①～⑤の戦争がおこなわれていたころの日本の世の中のできごとやその特徴《とくちょう》をまとめたものです。Ⅰ・Ⅱのカードが示す内容はどの時期の特徴か，表の中の①～⑤の中からあてはまるものをそれぞれ一つずつ選び，番号で答えなさい。

Ⅰ
・夏目漱石《なつめそうせき》が『吾輩《わがはい》は猫《ねこ》である』を発表し小説家として活躍《かつやく》し始めた
・講和に反対する国民が不満を強め，講和条約反対運動をおこした

Ⅱ
・憲法《けんぽう》制定や国会開設を求めて，自由民権《みんけん》運動が広まった
・銀座《ぎんざ》にレンガ造りのまちなみが完成した

問２　表の中の①～⑤の戦争に関して，次の文の［ a ］に①～⑤の数字を，［ b ］にあてはまる言葉をそれぞれ答えなさい。

歴史上で初めて日本の首都が他国に攻撃《こうげき》されたのは［ a ］のときで，この攻撃は一般《いっぱん》的《てき》に［ b ］と呼《よ》ばれる。

問３　次のA～Eの写真は，表の中の①～⑤の戦争がおこなわれていた時期に活躍《かつやく》した人物です。A～Eの人物の説明として，下のア～オの中から**誤っているもの**を一つ選び，記号で答えなさい。

A

B

C

D

E

ア　Ａの人物は，①のころにヨーロッパで政治のしくみを学び内閣《ないかく》制度をつくりました

イ　Ｂの人物は，②のころにイギリスと交渉《こうしょう》して領事裁判権《さいばんけん》の廃止《はいし》に成功しました

ウ　Ｃの人物は，③のころに兵士として戦地にいる弟を思い，歌をよみました

エ　Ｄの人物は，④のころに女性の自由と権利《けんり》を拡大《かくだい》する運動をおこないました

オ　Ｅの人物は，⑤のころに外交官として多くのユダヤ人の命を救いました

問４　表から読みとれることを説明した文として，次のア～エの中から**誤っているもの**を一つ選び，記号で答えなさい。

ア　日中戦争・太平洋戦争は，明治以降に日本が参戦した戦争の中で，最大の兵士数が動員された戦争である。

イ　第一次世界大戦は，西南戦争と動員された兵士数はほぼ同じだが，兵器の調達・維持修理にかけた費用の割合が増えている

ウ　戦費のうち輸送費・旅費にかけた割合は，徐々に減り，西南戦争時から比べて最終的に６分の１以下になっている

エ　西南戦争から日中戦争・太平洋戦争まで，戦費のうち陸海軍の比において，海軍の割合は一貫《いっかん》して増え続けている

問５　④の戦争開始から⑤の戦争開始までの間の米の価格の変動を説明した文としてもっとも適するものを，次のア～オの中から一つ選び，記号で答えなさい。

ア　アメリカの不景気が日本にもおしよせた影響《えいきょう》で，米の価格は急激《きゅうげき》に高くなった

イ　ほとんどの農民が農地を持てるようになった影響で，米の価格は急激に安くなった

ウ　東北地方や北海道の農村で冷害がおこった影響で，米の価格は急激に高くなった

エ　朝鮮《ちょうせん》半島を植民地支配するようになった影響で，米の価格は急激に安くなった

オ　ロシア革命《かくめい》に対して日本が軍隊を派遣《はけん》した影響で，米の価格は急激に高くなった

問６　⑤の戦争では，それまでの戦争と比べて戦費のうち兵器調達・維持修理にかけた割合が急激に高くなっています。兵器の変化を考えた上で，その理由を書きなさい。

5　次の文を読み，各問に答えなさい。

文絵さんの自宅《じたく》は江戸川の近くにあります。夏のニュースで，大雨による災害が全国各地で発生した様子を何度も見ました。そこで文絵さんは自分が住む地域《ちいき》の防災情報を調べてみたいと思い，市川市役所に相談して地域防災課の宮崎《みやざき》さんからお話をうかがうことができました。

以下は宮崎さんのお話です。

2011年の東日本大震災《だいしんさい》で，堤防《ていぼう》などの建設では水害を防ぐことができないという経験をしました。今は，人命を守るためにはまず避難《ひなん》することが重要だと考えられるようになっています。

水防法という法律《ほうりつ》は市区町村にハザードマップの作成を義務づけています。私《わたし》たちはこれまでのハザードマップを見直して，新たなハザードマップを作成しました。避難場所，災害時に危険《きけん》な場所など，防災や減災に役立つ内容を地域《ちいき》のみなさんに伝えています。

市川市の地域防災計画をもとに，市内には123カ所の避難場所・避難所《ひなんしょ》を指定しています。文絵さんが通う和洋学園も避難所に指定されていますね。さらに市内には14カ所の防

災倉庫と４つの防災井戸を設置しています。

避難所には防災用品を備蓄《びちく》していて，停電のときには発電機や蓄電池《ちくでんち》を使います。小・中学校には受水槽《そう》を設置していますが，避難生活が長引いたときには水道局や自衛隊の給水車を出動させます。食糧《しょくりょう》や生活必需品《ひつじゅひん》などの支援《しえん》物資は全国の自治体から届《とど》きます。また各省庁《しょうちょう》のさまざまな活動もみなさんの避難生活を支えます。

災害のときには，自分や家族を守る「自助」，地域の人々と助け合う「共助」，公的機関の支援でみなさんを守る「公助」が重要です。日頃《ひごろ》から防災について考えて準備しておくことが，私たちの命を守ることにつながるのだと思います。

問１　法律が成立するまでの流れを次の図で表しました。図の中のＡとＢにあてはまる語句を答えなさい。

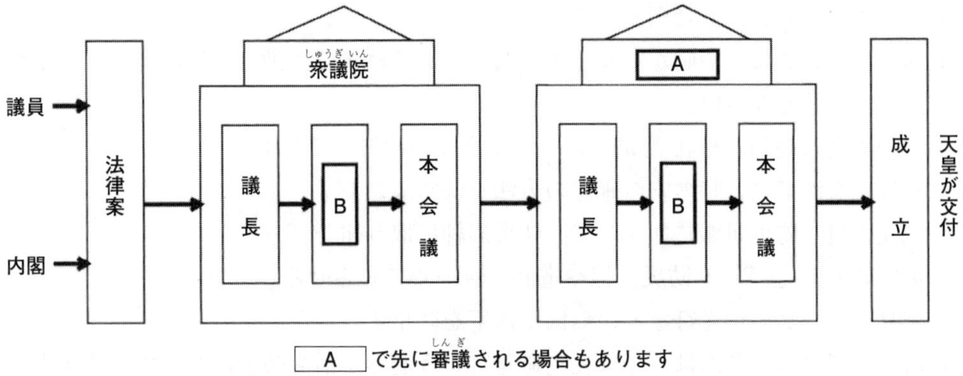

問２　市川市の地域防災計画を立てる政治の動きを次の図に表しました。図の中のＡとＢに入るものを，ア～エの中からそれぞれ一つずつ選び，記号で答えなさい。

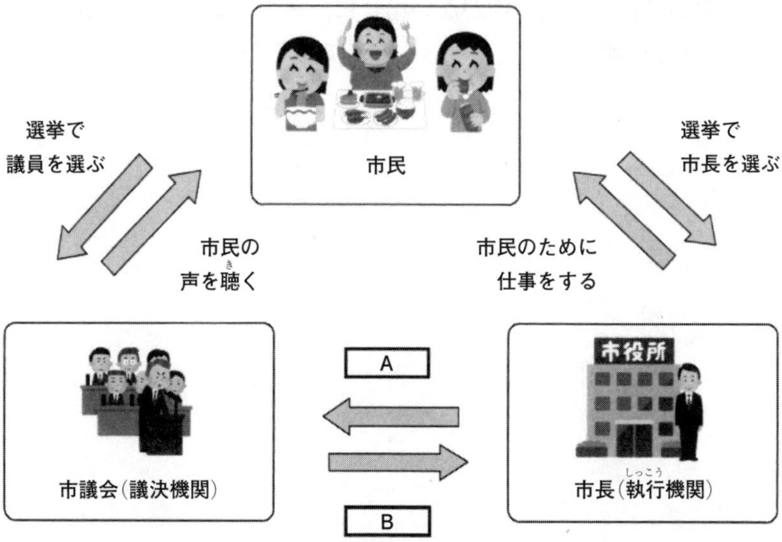

ア　国の法律にもとづき，防災関係機関と相談しながら，計画案を立てる

イ　計画を実現するためにたくさんのお金が必要なときは，補助金《ほじょきん》を申請《しんせい》する

ウ　市民の要望をもとにして，必要に応じて計画案を修正して，計画を決定する

エ　計画がよりよいものになるように，パブリックコメントで意見を出す

問3　各省庁のさまざまな活動について，次の活動はどの省庁の支援《しえん》活動でしょうか。①・②の省庁の組合せとしてあてはまるものを，ア～カの中から一つ選び記号で答えなさい。

①　専門的《せんもんてき》な訓練を受けた災害派遣医療《いりょう》チームを派遣して，救急医療や病院支援をおこなう。

②　関係機関とネットワークを運営し，災害廃棄物《はいきぶつ》の処理《しょり》やゴミ収集《しゅうしゅう》，悪臭《あくしゅう》・害虫対策《たいさく》などをする専門家《せんもんか》や技術者の派遣を要請《ようせい》する。

	①	②
ア	防衛省《ぼうえいしょう》	環境省《かんきょうしょう》
イ	防衛省	復興庁《ふっこうちょう》
ウ	厚生労働省《こうせいろうどうしょう》	経済産業省《けいざいさんぎょうしょう》
エ	厚生労働省	環境省
オ	国家公安委員会	復興庁
カ	国家公安委員会	経済産業省

問4　共助にはさまざまな活動があります。共助にあてはまる活動を，次のア～オの中から**二つ**選び，記号で答えなさい。

ア　どの家庭に高齢者《こうれいしゃ》や乳幼児《にゅうようじ》がいるのかを互いに知っておく

イ　家族のなかで災害時の安否《あんぴ》確認の方法を決めておく

ウ　地元の自主防災組織に加入して，防災訓練に取り組む

エ　災害時の緊急《きんきゅう》情報を防災無線や電話，メールで知らせる

オ　家具，テレビ，蛍光灯《けいこうとう》などの転倒《てんとう》や落下を防止する

問5　地域防災課の宮崎さんは「今は在宅避難《ざいたくひなん》という避難生活も必要になっていますよ」と教えてくれました。在宅避難が今注目されるのはなぜでしょうか。空欄《くうらん》に語句を入れて文章を完成させなさい。

＊在宅避難…災害時において自宅に危険性《きけんせい》がない場合に，そのまま自宅で生活を送る方法

［　　A　　］ので，在宅避難ならば［　　B　　］できるから。

【理　科】〈第１回試験〉（30分）〈満点：60点〉

1　和美さんは学校にあるフクロウのはく製に興味を持ったのでフクロウについて調べました。そのまとめが書かれた文章を読み，あとの問いに答えなさい。

フクロウは地球上のさまざまなところにくらしていて，夜行性だと思っていましたが，活動時間は種類によってちがうことがわかりました。多くのフクロウは思っていた通り，夜，狩《か》りをしていました。ネズミやハ虫類，昆虫《こんちゅう》などをエサにしていて，足でつかまえて，くちばしにくわえなおしてから運ぶこともわかりました。小さなくちばしに見えたけれど口は大きくひらき，たいていのえものは丸のみにしてしまいます。多くの鳥の足は３本と１本の指に分かれていて，フクロウもおなじ作りですが，えものや木の枝をがっしりつかむときは，３本のうち外側の１本が動いてＸ型になります。

問１　フクロウがネズミを食べるように自然界の生物どうしは食べる・食べられるという関係の中で生活しています。このような生物どうしの食べ物によるつながりを何といいますか。

問２　図１はある森に生息する生物の食べる・食べられるの関係を→で示したものです。ある森に生息するフクロウの数とネズミの数を比べると，どちらの数の方が多いと考えますか。

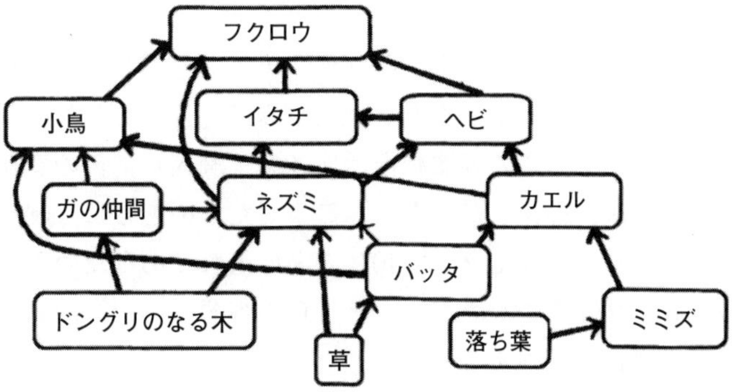

図１

＊矢印の向きは食べられるものから，食べるものに向いています。

問３　図１で，ある時この森から小鳥がまったくいなくなってしまったとしたら，この森の生き物たちにどのようなことが起こると考えられますか。次のア～エから選び，記号で答えなさい。

ア　フクロウが絶滅《ぜつめつ》する

イ　ネズミが爆発的《ばくはつてき》にふえる

ウ　カエルが絶滅する

エ　ドングリのなる木が被害《ひがい》を受ける

問４　フクロウには，夜に狩りをするために特別に発達したと考えられる特徴《とくちょう》があります。この特徴にあてはまるものを次のア～オから<u>すべて選び</u>，記号で答えなさい。

ア　えものを丸のみにするために，大きく口をあけることができる

イ　目が大きく，多くの光を取り入れることができる

ウ　耳の位置が左右で異なり，音のする場所を正確に知ることができる

エ　足の指の１本が動いてＸ型になり，えものをしっかりつかむことができる

オ　顔が皿のような形をしていて，小さな音ものがさず集めることができる

問５　フクロウの足はどれですか。次のア～ウから選び，記号で答えなさい。

2　ご飯を食べるとき，口の中でよくかんでいると，ご飯が細かくなっていき，やがてあまく感じるようになります。はるかさんは，ご飯の主な栄養分であるデンプンが，だ液によって変化するようすを調べるために，次の実験をしました。実験とその結果をもとに，あとの問いに答えなさい。

実験の手順

1．ふたのできる小さなプラスチック容器を５本用意し，Ａ～Ｅとする。

2．ご飯と水をよく混ぜ，上ずみ液をＡ～Ｅそれぞれに半分まで入れる。

3．まず，Ａの容器に指示薬Ｘを１滴《てき》入れて色の変化を観察する。

4．次に綿棒にだ液をしみこませたものをＢに，綿棒に水をしみこませたものをＣに入れて混ぜた後，ふたをして40℃の湯に入れてあたためる。

5．２分あたためたら，Ｂ，Ｃの容器のふたを開けて，それぞれに指示薬Ｘを１滴入れて色の変化を観察する。

6．次に，綿棒にだ液をしみこませたものをＤに，綿棒に水をしみこませたものをＥに入れて混ぜた後，ふたをして氷水に入れて冷やす。

7．２分冷やしたら，Ｄ，Ｅの容器のふたを開けて，それぞれに指示薬Ｘを１滴入れて色の変化を観察する。

結果

	A	B	C	D	E
反応結果	反応あり	反応なし	反応あり	反応あり	反応あり

問１　次の図１は実験の手順４の容器Ｂのようすを図にしたものです。これにならって，実験の手順６の容器Ｅのようすの図を，解答用紙にかきなさい。

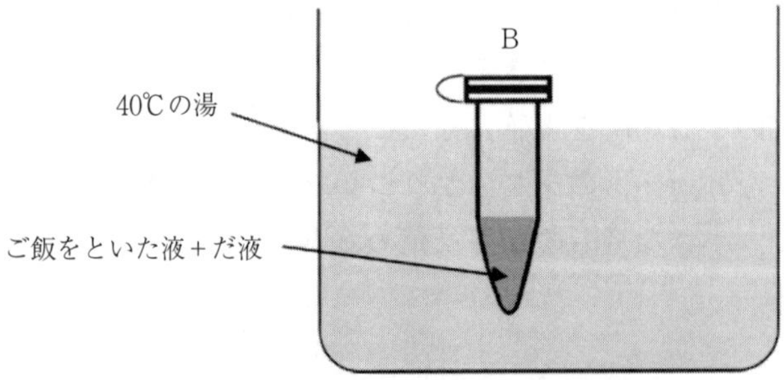

図１

問２　デンプンがあるかないかを調べる指示薬Ｘとデンプンがある場合の反応の結果について，正しい組み合わせを次のア～カから選び，記号で答えなさい。

ア　BTB よう液―黄色　　　イ　ヨウ素液―黄色
ウ　石灰水―白くにごる　　　エ　BTB よう液―青色
オ　ヨウ素液―青むらさき色　　　カ　石灰水―青むらさき色

問３　ＢとＣの容器では，だ液を入れるか，水を入れるか，という一つの条件だけを変えて比べる実験をしています。このような実験を対照実験といいます。ＢとＣの結果を比べてわかることを答えなさい。

問４　「だ液は，あたためるとよくはたらき，冷やすとはたらきにくい」ということを確かめるためには，Ａ～Ｅのどれとどれを比べるのがよいですか。２つ選んで記号で答えなさい。

はるかさんは，中学生のお兄さんから次のような話を聞きました。

「中学校でも，同じ実験でだ液のはたらきを調べたよ。中学校ではＡ～Ｅの容器の中身を２つに分けて，デンプンが変化してできる糖という物質があるかどうかも調べるんだ。これには指示薬Ｘとは別の指示薬Ｙを使うよ。ご飯をかんでいるとあまくなる理由はこの糖ができるからだよ。」

問５　指示薬Ｙを使った場合，反応があるのはどの容器でしょうか。Ａ～Ｅから選び，記号で答えなさい。

問６　デンプンが糖になるように，食べたものやその栄養分が私たちのからだの中で吸収されやすいものに変化することを何といいますか。

3　水素とこれからのエネルギーについて，次の文章を読み，あとの問いに答えなさい。

今，世界各地で水素エネルギーの活用が始まっています。下の写真のような水素版《ばん》ガソリンスタンド(水素ステーション)の設置もアメリカ，ヨーロッパ，そして日本で広がっています。なぜ今，水素エネルギーの活用が注目されているのでしょうか。その主な理由を２つ紹介《しょうかい》します。

理由１　（　Ａ　）の排出《はいしゅつ》がない

水素は酸素と結びつくことで発電し，あとには水しか残りません。究極のエコエネルギーと言われるほど，クリーンなエネルギーなのです。

理由２　ためられる，運べる

電気は，発電したあとにためておくことや電線がないと遠くへ運ぶことが難しいエネルギーです。しかし，電気で水を分解して水素を作っておけばそれが可能になります。たとえば，夏に作った水素をためて冬に使う。南で作った水素をためて北で使う。これなら天候と場所に左右される自然エネルギーももっと活用できるようになります。水素エネルギーが広がることは持続可能な仕組みが実現することにもなるのです。

問１　水素の性質として正しく説明しているものはどれですか。次のア～エから選び，記号で答えなさい。

ア　水にとけにくく，物が燃えるのを助けるはたらきがある

イ　水にとけにくく，火をつけると音を立てて爆発《ばくはつ》し燃える

ウ　水にとけやすく，物が燃えるのを助けるはたらきがある

エ　水にとけやすく，火をつけると音を立てて爆発し燃える

問２　エネルギーを作るとき(A)の気体が発生しない燃料はどれですか。次のア～オから選び，記号で答えなさい。

ア　石炭　　イ　石油　　ウ　天然ガス　　エ　ウラン　　オ　バイオマス

問３　実験室で(A)の気体を発生させるとき，反応させる物質と気体の集め方について正しく説明しているものはどれですか。次のア～カから選び，記号で答えなさい。

ア　二酸化マンガンと過酸化水素水を反応させて，上方置換《ちかん》法で集める

イ　二酸化マンガンと過酸化水素水を反応させて，下方置換法で集める

ウ　亜鉛《あえん》とうすい塩酸を反応させて，上方置換法で集める

エ　亜鉛とうすい塩酸を反応させて，下方置換法で集める

オ　石灰石とうすい塩酸を反応させて，上方置換法で集める

カ　石灰石とうすい塩酸を反応させて，下方置換法で集める

問４　下線部の天候と場所に左右される自然エネルギーを利用していない発電方法はどれですか。次のア～オから選び，記号で答えなさい。

ア　太陽光発電　　イ　風力発電　　ウ　水力発電

エ　火力発電　　　オ　地熱発電

問５　水素で走るある自動車は，水素１kgあたり150km進むことができるとします。千葉県船橋市から兵庫県神戸市までの距離《きょり》550kmを，燃料を補給することなく進むためにはあらかじめ水素を最低何kg積んでおく必要がありますか。答えは小数第２位を四捨五入して，小数第１位まで求めなさい。

4　物質が水にとける量について，実験１と実験２を行ないました。あとの問いに答えなさい。

［実験１］　100ｇの水の温度を変えながら，５種類の物質Ａ～Ｅが限界までとける量を調べたところ，下の図のようになりました。

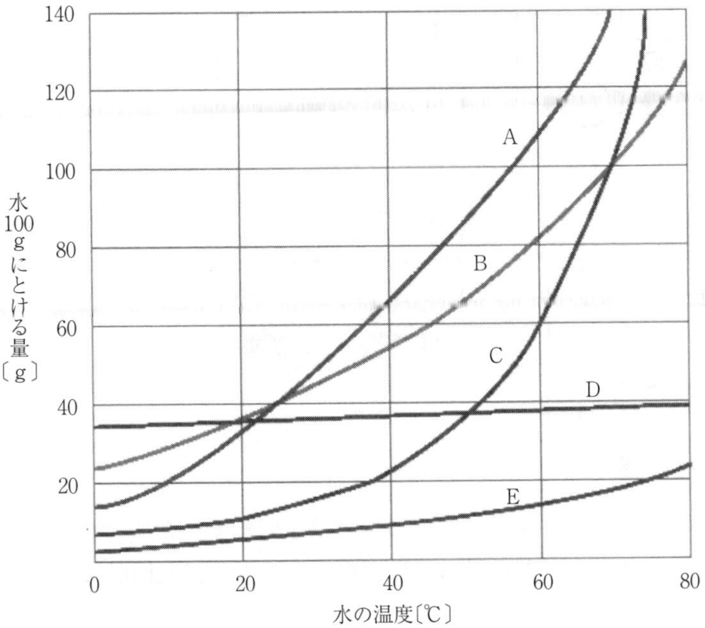

図

問１　水の温度が40℃のとき，水100ｇにとける量が多い順に，５種類の物質の記号を並べなさい。

問２　水の温度を０℃から40℃に上げたとき，水100ｇにとける量が，もっとも大きく変化するものは，５種類の物質のうちどれですか。記号で答えなさい。

［実験２］　ホウ酸を，さまざまな温度で100ｇの水にとかし，限界までとける量を調べる実験を行ったところ，右の表のようになりました。

表

水の温度〔℃〕	0	20	40	60	80	100
ホウ酸〔ｇ〕	2.8	4.9	8.9	14.9	23.5	38.0

問３　80℃の水に限界までホウ酸をとかしました。とかしたホウ酸が47ｇだったとき，この水よう液は何ｇになりますか。

問４　40℃の水220ｇにホウ酸を限界までとかしたとき，ホウ酸の水よう液の濃さは何％になりますか。小数第２位を四捨五入して，小数第１位まで求めなさい。

5　手回し発電機はモーターと同じ構造をしているので，発電機として電流が流れる導線に電池をつなぐとハンドルが回転します。ここでは発電機としてハンドルを回すことをハンドリング，モーターとして回転することをモータリングと呼ぶこととします。

問１　ハンドルが最も速く回る図と最も遅《おそ》く回る図を，次のア～カからそれぞれ選び，記号で答えなさい。

ア
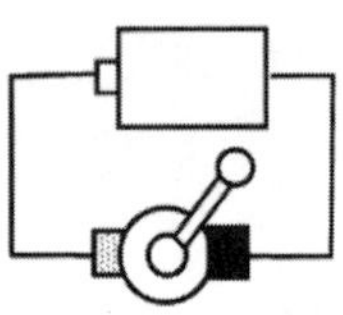
イ
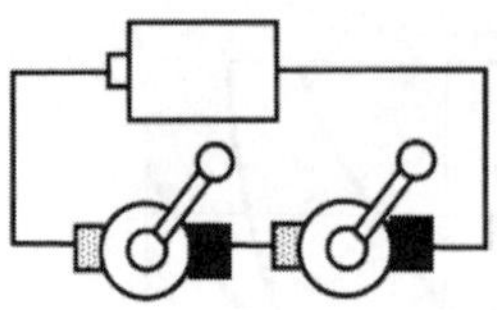
ウ
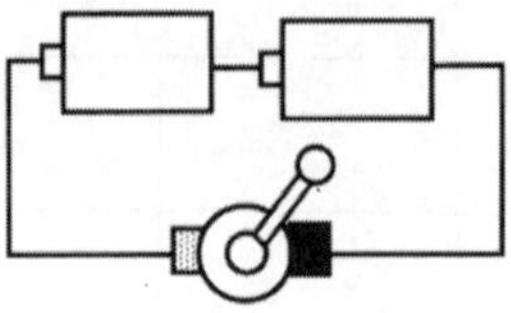
エ
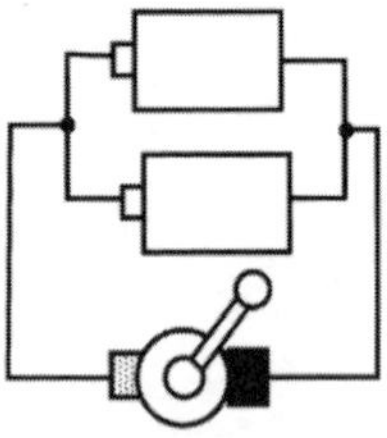
オ
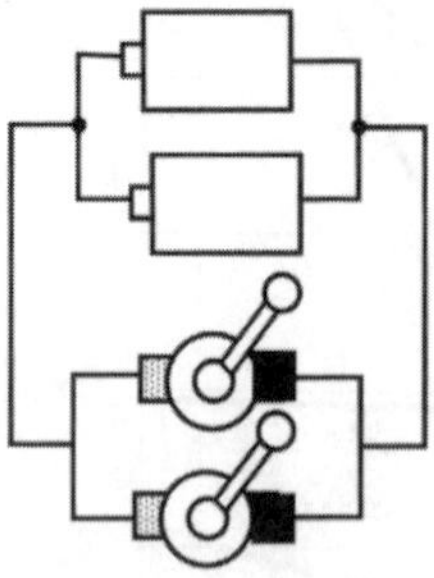
カ
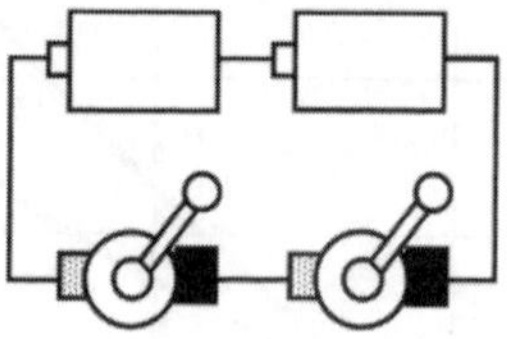

図１で手回し発電機Ａを，右回転ハンドリングすると，Ｂは左回転モータリングしました。図２で発電機Ａを右回転ハンドリングしたところ，発電機Ｂ・Ｃともに左回転モータリングしました。

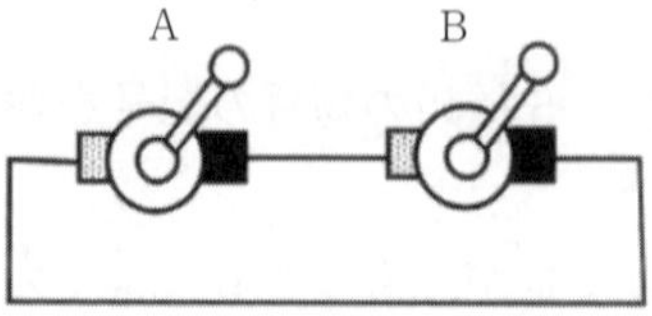

図１

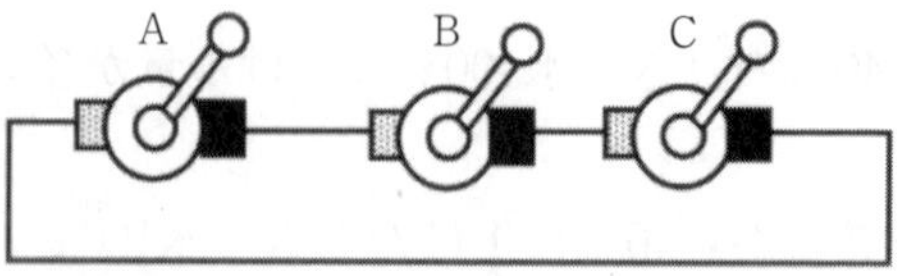

図２

問２　図２でＡの右回転ハンドリングを続けたまま，Ｂの回転を手で止めたとき，Ｃの回転はどうなりますか。正しい説明を，次のア～エから選び，記号で答えなさい。

ア　変化なし　　　　イ　より速く回転する

ウ　回転が止まる　　エ　右回転に変わる

図３のように２つの手回し発電機Ａ，Ｂと１つのコンデンサを導線でつなぎました。Ａを右回転ハンドリングさせたところ，初めＢは［ ａ ］していたが，やがて［ ｂ ］しました。その後Ａの回転を止め，ハンドルから手を離《はな》すとＡは［ ｃ ］し，Ｂは［ ｄ ］を始めました。

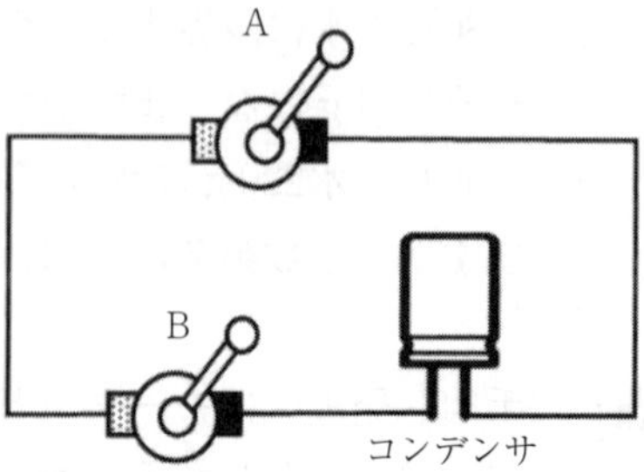

図３

問３　［ａ］［ｂ］に入る言葉の組み合わせを，次のア～エから選び，記号で答えなさい。

	ア	イ	ウ	エ
［ａ］	左回転	左回転	右回転	右回転
［ｂ］	右回転	停止	左回転	停止

問4　[ｃ][ｄ]に入る言葉の組み合わせを，次のア～エから選び，記号で答えなさい。

	ア	イ	ウ	エ
[ｃ]	右回転	右回転	左回転	左回転
[ｄ]	右回転	左回転	右回転	左回転

図4のように，図3のコンデンサを2つ並列につなげて同じ操作を行ないました。この時発電機Aを右回転させると問3と同じように発電機Bも回転し，やがて同じ変化が起こりました。

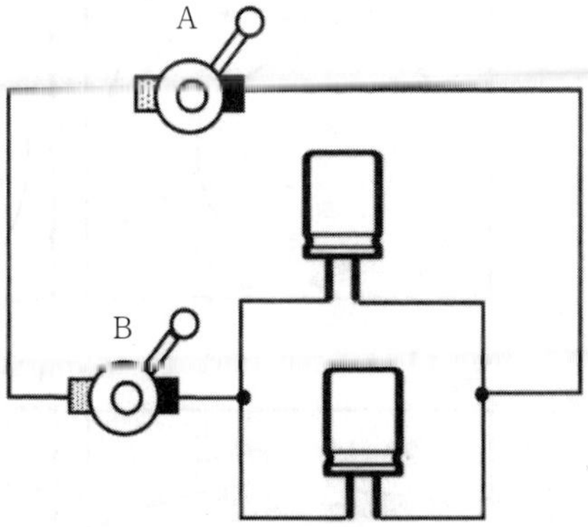

図4

問5　この時の発電機Bの回転の変化について示した次の文の[　]にあてはまる言葉を，下のア～ウから選び，記号で答えなさい。

「発電機Bの回転に変化が起こるまでの時間は，図3の回路の時と比べて[　　]。」

ア　長くなる　　イ　短くなる　　ウ　変わらない

6　次の図に示したア～オの星座または星座の一部について，あとの問いに答えなさい。ただし，●は星を表します。

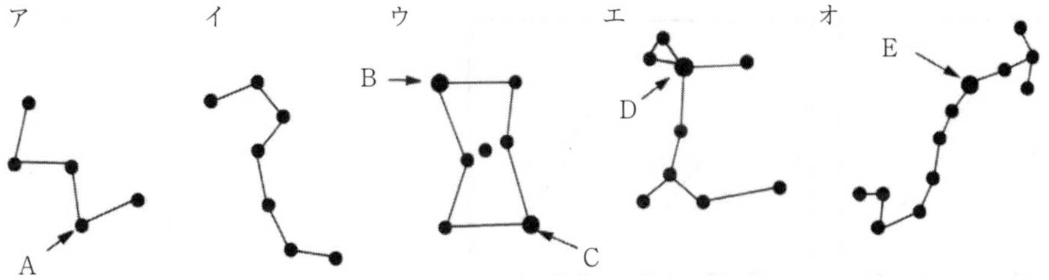

問1　ウとオの星座名を，次の①～⑧からそれぞれ選び，番号で答えなさい。

①　おおいぬ座　　②　おおぐま座　　③　こと座　　④　オリオン座

⑤　カシオペヤ座　　⑥　さそり座　　⑦　くじら座　　⑧　こいぬ座

問2　赤く見える星を図中のA～Eからすべて選び，記号で答えなさい。

問3　冬の大三角をつくる星を含《ふく》んでいる星座をア～オからすべて選び，記号で答えなさい。

問４　千葉県市川市で，冬の快晴の夜に星を観察しました。西の方角と北の方角の星の動きはどれですか。次のア～クからそれぞれ選び，記号で答えなさい。ただし，矢印は星の動きを表しています。

ア

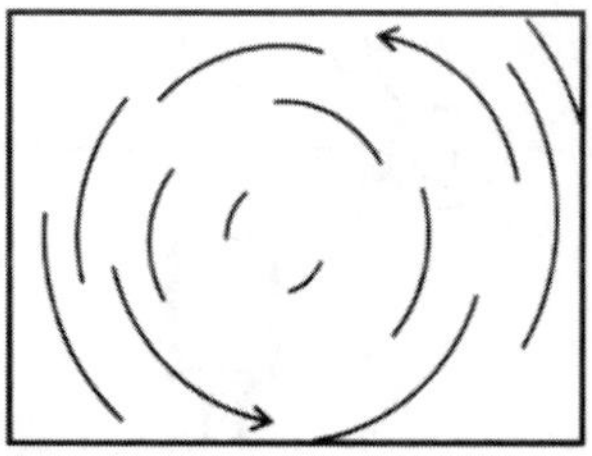

イ

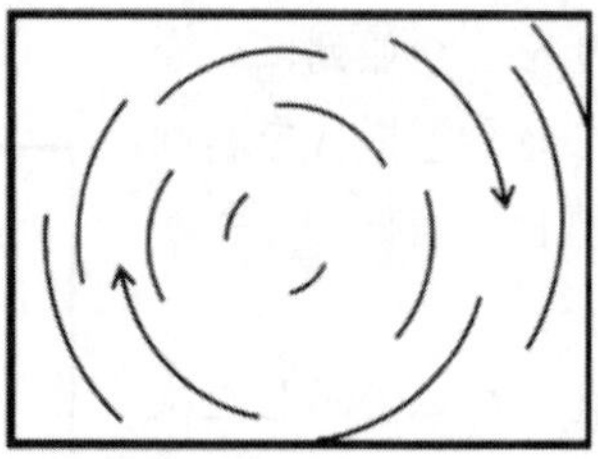

ウ

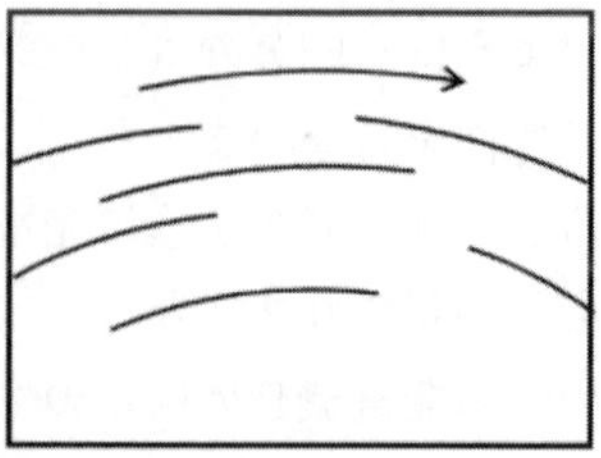

エ

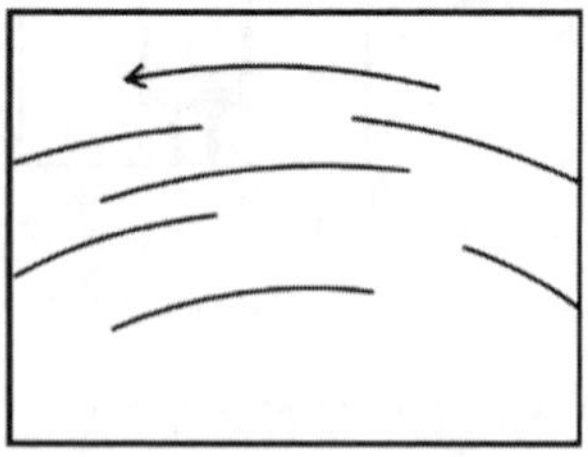

オ

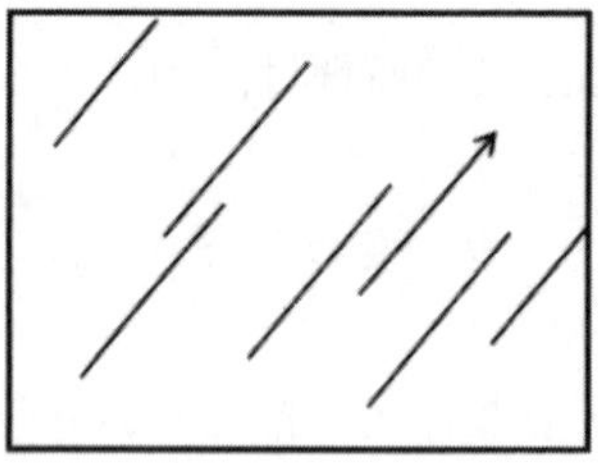

カ

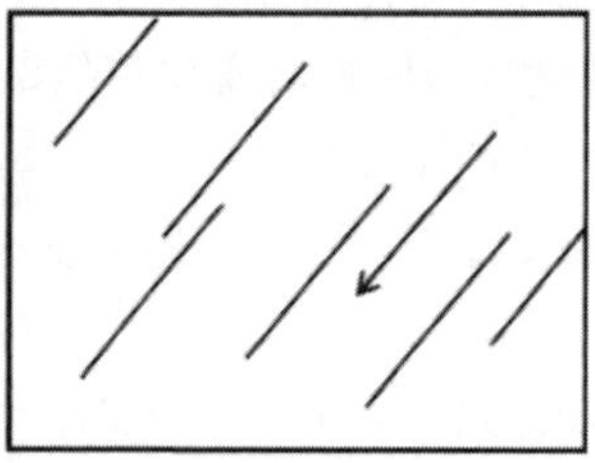

キ

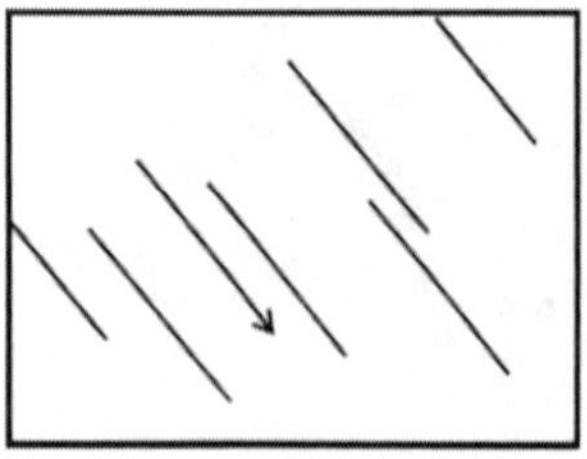

ク

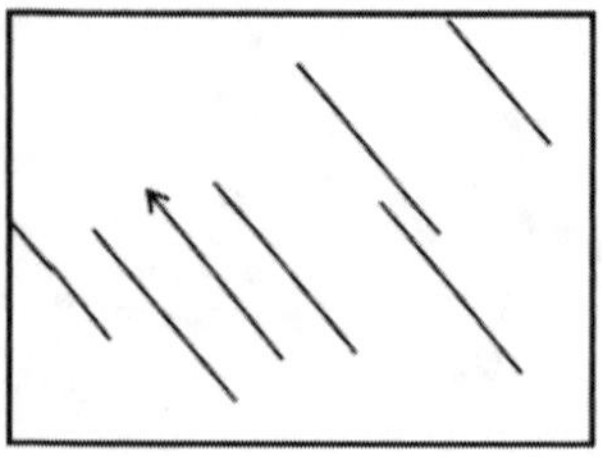

【英　語】〈第１回試験〉（40分）〈満点：100点〉

《リスニング問題》

1　(1)～(4)の英文を聞き，それぞれの問いの答えを表す絵として最も適切なものを，あ～う の中から1つ選びなさい。

(1)　女の子は何をしていますか。

あ.

い.

う.

(2)　お母さんはケビンに何をするように言いましたか。

あ.

い.

う.

(3)　先生はこの部屋で何をしてはいけないと言いましたか。

あ.

い.

う.

(4)　アナはピザパーティーに参加するにはどうしたらよいですか。

あ.
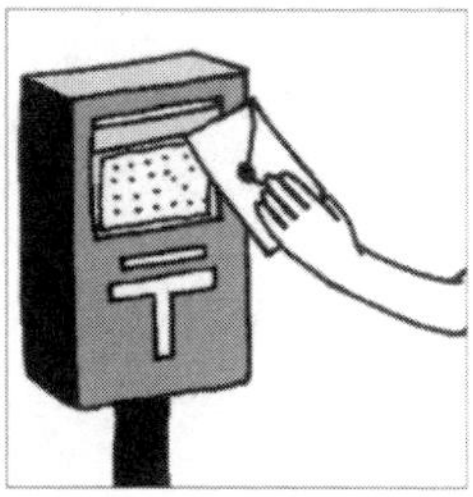
い.

う.

2　(1)～(5)の対話を聞き，その最後の文に対する応答として最も適切なものを，あ～う の中から１つ選びなさい。

(1)　あ．Thank you for the fruits.

い．I'll go to bed soon.

う．Yes.　They're on the kitchen table.

(2)　あ．I'll have some ice cream.

い．I don’t have any sweets.

う．This is a salad.

(3)　あ．For my homework.

い．For three hours.

う．For my brother.

(4)　あ．I’ll watch a movie.

い．Enjoy the movie.

う．The movie was nice.

(5)　あ．OK.　Here you are.

い．Don’t worry.

う．That’s OK.

3　(1)～(5)の英文を聞き，その後に放送される質問に対する答えとして最も適切なものを，あ～う の中から１つ選びなさい。

(1)　あ．In class.

い．In the hospital.

う．At home.

(2)　あ．He got up early.

い．He stayed up late last night.

う．He slept well last night.

(3)　あ．In the evening.

い．Sometimes.

う．For 30 minutes.

(4)　あ．They found a traditional Japanese toy.

い．They bought a book about temples and shrines.

う．They went to a Japanese restaurant.

(5)　あ．Three times.

い．On Mondays.

う．At school.

※＜**リスニング問題放送原稿**＞は英語の問題の終わりに付けてあります。

《筆記問題》

4　下の時間割表は中学１年のあなたのクラスのものです。中学校では科目ごとに先生が異なり，特別な教室を使うこともあります。この表をよく見て，(1)～(4)の問いに対する答えとして最も適切なものを，あ～う の中から１つ選びなさい。

		Monday	Tuesday	Wednesday	Thursday	Friday	Saturday
1	8:50～9:40	Math	Science	Moral Education	Math	English	Science
		Ms. Takeda	Ms. Sakashita	Mr. Nishioka	Ms. Takeda	Mr. Nishioka	Ms. Sakashita
2	9:50～10:40	Science	Social Studies	Japanese	Social Studies	Japanese	Japanese
		Ms. Sakashita	Mr. Yamamoto	Ms. Shimizu	Mr. Yamamoto	Ms. Shimizu	Ms. Shimizu
3	10:50～11:40	Art	Japanese	Math	English	Math	P.E. (Swimming)
		Mr. Ueda	Ms. Shimizu	Ms. Takeda	Mr. Nishioka Ms. Smith	Ms. Takeda	Mr. Hagino
4	11:50～12:40	Art	Social Studies	P.E. (Badminton)	Japanese	P.E. (Baseball)	Japanese
		Mr. Ueda	Mr. Yamamoto	Ms. Okamura	Ms. Shimizu	Mr. Fujikawa	Ms. Shimizu
5	13:20～14:10	Social Studies	Home Economics	English	Calligraphy	English	
		Mr. Yamamoto	Ms. Yoshioka	Mr. Nishioka	Ms. Sato	Mr. Nishioka	
6	14:20～15:10	English	Music	Science		Home Economics	
		Ms. Smith	Ms. Kubota	Ms. Sakashita		Ms. Yoshioka	

＊＊＊ROOMS＊＊＊		
Science	Science Room	・・・・・・
Music	Music Room	・・・・・・
Math	Computer Room	Only on Thursdays
P.E. (Badminton)	Gym C	・・・・・・
P.E. (Baseball)	Gym B	・・・・・・
P.E. (Swimming)	Gym A	・・・・・・

(1)　金曜日の英語の授業について，正しいものはどれですか。

あ．Ms. Smith teaches one class.

い．Mr. Nishioka teaches two classes.

う．Mr. Nishioka teaches one class with Ms. Smith.

(2)　水泳の授業はどこで何時に始まりますか。

あ．In Gym A, at 10:50.

い．In Gym B, at 10:50.

う．In Gym C, at 11:50.

(3)　来週の月曜日，あなたは家の用事で４時間目が終わったらすぐに学校を早退することになりました。この日受ける授業について正しいものはどれですか。

あ．You can take Mr. Yamamoto's class.

い．You can take only one art class.

う．You can study three subjects.

(4)　あなたは，水曜日に留学生のEmilyに時間割表と教室について次のように聞かれました。その答えとして正しいものはどれですか。

"Do we have our science class in Science Room, and math class in Computer Room today ?"

あ．"Yes, that's right."

い．"Yes, but we don't have the math class in Computer Room today."

う．"Yes, but we don't have the science class in Science Room today."

5　下は**Anna**が**Sakura**にあてて書いたＥメールと，**Sakura**が**Anna**に書いた返事です。これらのＥメールを読み，(1)～(3)の問いに対する答えとして最も適切なものを，あ～う の中から１つ選びなさい。

From：Anna Smith
To：Sakura Kobayashi
Date：March 26, 2021
Subject：My Vacation

Dear Sakura,

How are you?　My family and I arrived in Hawaii yesterday.

It's wonderful here !　The food is great, and the people are warm and friendly.　It was raining yesterday, so we only stayed in our rooms, but the weather is fine today.　We swam in the hotel pool this morning.　Then, we enjoyed eating Hawaiian pancakes at a nice restaurant near the hotel.　Tomorrow, I want to go to the beach and go shopping. Our stay here is very short.　I really want to come back again in winter.

By the way, how is your vacation ?

Love,
Anna

From：Sakura Kobayashi
To：Anna Smith
Date：March 30, 2021
Subject：My Vacation

Dear Anna,

I'm happy to know that you are enjoying your vacation. I am staying at my grandparents' house in Fukuoka. We come here every spring. The food is great ! My grandmother is such a wonderful cook, so every dish is delicious. We don't have to go to a restaurant. I also enjoy spending time outdoors with my grandfather. This morning, we went fishing in the river nearby. I had a lot of fun ! My brother, Ken, likes fishing, too. He wanted to join us, but he wasn't feeling well. He was at home all day. I hope he gets better soon.

Best,
Sakura

(1) Anna はハワイ旅行の２日目に何をしましたか。
あ．She went shopping.
い．She swam in the pool.
う．She had pancakes at the hotel.

(2) だれが川につりに行きましたか。
あ．Ken and Sakura.
い．Sakura and her grandfather.
う．Ken, Sakura, and their grandfather.

(3) Sakura と Anna は何について書いていますか。
あ．Summer vacation.
い．Winter vacation.
う．Spring vacation.

6 **Kazuko** がアメリカ合衆国出身の先生 **Ms. Green** と話しています。下の対話文を読み，(1)〜(4)の問いに対する答えとして最も適切なものを，あ〜う の中から１つ選びなさい。

Kazuko : Hi, Ms. Green. How are you ?
Ms. Green : I'm good. How about you ?
Kazuko : I'm excited about the English class !
Ms. Green : Wow, that's nice. We have a few minutes before the class starts. Do you want to talk with me a little ?

Kazuko : Oh, yes ! May I ask you some questions ?

Ms. Green : Of course ! I'll be happy to answer all of your questions.

Kazuko : Thank you. Where are you from, Ms. Green ?

Ms. Green : I'm from Pennsylvania, the U.S. Do you know Pennsylvania ?

Kazuko : Umm . . . , no. Where is it ?

Ms. Green : It's near New York.

Kazuko : Oh, I know New York !

Ms. Green : Good !

Kazuko : I went there with my family last winter !

Ms. Green : Wow, that's great ! Did you enjoy the trip ?

Kazuko : I wanted to go to many places, but we couldn't. It was snowy, and the trains stopped.

Ms. Green : Oh, that's too bad. I hope you'll have another chance someday.

Kazuko : Yeah. But the food there was delicious ! I especially liked the hamburger. Do you like hamburgers ?

Ms. Green : Yes, I do. But I also like Japanese food, so I'm happy to be here ! I especially like *okonomiyaki*.

Kazuko : Oh, *okonomiyaki* is one of the famous foods in Osaka. I don't like *okonomiyaki* so much, but I like *monjayaki*.

Ms. Green : I've never eaten *monjayaki*. I want to try it someday in the future !

(1) Why is Kazuko excited ?

あ. She has an English class.

い. She is in New York.

う. She ate *okonomiyaki*.

(2) Where is Ms. Green from ?

あ. New York.

い. Pennsylvania.

う. Osaka.

(3) What happened when Kazuko went to New York ?

あ. She had a good time with her family.

い. The weather wasn't very good.

う. She couldn't eat a hamburger.

(4) Why is Ms. Green happy to be in Japan ?

あ. She can eat her favorite Japanese food.

い. She likes to teach English.

う. She can cook *monjayaki* with Kazuko.

＜リスニング問題放送原稿＞

ただいまから令和４年度一般入試，英語の試験を行います。これからお話しすることについて質問は受けませんので，よく注意して聞いてください。

このテストには，1 から 6 まであります。1 から 3 はリスニング問題で，4 から 6 は筆記問題です。リスニング問題では，英文はすべて２度ずつ読まれます。放送の間メモをとってもかまいません。

では，1 から始めます。これは(1)〜(4)の英文を聞き，それぞれの問題の答えを表す絵として最も適切なものを あ〜う の中から１つ選ぶ形式です。では，始めます。

(1) The girl is giving water to some flowers.

(2) Dinner is ready. Oh Kevin, clean your room before eating dinner.

(3) OK, everybody. In this room, you can have drinks, but you can't eat anything. Enjoy talking with your friends until your teacher comes.

(4) Hi, Anna, did you read my letter ? If you want to join the pizza party, please give the money to Nancy.

続いて，2 です。これは，(1)〜(5)の対話を聞き，その最後の文に対する応答として最も適切なものを，あ〜う の中から１つ選ぶ形式です。では，始めます。

(1) A ： Mom, I can't sleep.
B ： What's wrong, Grace ? It's almost 11 o'clock.
A ： I know, but I'm hungry. Can I have some fruits ?
あ. Thank you for the fruits.
い. I'll go to bed soon.
う. Yes. They're on the kitchen table.

(2) A ： The hamburger was very good.
B ： Yeah. My steak was delicious, too.
A ： Do you want something for dessert ?
あ. I'll have some ice cream.
い. I don't have any sweets.
う. This is a salad.

(3) A ： Did you study for today's English test last night ?
B ： Yeah, I studied really hard.
A ： That's good. How long did you study ?
あ. For my homework.
い. For three hours.
う. For my brother.

(4) A ： Let's go to a movie with Linda tomorrow !
B ： Sorry, but I can't. I have other plans.
A ： Oh, that's too bad.
あ. I'll watch a movie.
い. Enjoy the movie.

う．The movie was nice.

(5)　A：Can you help me make sandwiches ?

B：Sure.　What do you need ?

A：Well, can you pass me a tomato ?

あ．OK.　Here you are.

い．Don't worry.

う．That's OK.

続いて，**3** です。これは，(1)～(5)の英文を聞き，その後に放送される質問に対する答えとして最も適切なものを あ～う の中から１つ選ぶ形式です。では，始めます。

(1)　Kana didn't go to school yesterday because she caught a cold and stayed home all day. She is better now, and she is back in class today.

Question：Where was Kana yesterday ?

あ．In class.

い．In the hospital.

う．At home.

(2)　John looks tired.　He stayed up late last night.　He started to read an interesting book, and he couldn't stop.

Question：Why does John look tired ?

あ．He got up early.

い．He stayed up late last night.

う．He slept well last night.

(3)　Keiko always plays the piano for half an hour in the morning.　Then, she goes to school. In the evening, after she finishes her homework, she sometimes plays the piano.

Question：How long does Keiko play the piano in the morning ?

あ．In the evening.

い．Sometimes.

う．For 30 minutes.

(4)　When Hiroko and Kate went to Kyoto for the first time, they visited some temples and shrines.　Kate likes traditional Japanese food very much.　They found a nice Japanese restaurant and had some great Japanese food there.

Question：What did Hiroko and Kate do in Kyoto ?

あ．They found a traditional Japanese toy.

い．They bought a book about temples and shrines.

う．They went to a Japanese restaurant.

(5)　My name is Yuko Takahashi.　I'm a junior high school student in Japan.　I love basketball.

I'm on the basketball team at school.　I play basketball on Mondays, Wednesdays, and Fridays.

Question：How often does Yuko play basketball in a week ?

あ．Three times.

い．On Mondays.

う．At school.

リスニング問題は以上です。筆記問題に進んでください。

必要だと思う。」

三 言葉に関する次の問いに答えなさい。

問一　次の空らんに当てはまる漢字一字を答えなさい。

・背（１）の陣《じん》…一歩も引けない状況《じょうきょう》のこと。

・雨だれ（２）をうがつ…小さな力でも根気よく続ければ成果が得られるということ。

・五十歩（３）歩…わずかなちがいだけで本質的には変わらないこと。

・大（４）晩成…すぐれた才能を持った人は他の人より後になって立派になること。

問二　次の例を参考にして二字熟語を漢字で答えなさい。

（例）　意味…はやっていること。
　一文字目の総画数…十画、二文字目の総画数…六画
　答え…流行

1　意味…ビルや住宅など建物の最上部が平らなところ。
　一文字目の総画数…九画、二文字目の総画数…三画

2　意味…山や川などのながめ。
　一文字目の総画数…十二画、二文字目の総画数…六画

3　意味…これから先のこと。現在より後のこと。
　一文字目の総画数…十画、二文字目の総画数…七画

問三　次の文章は中学一年生のミカさんが、小学生の頃《ころ》お世話になった先生に宛《あ》てた葉書《はがき》の文面です。――線①～③の表現を正しく直して答えなさい。

小川先生へ

お元気ですか。私は毎日楽しく中学校へ通っています。小学生の頃、先生に、たくさんの事を教えて①くださいました。中でも先生が話して②くれたメダカの話が印象的で私は理科部に入りました。「全ての生き物に愛情を持って接していこう」と先生が③申していたことを思い出しながら活動しています。夏休みになったらぜひお会いしたいです。では、お体に気をつけてお過ごしください。

和田ミカ

四 1～5のカタカナを漢字に直して答えなさい。

1　先日公開されたエイガを観《み》る。

2　自分のコキョウに手土産《てみやげ》を持って帰る。

3　キンニクをつけるために練習する。

4　わたしはカンゴ師になる夢をあきらめない。

5　問題解決に向けてキョウギをする。

エ　状況に応じた相手との距離感や向き合い方を学ぶべき時期に、安易に感情的な言葉を投げかけていると、自分と相手との違いを受け入れた上での親しさの形成ができず、コミュニケーション能力も高まらないから。

問六　――線④「『ムカツク』『うざい』が頻繁に使われる以前」について、

1　「以前」の社会とはどのような社会ですか。最も適切なものを選び、記号で答えなさい。

ア　主観的な理由さえあれば、「ムカツク」「うざい」といった感情を気軽に相手に伝えてよい雰囲気のある社会。

イ　客観的な証拠《しょうこ》があれば、相手に対しての拒否反応を表す「ムカツク」「うざい」を安易に言える雰囲気のある社会。

ウ　相手に対する拒絶を表現してもいいという根拠がない限り、「ムカツク」「うざい」を簡単には言えない雰囲気のある社会。

エ　相手への不満を表現するために、「ムカツク」「うざい」以外の言葉を選んで遠回しに言うという雰囲気のある社会。

2　1に対して現在はどのように変化していますか。その変化を説明した部分を段落18～20から四十字以内でぬき出し、最初と最後の五字を答えなさい。

問七　段落10は文章全体にどのような効果をもたらしていますか。最も適切なものを選び、記号で答えなさい。

ア　異なる視点の例をあげてそれに対して反論することで文章に説得力を持たせる効果。

イ　意外な話を例としてあげることで読み手の興味関心を高める効果。

ウ　本文とは全く関係のない事例をあげることで読み手の考え方の幅《はば》を広げる効果。

エ　比ゆを使った表現に対する補足をすることで文章に深みを持たせる効果。

問八　本文を読んでクラスで話し合いをしました。本文の内容や本文の内容から想定されることと異なる発言をすべて選び、記号で答えなさい。

ア　まり「『彼女』がコミュニケーション阻害語を使用していた頃《ころ》は、友だちをマイナス面から見ることが多くなり、周囲の人に対してきつい態度をとっていたようだね。」

イ　ゆき「人との距離感や向き合い方をしっかり身につけなければならない年代では、筆者の言うように『ムカツク』や『うざい』という言葉を使わない方がよさそうだね。」

ウ　まり「そうだね。コミュニケーション阻害語は他人への攻撃の言葉となってしまうから、以前の『彼女』のように簡単に使っていい言葉ではないよね。」

エ　あい「本文にもあったけれど、昔からコミュニケーション阻害語を使用しない雰囲気があったのね。今と変わらないね。」

オ　ゆき「コミュニケーション阻害語の使用をやめると、他人を攻撃する気持ちもなくなるということも書いてあるよ。」

カ　あい「まずは相手の言いたいことをしっかりと聞き、受け止めることで他人とよい関係を築く土台ができると筆者は言いたいのね。」

キ　ゆき「今までの話をまとめると、『彼女』もコミュニケーション阻害語を使用しなくなってからは、相手の気持ちや言葉を受け止めるようになったと考えられるね。」

ク　まり「私たちも言葉を発する際には、一呼吸置くことが大切かもしれないね。時には言いたいことを我慢することもる程度耐性が出来上がったようなのです。それは単に年齢《ねんれい》が上になったからとか、少し大人になったからといった自然成長的な変化ではありません。彼女の内面で確実に何かが変ったのだと思います。

（菅野《かんの》　仁《ひとし》『友だち幻想《げんそう》』）

※レスポンス…こちらが投げかけた事に対する反応や応答のこと。
※プロセス…物事が進行していく途中《とちゅう》の道筋のこと。
※回避…不都合なことをさける行動をとること。
※アイテム…品物のこと。ここでは逃げるために使う手段を指す。
※ツール…道具のこと。
※端的な…すぐにはっきりと。
※頻繁…たびたびあること。
※発露…心の中にあるものや隠《かく》していたことをおもてに出すこと。
※暗黙の了解…口に出さないがわかっていること。
※耐性…変化などに耐《た》える力のこと。

問一　（A）・（B）に入る言葉として適切なものを選び、記号で答えなさい。

ア　でも　　イ　さて　　ウ　つまり
エ　さらに　　オ　だから

問二　〰〰線「背を向けてしまう」のここでの意味として最も適切なものを選び、記号で答えなさい。

ア　振り返って見てしまう
イ　反対の意見を言ってしまう
ウ　無関心な態度をとってしまう
エ　いらだって攻撃をしてしまう

問三　――線①「『受身の立場』をとれるということも大事です」とありますが、筆者がそのように考える理由として最も適切なものを選び、記号で答えなさい。

ア　他者である相手と言葉を交わすことによって、コミュニケーションの大切さを学び取ることができるから。
イ　相手の言葉に耳を傾け、その上できちんと反応していくことで、他者との関係を深めていくことができるから。
ウ　相手の言葉を全て受け入れることによって、自分のあり方を振り返り、とらえ直す作法を学び取ることができるから。
エ　他者の主張に対して反論していくことで、互いの違いを認め合う親密な人間関係を構築していくことができるから。

問四　――線②「そうした言葉」とありますが、筆者はこの言葉をどのように言いかえて表現していますか。本文からぬき出して答えなさい。

問五　――線③「異質なものと折り合おうとする意欲を即座に遮断してしまう言葉」とあります。異質なものと折り合わないことがなぜ問題となるのですか。最も適切なものを選び、記号で答えなさい。

ア　他者と自分との違いを認め合いながら関係をつくっていくべき時期に、自分の不快感を表す言葉を瞬間《しゅんかん》的に使用していると、相手からも攻撃の言葉を投げかけられるようになり、良い人間関係を築いていけなくなるから。
イ　コミュニケーションの作法を学ぶべき時期に、他者への攻撃の言葉を根拠もなく使っていると、じっくり話し合ってお互いを理解していくことができず、言いたいことをどちらかが我慢したままの関係になってしまうから。
ウ　双方向のまなざしを持って対話を交わすべき時期に、自分の意見の正当性を主張するばかりで他者の意見を否定し続けていると、思いやりの心を持って人と関わり合うことができなくなってしまうから。

てしまうような身体性を作ってしまう危険性があることを、私は指《し》摘《てき》したいと思うのです。

11　阻害語の代表的なものが、「ムカツク」と「うざい」という二つの言葉です。

12　この言葉は、このところ若者を中心にあっという間に定着してしまった感のある言葉です。「ムカツク」とか「うざい」というのはどういう言葉かというと、自分の中に少しでも不快感が生じたときに、そうした感情をすぐに言語化できる、非常に便利な言語的※ツールなのです。

13　つまり、自分にとって少しでも異質だと感じたり、これは苦い感じだなと思ったときに、すぐさま「おれは不快だ」と表現して、③異質なものと折り合おうとする意欲を即座《そくざ》に遮断《しゃだん》してしまう言葉です。しかもそれは他者に対しての攻撃《こうげき》の言葉としても使えます。「おれはこいつが気に入らない、嫌《きら》いだ」ということを根拠《こんきょ》もなく感情のままに言えるということです。ふつうは、「嫌いだ」と言うときには、「こういう理由で」という根拠を添《そ》えなければなりませんが、「うざい」の一言で済んでしまうわけです。自分にとって異質なものに対して※端的《たんてき》な拒否《きょひ》をすぐ表明できる、安易で便利な言語的ツールなわけですね。

14　だから人とのつながりを少しずつ丁寧《ていねい》に築こうと思ったとき、これらの言葉はなおさら非常に問題を孕《はら》んだ言葉になるのです。

15　どんなに身近にいても、他者との関係というものはいつも百パーセントうまくいくものではありません。関係を構築していく中で、常にいろいろな阻害要因が発生します。他者は自分とは異質なものなのですから、当然です。じっくり話せば理解し合えたとしても、すぐには気持ちが伝わらないということもあります。そうした他者との関係の中にある異質性を、ちょっと我慢《がまん》して自分の中になじませる努力を最初から放棄《ほうき》しているわけです。

16　つまり「うざい」とか「ムカツク」と口に出したとたんに、これまで私が幸福を築くうえで大切だよと述べてきた、異質性を受け入れた形での親密性、親しさの形成、親しさを作り上げていくという可能性は、ほとんど根こそぎゼロになってしまうのです。これではコミュニケーション能力が高まっていくはずがありません。

17　もっとも、流行語になるずっと以前から、「むかつく」とか、「うざったい」という言葉はありました。(　Ａ　)あまり日常語として※頻繁《ひんぱん》に現れるということはありませんでした。なぜかといえば、現在の状況のように、すぐに「ムカツク」とか「うぜー」と表現することを許すような、場の雰囲気《ふんいき》というものがなかったのです。でも今はあります。

18　④「ムカツク」「うざい」が頻繁に使われる以前はどうしていたのでしょうか。私たちの世代でも今の若い人たちと同じように、ムカついたり、うざいという感情を持つことはあったはずです。でもそれを社会的に表現するには、それだけの理由、相手に対するそういう拒絶《きょぜつ》を表現してもいいのだという根拠を与《あた》える理由がないと言えないという雰囲気があったわけです。

19　それが今は、主観的な心情を簡単に※発露《はつろ》できてしまうほど、社会のルール性がゆるくなってしまったのだと思います。昔は、そんな言葉はきちんとした正当性がない限り、言ってはいけないという※暗黙《あんもく》の了解《りょうかい》がありました。(　Ｂ　)、いくらムカついてもグッと言葉を飲み込《こ》んでおくことによって、ある種の※耐性《たいせい》がうまく作られていったと思うのです。

20　さて、ここで私の娘の話に戻《もど》るのですが、こうした言葉を言わなくなってから人に対する彼女《かのじょ》の態度がハッキリ変わりました。自分が気に入らない状況やまるごと肯定《こうてい》してはくれない他者に対してあ条件３　一〇〇字以内で書くこと。

二　次の文章を読み、後の問いに答えなさい。（1〜20は段落を示す番号です。また、本文は原文に従っています。）

1　他者との関係を深めるにあたって、自分が他者に対して①「受身の立場」をとれるということも大事です。

2　受身の立場とは何かというと、相手が自分に働きかけてくれることに対して、それなりにきちんと※レスポンスできるということです。

3　それは、決して百パーセント相手に合わせることではないし、百パーセント丸ごと受容できないからといって親しさがないということではありません。違《ちが》うところは違ってもいいのです。

4　でも、なるべくいろいろな人の言葉に耳を傾《かたむ》けるということが、関係作りのバランスを鍛《きた》えるいいトレーニングになると思います。

5　しかし、読者の皆《みな》さん、とりわけ若い皆さんがふだん何気なく使っている言葉（しかも使用頻度《ひんど》がかなり高いと思われる）に、きちんとした受身のレスポンスをとることをいつのまにか阻害《そがい》する働きをしてしまう言葉があります。

6　そのことに気づいたのにはこんなきっかけがありました。私の娘《むすめ》が小学校の中学年ぐらいになったときに、ムカツクとかうざいといったたぐいの言葉をよく使うようになりました。そのあたりから、友だちへのまなざしがどうもよくない、友だちをマイナスの面から見ることが多くなり、家族やまわりの人たちへのギスギスした態度が目についてきました。そこで、②そうした言葉を使わないようにとアドバイスしてみました。その言葉にはいくつかあって、私はそれらをとりわけ子どもたちにとっての「コミュニケーション阻害語」と名づけて、気にかけるようになりました。

7　その理由は次のとおりです。

8　子どもから大人になる※プロセスにある十代は、その人が他者とコミュニケーションを取り交《か》わす作法を学び取る大切な時期です。私たちは他者である相手と言葉を交わすことによって、情報内容の伝達だけではなく、思いや感情といった情緒的《じょうしょてき》側面の交感をも重ねます。そうしたコミュニケーションの過程のなかで、自分から相手をまなざすと同時に、相手から自分に向けられるまなざしを受け止めながら、〈いま・ここ〉の自分のあり方を振《ふ》り返り、とらえ直す作法を学び取ります。

9　しかしこれから検討していく言葉群、私が「コミュニケーション阻害語」と名づけた一連の言葉は、そうした自分と相手の双方向《そうほうこう》のまなざしが自分自身のなかで交差することを、著《いちじる》しく阻害する危険性があると思うのです。自分から相手を一方的にまなざすばかりで、相手からのまなざしを※回避《かいひ》してしまう道具としての性格を、こうした言葉はいつのまにか帯びてしまっているというのが、私の考えです。

10　もちろん私は、「こうした言葉を用いることを一律に禁止せよ」といっているわけではありません。大人になって、状況《じょうきょう》判断や相手との間合いの取り方などに長《た》けてくれれば、時と場合によっては、冗談《じょうだん》半分で使うこともあるでしょう。でも他者とのコミュニケーションの作法をこれから学び取り、状況に応じた相手との距離《きょり》の感覚やきちんとした向き合い方を身につけていかなければならない十代の若者たちにとって、これから取り上げる言葉群は、異質な他者ときちんと向き合うことから自分を遠ざける、いわば〈逃《に》げの※アイテム〉としての機能をもち、そうした言葉を多用することによって、知らず知らずのうちに他者が帯びる異質性に最初から背を向け

ていたところが意外だったということ。

エ　きっと琴穂は自分のことをやるので精一杯《せいいっぱい》で、マチやみなみのことなど考える余裕《よゆう》はないだろうと思っていたのに、実は小学校の頃から誰よりもみんなのことを考え、行動してくれていたというところが意外だったということ。

問七　――線⑦「がんばってれば、見ててくれるかな」に対して、マチは「見ててくれるよ」と胸の中で呼びかけています。このように呼びかけた理由をマチになったつもりで答えなさい。「見ててくれるよ。だって、」という書き出しに続けて四十字以内で書くこと。

問八　本文では「マチ」「琴穂」「みなみ」という三人の女の子がそれぞれ自身の悩みや問題点について考えたり、お互いに気づかされたりするようすが描《えが》かれています。

1　三人についてまとめた後の表の（a）～（c）に当てはまる言葉の組み合わせとして適切なものを選び、記号で答えなさい。

ア　a　陸上部　b　バスケットボール部
　　c　陸上部

イ　a　科学部　b　バスケットボール部
　　c　陸上部

ウ　a　合唱部　b　陸上部
　　c　バスケットボール部

エ　a　科学部　b　陸上部
　　c　陸上部

2　表の（d）～（g）に当てはまる言葉を本文から指定の文字数でぬき出して答えなさい。

	部活動	友人からの評価	悩み・問題点
マチ	（a）	○琴穂からみたマチ （d　三字） （e　二字）ができるから悩みがなさそう	○悩み （d）・真面目と言われるのが嫌 自分の意見を言えない
琴穂	（b）	○マチからみた琴穂 （f　四字）がよく、友達が多いから悩みがなさそう	○悩み リーダーの仕事をちゃんとやっていなかった （e）が苦手
みなみ	（c）	○マチ、琴穂からみたみなみ いつもしっかりしている	○問題点 一人でたくさんのことを抱えこんでがんばりすぎる （g　十字）に気づかない

3　あなたが三人の女の子の友人だとしたら、2の表の「悩み・問題点」に対してどのような声かけをしますか。次の条件に従って自分の意見を書きなさい。

条件1　マチ・琴穂・みなみのうち一人を選び、その名前を入れること。

条件2　なぜそのような声かけをするか、理由を書くこと。

号で答えなさい。

ア　琴穂の言葉で、自分が一人でたくさんのことを抱えこみがんばりすぎだと気づき驚いている。今一番がんばらなければならない陸上部の練習を勧《すす》めてくれる琴穂の好意をありがたく思う一方で、人に頼ることに慣れていないため、甘《あま》えていいのかどうか迷っている。

イ　琴穂から「みなみは部活に行って」と言われて、自分は頼りにならない存在なんだと思い知らされ、ぼうぜんとしてしまっている。琴穂はその後謝ってくれたが、言葉が心に残り前向きな気持ちになることができず、陸上部の練習を休もうかどうか悩んでいる。

ウ　琴穂に、友達を信じて頼ることができないという触《ふ》れられたくなかった自分の悩みを指摘《してき》され、恥《は》ずかしさがこみあげてきている。自分の気持ちがうまくコントロールできずに、琴穂の思いやりに対しても素直《すなお》な気持ちになれず、申し出を受けるか受けないか悩んでいる。

エ　琴穂が、自分のひそかながんばりに気づいてくれていたことがうれしく、涙《なみだ》をこらえるのに必死になっている。今一番がんばりたいと思っている陸上の練習に専念しようと思うが、自分と同じようにバスケ部の練習をがんばっている琴穂への申し訳なさもあり迷っている。

問四　――線④「その一歩が踏み出せたようで胸の奥がじん、とあたたかくなる」とありますが、「その一歩」とはどのようなことの一歩ですか。本文の言葉を用いて二十字以内で説明しなさい。

問五　――線⑤「言葉に羽が生えたようだった」について、

1　ここで用いられている「ようだっ（ようだ・ように）」と同じ使われ方をしているものを選び、記号で答えなさい。

ア　急にそのように言われても困るなあ。

イ　天気予報によると明日は雨が降るようだ。

ウ　真夏のように日差しが強く照りつけている。

エ　昨日の夜電話をくれたけれど、何のようだったの。

2　「言葉に羽が生えたようだった」とはここではどのような意味ですか。最も適切なものを選び、記号で答えなさい。

ア　言葉が羽ばたくように力強く大きな声で発せられたという意味。

イ　言葉がまるで鳥がさえずるように元気よく口から出てきたという意味。

ウ　言葉が羽毛《うもう》のようにふんわりと温かく感じられたという意味。

エ　言葉がまるで鳥が飛ぶように軽《かろ》やかに出てきたという意味。

問六　――線⑥「案の定、『ふうん』と他人事のように頷いた琴穂が、しかし次の瞬間、意外なことを言った」とありますが、「意外なこと」の説明として最も適切なものを選び、記号で答えなさい。

ア　琴穂は四月に「陸上部はやめた方がいい」と言ったことも、どうせ覚えていないだろうと思っていたのに、小学校のマラソンでのマチのがんばりをきちんと見ており、それを覚えていてくれたというところが意外だったということ。

イ　琴穂は四月に自分が言ったことを、どうせ気にかけてはいないだろうと思っていたのに、「陸上部はやめた方がいい」と言ってしまったことをずっと後悔し、実はマチのことをいつも心配してくれていたというところが意外だったということ。

ウ　きっと琴穂はマチよりみなみの心配ばかりをしていると思っていたのに、陸上部に入ることができなかったマチのことをいつも気にかけ、陸上部への一歩が踏み出せるよう応援《おうえん》してくれ子なんだって周りから思われてるようで、心配で」

話しながら、だんだんと胸のつかえが取れていく。絶対に人には話せないと思っていたことだったのに、⑤言葉に羽が生えたようだった。琴穂は相変わらず驚いていたが、聞き終えて大きく息を吐《は》き出した。

「ごめんね、私、マチのことたくさん〝いい子〟って言った。褒め言葉のつもりだったんだけど無神経だったね」

「ううん。私が気にしすぎるのも確かだから」

「勉強できる子は、悩《なや》みなんかないと思ってた。私、マチのこと羨《うらや》ましかったんだ」

「ええっ？　私こそ、琴穂は運動神経もいいし、友達も多いから悩みなんかないと思ってた」

お互いに驚いたものの、いつの間にか、一緒に笑っていた。

「本当は私、陸上部に入りたかったんだ」

マチはさらに思いきって言ってみた。

「今は科学部が楽しいし、入ったことは後悔《こうかい》してない。だけど、四月の私は勇気がなくて……」

あのときは、琴穂に言われたことを気にしていたのだ。陸上部は練習が厳しいし、先輩《せんぱい》たちもみんな怖《こわ》いからやめた方がいい――、当の琴穂は四月に自分が言ったことを覚えてもいないだろう。だけど、その言葉がマチの気持ちに歯止めをかけた。

⑥案の定、「ふうん」と他人事《ひとごと》のように頷いた琴穂が、しかし次の瞬間《しゅんかん》、意外なことを言った。

「陸上部かあ。確かにマチ、小学校の頃《ころ》から長距離《ちょうきょり》得意だったもんね」

「え？」

「マラソン大会や体育の時間に見てた。私は最初に勢いよく飛ばして後半バテるのに、マチは根気強いっていうか、ペースに乱れが全然ないんだよね。最初から最後まで自分のペースを守る。すごいなあって思ってたんだ」

すぐに言葉が返せなかった。胸に、ある一文が蘇《よみがえ》る。図書室で、見えない誰《だれ》かが残した手紙。

『⑦がんばってれば、見ててくれるかな。』

見ててくれるよ。

胸の中で、呼びかけていた。見ててくれる人は、必ず、どこかにいる。手をぎゅっと握《にぎ》り締《し》め、琴穂に向けて「ありがとう」とこたえた。

（辻村《つじむら》深月《みづき》『サクラ咲《さ》く』）

問一　～～線「決まり悪そうに」のここでの意味として最も適切なものを選び、記号で答えなさい。

ア　ふてくされたように　　イ　怒《おこ》ったように
ウ　申し訳なさそうに　　エ　悲しそうに

問二　――線①「ピンときた」とありますが、マチはどのようなことに気づいたのですか。最も適切なものを選び、記号で答えなさい。

ア　本当は陸上部に入りたいのだという自分の気持ちに、みなみが気づいてきっと気を使ってくれているのだろうということ。
イ　科学部よりも活動時間が長い陸上部のみなみは、もう二度と自分と一緒に部活帰りに紙音の家に行ってくれないのだろうということ。
ウ　本当は琴穂と一緒に紙音の家に行きたいのだという自分の気持ちに、ついにみなみが気づいてしまったのだろうということ。
エ　新人戦を前に陸上部の練習に力を注いでいるみなみが、自分と一緒に紙音の家にいくことは難しいのだろうということ。

問三　――線②「みなみの顔にはっとした表情が浮かぶ」、――線③「みなみがとまどうような表情を浮かべる」とありますが、これらの場面のみなみの心情の説明として最も適切なものを選び、記め息をついた後で笑った。

「だったら、今はそっちががんばり時だよ。もっと頼《たよ》ってよ。――これまで副委員長なのに全然頼りにならなかったのは、私が悪かったからさ」

言いながら、琴穂がマチを見た。「マチに仕事、だいぶ頼っちゃってたし」と決まり悪そうに告げる。

「マチも、これまで、いろいろごめんね。私、部活を言い訳にしすぎてた。そんなこと言い出せば、みなみだって陸上部が大変なのに、委員の仕事したり、高坂さんの家、行ったりしてたんだもんね」

謝《あやま》った後で照れくさそうに目を伏《ふ》せた琴穂を前に、③みなみがとまどうような表情を浮かべる。ややあってから、おずおずと「いいの？」と琴穂を見た。

「頼《たの》んでも、平気？」

「うん」

琴穂が胸を張って頷《うなず》いた。

一連のやりとりを驚きながら見ていたマチの頬《ほお》がゆるんでいく。

「ありがとう」とためらいがちにお礼を言うみなみを、とてもいいと思った。

いつもしっかりしているみなみが自分たちを頼ってくれたことが、嬉《うれ》しくなる。

琴穂と二人で紙音の家に向かう途中《とちゅう》、マチは改めて琴穂に礼を言った。

「さっきはありがとう。みなみちゃん、嬉しかったと思う」

横を歩いていた琴穂が、「だって」と笑う。

「みなみ、完璧《かんぺき》すぎるんだもん。あれ、本人何でもないふうにやってるけど、結構大変なはずだよ」

「私も実はちょっとそう思ったことがあったけど、言い出せなかったんだ。琴穂が言ってくれてよかった」

「うーん。みなみ、たぶん、自分が無理してることにも気づいてないんじゃないかなあ。自分のことって、かえってなかなか気がつけないよね。私もそうだったし」

琴穂が「ごめんね」と頭をかく。

「私も合唱の練習、リーダーなのにちゃんとやってなかった。マチに注意されてはっとしたの」

「私こそ、あのときはキツイこと言っちゃってごめん」

あわてて謝ると、琴穂が「そう？」と首を傾《かし》げた。

「全然キツくなかったよ。むしろ普段《ふだん》おとなしいマチから言われるなんて、私、よっぽどだったんだなって反省した。――なんか、ありがとね。陰《かげ》でこそこそ言うんじゃなくて、面と向かって言ってくれたから、かえって気分よかったよ」

「そんな……」

頬がかあっと熱くなった。

――はっきり自分の意見が言えない性格を直したい。

今年の四月、マチが中学校に入学するにあたって目標にしたことだ。

④その一歩が踏《ふ》み出せたようで胸の奥がじん、とあたたかくなる。

琴穂から本音の声を聞いたように思えたら、マチもまた、その本音にこたえたくなる。自分のことについて話してみたくなった。

「私ね、〝いい子〟とか、〝真面目〟って言われるの、少し嫌《いや》なんだ」

今も、琴穂から「普段おとなしいマチ」と言われたばかりだ。おとなしい、優《やさ》しい、いい子。褒《ほ》め言葉なのに、マチを息苦しくさせる言葉たち。琴穂がびっくりしたようにマチを見た。

「どうして？」

「自分の意見がはっきり言えない子だとか、面白《おもしろ》くない、楽しくない

二〇二二年度 和洋国府台女子中学校

【国　語】〈第一回試験〉（五〇分）〈満点：一〇〇点〉

注意　句読点・記号も一字に数えます。

一　次の文章を読み、後の問いに答えなさい。

文化祭が終わると、教室内の空気は十二月の新人戦に向けて緊張《きんちょう》感を高めていくようだった。夏の大会ではまだ出場できなかった一年生の中にも、新人戦なら活躍《かつやく》できる子が出てくる。マチたちの科学部は関係ないが、運動部の子たちはみな、忙《いそが》しそうだった。

放課後の教室にも、部活の話題が増えていた。運動部の子たちの顔が心なしか興奮して見える。大変そうだけど、楽しそうだ。

そんな中、ジャージに着替《きが》えたみなみがすまなそうに話しかけてきた。

「マチ、今日のことなんだけど……」

科学部に行くしたくをしていたマチは、すぐに①ピンときた。夏休みに約束して以来、マチとみなみは高坂紙音の家を一緒《いっしょ》に訪ねる機会が多くなっていた。お互《たが》いに部活がある日を選んで待ち合わせるのが当たり前になっていたので、今日も紙音の家に一緒に行くつもりだった。

みなみが言った。

「紙音のところ、今日は私一人で行くよ。陸上部、新人戦前でみんな張りきってるから、科学部よりも終わるの、遅《おそ》くなると思う」

「そうなんだ」

「うん。――紙音の家に行くのも、今日はだいぶ遅くなっちゃうんだけど」

文化祭の合唱練習の間も、みなみとマチは紙音の家を何度も訪ねた。しかし、応対に出てくるのは最初の日と同じように、いつでも紙音のお母さんだけだった。

一学期の最初、マチの制服のしつけ糸を切ってくれたあの子は、今、一人きりの部屋で過ごしているのかもしれない。そう考えると、胸の奥《おく》がきゅっとなる。

「私、一人で行こうか」

マチが言うと、みなみがびっくりしたように「え」と呟《つぶや》いた。

「高坂さんの家なら、何度もみなみちゃんと一緒に行ったし、私一人でも大丈夫《だいじょうぶ》だよ。みなみちゃん、新人戦の準備で忙しそうだし、明日も朝練があって早いんでしょ？」

「そうだけど、マチを一人で行かせるのは悪いよ。遠回りになるし」

みなみが断りかけたとき、思いがけず、背後から「私、行くよ」という声がした。振《ふ》り返って、驚《おどろ》く。

琴穂《ことほ》だった。

マチとみなみは思わず顔を見合わせる。そんな二人に向け、琴穂がさらに続けた。

「私がマチと一緒に行く。今日はバスケ部、陸上部ほど遅くならないと思うから、ちょっと待っててくれれば大丈夫だよ。私にまかせて、みなみは部活に行って」

「助かるけど、でも」

みなみの声を遮《さえぎ》るように、琴穂がすばやく首を振り動かした。

「みなみってさ、しっかりしてるのはいいんだけど、一人でたくさんのことを抱《かか》えこんでがんばりすぎるんだよね。そんなんじゃ、いつか参っちゃうよ。――今年の新人戦、陸上部の他の子に聞いたけど選手になれそうなんでしょ？」

②みなみの顔にはっとした表情が浮《う》かぶ。琴穂がふう、と小さなた

2022年度

和洋国府台女子中学校　▶解説と解答

算　数　＜第１回試験＞（50分）＜満点：100点＞

解　答

1 (1)　7　(2)　$\frac{17}{60}$　(3)　14　(4)　$\frac{5}{6}$　(5)　2　**2** (1)　125　(2)　4　(3)　２時間30分　(4)　2940　(5)　2　(6)　$1\frac{4}{5}$　(7)　10　(8)　7.9　**3** 150円　**4** (1)　５人　(2)　４人　**5** (1)　毎分40L　(2)　1800L　**6** (1)　37.68cm^2　(2)　30度　**7** イ

解　説

1　四則計算，計算のくふう

(1)　$24-4\times5+3=24-20+3=4+3=7$

(2)　$\frac{1}{5}+\frac{1}{4}+\frac{1}{3}+\frac{1}{2}-1=\frac{12}{60}+\frac{15}{60}+\frac{20}{60}+\frac{30}{60}-\frac{60}{60}=\frac{77}{60}-\frac{60}{60}=\frac{17}{60}$

(3)　$A\times B+A\times C=A\times(B+C)$となることを利用すると，$1.4\times5+0.14\times120-140\times0.07=1.4\times5+1.4\times\frac{1}{10}\times120-1.4\times100\times0.07=1.4\times5+1.4\times12-1.4\times7=1.4\times(5+12-7)=1.4\times(17-7)=1.4\times10=14$

(4)　$0.25+\frac{2}{3}\times\left(1.75-\frac{7}{8}\right)=\frac{1}{4}+\frac{2}{3}\times\left(1\frac{3}{4}-\frac{7}{8}\right)=\frac{1}{4}+\frac{2}{3}\times\left(\frac{7}{4}-\frac{7}{8}\right)=\frac{1}{4}+\frac{2}{3}\times\left(\frac{14}{8}-\frac{7}{8}\right)=\frac{1}{4}+\frac{2}{3}\times\frac{7}{8}=\frac{1}{4}+\frac{7}{12}=\frac{3}{12}+\frac{7}{12}=\frac{10}{12}=\frac{5}{6}$

(5)　$\left\{3.9-\left(\frac{1}{5}+1\frac{2}{3}\times0.3\right)\right\}\div1\frac{3}{5}=\left\{\frac{39}{10}-\left(\frac{1}{5}+\frac{5}{3}\times\frac{3}{10}\right)\right\}\div\frac{8}{5}=\left\{\frac{39}{10}-\left(\frac{1}{5}+\frac{1}{2}\right)\right\}\times\frac{5}{8}=\left\{\frac{39}{10}-\left(\frac{2}{10}+\frac{5}{10}\right)\right\}\times\frac{5}{8}=\left(\frac{39}{10}-\frac{7}{10}\right)\times\frac{5}{8}=\frac{32}{10}\times\frac{5}{8}=2$

2　逆算，相似，速さ，倍数算，濃度《のうど》，約束記号，角度，面積

(1)　（８×□＋11）×２＝2022より，８×□＋11＝2022÷２＝1011，８×□＝1011－11＝1000　よって，□＝1000÷８＝125

(2)　１km＝1000m＝100000cm＝1000000mmだから，地図上での長さは，1000000÷250000＝４(mm)になる。

(3)　６km＝6000mより，歩くのにかかる時間は，6000÷40＝150(分)，つまり，150÷60＝２あまり30より，２時間30分である。

(4)　姉が妹に300円渡《わた》しても，２人の所持金の和は変わらない。そこで，２人の所持金の和を１とすると，姉のはじめの所持金は，$1\times\frac{7}{7+4}=\frac{7}{11}$となり，姉が妹に300円を渡した後の姉の所持金は，$1\times\frac{4}{4+3}=\frac{4}{7}$になる。よって，300円が２人の所持金の和の，$\frac{7}{11}-\frac{4}{7}=\frac{5}{77}$にあたるので，２人の所持金の和は，$300\div\frac{5}{77}=4620$(円)となり，姉のはじめの所持金は，$4620\times\frac{7}{11}=2940$(円)と求められる。

(5)　（食塩の重さ）＝（食塩水の重さ）×（濃度）より，８％の食塩水200ｇにふくまれる食塩の重さは，

200×0.08＝16(g)とわかる。また，水を加えた後の食塩水の重さは，200＋600＝800(g)で，水を加えても食塩の重さは変わらないから，水を加えた後の食塩水にも16gの食塩がふくまれている。よって，その濃度は，16÷800×100＝2(%)となる。

(6)　$(a,\ b)=a\times3+b$だから，$\left(\frac{1}{18},\ \frac{5}{6}\right)=\frac{1}{18}\times3+\frac{5}{6}=1$となる。また，$\langle a,\ b\rangle=a\times2+b$なので，$\left\langle\frac{1}{2},\ \frac{4}{5}\right\rangle=\frac{1}{2}\times2+\frac{4}{5}=1\frac{4}{5}$になる。さらに，【$a,\ b$】$=a\times b$だから，$\left【\left(\frac{1}{18},\ \frac{5}{6}\right),\ \left\langle\frac{1}{2},\ \frac{4}{5}\right\rangle\right】=【1,\ 1\frac{4}{5}】=1\times1\frac{4}{5}=1\frac{4}{5}$とわかる。

(7)　右の図1で，三角形ABCの角イの大きさは，180－(20＋40＋40)＝80(度)で，角ABCの大きさと等しいから，三角形ABCは二等辺三角形となり，BC＝ACになる。また，三角形BCDの角ウの大きさは，180－(40＋20＋80)＝40(度)で，角CBDの大きさと等しいから，三角形BCDは二等辺三角形となり，BC＝DCになる。よって，AC＝DCなので，三角形ACDは二等辺三角形となり，角アと角ウの大きさの和は，(180－80)÷2＝50(度)とわかる。したがって，角アの大きさは，50－40＝10(度)と求められる。

図1

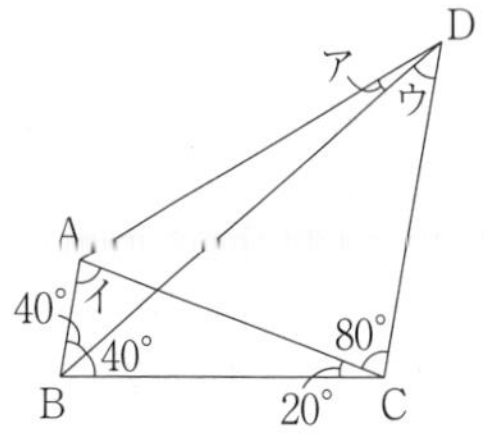

(8)　右の図2で，点Oは正方形を点対称《てんたいしょう》な図形とみたときの対称の中心なので，点Oを中心として四角形AHIDを180度回転すると，四角形CIHBに重なる。よって，四角形AHIDと四角形CIHBは合同となり，同様に四角形GIJFと四角形EJICも合同だから，斜線《しゃせん》部分の面積は，正方形と長方形の面積の和の半分とわかる。したがって，(3×3＋1.7×4)÷2＝7.9(cm^2)と求められる。

図2

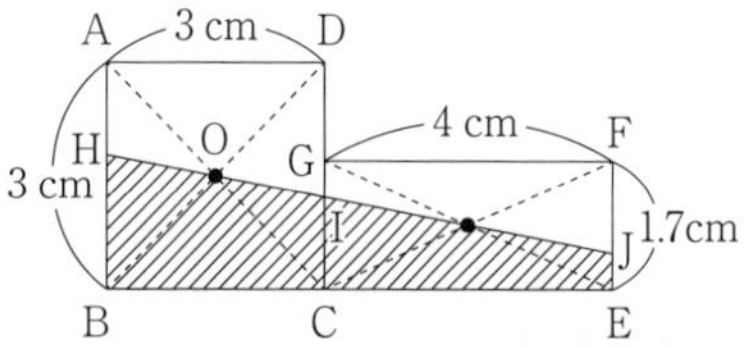

3 売買損益

仕入れ値を1とすると，定価は，1＋0.25＝1.25となり，これが2500円にあたるので，仕入れ値は，2500÷1.25＝2000(円)とわかる。また，定価の1割4分引きの値段は，2500×(1－0.14)＝2150(円)だから，この値段で売ったときの利益は，2150－2000＝150(円)と求められる。

4 集まり

(1)　犬とねこをどちらも飼っていない人が0人のとき，犬とねこをどちらも飼っている人がもっとも少なくなる。このとき，犬またはねこを飼っている人は35人となるので，犬とねこをどちらも飼っている人は，もっとも少なくて，13＋27－35＝5(人)とわかる。

(2)　犬を飼っている人が13人，ねこを飼っている人が27人，犬とねこをどちらも飼っている人が9人いるから，犬またはねこを飼っている人は，13＋27－9＝31(人)である。よって，犬とねこをどちらも飼っていない人は，35－31＝4(人)と求められる。

5 差集め算

(1)　毎分30Lずつ入れたときにいっぱいになるまでの時間を□分とすると，毎分45Lずつ入れたとき，□分よりも，5＋15＝20(分)短い時間でいっぱいになる。よって，毎分45Lずつ□分入れると，水槽《すいそう》の容積よりも，45×20＝900(L)多く水が入る。つまり，毎分45Lずつ□分入れた水の体積は，毎分30Lずつ□分入れた水の体積より900L多い。この900Lは1分あたりの差，45－30＝15(L)が□分だけ集まったものだから，□＝900÷15＝60(分)とわかる。したがって，水槽の容積は，30×60

＝1800(L)であり，予定の時間は，60－15＝45(分)だから，予定の時間でいっぱいにするには，毎分，1800÷45＝40(L)ずつ入れればよい。

⑵　⑴より，この水槽の容積は1800Lである。

6 平面図形―面積，角度

⑴　右の図で，おうぎ形OBC(斜線部分)の面積は，円の面積の$\frac{1}{3}$なので，

$6 \times 6 \times 3.14 \times \frac{1}{3} = 37.68(\text{cm}^2)$になる。

⑵　三角形OABは二等辺三角形で，角AOBの大きさが，360÷３＝120(度)だから，角アの大きさは，(180－120)÷２＝30(度)と求められる。

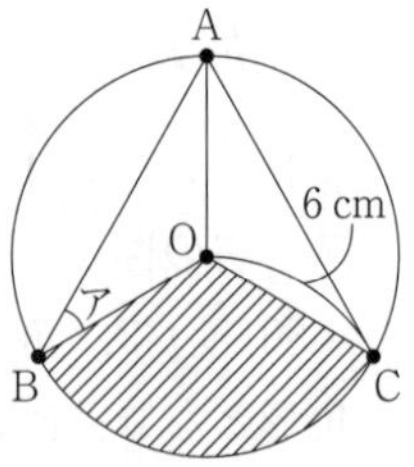

7 図形の移動，グラフ

動き始めたときは下の図１のようになっており，毎秒１cmで移動するので，１秒後は下の図２，２秒後は図３，３秒後は図４のようになる。よって，重なった部分の面積は，１秒後まで毎秒１cm^2，１秒後から２秒後まで毎秒２cm^2，２秒後から３秒後まで毎秒１cm^2の割合で増える。したがって，１秒後から２秒後までの増え方は，１秒後までと，２秒後から３秒後までの増え方よりも大きいから，正しいグラフはイとわかる。

図１　図２　図３　図４

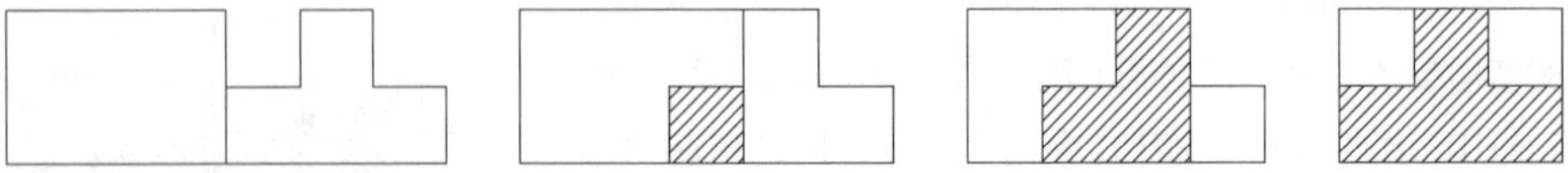

社　会　＜第１回試験＞(30分)＜満点：60点＞

解　答

1 **問１**　Ⅹ…交番　文…小・中学校　**問２**　1250(m)　**問３**　南西　**問４**　ウ　**問５**　エ　**問６**　さいばい漁業　**問７**　ウ　2 **問１**　イ　**問２**　イ　**問３**　再生可能エネルギー　**問４**　ウ　**問５**　エ　**問６**　(例)　都市部では熱がこもってしまうため。

3 **問１**　御成敗式目　**問２**　**１**　オ　**２**　ウ　**３**　イ　**問３**　ア　**問４**　イ　**問５**　ア　**問６**　オ　4 **問１**　Ⅰ　③　Ⅱ　①　**問２**　**a**　⑤　**b**　東京大空襲　**問３**　ア　**問４**　エ　**問５**　オ　**問６**　(例)　新たに飛行機などが使用されるようになったため。　5 **問１**　**A**　参議院　**B**　委員会　**問２**　**A**　ア　**B**　ウ　**問３**　エ　**問４**　ア，ウ　**問５**　**A**　(例)　新型コロナウイルスの感染が拡大している(ので)　**B**　(例)　感染予防が(できるから)

解　説

1 地形図の読み取りを中心とした地理の問題

問１　(Ⅹ)は，警棒《けいぼう》を交差させた形が図案化されている交番・派出所・駐在《ちゅうざい》所を表す地図記号，(文)は小・中学校の地図記号である。なお，それぞれの地図記号を丸で囲むと，警察署(⊗)と高等学校(文)を表す地図記号になる。

問２　実際の距離《きょり》は，(地形図上の長さ)×(縮尺の分母)で求められる。この地形図の縮尺は25000分の１なので，地形図上の５cmの実際の長さは，５×25000＝125000(cm)＝1250(m)となる。

問３　この地形図には方位記号が書かれていないので，地形図の上が北，右が東，下が南，左が西を表している。「館山駅」からみて「渚《なぎさ》の博物館」は左下にあるので，８方位では南西にあたる。

問４　気候変動の影響《えいきょう》と考えられる水温や潮流などの変化によって，漁場が遠くなったり魚のとれる時期が変わったりするといったことは起こっているが，日本人があまり食べない魚の種類が増えたということはない。

問５　ノルウェーは北ヨーロッパのスカンジナビア半島西岸に位置する国である。フィヨルドとよばれる氷河によって形成された奥深い入り江がみられることで知られる。ロシアは世界で最も面積が大きく，ユーラシア大陸北部の大部分を占《し》める。チリは南アメリカ大陸の南西部に位置する，南北に細長い形が特徴《とくちょう》的な国である。

問６　卵を人工的にふ化させて稚魚《ちぎょ》や稚貝になるまで育てて川や海に放流し，自然の中で大きく育ってからとる漁業を栽培《さいばい》漁業という。栽培漁業は，いけすの中で成魚まで育てて出荷する養殖漁業とともに「育てる漁業」とよばれている。水産資源を守るため，日本では「育てる漁業」を重視する政策や取り組みが進んでいる。

問７　ア　地形図の中央やや右に「国分」とあることから，この地にはかつて国分寺があったと推測できる。　　イ　JR内房《うちぼう》線の線路(━━━)は，地形図の右下にみられる山のふもとに沿うように標高の低いところをはしり，「館山駅」の南で北に向かって曲がり，今度は海岸線に沿うように低地をはしっている。　　ウ　内陸の低地の大部分は水田(||)として利用されており，果樹園(ȯ)は広がっていない。　　エ　「館山駅」より内陸側(右側)には，市役所(◎)や官公庁(ö)がある。

2　**日本各地の気候，産業などについての問題**

問１　青森ねぶた祭は例年８月上旬《じょうじゅん》に青森市で開催《かいさい》される夏祭りで，武者絵などを描《か》いた大きな張子の人形を屋台にのせ，その中に灯をともして市中を練り歩くことで知られる東北三大祭りの一つである。よって，イが正しい。なお，アは京都府の祇園《ぎおん》祭，エは東京都の三社祭，オは徳島県の阿波踊《あわおど》りのようすである。ウのようにボートをこぐ祭りは日本各地で行われているが，「ハーリー」とよばれる沖縄県のものがよく知られる。

問２　富山市は日本海側の気候区分に属している。日本海側の気候は，北西からふく冬の季節風と沖合いを流れる暖流の対馬海流の影響を強く受けるため，冬の降水量が多いことが特徴である。したがって，イがあてはまる。なお，アは高知市，ウは盛岡市(岩手県)，エは那覇《なは》市(沖縄県)の雨温図を表している。

問３　水力や太陽光のように，自然の力で再生されるため枯渇《こかつ》せず，半永久的に利用できるエネルギー源を，再生可能エネルギーという。再生可能エネルギーは，発電時にCO_2(二酸化炭素)を排《はい》出《しゅつ》しないことから，地球温暖化対策として利用が進められている。

問４　厳島《いつくしま》神社と原爆ドームは広島県，姫路《ひめじ》城は兵庫県にある世界文化遺産で，いずれも瀬戸内海沿岸の県にあるが，宗像《むなかた》大社沖津宮《おきつのみや》は福岡県沖合の玄界灘《げんかいなだ》(日本海)に浮《う》かぶ沖ノ島にある。

問５　ア　７・８月は，福島県・岩手県・秋田県など東北地方に属する県の出荷量が多い。　　イ　平均価格が最も高い１月のキュウリは，九州地方の宮崎県や四国地方の高知県の出荷量が多い。宮崎県や高知県は，冬でも温暖な気候をいかした野菜の促成《そくせい》栽培がさかんである。　　ウ　平均価格が低い４～６月は東京近郊の群馬県や埼玉県の出荷量が多い。　　エ　秋(９～11月)には，関東地方北部に位置する群馬県の出荷量が多くなっているが，高原は平地に比べて気温が低いため，夏野菜であるキュウリの生産には適さない。なお，群馬県の高原では，夏の涼《すず》しい気候を利用したキャベツの栽培がさかんである。

問６　図より，東京都の都心部とその周辺で特に気温が高いことがわかる。これは，都心にはアスファルトやコンクリートで舗装《ほそう》された道路や建物が多く熱が蓄積《ちくせき》されやすいこと，高層のビルが密集することで風が流れず，熱がこもってしまうことに原因がある。また，エアコンの室外機や自動車から多くの熱が排出されることも原因と考えられる。このように周辺に比べて都心部の気温が高くなる現象を，ヒートアイランド現象という。

３　古代～近世の歴史的なことがらについての問題

問１　1221年，後鳥羽上皇は幕府をたおす命令を出すが，幕府軍に敗れて隠岐に流された(承久の乱)。これ以降，幕府の支配が西国にまでおよぶようになったが，土地をめぐる争いが増加したため，1232年に鎌倉幕府の第３代執権《しっけん》北条泰時《やすとき》が御成敗《ごせいばい》式目(貞永《じょうえい》式目)を定めた。御成敗式目は日本初の武家法で，初代将軍源頼朝以来の先例や武家社会の慣習・道徳などをもとに作成された。全51条からなるこの法律は，その後の武家法の手本となった。

問２　**１**　執権とは，鎌倉幕府で将軍を補佐するために置かれた役職である。源頼朝の妻・北条政子の実家である北条氏の一族が代々その地位を受けついだ。　**２**　豊臣秀吉は16世紀後半に大阪(大坂)城を築き，ここを拠点《きょてん》とした。秀吉の死後，関ヶ原の戦いで勝利し江戸に幕府を開いた徳川家康によって大阪城は攻《せ》められ，秀吉の子秀頼《ひでより》のときに豊臣家はほろぼされた(大阪の陣《じん》)。　**３**　蘇我《そがの》馬子は推古天皇・聖徳太子と協力して政治を行ったが，聖徳太子の死後，蘇我氏が朝廷の実権を握《にぎ》るようになった。そのため，蘇我氏は天皇中心の政治をめざした中大兄《なかのおおえの》皇子や中臣鎌足《なかとみのかまたり》によって蝦夷《えみし》・入鹿《いるか》父子のとき，ほろぼされた。

問３　武家諸法度《しょはっと》は，江戸幕府が大名を統制するために出した法令である。1615年，第２代将軍の徳川秀忠《ひでただ》のときに初めて出されて以降，改定が重ねられた。したがって，幕府が村民や町人につくらせた組織である五人組は，武家諸法度の内容にはあてはまらない。幕府は近隣《きんりん》５戸の家を一組として年貢納入や犯罪などについて連帯責任を負わせた。

問４　ア　満州への移住は満州国が建国された1932年以降のことで，昭和時代である。　イ　中大兄皇子が政治を行っていた時期には遣唐使《けんとうし》が唐(中国)に派遣され，多くの留学生や学問僧などが中国で学んで帰国した。彼らが伝えた唐の進んだ政治制度や文化は日本に大きな影響をあたえ，高《たか》向玄理《むこのくろまろ》や僧の旻《みん》は，国博士という立場で中大兄皇子の政治を支えた。　ウ　日明貿易は室町幕府第３代将軍であった足利義満が始めた貿易で，勘合貿易ともよばれる。　エ　日清戦争は明治時代の1894～95年に起こった日本と清(中国)との戦争である。

問５　701年に完成した大宝律令のもと，すべての人に口分田が支給され，代わりに原則として収《しゅう》穫《かく》した稲の約３％を租として納めなくてはならなくなった。なお，租のほかにも庸《よう》・調の税や兵役，労役の義務が課された。

問６　時代の古い順に並べると，Ⅲ(飛鳥時代)→Ⅰ(鎌倉時代)→Ⅱ(江戸時代)となる。

４　近現代の戦争についての問題

問１　Ⅰ　夏目漱石《そうせき》は明治～大正時代に活躍《かつやく》した文豪《ぶんごう》で，代表作の一つ『吾輩《わがはい》は猫である』は1905年に発表された。この前年の1904年にはロシアとの間で日露戦争が起こり，1905年にはアメリカを仲立ちとしてポーツマス条約が結ばれた。日露戦争は実質的には日本の勝利で終わったが，ポーツマス条約ではロシアから賠償金《ばいしょう》を得ることができなかったため，条約締結《ていけつ》に反対する人々が暴徒《ぼうと》化して日比谷焼き打ち事件を起こした。　Ⅱ　征韓論《せいかんろん》で敗れた板垣退助と西郷隆盛は政府を去り，板垣退助は国会開設を求める民撰議院設立建白書を政府に提出して自由民権運動を起こした。一方，鹿児島に戻《もど》った西郷隆盛は1877年に不平士族とともに西南戦争を起こしたが，明治政府軍に鎮《しず》められた。自由民権運動や西南戦争が起きた明治時代初期の日本には，文明開化とよばれる文化や社会の西洋化・近代化の風潮がみられ，東京銀座などにはレンガづくりの建物が立ち並んだ。

問２　歴史上で日本の首都が他国に攻撃《こうげき》されたのは，太平洋戦争のときが初めてである。太平洋戦争末期の1944年11月以降，東京にはアメリカ軍の爆撃機《ばくげきき》が何度も襲来《しゅうらい》し，空襲が本格化した。東京区部に対する焼夷弾《しょういだん》を用いた大規模な爆撃の総称を東京大空襲という。なお，特に被害の大きかった1945年３月９～10日に行われた東京への空襲を指して，東京大空襲という場合もある。

問３　Ａの写真は板垣退助だが，アは伊藤博文について説明しているので，誤り。なお，Ｂは陸奥宗光，Ｃは与謝野晶子，Ｄは平塚らいてう，Ｅは杉原千畝《ちうね》の写真である。

問４　ア　日中戦争・太平洋戦争には860万人の兵士が動員されており，明治以降に日本が参戦した戦争の中で動員された兵士数が最も多い。　イ　第一次世界大戦と西南戦争は，どちらも７万人が兵士として動員されており兵士数はほぼ同じであるが，戦費のうち兵器調達・維持《いじ》修理にかけた割合は11.0％から24.2％に増加している。　ウ　戦費のうち輸送費・旅費にかけた割合は徐々に減少しており，西南戦争の34.1％に対して日中戦争・太平洋戦争では5.2％になっている。したがって，最終的には６分の１以下になったといえる。　エ　西南戦争から日中戦争・太平洋戦争までの間，戦費のうち海軍の割合は大幅《おおはば》に増加しているが，日清戦争に比べて日露戦争では海軍の割合が減っており，一貫《いっかん》して増え続けているとはいえない。

問５　第一次世界大戦中にロシア革命が起こったため，シベリア出兵をみこした米の買い占めや米の売りおしみなどが行われ，米の価格が急激に上がった。よって，オが最も適している。

問６　第一次世界大戦のときに新兵器として登場した飛行機や戦車が，第二次世界大戦では主力兵器として戦地に投入されたため，戦費のうち兵器の調達・維持修理にかけた割合が高くなったと考えられる。

5　**日本の政治のしくみについての問題**

問１　**Ａ**　日本の国会は，衆議院と参議院の二院制を採用しており，法律案は衆議院と参議院のどちらから審議《しんぎ》しても良いとされている。　**Ｂ**　国会ではまず，分野別に分かれた専門の委員会で審議・議決が行われたのち，本会議での審議・議決が行われる。なお，本会議の前に利害関係者や専門家の意見を聞くため，必要に応じて公聴会《こうちょうかい》が開かれることもある。

問２　**Ａ**　市長を中心とする執行機関は，法律などにもとづいて実際の政策を決め，議会に提案するので，アがあてはまる。　**Ｂ**　議決機関である市議会は，市民の声を代表して執行機関の政策を認めたり，必要に応じて修正を求めたりするので，ウがあてはまる。

問３　医療《いりょう》に関する仕事は厚生労働省が，環境の保全に関する仕事は環境省が行っている。なお，防衛省は自衛隊の管理・運営を，復興庁は東日本大震災からの復興を，経済産業省は経済・産業や貿易などを，国家公安委員会は警察に関する仕事などを，それぞれ担当している。

問４　宮崎さんのお話より，共助とは地域の人々と助け合うことであるとわかる。したがって，いざというときのために地域に暮らす人々の情報を共有しておくアと，地域の人々と協力して防災に取り組むウが共助にあてはまる。なお，イとオは自分や家族を守る自助，エは公的機関による支援である公助にあたる。

問５　2019年以降，新型コロナウイルス感染症《しょう》が拡大し，感染対策として人との接触《せっしょく》がひかえられるようになった。しかし，災害時には避難《ひなん》所に多くの人が集まるため，避難所で感染が拡大してしまう可能性がある。自宅が安全な場合には在宅避難を行うことで感染予防ができるため，感染症の感染拡大中は在宅避難も必要になっている。

理　科　＜第１回試験＞（30分）＜満点：60点＞

解　答

1 **問１**　食物連鎖　**問２**　ネズミ　**問３**　エ　**問４**　イ，ウ，オ　**問５**　イ
2 **問１**　解説の図を参照のこと。　**問２**　オ　**問３**　（例）　40℃のとき，だ液はデンプンを分解するが水はデンプンを分解しない。　**問４**　ＢとＤ　**問５**　Ｂ（Ｂ，Ｄ）　**問６**　消化　**3** **問１**　イ　**問２**　エ　**問３**　カ　**問４**　エ　**問５**　3.7kg　**4** **問１**　Ａ→Ｂ→Ｄ→Ｃ→Ｅ　**問２**　Ａ　**問３**　247ｇ　**問４**　8.2%　**5** **問１**　**速く回る**…ウ　**遅く回る**…イ　**問２**　イ　**問３**　エ　**問４**　イ　**問５**　ア　**6** **問１**　**ウ**　④　**オ**　⑥　**問２**　Ｂ，Ｅ　**問３**　ウ，エ　**問４**　**西**…キ　**北**…ア

解　説

1 食物連鎖《さ》とフクロウの生態についての問題

問１　生物どうしの，食べる・食べられるという，食べ物によるつながりを食物連鎖という。

問２　つりあいのとれた環境《かんきょう》では，生物の数はふつう，食べる側の生物より食べられる側の生物の方が多い。ネズミはフクロウに食べられるから，ネズミの方がフクロウより数が多い。

問３　図１から，小鳥はバッタやガの仲間，カエルを食べ，フクロウに食べられる。小鳥がまったくいなくなると，バッタやガの仲間，カエルは食べられる量が減るため数がふえる。このとき，ドングリのなる木はガの仲間に食べられる数がふえるので，被害《ひがい》を受ける。なお，フクロウは食べるものの種類が減るが，小鳥だけを食べているわけではないから，絶滅《ぜつめつ》することはない。また，ネズミは小鳥とは直接的なつながりはないので，小鳥がいなくなっても数に変化はあらわれにくい。

問４　フクロウは夜に狩《か》りをするため，夜でも多くの光を取れ入れられるように目が大きくなっている。また，耳の高さが左右で異なることで，左右の耳に音が到達《とうたつ》する時間に差が生じ，音のする場所を正確に知ることができる。さらに，顔が皿のような形をしていて，音を集めるしくみになっているため，暗いところでも音をたよりにして狩りができる。

問５　フクロウの足は，えものや木の枝をがっしりつかむときは，３本のうち外側の１本が動いてＸ型になるとあるから，イと考えられる。

2 デンプンの消化についての問題

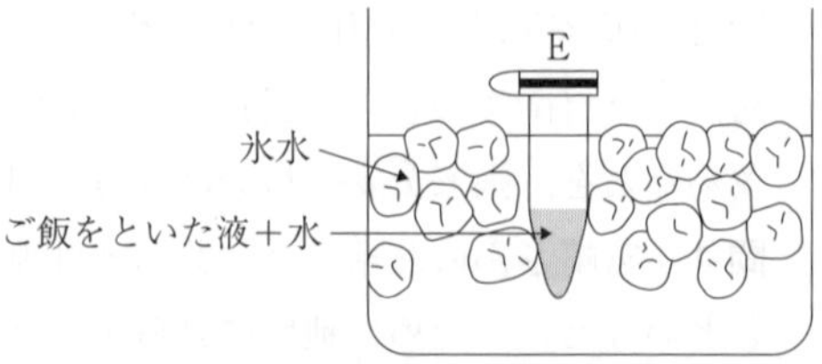

問１　Ｅの容器は綿棒に水をしみこませたものを氷水に入れたのだから，図１の，（ご飯をといた液＋だ液）を（ご飯をといた液＋水）にかえ，40℃

の湯を氷水にかえればよい。よって，上の図のようになる。

問２　デンプンがあるかないかを調べる指示薬はヨウ素液で，ヨウ素液はデンプンがあると青むらさき色を示す。この反応をヨウ素デンプン反応という。

問３　Ｂの容器はヨウ素液を入れても反応がなかったので，デンプンが分解されて別の物質に変化したことがわかる。また，Ｃの容器はヨウ素液を入れると反応があったので，デンプンが分解されずに残っていることがわかる。したがって，40℃のとき，だ液はデンプンを分解するが，水はデンプンを分解しないことがわかる。

問４　40℃の湯につけてあたためたＢの容器では，だ液がデンプンを分解し，氷水を入れて冷やしたＤの容器ではデンプンは変化していない。したがって，だ液が入っていて，温度の条件だけが異なるＢの容器とＤの容器を比べるとよい。

問５　指示薬Ｙは，デンプンが変化してできる物質(糖《とう》)があるかどうかを調べる薬品で，ベネジクト液という。糖にベネジクト液を加えて加熱すると，赤かっ色の沈殿《ちんでん》ができる。実験結果から，Ｂの容器ではデンプンが分解されて別の物質に変わったことがわかるから，Ｂの容器で指示薬Ｙの反応があると考えられる。なお，だ液を入れたＤの容器でもだ液がはたらいてデンプンの一部が分解されている可能性がある。

問６　食べたものや，それらに含《ふく》まれている栄養分は，そのままではからだの中に吸収できない。そこで，消化液などのはたらきによってからだに吸収されやすいものに変化させる。このことを消化という。

3 気体の性質，発電についての問題

問１　水素は水にとけにくく，火をつけると音を立てて爆発《ばくはつ》して燃えるという性質がある。なお，物が燃えるのを助けるはたらきがあるのは酸素である。

問２　炭素を含む物質を燃やすと，炭素が空気中の酸素と結びついて二酸化炭素（Ａ）が発生する。石炭，石油，天然ガス，バイオマス(作物の残りかす，家畜《かちく》のふん，間伐《かんばつ》材など)はいずれも炭素を含むので，燃やすと二酸化炭素が発生する。一方，ウランは核分裂《かくぶんれつ》によって生じる熱をエネルギーとして利用する燃料なので，エネルギーを作るときに二酸化炭素が発生しない。

問３　石灰石のように，炭酸カルシウムを含む物質にうすい塩酸を加えると，二酸化炭素が発生する。二酸化炭素は少し水にとけ，空気より重いので，下方置換《ちかん》法で集める。ただし，水にとける量が少ないため，純すいな二酸化炭素を集めるときは，水上置換法で集める。

問４　太陽光発電と風力発電は天候に左右され，設置場所が限られる。また，水力発電と地熱発電は設置場所が限られる。これに対して，火力発電は天候や設置場所の影響《えいきょう》は受けにくい。

問５　水素で走る自動車は，水素１kgあたり150km進むことができるから，550km進むのに積んでおく必要のある水素の重さは，$1\times\frac{550}{150}=3.66\cdots$より，3.7kgである。

4 もののとけ方についての問題

問１　水の温度が40℃のとき，それぞれの物質が水100ｇにとける量の関係は，図より，Ａ＞Ｂ＞Ｄ＞Ｃ＞Ｅと読み取れる。

問２　０℃から40℃の範囲《はんい》で，水の温度を０℃から40℃に上げたときの水100ｇにとける量の変化が大きいのは，０℃と40℃でとける量の差がもっとも大きいＡである。

問３　表より，80℃の水100ｇにとけるホウ酸の限度の量は23.5ｇである。よって，とかしたホウ酸が47ｇのときの水の量は，$100\times\frac{47}{23.5}=200$(ｇ)になる。ここで，(水よう液の重さ)＝(水の重さ)＋(とかしたものの重さ)だから，水よう液の重さは，200＋47＝247(ｇ)となる。

問４　(水よう液の濃《こ》さ)＝(とかしたものの重さ)÷(水よう液の重さ)×100で求められる。限界までとかしたときの濃さは水の量や水よう液の量に関係しないので，40℃の水100ｇにホウ酸を限度までとかした水よう液の濃さを求めればよい。よって，濃さは，8.9÷(100＋8.9)×100＝8.17…より，8.2％と求められる。

5 手回し発電機とコンデンサーについての問題

問１　手回し発電機に流れる電流が大きいほど，手回し発電機のハンドルは速く回る。アの手回し発電機に流れる電流の大きさを１とすると，それぞれの手回し発電機に流れる電流の大きさは，イでは0.5，ウでは２，エ，オ，カでは１となる。したがって，ハンドルが最も速く回るのはウ，最も遅《おそ》く回るのはイとわかる。

問２　手回し発電機Ｂの回転を止めると，手回し発電機Ｂは導線と同じはたらきをするようになる。よって，回路全体に流れる電流の大きさが大きくなるため，手回し発電機Ｃのハンドルはより速く回転する。

問３　図３では，手回し発電機Ａと手回し発電機Ｂのつなぎ方が図１，図２と逆になっているから，手回し発電機Ａを右回転ハンドリングさせると，初めは手回し発電機Ｂも右回転する。その後，直列につながれたコンデンサーに電気がいっぱいにたまると電流が流れなくなるため，手回し発電機Ｂは停止する。

問４　手回し発電機Ａの回転を止めたとき，電気のたまったコンデンサーが電源のはたらきをするため，手回し発電機Ａ，手回し発電機Ｂには電流が流れ，それぞれ回転を始める。このとき，流れる電流の向きが逆になるため，手回し発電機Ｂは左に回転する。また，手回し発電機Ａと手回し発電機Ｂは逆に回転するので，手回し発電機Ａは右に回転する。

問５　コンデンサーを２個並列につないでいるので，コンデンサーに電気がいっぱいになるまでの時間が長くなる。したがって，手回し発電機Ｂに変化が起こるまでの時間は，図３の回路のときと比べて長くなる。

6 星とその動きについての問題

問１　アはカシオペヤ座，イはおおぐま座の一部で北斗《と》七星，ウはオリオン座，エはおおいぬ座，オはさそり座である。

問２　Ａ～Ｅのうち，Ｂのベテルギウスと Ｅのアンタレスは赤色に見える。なお，Ａのα《アルファ》星(シェダル)はオレンジ色，Ｃのリゲルは青白色，Ｄのシリウスは白色といわれることが多い。

問３　オリオン座のベテルギウス，おおいぬ座のシリウス，こいぬ座のプロキオンを結んでできる三角形を，冬の大三角という。

問４　南の空を通る星は，１日のうちに東→南→西に動いて見える。東の方角の星はオのように右ななめ上に，南の方角の星はウのように左から右に，西の方角の星はキのように右ななめ下に動くように見える。また，北の方角の星は，アのように北極星を中心にして反時計回りに動くように見える。

英　語　＜第１回試験＞（40分）＜満点：100点＞

※編集上の都合により英語の解説は省略させていただきました。

解　答

[1] ⑴　あ　⑵　う　⑶　あ　⑷　い　[2] ⑴　う　⑵　あ　⑶　い　⑷　い　⑸　あ　[3] ⑴　う　⑵　い　⑶　う　⑷　う　⑸　あ　[4] ⑴　い　⑵　あ　⑶　う　⑷　い　[5] ⑴　い　⑵　い　⑶　う　[6] ⑴　あ　⑵　い　⑶　い　⑷　あ

国　語　＜第１回試験＞（50分）＜満点：100点＞

解　答

[一] **問１**　ウ　**問２**　エ　**問３**　ア　**問４**　（例）　自分の意見が言えない性格を直すこと。　**問５**　**１**　ウ　**２**　エ　**問６**　ア　**問７**　（例）　（見ててくれるよ。だって，）だれも見ていないと思っていた私の小学校でのがんばりを，琴穂が見ていてくれたから。　**問８**　**１**　イ　**２**　**d**　いい子　**e**　勉強　**f**　運動神経　**g**　自分が無理してること　**３**　（例）　私は，みなみに「一人でがんばりすぎず，人に頼るのもいいと思うよ」と声かけをしたいです。なぜならば，がんばりすぎると自分のことができなくなってしまうし，人に頼ることでみんなの長所も見えてくるからです。　[二] **問１**　**A**　ア　**B**　オ　**問２**　ウ　**問３**　イ　**問４**　コミュニケーション阻害語　**問５**　エ　**問６**　**１**　ウ　**２**　主観的な心～てしまった　**問７**　ア　**問８**　エ，オ　[三] **問１**　**１**　水　**２**　石　**３**　百　**４**　器　**問２**　**１**　屋上　**２**　景色　**３**　将来　**問３**　①　いただきました　②　くださった　③　おっしゃって　[四] 下記を参照のこと。

●漢字の書き取り

[四] **１**　映画　**２**　故郷　**３**　筋肉　**４**　看護　**５**　協議

解　説

[一] **出典は辻村深月《つじむらみづき》の『サクラ咲《さ》く』による。**それぞれに性格も部活も違《ちが》う中学一年生のマチとみなみと琴穂《ことほ》が，お互《たが》いを思いやりながら会話を交《か》わす場面である。

問１　「決まり悪そうに」は，面目《めんぼく》が立たず恥《は》ずかしそうなようす。合唱の練習のとき，マチに迷《めい》惑《わく》をかけたと思っていた琴穂は，申し訳なさそうに「マチに仕事，だいぶ頼《たよ》っちゃってたし」と言ったのだから，ウが合う。

問２　科学部とは違い，新人戦で活躍《かつやく》できるかもしれない「運動部の子たち」は忙《いそが》しそうにしており，放課後の教室にも部活の話題が増えてきていた。だから，ジャージに着替《きが》えた陸上部のみなみが「今日のことなんだけど」と話しかけてきたとき，マチは，一緒《いっしょ》に紙音の家に行くことはできないと彼女《かのじょ》が言いにきたとすぐにわかったのである。よって，エが選べる。

問３　みなみは，琴穂の言うように自分が「一人でたくさんのことを抱《かか》えこんでがんばりすぎ」ていることに気づいて「はっと」し，紙音の家に行くのを代わるから陸上部の練習に出るようにという申し出に感謝したが，彼女の親切な申し出を素直《すなお》に受けていいのかとためらわれたので，「とまどうような表情」で，「おずおずと『いいの？』」と問い返したものと考えられる。

問４　琴穂は，合唱の練習のとき「リーダーなのにちゃんとやってなかった」ことをマチに注意されて「反省した」と言い，「ありがとね」とつけ加えた。琴穂に感謝されたことで，マチは四月から目標にしていた「はっきり自分の意見が言えない性格を直したい」という一歩が踏《ふ》み出せたと思ったのである。

問５　絶対に人には話せないと思っていたことなのに，すらすらと本音を打ち明けられたマチのようすを表しているので，この「ようだ」は直喩《ちょくゆ》だとわかる。よって，１はウ，２はエが選べる。

問６　マチは，琴穂から四月に言われた「陸上部は練習が厳しいし，先輩《せんぱい》たちもみんな怖《こわ》いからやめた方がいい」という言葉をずっと気にしていたが，彼女自身は覚えていないだろうと思っていた。だから，他人事のように「ふうん」と琴穂がうなずいたときは「案の定」と思ったが，「小学校の頃《ころ》から長距離《きょり》得意だったもんね」と言われたので，マチは彼女がマラソン大会や体育の時間に自分のことを見ていてくれたと知り，「すぐに言葉が返せ」ないほど驚《おどろ》いたのである。

問７　マチは，自分のことなどだれも見ていないと思っていたが，小学校のときに自分ががんばっていたのを琴穂が見てくれていたことを知った。「見ててくれるかな」という問いかけに，自分で「見ててくれるよ」と答えたのは，マチ自身，「見ててくれる人は，必ず，どこかにいる」と確信したからである。

問８　**１**　「科学部に行くしたくをしていた」とあるのでマチは科学部，「今日はバスケ部，陸上部ほど遅《おそ》くならない」とあるので琴穂はバスケットボール部，「陸上部，新人戦前でみんな張りきってるから」とあるのでみなみは陸上部である。　**２**　**d～g**　マチが，琴穂に「いい子」とか「真面目《まじめ》」と言われるのが「少し嫌《いや》なんだ」と心の中を打ち明けると，琴穂はマチに対して以前から「いい子」と言っていたことを謝《あやま》り，マチは「勉強できる子」だから「悩《なや》みなんかない」と思っていたと言った。それに対してマチは，琴穂に「運動神経もいいし，友達も多いから悩みなんかないと思ってた」と返答している。また，琴穂はみなみについて「自分が無理してることにも気づいてない」と心配している。　**３**　マチと琴穂とみなみ，それぞれの悩みや問題点をふまえ，友だちであればどのようなアドバイスをするのかといったことなどについて，理由とともに書く。

二　**出典は菅野《かんの》仁《ひとし》の『友だち幻想』による。**他者との関係を深めるうえで，「ムカツク」や「うざい」といった自分の不快な感情を表す言葉を使うと，コミュニケーションの妨《さまた》げになるといったことなどが説明されている。

問１　**Ａ**　「むかつく」とか「うざったい」という言葉は流行語になる前からあったが，「日常語として頻繁《ひんぱん》に現れるということ」はなかった，という文脈である。よって，前のことがらに対し，後のことがらが対立する関係にあることを表す「でも」が入る。　**Ｂ**　昔は「ムカツク」とか「うざい」という言葉は正当性がない限り「言ってはいけないという暗黙《あんもく》の了解《りょうかい》」があったから，「いくらムカついてもグッと言葉を飲み込《こ》んで」いた，というつながりになる。よって，前のことがらを理由として，後にその結果をつなげるときに用いる「だから」が入る。

問２　「背を向ける」は，“物事に反対したり無関心な態度をとったりする”という意味。ここでは，「他者が帯びる異質性」に対して，最初から無関心な態度をとってしまう，という意味で用いられている。

問３　「相手が自分に働きかけてくれることに対して，それなりにきちんとレスポンスできる」という「受身の立場」をとれるようになると，「いろいろな人の言葉に耳を傾《かたむ》ける」ことで「関係作りのバランスを鍛《きた》える」ことができて，「他者との関係を深め」られると筆者は述べている。

問４　筆者は，自分の娘《むすめ》に「ムカツクとかうざいといったたぐいの言葉」を使わないようにとアドバイスし，それらの言葉を「コミュニケーション阻害《そがい》語」と名づけている。

問５　「状況《じょうきょう》に応じた相手との距離の感覚やきちんとした向き合い方」を身につけなければならない十代の若者が，「うざい」「ムカツク」という言葉を口に出すと，「異質性を受け入れた形での親密性，親しさの形成，親しさを作り上げていくという可能性」が「ほとんど根こそぎゼロになってしまう」のである。

問６　**１**　昔は「ムカツク」とか「うざい」という言葉は「きちんとした正当性がない限り，言ってはいけないという暗黙の了解」があったと述べられているので，ウが合う。　**２**　社会に「ムカツク」「うざい」を簡単には口にできない雰囲気《ふんいき》があった昔に対して，今は「主観的な心情を簡単に発露《はつろ》できてしまうほど，社会のルール性がゆるくなってしまった」のである。

問７　10段落の最初で「コミュニケーション阻害語」を「用いることを一律に禁止せよ」といっているわけではないと述べられているが，それに反論する形で「他者とのコミュニケーションの作法」を学ばなければならない十代の若者にとって「コミュニケーション阻害語」は危険性があると述べられている。異なる視点からの例に反する意見を示すことで，「コミュニケーション阻害語」はよくないという自説を強めているので，アが合う。

問８　筆者は，他者との関係を深めるためには「いろいろな人の言葉に耳を傾け」て，相手の働きかけに「きちんとレスポンスできる」ようになることが大切だと述べているので，カは正しい。また，筆者は自分の娘のことを例にあげ，「ムカツクとかうざい」という言葉を使うようになってから「友だちをマイナスの面から見ること」や周囲の人たちへの「ギスギスした態度」も目についてきたため，「ムカツクとかうざい」という言葉を使わないほうがよいとアドバイスしたとも書かれている。よって，アとイもふさわしい。さらに，「コミュニケーション阻害語」は，自分の不快な感情をすぐに言語化したり，「他者に対しての攻撃《こうげき》の言葉」としても使えたりすると指摘《してき》しているのでウは正しいと考えられるが，今は昔と違《ちが》って「主観的な心情を簡単に発露できてしまう」ほど社会のルール性がゆるくなったと書かれているので，エは正しくない。そして最後の段落で，筆者は自分の娘も「コミュニケーション阻害語」を使わなくなってから，自分を肯定してくれない他者に対しての「耐性《たいせい》が出来上がった」とも述べているのでキは正しいが，「コミュニケーション阻害語」を使わなくなると他人を攻撃する気持ちもなくなるとは本文に書かれていないので，オは合わない。筆者の主張を総合すると，「コミュニケーション阻害語」によって自分の感情をすぐに表すのではなく，自分の言いたいことを言わないようにする耐性も必要だということになるので，クはふさわしい。

三　四字熟語の完成，熟語の完成，敬語の知識

問１　「背水の陣《じん》」は，一歩も後に引けない状況に身を置いて決死の覚悟《かくご》で事に臨むこと。「雨だれ石をうがつ」は，“どんなに小さな努力でも根気よく続けてやっていれば最後には成功する”という意味。「五十歩百歩」は，少しの違いはあっても本質的には同じであるということ。「大器晩成」は，本当の偉大《いだい》な人物は少しずつ力をつけていったほかの人より後に大成すること。

問2　**1**　「屋」は九画の漢字，「上」は三画の漢字。　**2**　「景」は十二画，「色」は六画の漢字。　**3**　「将」は十画，「来」は七画の漢字。

問3　①「たくさんの事を教えて」もらったのは書き手なので，尊敬語の「くださいました」ではなく，謙譲《けんじょう》語の「いただきました」などとするのがよい。　②「先生が」が主語なので，尊敬語の「くださった」などがよい。　③「先生が」が主語なので，謙譲語の「申して」ではなく，尊敬語の「おっしゃって」などとするのが正しい。

四　**漢字の書き取り**

1　フィルムに写しとった映像をスクリーンに連続して映し出して再現するもの。　**2**　生まれ育った土地。　**3**　運動するのに必要な収縮作用のある筋や肉。　**4**　けが人や病人を介抱《かいほう》して世話をすること。　**5**　集まって相談すること。

2021年度　和洋国府台女子中学校

〔電　話〕 (047) 374－０１１１
〔所在地〕 〒272-0834　千葉県市川市国分４－20－１
〔交　通〕 市川駅・松戸駅(JR)よりバス－「北台」下車徒歩７分

【算　数】 〈第１回試験〉 (50分) 〈満点：100点〉

注意　1．途《と》中の計算などは，問題用紙のあいているところを使用し，消さないで残しておきなさい。
　　　2．定規，コンパス，分度器，電卓《たく》は使用できません。
　　　3．円周率は，3.14を使って計算しなさい。
　　　4．答えが分数になるときは，それ以上約分できない形で答えなさい。

1　次の計算をしなさい。

(1)　$149+(352-187)\div 11\times 6$

(2)　$\dfrac{1}{2\times 3}+\dfrac{1}{3\times 4}+\dfrac{1}{4\times 5}+\dfrac{1}{5\times 6}$

(3)　$1.23\times 7.2+1.23\times 2.8-2.3$

(4)　$\left(\dfrac{1}{8}+\dfrac{5}{12}\right)\div 1\dfrac{7}{32}-\dfrac{1}{9}$

(5)　$3\dfrac{1}{4}-7\div 5\dfrac{3}{5}+2.75$

2　次の□にあてはまる数を答えなさい。

(1)　$\left(\dfrac{1}{2}-\square\right)\div 0.2\times\dfrac{1}{4}=\dfrac{3}{8}$

(2)　$27000\text{cm}^2-0.00000005\text{km}^2=\square\ \text{m}^2$

(3)　仕入れ値□円の品物に３割の利益を見《み》込《こ》んで定価をつけると1430円です。ただし，消費税10％も含まれています。

(4)　分母が20で，$\dfrac{5}{12}$より大きく，$\dfrac{19}{30}$より小さい分数は□個あります。ただし，約分できるものは除きます。

(5)　６％の食塩水200ｇと水400ｇを混ぜると，□％の食塩水ができます。

(6)　Ａ地点からＢ地点の間を車で往復するのに，行きは時速72km，帰りは時速48kmで走りました。往復の平均の速さは時速□kmです。

(7)　次の図のように，平行な直線の間に，正六角形をかきました。アの角の大きさが，イの角の大きさの２倍のとき，アの角の大きさは□度です。

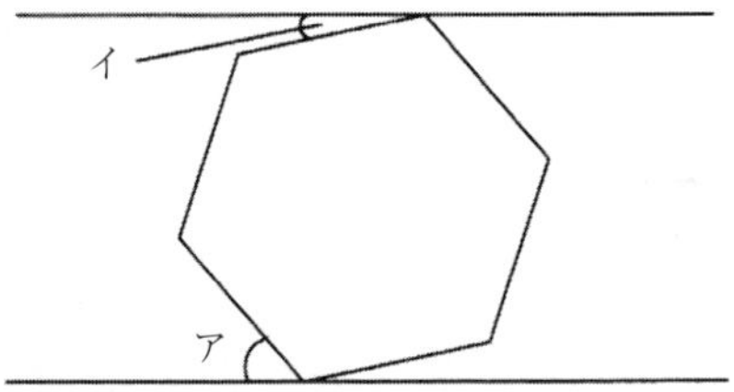

(8)　右の図のように，点O，O′を中心とする半径10cmの円が重なっています。このとき，▨部分の面積は□cm^{2}です。

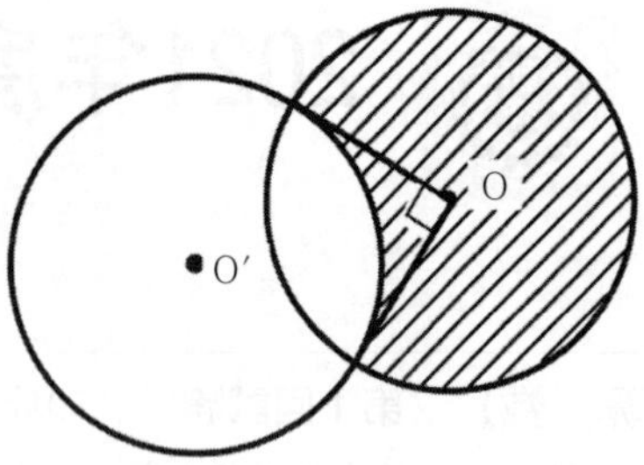

3　A◎Bは，AをBで割ったときの余りを表すことにします。

(1)　72◎□＝8，□◎5＝1がともに成り立つとき，□にあてはまる数はいくつですか。

(2)　さらに，A◇Bは，AをB回かけることを表します。また，A◆Bは，AとBの最大公約数を表します。

このとき，{(24◆36)◎5}◇5はいくつですか。

4　3つの数A，B，Cがあります。AはBより7小さく，BはCより9大きく，CとAは合わせて30であるとき，Bはいくつですか。求め方も答えなさい。

5　8人の選手で，1対1の卓球《たっきゅう》の試合を行いました。必ず全員と1度は試合を行い，同じ人と2度は試合をしません。勝てば2点，負ければ0点，引き分けは0.5点が加算されます。このとき，次の問いに答えなさい。

(1)　試合は全部で何試合ありますか。

(2)　試合に参加した洋子さんは，1回も負けず，最終的な得点は9.5点でした。洋子さんは，何回引き分けましたか。

6　長さの異なる2本のろうそくがあります。どちらのろうそくも火をつけてから一定の割合で燃え続けます。下のグラフは，2本同時に火をつけてからの時間とろうそくの残りの長さを表したものです。グラフのア，イにあてはまる数を求めなさい。

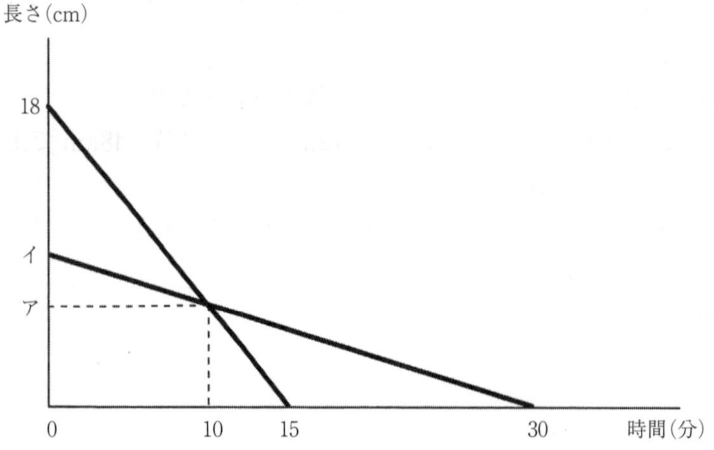

7　１辺が１cm の立方体を６個使って右の図１のような立体をつくりました。この立体の底面をふくむ表面に青い色のペンキをぬりました。

(1)　青い色がぬられている面の面積は合わせて何 cm^2 になりますか。

(2)　図２のように立体の上から薄《うす》い板を入れて切断し，２つの立体に分けます。図３は切断の様子を上から見た図です。このとき，体積が小さい方の立体の体積は何 cm^3 になりますか。

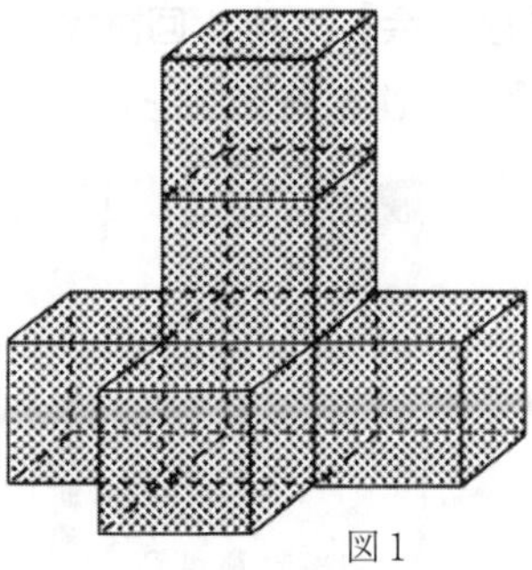

図１

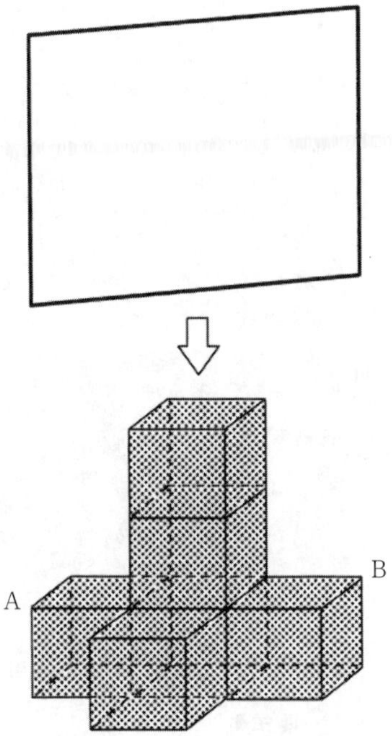

図２

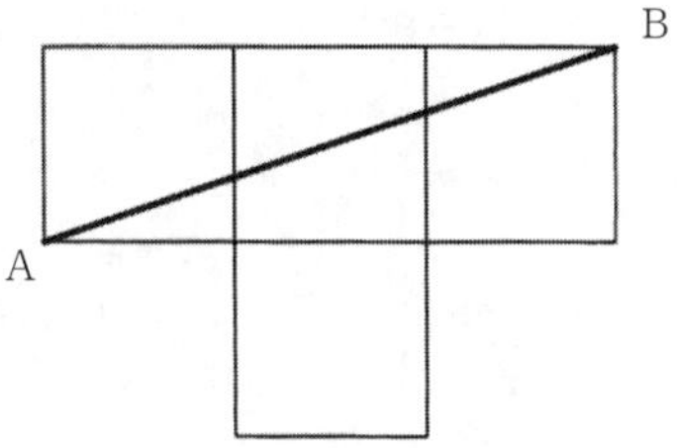

図３

【社　会】〈**第１回試験**〉（30分）〈満点：60点〉

1　次の地形図を見て，各問に答えなさい。

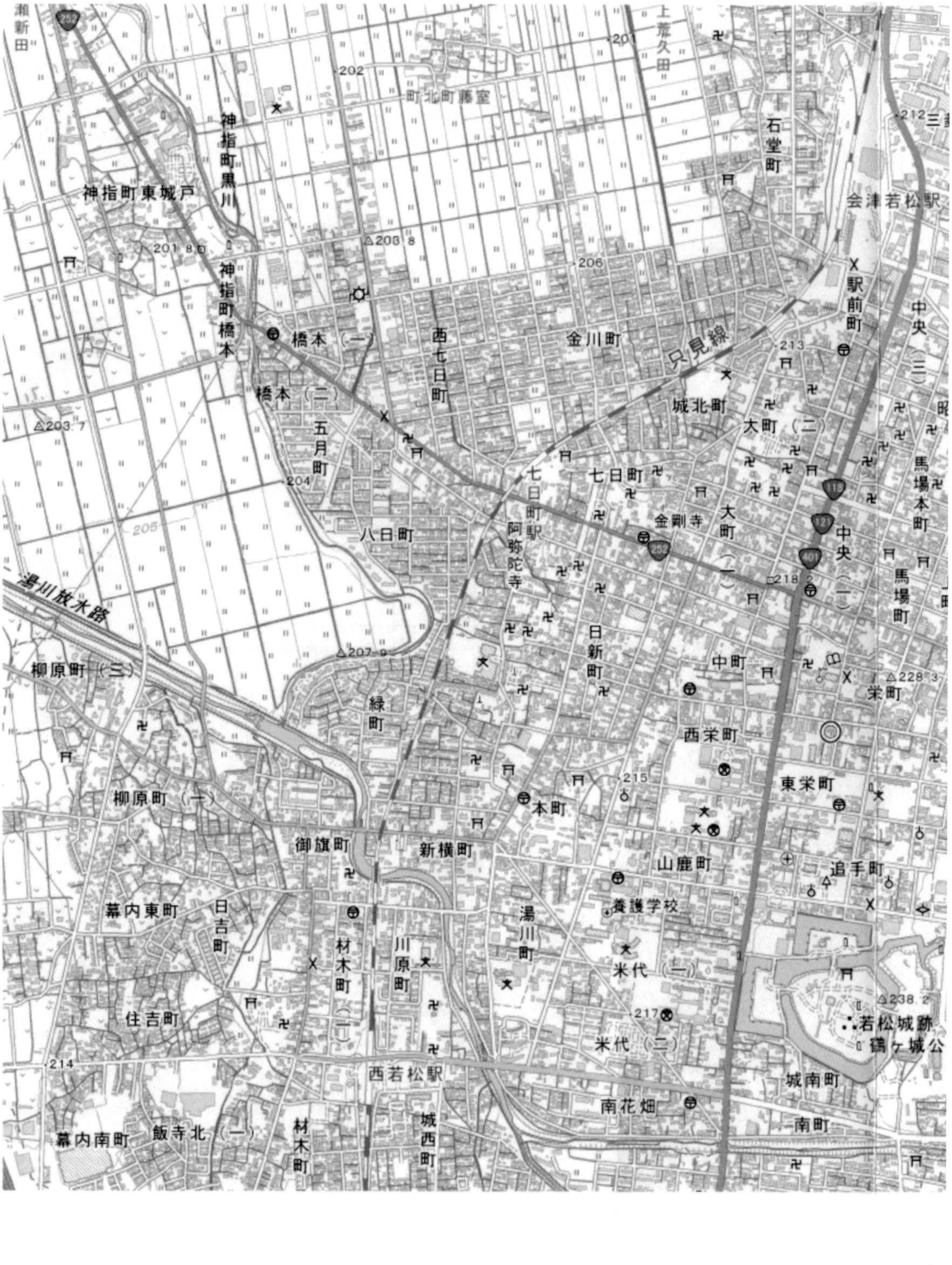

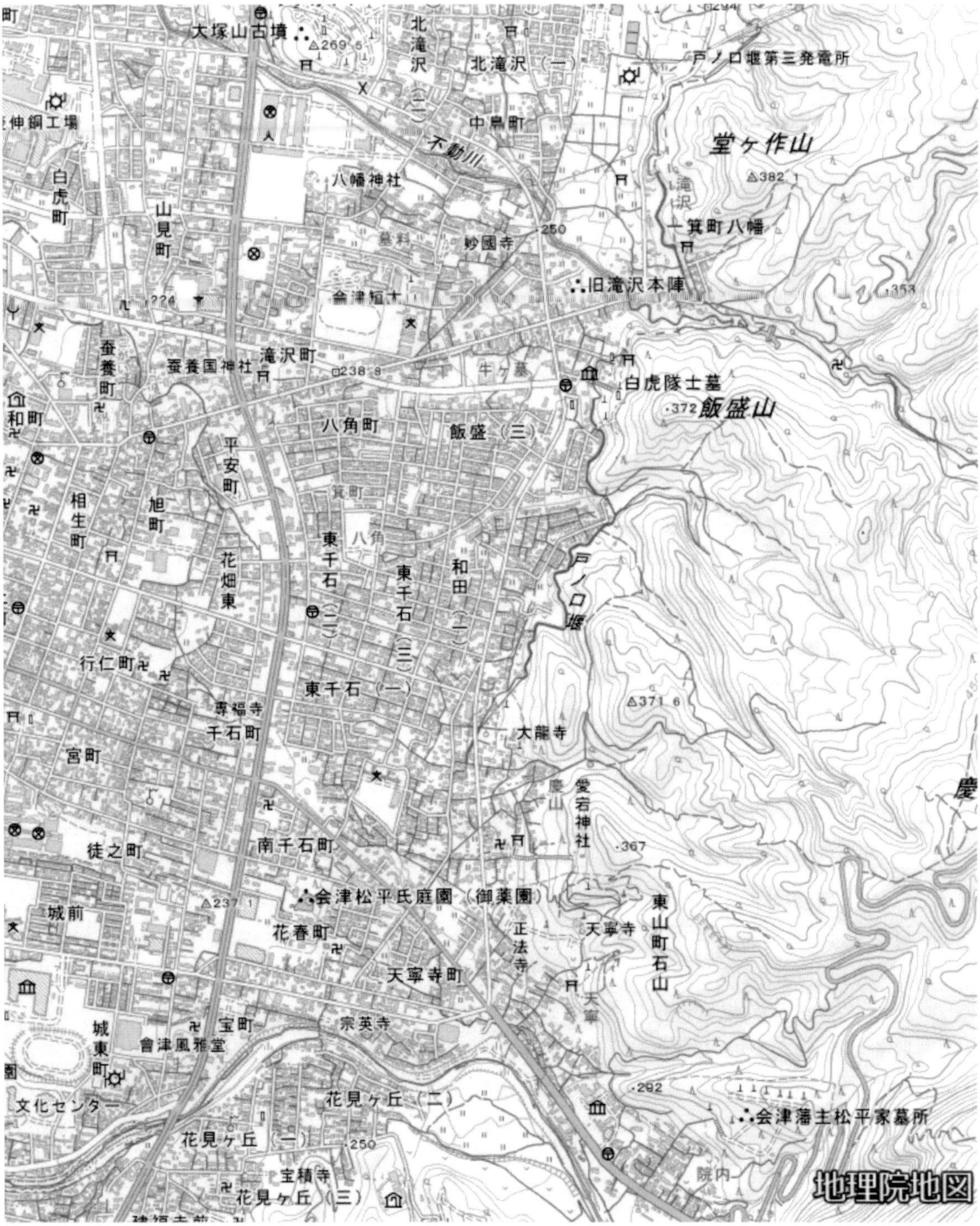

縮尺　1／25,000　国土地理院《こくどちりいん》『地理院地図』より作成

　和洋国府台女子中学校では毎年，夏休みの林間学校で福島《ふくしま》県を訪《おとず》れます。磐梯山《ばんだいさん》の登山をしたり，猪苗代湖《いなわしろこ》の近くで作物の収穫《しゅうかく》体験をしたり，福島県の自然とふれあう機会がたくさん盛りこまれたプログラムです。登山や収穫体験を終えて，林間学校はいよいよ最終日となりました。

麗子《れいこ》　昨日の収穫体験，楽しかったね。

文絵《ふみえ》　農場のおじさんが，福島県の農業についてもくわしく教えてくれたよね。

麗子　一昨日の登山でくたくただったけど，新鮮《しんせん》な食材を使った料理を食べたら，とても元気が出てきたよ！

文絵　もう，麗子は本当に食《く》いしん坊《ぼう》なんだから。

麗子　てへへ。今日はこれから，まず飯盛山《いいもりやま》に行くんだよね。

文絵　そうだね，授業で白虎隊《びゃっこたい》のドラマを見たから，隊士たちが命を落とした場所に行くのは，感慨深《かんがいぶか》いね。

　飯盛山では現地のガイドさんが，白虎隊のことや戊辰《ぼしん》戦争のことを，くわしく説明してくれました。飯盛山の見学を終えた生徒たちは，バスに乗《の》り込《こ》み，会津若松《あいづわかまつ》市の市街地へと向かいます。

麗子　私たちくらいの歳《とし》の人たちが戦争に参加して命を落としたと思うと，何だかとても気の毒だね。

文絵　飯盛山からお城が燃えているように見えたと，ガイドさんが言っていたね。平和がとても大切なことだと，改めて感じたよ。

麗子　私，会津若松市に来るのは初めてなんだけど，とても歴史を感じさせる街だね。

文絵　次の見学地では，福島県の歴史に関するものをたくさん見学できるみたいだよ。

　飯盛山から会津若松駅方面へと進んだバスは，駅前で左折し国道を進みました。この道の両側の馬場本町《ばばもとまち》，大町《おおまち》には数多くの［　1　］がありました。左側に郵便局のある交差点を通り過ぎると，道路の左側にはいくつもの公共の施設《しせつ》が集まっていました。お城の手前の交差点で左折して，お城を右側に見ながら通り過ぎたところにある［　2　］を訪れ，福島県の歴史に関する数々の展示品を見学したり，むかしのおもちゃで遊んだりしました。

麗子　むかしのおもちゃって，意外と楽しかったね。私はいつも，家でゲームばかりしてるけど，けん玉とかベーゴマも結構おもしろいね。

文絵　そうだね。私はむかしの人が身に付けていた着物を着ることができて，楽しかった。

麗子　次はいよいよお城だね。私，お城に入るのは初めてだよ。

文絵　私は家族と一緒《いっしょ》に一度訪れたことがあるけど，これから向かうお城は，戊辰戦争の時に壊《こわ》されてしまったものを，地元の人たちの努力で再建したのだそうよ。天守閣からの眺《なが》めは最高だったよ。

麗子　私も天守閣に登ってみたーい！

文絵　じゃあ，あとで一緒に登ってみようよ！

麗子　やったー！

　天守閣の最上階に登った二人は，晴《は》れ渡《わた》った天気の中で，会津若松の街並みを眺めました。

麗子　あそこに見えるのは，さっき訪れた飯盛山だね。

文絵　そうだね，ここからは［3］の方角だね。

麗子　会津若松の街並みやそのまわりまでよく見えるね。今日で林間学校も終わっちゃうね，もっとこの街のことを知りたいな。

文絵　そうだね，大人になったらまた一緒に来ようよ。

麗子　いいね，来よう来よう，約束だよ。昨日，ホテルの従業員さんから聞いたんだけど，となりの喜多方《きたかた》市はラーメンが有名らしいよ。次に来るときは，喜多方ラーメンも食べてみようよ！

文絵　もう，本当にあなたは食いしん坊なんだから！

中学生の二人にとっては，大変思い出深い林間学校になったようです。

問１　［1］，［2］にあてはまる施設を，地図記号を参考にして答えなさい。

問２　［3］にあてはまる方位を８方位で答えなさい。

問３　福島県についてもっとも適した説明を，次のア～エの中から一つ選び，記号で答えなさい。

ア　入りくんだ海岸の沿岸部では漁業がさかんにおこなわれてきたが，造船業などの工業も発達した。今から30年ほど前には，県南部に位置する活火山が噴火《ふんか》し，大規模な火砕流《かさいりゅう》による被害《ひがい》で，多くの人びとが家を失ったり命を落としたりした。

イ　沿岸部に造成された埋立地《うめたてち》では，大型のタンカーが利用できる港がつくられ，輸入された石油を原料とする化学工業や金属工業が発達した。一昨年の台風のために県南部では多くの家屋が被害を受け，住民たちは避難《ひなん》生活をしいられた。

ウ　高速道路による交通の便のよさから工業団地がつくられ，多くの工場が誘致《ゆうち》された。沿岸部では古くからの沖合漁業に加え，原子力発電所も建設されたが，10年前の大地震《おおじしん》のときには津波《つなみ》を原因とする事故が発生し，現在も多くの住民が避難をしいられている。

エ　リアス海岸が広がる沿岸部では，湾内《わんない》のおだやかな海面を利用して，真珠《しんじゅ》の養殖《ようしょく》がおこなわれてきた。また，大規模な石油化学コンビナートがつくられたが，約60年前には超《ちょう》大型《おおがた》の台風におそわれ，数千人の犠牲者《ぎせいしゃ》にみまわれた。

問４　飯盛山からお城までの距離《きょり》は，地図上では15cm でした。実際の距離を答えなさい。

問５　いくつもの公共の施設に**あてはまらないもの**を，次のア～エの中から一つ選び，記号で答えなさい。

ア　裁判所　　イ　市役所　　ウ　図書館　　エ　病院

問６　会津若松の街並みやそのまわりについて正しいものを，次のア～エの中から一つ選び，記号で答えなさい。

ア　警察署と消防署からもっとも近い距離にある駅は，いずれも七日町駅である

イ　このあたりは，江戸《えど》時代には城下町として，大名が支配していたと考えられる

ウ　この地形図が示す範囲《はんい》の中で，もっとも標高の高い地点は，飯盛山の山頂である

エ　湯川放水路の両岸の土地は，その大半が果樹園《かじゅえん》として利用されている

2　次の地図を見て，各問に答えなさい。

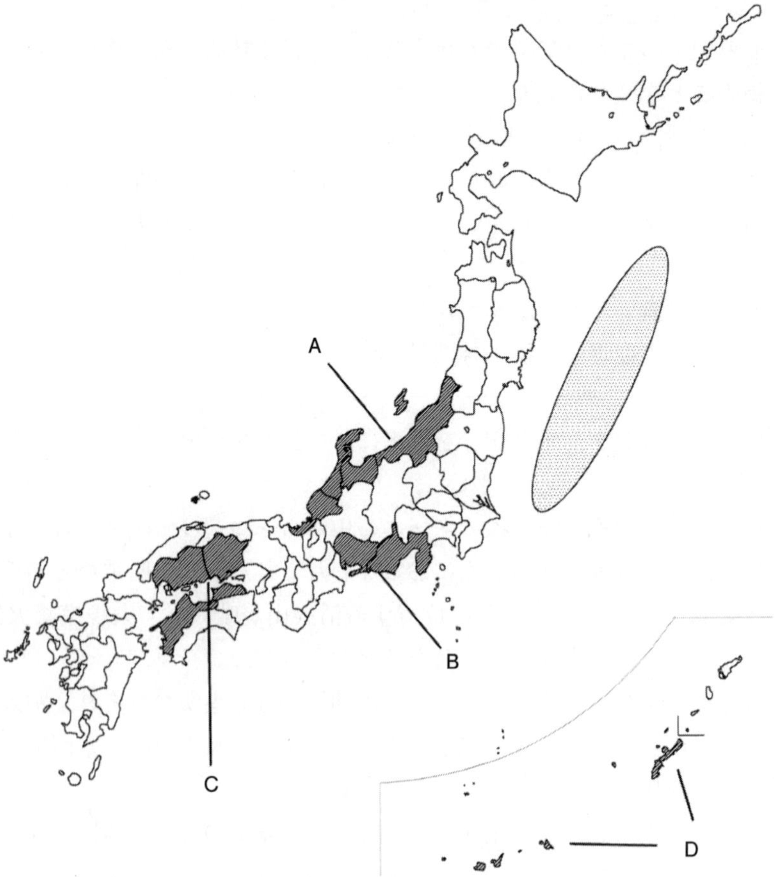

問１　次のグラフは，地図中の**A**～**D**の中にある都市の気温，降水量を表しています。このうち，**A**，**B**にあてはまるものを，**ア**～**エ**の中からそれぞれ一つずつ選び，記号で答えなさい。

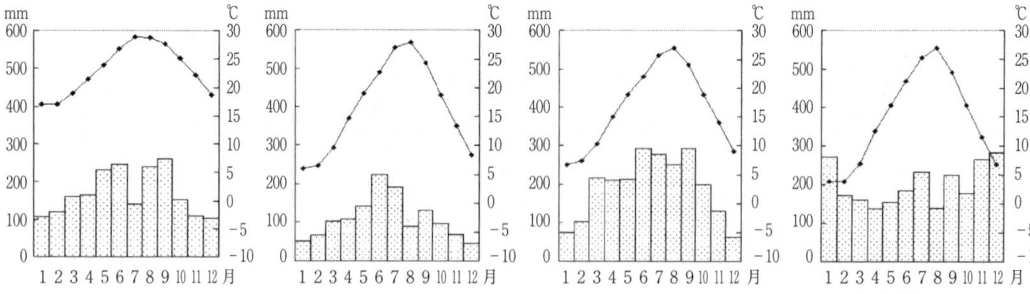

ア	イ	ウ	エ
年平均気温　23.1℃	年平均気温　16.5℃	年平均気温　16.5℃	年平均気温　14.6℃
年降水量　2,040mm	年降水量　1,314mm	年降水量　2,324mm	年降水量　2,398mm

『理科年表』(1981～2010)より作成

問２　地図中の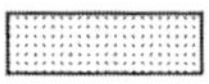について正しいものを，次のア～エの中から一つ選び，記号で答えなさい。

ア　対馬《つしま》海流に乗ってサケが北上する

イ　黒潮とリマン海流の潮目ができる

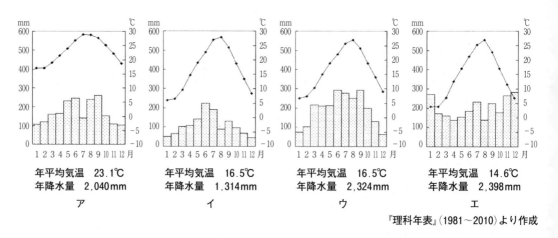

ウ　千島《ちしま》海流に乗ってマグロが南下する

エ　黒潮と千島海流の潮目ができる

問３　生徒たちが社会の授業で，日本各地について調べ，発表しました。次の発表メモは，地図中**Ａ**～**Ｄ**の地域を説明したものです。各問に答えなさい。

Ａは，お米の産地です。この地域の米づくりには，春に水量の増える大きな川の水を利用しています。また，お米を原料とした米菓や日本酒の生産もさかんです。米づくりのできない冬の産業として，さまざまな伝統的な工業製品が生み出されました。

Ｂは，自動車の生産がさかんな地域です。東京と大阪を結ぶ新幹線や高速道路が通っていて，日本の交通の大動脈にもなっています。また，沿岸には，水あげ量の多い漁港があります。

Ｃは，大小3000ほどの島があるところです。このあたりでは，古代から人々の活動が活発におこなわれていました。また，この地域では気候を生かして，かんきつ類やぶどう・ももなどの果物を栽培しています。

Ｄは，テレビの旅行番組でもよく紹介される地域です。青い海と，サンゴや貝がらがくだけてできた白い砂浜に，たくさんの観光客が訪れます。また，気候を利用した農業がおこなわれています。しかし，台風のため大きな被害を受けることがあります。

(1)　伝統的な工業製品について，**Ａ**の地域に**あてはまらないもの**を，次のア～エの中から一つ選び，記号で答えなさい。

ア

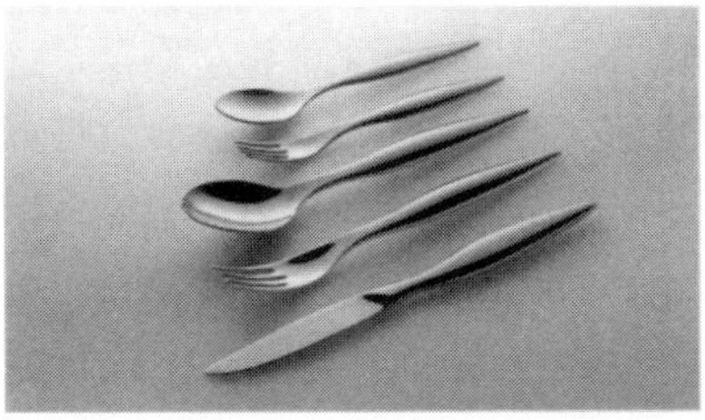

イ

ウ

エ

(2)　自動車の生産がさかんな地域について，**Ｂ**の地域に**あてはまらないもの**を，次のア～エの中から一つ選び，記号で答えなさい。

ア　四日市《よっかいち》の石油化学工場からプラスチック部品の原料が供給されています

イ　名古屋《なごや》港から自動車運搬船《うんぱんせん》を利用して世界各地に出荷《しゅっか》されています

ウ　陶磁器《とうじき》技術を応用して開発した素材が，自動車部品に生かされています

エ　この地域の自動車工場のほとんどでは，地熱発電が利用されています

(3)　人々の活動について，**C**の地域に**あてはまらないもの**を，次のア～エの中から一つ選び，記号で答えなさい。

ア　本州との交通路に橋がかけられ，移動時間が大幅《おおはば》に短縮された

イ　波がおだやかなので，カキやタイなどの養殖がさかんにおこなわれている

ウ　海神をまつる厳島《いつくしま》神社は世界遺産に登録され，多くの観光客が訪れている

エ　「日本の屋根」とよばれる高い山々がつらなり，夏には登山客でにぎわっている

(4)　気候を利用した農業について，**D**の地域にあてはまるものを，次のア～エの中から一つ選び，記号で答えなさい。

ア　農家一戸あたりの耕地が広く，年ごとに作物をかえる輪作をおこなっている

イ　電灯を使って花が咲《さ》く時期を調整し，冬にもキクを出荷している

ウ　夜明け前に収穫されたレタスは，その日のうちに関東《かんとう》地方の店頭に並べられる

エ　砂糖の原料となるてんさいの栽培がさかんにおこなわれている

3　次の文を読み，各問に答えなさい。

日本で「将軍」というと，一般的《いっぱんてき》には「征夷大将軍《せいいたいしょうぐん》」をさします。しかしその役割は，歴史上で初めて征夷大将軍に任命された大伴弟麻呂《おおとものおとまろ》から1000年以上続く歴史の中で，時代によって変わっていきました。

奈良《なら》時代や平安《へいあん》時代の征夷大将軍は［　　1　　］でした。これらの時代にもっとも有名な征夷大将軍は坂上田村麻呂《さかのうえのたむらまろ》で，東北《とうほく》地方でおきた反乱をしずめた人物として知られています。東北地方に朝廷《ちょうてい》の支配がおよぶと，征夷大将軍は任命されなくなりました。

征夷大将軍が再び任命されるのは，平氏《へいし》や源氏《げんじ》が政治をおこなうようになるなど，武士の力が高まる中でのことでした。平氏をほろぼして幕府を開いた$_A$源頼朝《みなもとのよりとも》が征夷大将軍に任命されて以降，征夷大将軍は［　　2　　］をあらわすようになります。その一方で，頼朝が死ぬと北条《ほうじょう》氏が幕府の政治を進めるようになり，将軍は形だけのものになっていきました。

北条氏を中心とした幕府がたおれると，将軍として武士の中心となったのは源氏の一族の$_B$足利尊氏《あしかがたかうじ》でした。これ以後，将軍の地位は彼《かれ》の子孫がうけついでいくことになります。しかし，15世紀になると幕府の支配力はしだいに弱まり，応仁《おうにん》の乱ののちには，全国の武将たちが天下統一を目ざして争うようになったことで，将軍の力も失われていきました。

このような中で，最初に天下統一に近づいたのは織田信長《おだのぶなが》でした。しかし，信長は将軍の地位につこうとはせず，室町《むろまち》幕府の将軍足利義昭《あしかがよしあき》に副将軍になることをすすめられたときにも，これを断って堺《さかい》を支配することを希望しました。信長の死後に天下統一をなしとげた豊臣秀吉《とよとみひでよし》も将軍にならず，関白として政治を進めました。

足利義昭以来の将軍となったのは，信長や秀吉に協力した$_C$徳川家康《とくがわいえやす》でした。家康は将軍となって幕府を開き，全国の大名を支配する体制をつくり上げました。

問1　［1］・［2］にあてはまる文として正しいものを，次のア～エの中からそれぞれ一つずつ選び，記号で答えなさい。

ア　蝦夷《えみし》をたおす軍の総大将の地位

イ　陸軍をひきいる大将の地位

ウ　武士をまとめる武家の最高の地位

エ　天皇の政治をたすける地位

問２　A源頼朝，B足利尊氏，C徳川家康が開いた幕府があった時代の文化を，次のア～オの中からそれぞれ一つずつ選び，記号で答えなさい。

ア　幕府によって能が保護され，芸術として発展した

イ　戦いの勝利と幕府の繁栄《はんえい》を願い，鶴岡八幡宮《つるがおかはちまんぐう》がつくられた

ウ　平仮名《ひらがな》や片仮名《かたかな》が誕生し，日本風の文化が栄えた

エ　蘭学《らんがく》を学ぶ人が増え，多くの学問に影響《えいきょう》をあたえた

オ　西アジアなどからもたらされた品々が，正倉院《しょうそういん》におさめられた

問３　A源頼朝，B足利尊氏，C徳川家康が幕府を置いた場所を，次の地図中のア～カの中からそれぞれ一つずつ選び，記号で答えなさい。

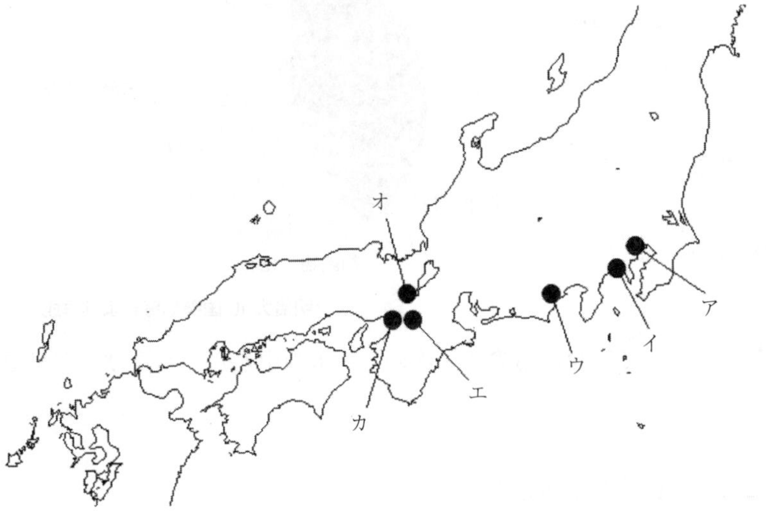

問４　北条氏は何という役職について幕府で政治をおこないましたか，その役職名を答えなさい。

問５　織田信長が堺を支配したのは，このころの堺がどのような都市だったからでしょうか，説明しなさい。

4　真理子《まりこ》さんは，100年前になくなった人を調べました。その中で薩摩藩《さつまはん》出身の前田正名《まえだまさな》という人に興味《きょうみ》を持ち，調べたことを３枚のカードにまとめました。そのカードを読んだ宮崎《みやざき》先生が，カードを利用して問題を作りました。カードを読んで各問に答えなさい。

[a]　フランスに留学《りゅうがく》したあとフランスの日本領事館《りょうじかん》に勤めました。日本がヨーロッパに追いつけると実感し，日本の製品を外国に売ることが大切だと考えました。地租改正《ちそかいせい》が始まるときに帰国し，政府の役人となりました。そして，全国をまわり地方の産業をさかんにする努力をし，政府にも意見を出しました。

[b]　開国した日本は，アメリカやイギリスなどとの貿易を始めることになりました。そ

の後長崎《ながさき》で学び，ほかの藩の出身である坂本龍馬《さかもとりょうま》や陸奥宗光《むつむねみつ》と知り合いました。そして薩摩藩と長州藩《ちょうしゅうはん》の同盟が結ばれるときの使者として，長州藩にも行きました。長崎では兄などとともに，英和辞典をつくりました。

c　大日本帝国憲法《だいにほんていこくけんぽう》が発布《はっぷ》され，国会が開かれると，天皇から指名されて貴族院《きぞくいん》議員になりました。日露《にちろ》戦争が始まると戦地を訪れ，状況《じょうきょう》をみてまわりました。またその後，ヨーロッパへわたり，日本の輸出についての意見書を貴族院に出しました。

問１　日本の製品を外国に売ることについて，次のグラフは1873(明治６)年と1907(明治40)年の輸出額における上位３位までの品物の割合をあらわしたものです。明治時代に日本のおもな輸出品が変化した理由を説明しなさい。

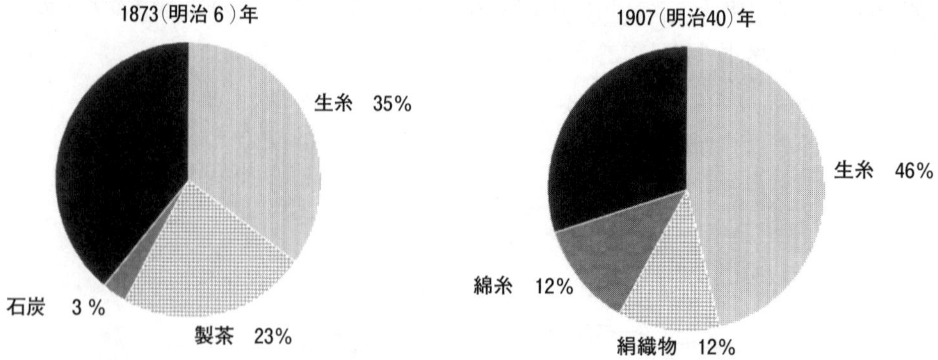

『明治大正国勢総覧《めいじたいしょうこくせいそうらん》』より作成

問２　地租改正のころのできごと**ではないもの**を，次のア～エの中から一つ選び，記号で答えなさい。

ア　全国に小学校がつくられた

イ　新橋《しんばし》と横浜《よこはま》のあいだで鉄道が開通した

ウ　身分の制度が廃止《はいし》された

エ　水道や電気を使う生活が始まった

問３　アメリカやイギリスなどとの貿易について，このときに結ばれた条約を正しく説明したものを，次のア～エの中から一つ選び，記号で答えなさい。

ア　日本国内で外国人が罪をおかしたら，日本の法律でさばくことができた

イ　アメリカとの条約が結ばれたあと，中国《ちゅうごく》とも同じ内容の条約を結んだ

ウ　貿易を許された港のなかには，江戸に近い下田《しもだ》もあった

エ　日本は輸入品に税をかけるとき，相手国と話しあって決めた

問４　薩摩藩と長州藩の同盟についての説明として正しいものを，次のア～エの中から一つ選び，記号で答えなさい。

ア　天皇を中心とする国づくりのため，幕府をたおす力となった

イ　将軍を中心とする国づくりのため，幕府をささえる力となった

ウ　海外に軍隊を送るため，幕府の中に新しい軍隊をつくる力となった

エ　薩摩藩と長州藩を中心とする新しい幕府をつくる力となった

問５　日露戦争の勝利は，日本と欧米列強《おうべいれっきょう》との関係にどのような影響がありましたか，説明しなさい。

問６　３枚のカードを時代の古い順にならべかえたものを，次のア～カの中から一つ選び，記号で答えなさい。

ア　a→b→c　　イ　a→c→b　　ウ　b→a→c
エ　b→c→a　　オ　c→a→b　　カ　c→b→a

5　次の文を読み，各問に答えなさい。

日本では毎年，戦争が終結した８月になると各地で平和の式典がおこなわれます。平和な社会を願い，多くの人が参加して戦争のない社会を祈《いの》ります。けれども，近年では　戦争がなければ平和で安全であるとは言い切れない状況が続いています。その一つは自然災害です。昨年は，九州《きゅうしゅう》・中部《ちゅうぶ》地方で発生した集中豪雨《しゅうちゅうごうう》によって多くの人々が被害を受けました。また，感染症の恐怖もあります。新型コロナウイルス感染症の拡大は多くの生命を奪《うば》っています。そして，感染予防のために通常の仕事ができない人が多くいました。そのため，政府は税金の中から新型コロナウイルス対策費を支出して，国民生活を守ろうとしています。

このように，平和な社会がどんな社会なのかは，そのときの社会状況によって変わります。私たちは状況に応じて，自分たちの安全や権利，生活が守られる社会を実現していかねばなりません。

問１　平和の式典について，昨年の８月６日に広島《ひろしま》でおこなわれた式典には83か国の代表者が出席しました。この日に平和の式典が広島でおこなわれるのはなぜですか。その理由を考えて，次の文を完成させなさい。

広島は世界のなかでも［　　　　　］から。

問２　自然災害について，次の文の［①］～［③］にあてはまる言葉の組み合わせとして正しいものを，下のア～カの中から一つ選び記号で答えなさい。

昨年の７月，熊本《くまもと》県を中心に発生した集中豪雨は，土砂崩れや川の氾濫《はんらん》を引き起こし，次々と家屋をのみ込みました。災害対策本部が設置され，他の県から［①］の出動を要請《ようせい》して救命救出活動がおこなわれました。災害状況の大きさから［②］は自衛隊の派遣《はけん》を要請し，陸上自衛隊が人命救助活動に取り組みました。また国は［③］の定めにもとづいて，県と協力して避難《ひなん》所を開設しました。

	①	②	③
ア	ボランティア	市町村	大雨特別警報
イ	緊急消防援助隊《きんきゅうしょうぼうえんじょたい》	市町村	大雨特別警報
ウ	ボランティア	市町村	災害救助法
エ	緊急消防援助隊	県	災害救助法
オ	ボランティア	県	防災会議条例
カ	緊急消防援助隊	県	防災会議条例

問３　税金について，各問に答えなさい。

(1)　税金について書かれた①〜③のカードと，その税金の名前の組み合わせとして正しいものを，下のア〜カの中から一つ選び，記号で答えなさい。

①
会社にかかる税

②
会社員の給与《きゅうよ》にかかる税

③
物を買ったときにかかる税

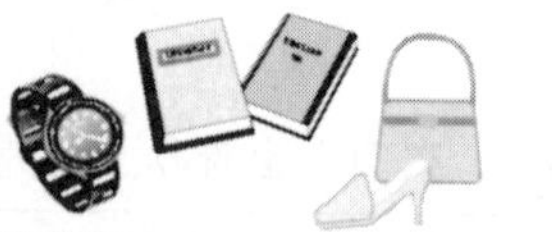

	①	②	③
ア	所得税《しょとくぜい》	消費《しょうひ》税	法人《ほうじん》税
イ	所得税	法人税	消費税
ウ	消費税	所得税	法人税
エ	消費税	法人税	所得税
オ	法人税	所得税	消費税
カ	法人税	消費税	所得税

(2)　税金の使い方について，内閣が予算案を作成しますが，その予算を最終決定するのは国会です。なぜ最終決定は国会議員がおこなうのか，その理由を簡単に書きなさい。

問４　権利について，各問に答えなさい。

(1)　日本国憲法《にほんこくけんぽう》で定められている基本的人権に**あてはまらないもの**を，次のア〜エの中から一つ選び，記号で答えなさい。

ア　国民は，自分の生活が健康で文化的であるように，国から支援《しえん》される

イ　国民は，自分の生活が豊かになるように，仕事について働くことが認められている

ウ　国民は，自分の権利が侵害《しんがい》されないように，法律が憲法に違反《いはん》していないか審査《しんさ》できる

エ　国民は，自分の権利が侵害されたときに，裁判所で裁判を受けることができる

(2)　幼稚園児《ようちえんじ》と成人男性が競走をします。どのように競走することが公平だと考えますか。次のＡまたはＢのどちらか一つ選び，それがなぜ公平であるかを説明しなさい。

Ａ　幼稚園児と成人男性は同じ位置からスタートして，同じゴールに向かって走る

Ｂ　幼稚園児のスタートの位置は，成人男性よりもゴールに近い位置にして，同じゴールに向かって走る

【理　科】〈第１回試験〉（30分）〈満点：60点〉

1　和枝さんと洋子さんは，５月の日曜日に千葉県のある公園で行われた自然観察会に参加しました。観察指導員の佐藤《さとう》先生のお話を聞きながら，公園の生き物を観察しました。このときの会話の文を読み，あとの問いに答えなさい。

和枝：この花を咲《さ》かせている植物は何ですか。ピンクや黄色が混じってかわいい花ですね。

先生：「ランタナ」という南アメリカ原産の植物です。花が美しく育てやすいので，観賞用に日本に持ちこまれ，庭や公園などによく植えられています。ランタナの花にはみつを吸いに多くのチョウがやってきます。暖かい地方の植物なので，関東地方では冬には枯《か》れてしまう，といわれていたのですが，最近では冬も枯れずに増えて，植えた場所以外にも広がって野生化してしまうことがあります。気候の暖かい沖縄《おきなわ》や小笠原諸島《おがさわらしょとう》では，増えたランタナによって，元々生えていた植物やそこに暮らしていた動物が減ってしまうことが問題になっています。

和枝：かわいい花でも，やたらに増えないように気をつけて育てないといけないのですね。あ，さっそくチョウがやって来てみつを吸っています。おしゃれなヒョウがらのチョウです。

先生：そのチョウは「ツマグロヒョウモン」といいます。「ヒョウモン」は和枝さんの気づいたとおり，はね全体に黄色に黒のヒョウがらの模様があるチョウのなかまのことです。その中でもこのチョウは，はねのふちが黒いのでツマグロヒョウモンといいます。

洋子：こちらの「パンジー」の花のそばにもよく似たチョウがいますが，前ばねに紺《こん》と白の模様があります。

先生：それはツマグロヒョウモンのメスです。パンジーは三色スミレとも呼ばれるスミレのなかまです。ツマグロヒョウモンの幼虫はスミレのなかまの葉を食べて育ちます。ツマグロヒョウモンのメスは「オオカバマダラ」というチョウによく似ています。オオカバマダラは，日本にはいないチョウですが，毒を持っていて，このチョウを食べた鳥は苦しんで吐《は》き出してしまうそうです。

洋子：ツマグロヒョウモンにも毒があるのですか。

先生：いいえ，ツマグロヒョウモンには毒は無いのです。毒の無い生物のからだの色や模様が，毒のある生物に似ていることがあるのは「擬態《ぎたい》」というしくみの一種です。

和枝：聞いたことがあります。以前に枯れ葉にそっくりのガを見つけたときに，先生が「擬態」というのだと教えてくれました。「アケビコノハ」というガで，枯れ葉の間にかくれて身を守るということでした。ツマグロヒョウモンの擬態はかくれているのとは少し違《ちが》いますね。

先生：私は子どもの頃《ころ》から昆虫《こんちゅう》が大好きで，いろいろな昆虫の記録を取ってきました。長い期間観察して記録を続けているとわかることがあります。たとえば，このツマグロヒョウモンは20年くらい前まではこのあたりでは見かけないチョウでした。40年前のチョウの図鑑《ずかん》にも日本のチョウとしてのっていたのですが，分布の見られる日本の各地方としては沖縄や九州，四国，中国と書いてありました。それが近畿《きんき》，東海，関東と分布を広げ，最近では，千葉県でもふつうに見られるようになりました。私の観察記録ではこの公園で最初に見かけたのは2001年です。

洋子：続けて観察記録を取っておくと，生物の変化のようすを知ることができるのですね。私も今日の観察記録をカードにして残しておきます。

先生：それはよいですね。長い年月でなくても，昆虫の成長のようすを観察することや，同じ植物を一年間続けて観察するなど，記録を取ってくらべると気づくこと，わかることがたくさんありますよ。

和枝・洋子：はい，やってみます。今日はありがとうございました。

問１　図１は洋子さんが書いた観察カードです。ここに書いてあるツマグロヒョウモンのスケッチと観察結果などのほかに，観察カードにはどのようなことを書く必要がありますか。記録として書く必要があることとその理由を，本文を参考に述べなさい。

問２　ツマグロヒョウモンのメスがパンジーを訪れるのは，何をするためですか。もっともよくあてはまるものを次のア～エから選び，記号で答えなさい。

ア　パンジーの花のみつを吸うため

イ　パンジーの葉を食べるため

ウ　パンジーに卵を産むため

エ　オスのチョウがやってくるのをさがすため

図１　観察カード

問３　ツマグロヒョウモンの幼虫はパンジーの葉を食べます。昆虫はこのように決まった種類の植物を食べるものが多く，これを食草といいます。解答らんの昆虫の名前とその幼虫が食べる食草の名前を線で結びなさい。

問４　ツマグロヒョウモンのメスが，オオカバマダラに似ていることは，ツマグロヒョウモンにとってどのような点で都合がよいですか。本文を参考にして答えなさい。

問５　図２はツマグロヒョウモンの分布が変化したようすをあらわしています。地球温暖化という環境《かんきょう》問題がこのような変化の原因ではないかと考えられています。文中には地球温暖化の影響《えいきょう》と思われる，ツマグロヒョウモン以外の生き物の変化についても述べられています。その生き物の名前と変化のようすを答えなさい。

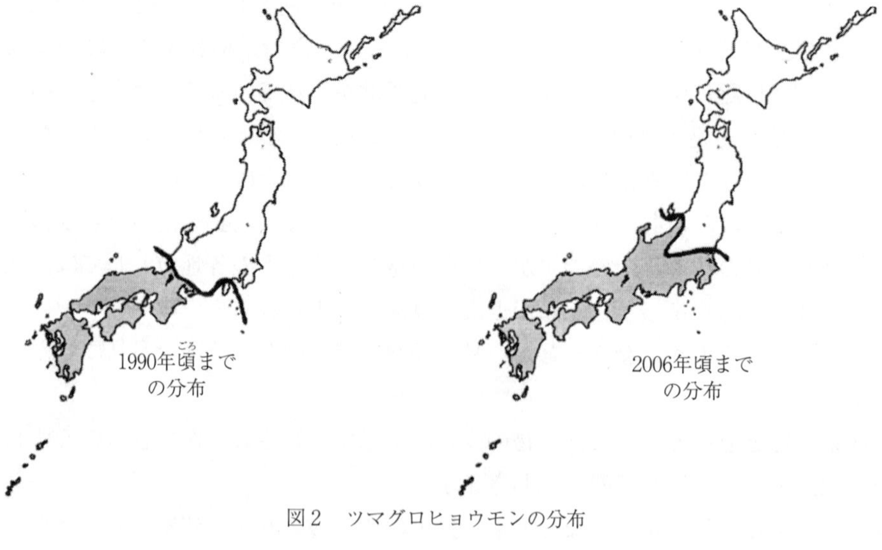

図２　ツマグロヒョウモンの分布

2 次の文章は和美さんのある日の日記です。これを読み，あとの問いに答えなさい。

私は親戚《しんせき》の人たちと焼き肉を食べに行ったときに，おじいさんやおじさんたちが見たことがないものを食べていて驚《おどろ》きました。詳《くわ》しく聞くと，ミノとセンマイというウシの胃だそうです。どちらも普段《ふだん》食べているお肉とはまったく違《ちが》う色や形でした。「胃も食べるなんて」と言ったら「お前の好きなレバーは肝臓《かんぞう》で，さっき食べたハラミは横隔膜《おうかくまく》だ」と言われてますます驚きました。小腸や大腸も食べられるそうです。ミノとセンマイは見た目がまったく違います。ウシは消化しにくい草を食べるので４つの胃があり腸がとても長いと教えてもらいました。学校で消化のはたらきと吸収の勉強をしましたが，まさか胃や腸が食べられるとは知らずに本当に驚きました。

問１　図１はヒトの消化器官を模式的に示しています。胃はどれですか，ア～キから選び記号で答えなさい。

問２　図１に書かれた部分のうち，食べ物が直接通らないところがあります。それはどれですか，ア～キから選び，記号で答えなさい。

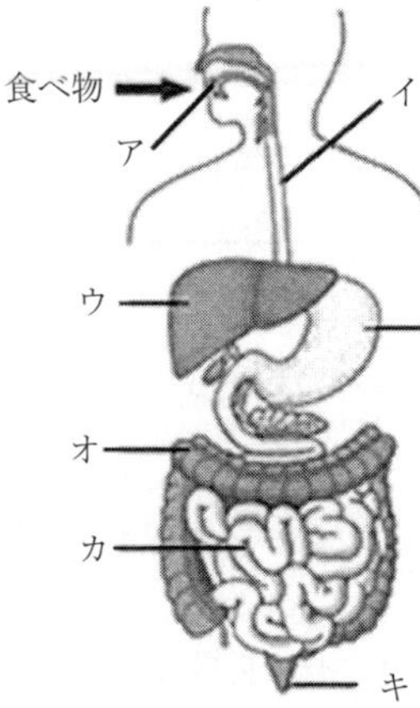

図１

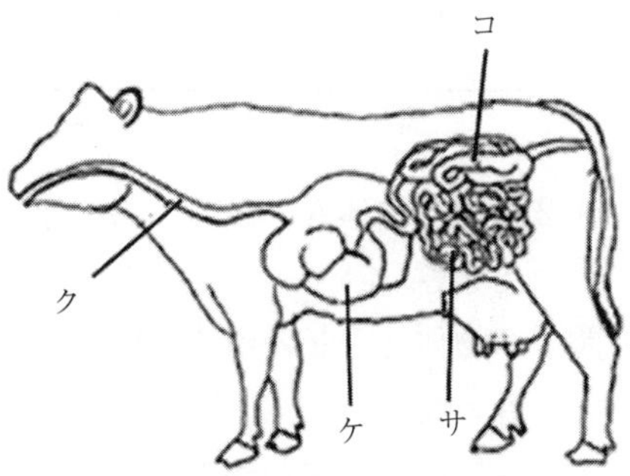

図２

問３　図２はウシの消化器官を模式的に示しています。胃はどれですか，ク～サから選び，記号で答えなさい。

問４　ウシの“体長に対する腸の長さの比の値”は，ヒトのそれと比べると何倍ですか，表１の数値を使って計算しなさい。小数第２位を四捨五入して小数第１位まで求めなさい。

表１　ヒトとウシの比かく

動物	腸の長さ(m)	体長(m)	体長に対する腸の長さの比の値
ウシ	50	2	25
ヒト	7.2	1.6	4.5

問５　ヒトの小腸もウシの小腸も養分を効率よく吸収するためにたくさんのひだがあり，そのひだから無数の小さいでっぱり(じゅう毛)が出ています。じゅう毛があるとなぜ効率よく吸収できるのでしょうか。正しい理由となるように解答用紙の(　)に言葉を入れなさい。

養分をふくんだ液体にふれる(　　)がとても(　　)なるから

3 物体が水に浮《う》くか，沈《しず》むかは，物体の密度と水の密度を比べるとわかります。物体の密度は体積１cm^{3}あたりの重さで表され，単位はg/cm^{3}と書きます。物体の密度が水より小さいと物体は水に浮き，物体の密度が水より大きいと物体は水に沈みます。ただし，水の密度は温度に関係なく1.00g/cm^{3}とします。次の問いに答えなさい。

問１　10gの水をはかり取ったときの水の体積は何cm^{3}になりますか。

物体Ａ～Ｅを集めて，それぞれの体積と重さをはかり，図のようにまとめてみました。

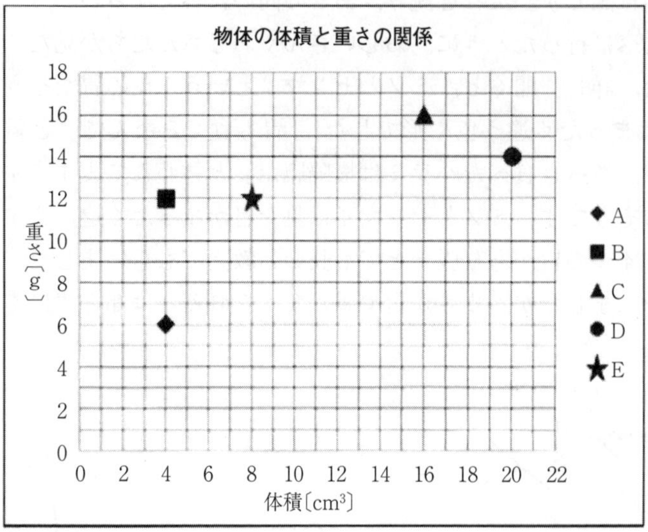

図

問2　図の物体A～Eのうち，水の中に入れると沈むものはどれですか。すべて選び，記号で答えなさい。

問3　物体A～Eの中で，同じ素材でできていると考えられるものはどれとどれですか。記号で答えなさい。

水に浮くか沈むかの違いを利用して，米作りに必要なイネの種もみの選別をしています。イネの種もみ1粒《つぶ》からお米が約3000粒(茶碗《ちゃわん》1杯分)収穫《しゅうかく》できます。種もみの密度は約1.08～1.22 g/cm^{3}あり，1.15 g/cm^{3}より大きいものを元気な種もみとします。

問4　水の中に種もみを入れよくかきまぜました。種もみは浮きますか，沈みますか。

問5　1.15 g/cm^{3}より密度が大きい元気な種もみを選ぶために食塩水を使います。そのためには，10 Lの水に何 kgの食塩をとかすとよいですか。ただし，食塩がとけても，水と食塩水の体積は変わらないものとし，1 cm^3 = 1 mL です。

4　市川市で晴れた夜に星空を観察しました。次の問いに答えなさい。

問1　次の(　)にあてはまる季節は何ですか。下のア～エから選び，記号で答えなさい。

さそり座は(①)の代表的な星座であり，また，おおいぬ座は(②)の代表的な星座です。

ア 春　イ 夏　ウ 秋　エ 冬

右の図は，ある日の午後８時に観測した北斗七星《ほくと》の位置が表されています。図中のア～シは１周を同じ角度で分けた点です。ただし，●は星を表します。

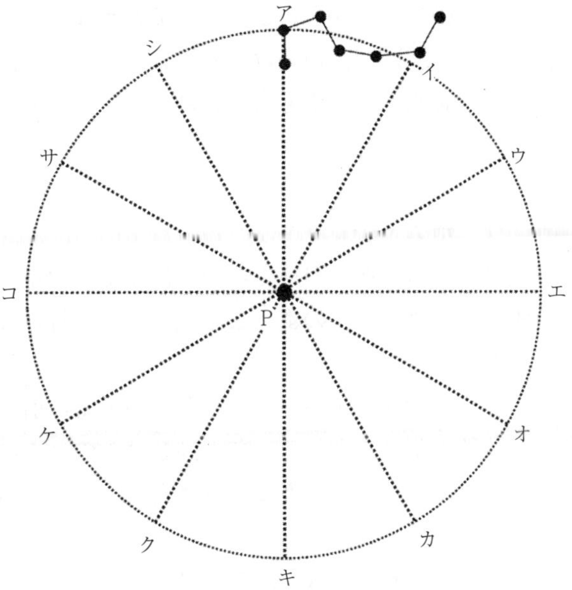

問２　図のアの位置にある星が一カ月後の午後10時に観察される位置はどこですか。右の図のア～シから選び，記号で答えなさい。

問３　北斗七星は何座の一部ですか。次のア～オから選び，記号で答えなさい。

ア　さそり座　　　イ　おおいぬ座
ウ　おおぐま座　　エ　いて座
オ　こぐま座

問４　次の(　)にあてはまる語句を答えなさい。

一カ月のあいだ観察を続けましたが，Ｐの星は，ほとんどその位置を変えませんでした。このことからＰの星は(③)の延長線方向にあることがわかります。よって，地上から見えるＰの星の角度は，観察した場所の(④)に等しくなります。

5　ものの燃え方や燃える時に必要な気体を調べるために，ろうそくを使って次のような実験を行いました。あとの問いに答えなさい。

［実験１］　図１のように，ガラス棒を３つの炎《ほのお》に当たるように横から通したところ，ある部分にもっとも多く黒いすすがつきました。

［実験２］　図２のように，ろうそくの近くにガスライターの火をつけておきます。ろうそくの炎をふき消すと白いけむりのようなものが出ました。

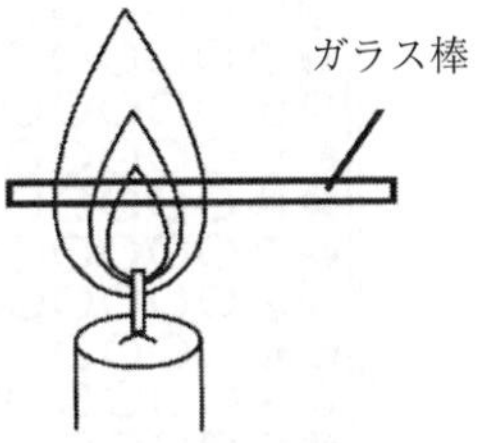

図１

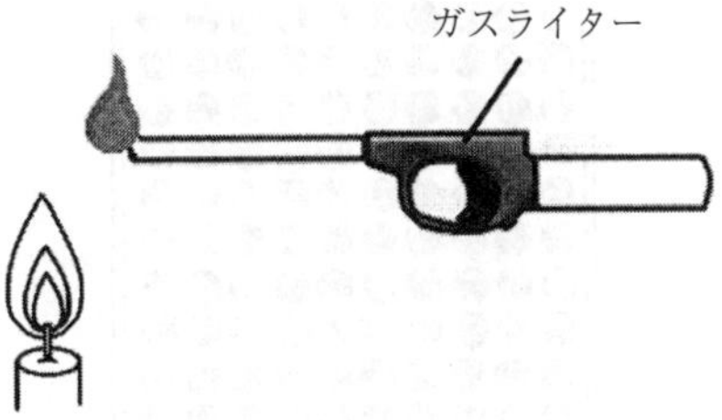

図２

問１　［実験１］で，黒いすすがついたようすとして正しいものはどれですか。次のア～ウから選び，記号で答えなさい。

ア
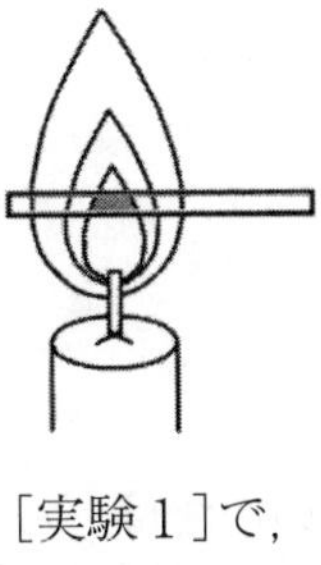

イ
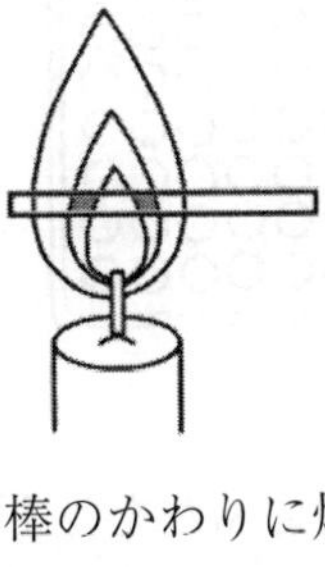

ウ
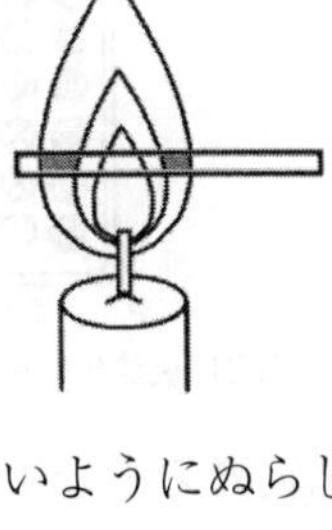

問２　［実験１］で，ガラス棒のかわりに燃えないようにぬらしたわりばしを横から通したところ，ある部分がもっともはやくこげました。そのときのようすとして，正しいものはどれですか。

問１のア～ウから選び，記号で答えなさい。

問３　［実験２］で，白いけむりのようなものに，ガスライターの火を近づけるとどうなるかを正しく説明しているものはどれですか。次のア～ウから選び，記号で答えなさい。

ア　火がつく

イ　火が消える

ウ　ポンと音を立てる

［実験３］　ろうそくが燃える前と燃えた後の空気中の気体の体積を調べるために，次のような手順で実験を行いました。

手順

１　気体検知管を使い，ろうそくが燃える前の集気びんの気体の体積の割合を調べる。右の図３はそのときの気体の体積の割合がわかりやすいように，気体別にそろえて示しているものである。

２　ふたをした集気びんの中に火のついたろうそくを入れ，火が消えたら，ろうそくを取り出してふたをする。

３　気体検知管を使い，ろうそくが燃えた後の集気びんの気体の体積の割合を調べる。

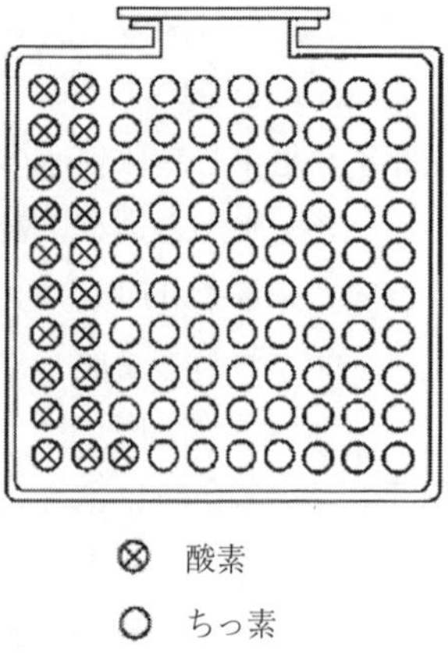

図３

問４　ろうそくが燃えた後，集気びんの中の気体の体積の割合はどうなっていますか。次のア～エから選び，記号で答えなさい。

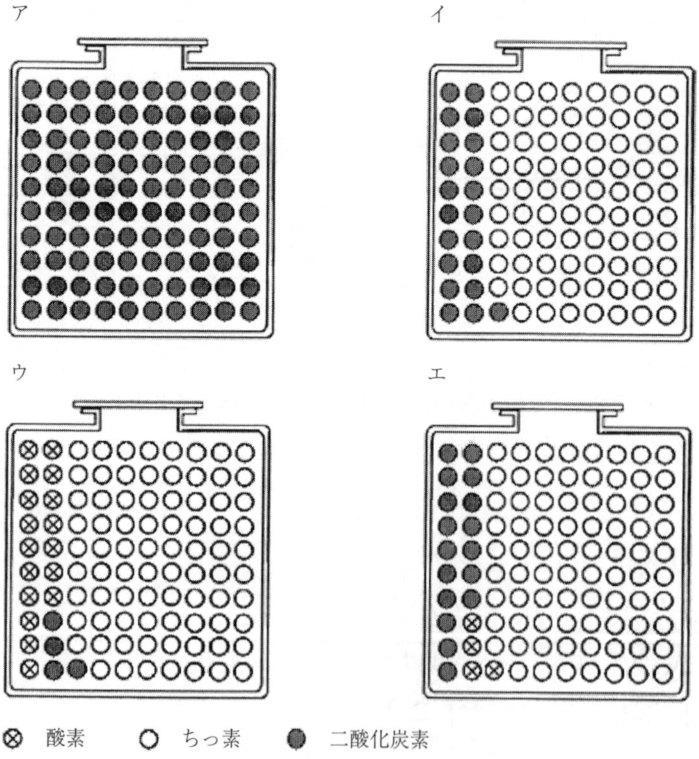

問５　集気びんに，酸素と二酸化炭素を半分ずつ混ぜてふたをします。この中では，ろうそくの火は，図３の空気と比べてどのように燃えるでしょうか。次のア～ウから選び，記号で答え

なさい。

ア　よく燃える

イ　同じように燃える

ウ　あまり燃えない

6　棒と糸を使っててんびんを作りおもりを下げ，支点でささえると右図のように棒が水平になりました。これがてんびん棒がつり合った状態です。棒と糸の重さは小さいので考えないものとします。

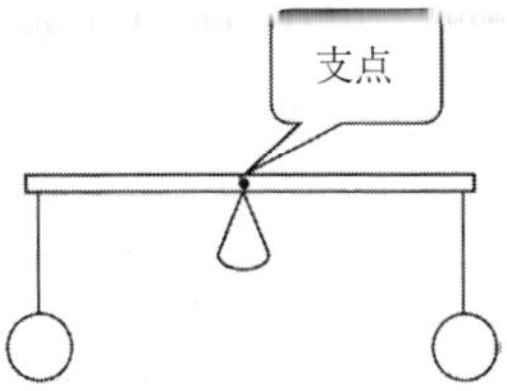

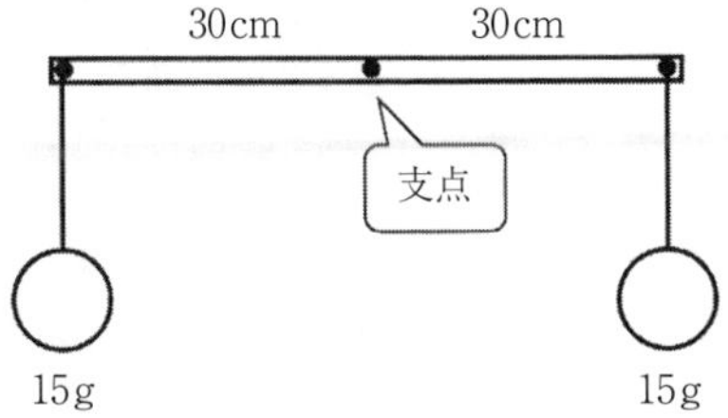

図１　てんびんとおもりを拡大した図

太郎《たろう》君は先生と，実験・観察を重ねながらてんびんがつり合う条件を勉強しています。

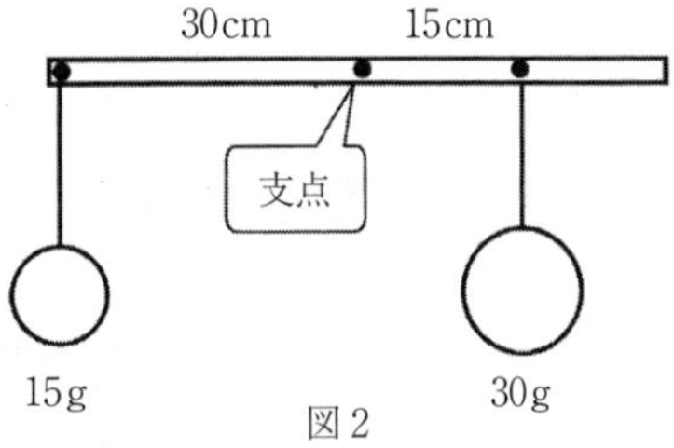

図２

先生：太郎君，図２の例を見てごらん。

太郎：これは知っています。おもりがてんびん棒を「傾《かたむ》けるはたらき」の大きさは　A　であらわせるということですね。

問１　A　に入るものとして正しいものを次のア～ウから選び，記号で答えなさい。

ア　(おもりの重さ)×(支点からおもりが下げられた位置までの距離《きょり》)

イ　(おもりの重さ)＋(支点からのおもりが下げられた位置までの距離)

ウ　(おもりの重さ)÷(支点からのおもりが下げられた位置までの距離)

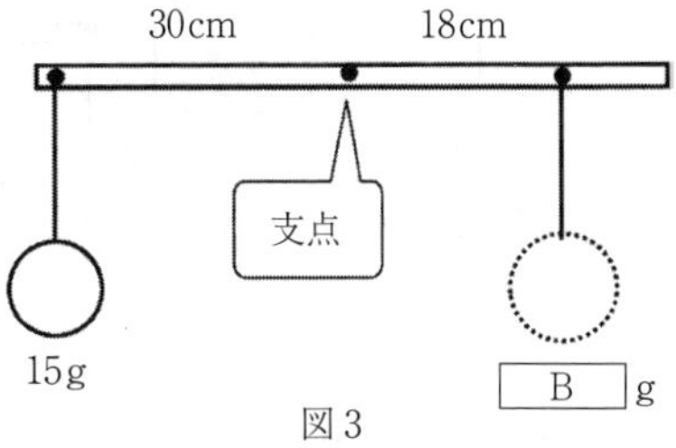

図３

先生：図３の例では，支点から18cmの位置に下げてつり合うおもりは　B　gですね。

問２　B　に入る数字を答えなさい。

先生：てんびんの左右におもりを１個ずつつるす場合はよくわかったようですね。それでは片側に２つのおもりをつるした時は(図４)どうなりますか。

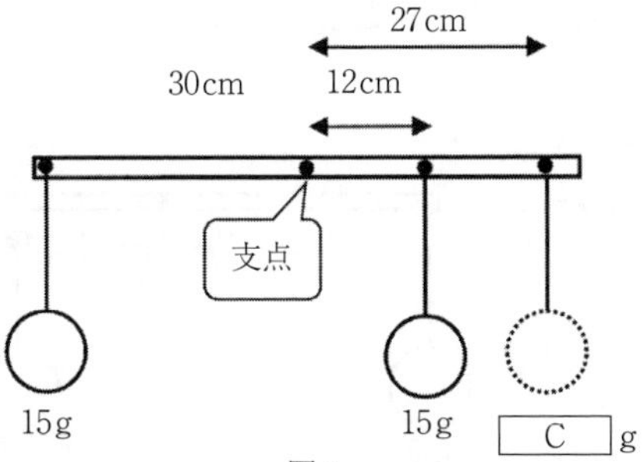

図４

太郎：右側の２個のおもりがそれぞれてんびんを傾けるはたらきを持っているから，それを合計して考えれば一番右のおもりは［　C　］gだと思います。

問３　［C］に入る数字を答えなさい。

先生：今度は別の短いてんびんを使い，つり合った状態で支点に糸を付けバネはかりで重さを測ってみると［　D　］gでした。

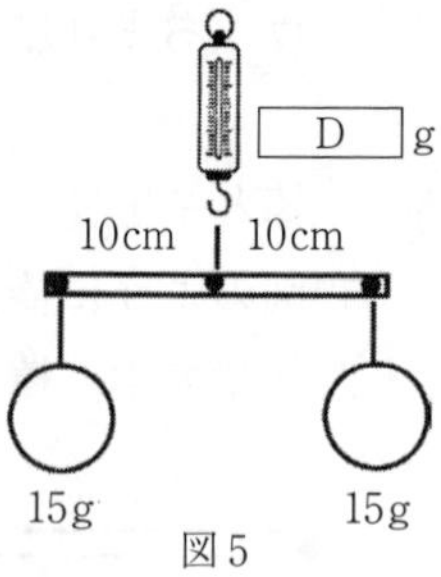

図５

問４　［D］に入る数字を答えなさい。

太郎：このてんびんを“おもりの代わり”に使って支点から15cmの位置につり下げると，てんびんはつり合いますね。

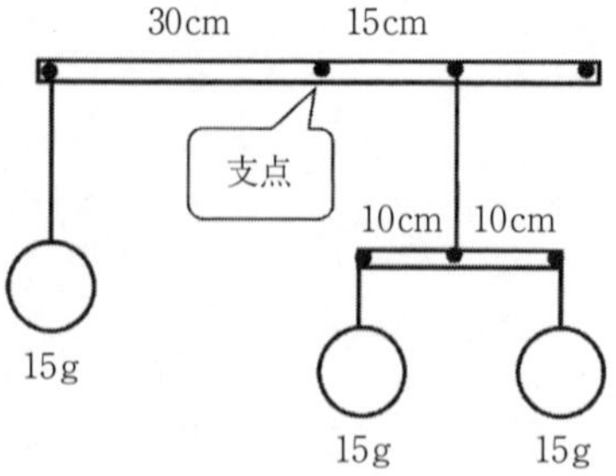

図６

先生：少し複雑なてんびんになりましたが，２つのてんびん棒を結ぶ糸を硬《かた》い棒で置《お》き換《か》えても，てんびんはつり合うことは想像できますね。

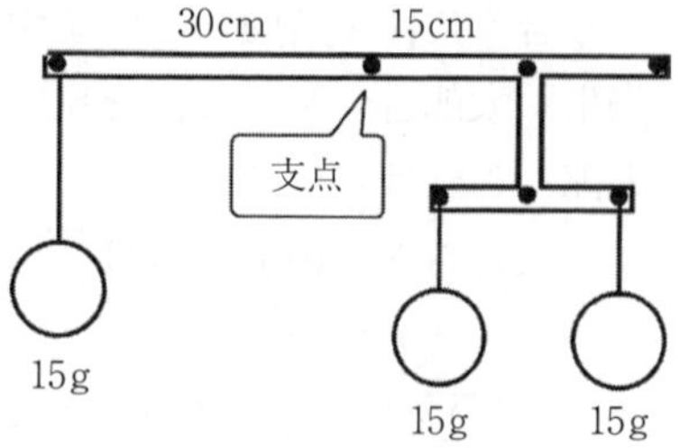

図７

太郎：２個のおもり分の重みが，同じ位置にはたらくのだからそうなると思います。

先生：このてんびん棒をつなぐたての棒を短くしていくと図８の右側のてんびんと同じになることに気がつきますか。

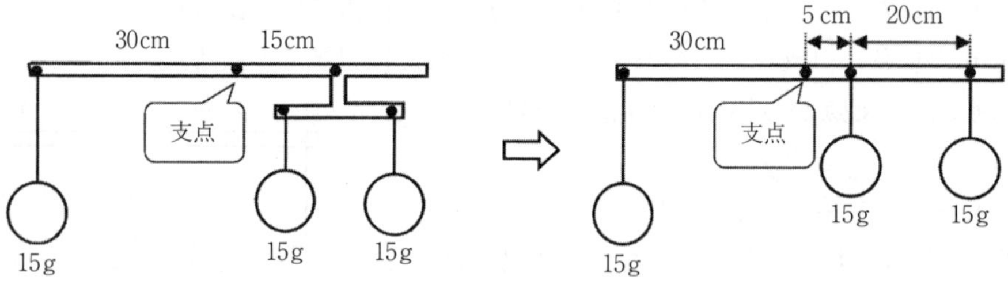

図８

太郎：右側の２個のおもりは支点から15cmの位置につり下げられていたけど，この図を見ると，おもりをつるした糸の延長線上の位置，つまり支点から５cmと25cmの位置につり下げられていることと同じはたらきがあることがわかりましたね。

先生：それでは図９のてんびんはどうなりますか。右側のおもりは支点から30cmの位置からもどるように伸《の》びた12cmの棒の先につり下げられています。

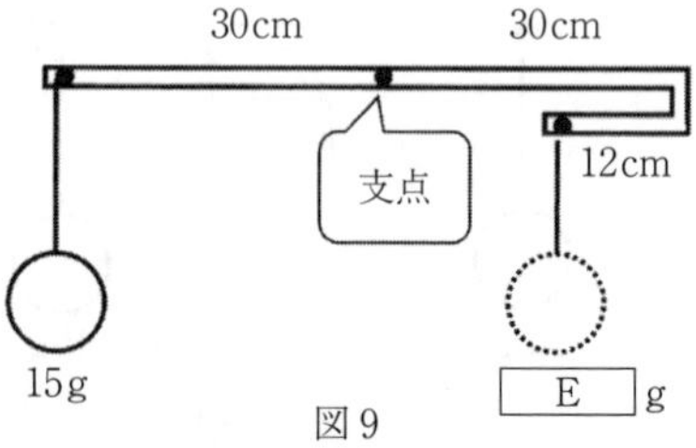

図９

太郎：図８から学んだことから，右側のおもりは［　E　］gだと思います。

問５　［E］に入る数字を答えなさい。

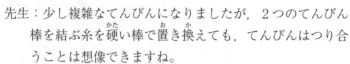

【英　語】〈第１回試験〉（30分）〈満点：60点〉

【Part A】　あ～え の英文を聞き，絵の内容を最もよく表しているものを一つ選びなさい。

例題

No. 1

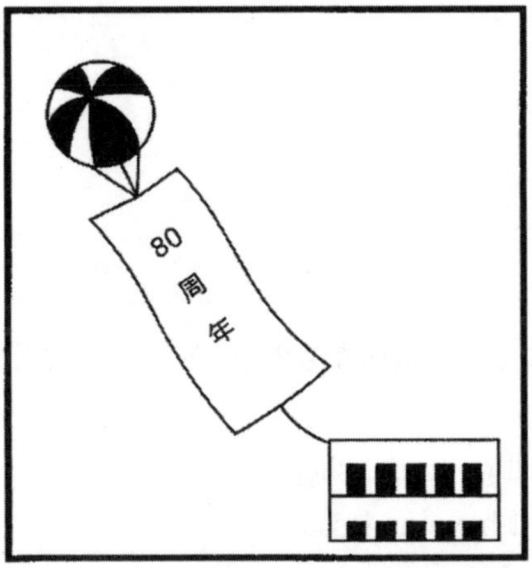

No. 2

No. 3

No. 4

【Part B】 対話を聞き，その最後の文に対する応答として最も適切なものを あ～う の中から一つ選びなさい。

例題 あ. No, thank you.
い. I'm good.
う. It's wonderful.

No. 1 あ. That's great.
い. That's mine.
う. That's a shopping mall.

No. 2 あ. That's very expensive.
い. Thank you very much for the pen.
う. Sorry, I only have a black one.

No. 3 あ. What about in front of Ichikawa Station ?
い. What about an action movie ?
う. What about ABC theater ?

No. 4 あ. Mr. Wood.
い. Mr. White.
う. He is your teacher.

No. 5 あ. I'm fine.
い. Yes, I was.
う. Seven years old.

【Part C】 No. 1 から No. 5 までの英文を聞き，その応答として最も適切なものを あ～き の中から一つ選びなさい。同じ記号は1度しか使えません。

あ. Two sons.
い. I will go to the shop.
う. I went to play soccer with my friends.
え. Oh, I have no lesson.
お. Yes, but only on weekends.
か. Yes, I do.
き. I think so, too.

【Part D】 No. 1 から No. 6 の英文を聞き，その質問に対して最も適切な答えを あ～う の中から一つ選びなさい。

No. 1 あ. He got presents from his family.
い. The meal was very delicious.
う. He and his family had dinner together.

No. 2 あ. Fukushima.
い. Last Sunday.
う. 3 weeks ago.

No. 3 あ. At a hotel.
い. In the sea.
う. With his family.

No. 4　あ．It's 780 yen.
　　　い．It's 980 yen.
　　　う．It's 1,000 yen.
No. 5　あ．She went to Australia with her father.
　　　い．She visited her father's international company.
　　　う．She was with her father.
No. 6　あ．In spring.
　　　い．Satomi Park.
　　　う．Many beautiful flowers.

※<リスニングテスト放送原稿>は英語の問題の終わりに付けてあります。

【Part E】 次の英文を読んで後の問いに答えなさい。

It was Christmas Day. In the morning, Katie woke up and found that the world was white.

"Snow !" she shouted in a happy tone. "Snow for Christmas !"

She ran outside and danced in the snow.

Then, she went back inside the house and ran to her brother Eddie's room. She said, "Wake up ! It's snowing !" in a loud voice. Eddie was sleepy and wanted to sleep more, but he finally woke up.

Katie came outside the house again, and Eddie followed her. They made a big round snowball and a small one. They put them together and made a very big snowman.

"Hello," the snowman said. "It's Christmas. Do you want a present ?"

"Yes, please !" they said.

The snowman moved his arms. Then, it started snowing much more. It was very beautiful.

"We'll give you a present, too," said Katie. They gave the snowman a carrot for a nose, a scarf for his neck, and a hat for his head.

"Happy Christmas !" they said.

The next morning, it stopped snowing, and the sun came out. It was getting warmer and warmer. "Build me again next year ! Goodbye," the snowman wrote in a letter and put it in front of Katie's house.

When Katie looked out of the window, there was no snow anymore. Now, Katie is a little sad, but she is looking forward to making a snowman again next year.

出典：https://learnenglishkids.britishcouncil.org/short-stories/the-snowman　改変

問：英文の内容に合うよう，No. 1 から No. 5 までのことばに続く最も適切なものを，あ～え の中から一つ選びなさい。

No. 1　On Christmas morning, when Katie woke up, . . .
あ．it stopped snowing.
い．there was a snowman.
う．it was snowing.

え．she got a present.

No. 2　When Katie woke Eddie up, he was . . .

あ．happy.　い．sleepy.　う．excited.　え．bored.

No. 3　The present from the snowman was . . .

あ．the snow.　い．a carrot.

う．a scarf.　え．the sun.

No. 4　The next day, . . .

あ．Katie saw the snowman.

い．Katie said goodbye to the snowman.

う．the snowman put the carrot in front of Katie's house.

え．the snowman left a message for Katie and Eddie.

No. 5　At the end of the story, Katie . . .

あ．didn't like snow.

い．enjoyed the sun.

う．was thinking about the next year.

え．wanted a letter from the snowman.

＜リスニングテスト放送原稿＞

ただいまから令和３年度第１回，英語の試験を行います。これからお話しすることについて質問は受けませんので，よく注意して聞いてください。

このテストには，**【Part A】**から**【Part E】**まであります。**【Part A】**から**【Part D】**はリスニング問題で**【Part E】**は筆記問題です。リスニング問題では，英文はすべて二度ずつ読まれます。**【Part A】**と**【Part B】**で例題を一題放送します。放送の間メモをとってもかまいません。

では，**【Part A】**から始めます。これは あ～え の英文を聞き，絵の内容を最もよく表しているものを一つ選ぶ形式です。**【Part A】**の例題を見てください。

あ．A boy is writing something on the blackboard.

い．A boy is turning on the light.

う．A boy is cleaning the blackboard.

え．A boy is coming up to the blackboard right now.

(繰り返し)

皆さんは，今の問題の答えを一つだけ選びます。ここでは「あ」が正しい答えですから，解答用紙の例題のところに「あ」と書かれています。

では，実際の問題を放送しますので，用意してください。問題はNo. 1からNo. 4まで４題です。では，始めます。

No. 1　あ．The store is 18 months old.

い．The store is 18 years old.

う．The store is 80 months old.

え．The store is 80 years old.

(繰り返し)

No. 2　あ．Where is my textbook ?　Oh, it's behind the bed.
い．Where is my textbook ?　Oh, it's under the bed.
う．Where is my textbook ?　Oh, it's on the bed.
え．Where is my textbook ?　Oh, it's in the bed.
（繰り返し）

No. 3　あ．Happy birthday, John.　Let's cut this cake.
い．Happy birthday, John.　Let's buy this cake.
う．Happy birthday, John.　I ate this cake.
え．Happy birthday, John.　I finished this cake.
（繰り返し）

No. 4　あ．Mark Davidson is now giving a speech.
い．Mark Davidson is now listening to a speech.
う．Mark Davidson is now writing a speech.
え．Mark Davidson is now taking a picture of a speech.
（繰り返し）

続いて，**【Part B】**です。これは対話を聞き，その最後の文に対する応答として最も適切なものを，あ～う の中から一つ選ぶ形式です。**【Part B】**の例題を聞いてください。

A：Good morning, Ms. Brown.
B：Good morning, Aki.　How are you ?
A：Fine, thank you.　And you ?
あ．No, thank you.
い．I'm good.
う．It's wonderful.
（A：から繰り返し）

皆さんは，今の問題の答えを一つだけ選びます。ここでは「い」が正しい答えですから，解答用紙の例題のところに「い」と書かれています。

では，実際の問題を放送しますので，用意してください。問題は No. 1 から No. 5 まで５題です。では，始めます。

No. 1　A：Hey, I saw you at the mall yesterday.
B：Oh, really ?　Were you there, too ?
A：Yes, I was.　I bought some new clothes there.
あ．That's great.
い．That's mine.
う．That's a shopping mall.
（A：から繰り返し）

No. 2　A：Excuse me.　Can I borrow a pen ?
B：Of course.　Here you are.
A：Oh, no.　Do you have a blue one ?
あ．That's very expensive.

い．Thank you very much for the pen.

う．Sorry, I only have a black one.

（A：から繰り返し）

No. 3　A： Let's go to a movie this weekend.

B： That's a nice idea !

A： What kind of movie do you want to watch ?

あ．What about in front of Ichikawa Station ?

い．What about an action movie ?

う．What about ABC theater ?

（A：から繰り返し）

No. 4　A： Is Mr. Wood your teacher ?

B： No, he isn't.

A： Who is your teacher ?

あ．Mr. Wood.

い．Mr. White.

う．He is your teacher.

（A：から繰り返し）

No. 5　A： Is this your picture ?

B： Yes, it is.

A： How old were you then ?

あ．I'm fine.

い．Yes, I was.

う．Seven years old.

（A：から繰り返し）

続いて，**【Part C】**です。これはNo. 1からNo. 5までの英文を聞き，その応答として最も適切なものを あ～き の中から一つ選ぶ形式です。同じ記号は１度しか使えません。この問題には例題はありません。では，始めます。

No. 1　Do you like music ?

No. 2　Does that shop open at 9:00 ?

No. 3　What time does your lesson start today ?

No. 4　How many children do you have ?

No. 5　Did you watch the soccer game last night ?　It was great.

（No. 1から繰り返し）

続いて，**【Part D】**です。これは，No. 1からNo. 6の英文を聞き，その質問に対して最も適切な答えを あ～う の中から一つ選ぶ形式です。この問題には例題はありません。では，始めます。

No. 1　Last Saturday was Nick's 16th birthday.　That night, he ate dinner with his family, so he was very happy.

Question： Why was Nick happy last Saturday ?

あ．He got presents from his family.

い．The meal was very delicious.

う．He and his family had dinner together.

（繰り返し）

No. 2　Keiko moved to Ichikawa with her family 3 weeks ago.　She is from Fukushima.　Her house is next to my house, so we went shopping together last Sunday.

Question：　When did Keiko move to Ichikawa？

あ．Fukushima.　　い．Last Sunday.　　う．3 weeks ago.

（繰り返し）

No. 3　Last summer, George went to Okinawa with his family.　Sadly, it was rainy, so they couldn't swim in the sea, but they enjoyed swimming at a hotel, had delicious food, and bought many things.

Question：　Where did George and his family enjoy swimming？

あ．At a hotel.　　い．In the sea.　　う．With his family.

（繰り返し）

No. 4　This melon looks delicious, but my mother wants me to buy strawberries.　The melon is 980 yen.　The strawberries are 780 yen.　I have 1,000 yen now.　I like melons better than strawberries, so I'll buy this melon.

Question：　How much is the melon？

あ．It's 780 yen.　　い．It's 980 yen.　　う．It's 1,000 yen.

（繰り返し）

No. 5　Abby lives in America.　Her father, David, works at an international company in Australia.　Last week, he came back to America and stayed with his family, so Abby was very happy.

Question：　Why was Abby happy last week？

あ．She went to Australia with her father.

い．She visited her father's international company.

う．She was with her father.

（繰り返し）

No. 6　If you come to Ichikawa in spring, you should go to Satomi Park.　You can see many beautiful flowers there.

Question：　What can you see in the park？

あ．In spring.

い．Satomi Park.

う．Many beautiful flowers.

（繰り返し）

これでリスニング問題は終わりです。次の【Part E】の筆記問題に進んでください。

1
今↓
毎→□→光
↓常

2
野↓
川→□→料
↓理

3
建↓
作→□→語
↓質

問二　次の語を打ち消すときに頭につける漢字として適切なものをあとから選び、それぞれ記号で答えなさい。

1　発達　　2　自然　　3　関係　　4　科学的

ア　無　　イ　非　　ウ　未　　エ　不　　オ　否

問三　次の□には体の一部を表す漢字一字が入ります。適切な漢字を入れて、慣用句を完成させなさい。

1　□が広い…多くの人に知られている。

2　□がたたない…とてもかなわないこと。

3　□をあかす…得意になっている相手を出しぬいて、あっと言わせる。

四　――線１～５のカタカナを漢字に直しなさい。送りがなが必要な場合はひらがなでつけること。

1　雨天のため日をアラタメル。

2　中学をホウモンする。

3　彼女《かのじょ》がヒキイルチームは強い。

4　ゾウキバヤシを散歩する。

5　私の父はゲイジュツ家だ。

脳科学が明かす「早寝早起き朝ごはん」と「学習」の大切さ』川島隆太《りゅうた》）

※「やってみよう1、3、4」・「やってみよう2」…もとの本にある「脳の働きを調べるテスト」のことをさしています。

※灰色・赤く…もとの本ではカラー写真使用のため、色を表す言葉が使われています。（――線の先の部分がその色を示しているととらえてください。）

※シナプス…神経細胞と神経細胞、あるいは他の細胞とをつなぐ部分のこと。

問一 （　）A～Cに当てはまる言葉を次から選び、それぞれ記号で答えなさい。

ア　つまり　　イ　ところが　　ウ　それで

エ　なぜなら　　オ　さて

問二 ――線①「下のグラフを見ると、お米のごはんを食べている人のほうが、パンを食べている人よりも、灰白質の割合が高い」とありますが、

1　その他に、二つのグラフから読み取れることを述べている部分を本文から一文でぬき出し、最初の五字で答えなさい。

2　1は、どのようなことによって生じたものですか。本文から的確にぬき出して答えなさい。

問三 ――線②「お米のごはんのほうが脳によい」とありますが、

1　お米とパンそのものの違《ちが》いについて、比較《ひかく》の基準に使用されているものは何ですか。本文からぬき出して答えなさい。

2　1と人間の体との関係について知られていることはどのようなことですか。本文から四十五字以内でぬき出し、最初と最後の五字で答えなさい。

3　お米のごはんのほうが脳によい理由を本文から二十字でぬき出して答えなさい。

問四 ――線③「食事をするときの指数を計算すると、さらにおもしろいことがわかります。」とありますが、それはどのようなことですか。本文の言葉を使って四十字以内で説明しなさい。

問五 この文章を次の1～3の見出しにそって三つの段落に分けます。二つ目の段落はどこからどこまでですか。段落の最初と最後の五字をぬき出して答えなさい。

1　お米のごはんと脳の発達について

2　ほんものの〝やる気〟について

3　お米のごはんの脳への効果について

問六 問五の2の段落について、レポートにまとめます。次の条件をふまえて「ほんものの〝やる気〟について」のレポートを完成させなさい。

条件1　解答用紙の形式にしたがってまとめること。

条件2　たて書きで書くこと。

条件3　感想は、レポートⅢの②の内容について、自分の体験を入れてまとめること。

三

問一 言葉に関する次の問いに答えなさい。

例にならって、中央の空いているマスの中に当てはまる漢字を入れ、二字の熟語を作りなさい。

例

　　本
　　↓
大 → 名 → 前
　　↓
　　人

て、なんだかおかしいと思いませんか？
　もしかしたら、お米なのかパンなのかが問題ではなくて、さきほどから注目していた、おかずの問題なのかもしれません。
　そこで、朝に食べたおかずの影響《えいきょう》かどうかを、脳の検査を見なおして、調べました。ところが、脳の発達のちがいは、おかずの影響ではない、ということがわかりました。どうやら、お米とパンそのものに、なにかちがいがありそうです。
　次に考えたのは、お米を食べたときとパンを食べたときでは、食べたあとで血液の中に取りこまれるブドウ糖の量がちがってくるのではないか、ということでした。
　食事をすると、食べ物が消化され、その中にある栄養が吸収されて、血液の中に入ります。その栄養は、血液に運ばれて体中をめぐり、体や脳などあらゆる場所の細胞に配られて、エネルギー源になります。
　お米やパンなどにふくまれる栄養は、ブドウ糖になって血液の中に入ります。わたしたちが「おなかがすいた」と感じるのは、血液の中のブドウ糖が少なくなったときです。
　血液の中のブドウ糖の量をくらべるには、「グリセミック指数」とよばれる値《あたい》を使います。この値は、食べ物がブドウ糖になって血液の中に入る速さと量から計算します。
　もちろん、ブドウ糖をそのまま飲んだときは消化しなくてすむので、血液に入るまでの時間がもっとも短いですね。それを100として、ほかの食べ物のグリセミック指数を計算しました。つまり、グリセミック指数が低い食べ物ほど、ブドウ糖が血液の中に入るのがおそいことをあらわしています。
　白いお米のグリセミック指数は70です。小麦の中心部分だけを粉にした材料でつくった白いパンは、97です。
　パンといっても、材料によってグリセミック指数は大きくちがっています。小麦の中心部分だけでなく、そのまわりまで使ったパンは65です。こういうパンはあまり白くなく、食べると口の中で少しぱさぱさする感じがします。わたしが学会などで海外へ出かけたときに、食事で出されるのは、このようなパンです。
　いちばん外側の皮だけを取りのぞき、芽になる部分なども粉にした、「全粒粉《ぜんりゅうふん》」とよばれる材料でつくったパンは35になります。
　この全粒粉と同じように、外側の皮だけを取りのぞいたお米を「玄《げん》米《まい》」といいます。玄米のごはんは50です。
　じつは、みなさんの体が元気にたくましく育つためには、グリセミック指数が低い食べもののほうがよいということが、昔から知られていました。（Ｃ）、どうしてそうなのかについては、まだ科学的な理由が明らかになっていません。
　だからわたしは、体と同じように、みなさんの脳が元気にたくましく育つためには、グリセミック指数が低い食べもののほうがよいのではないかと考えたのです。白いお米が70。わたしたちがよく食べる白いパンは97。もう、わかりましたね。わたしたちの研究で、お米のごはんのほうが脳によいという結果が出たのは、白いパンよりもグリセミック指数が低いからだといえるでしょう。
　食べ物そのもののグリセミック指数だけでなく、③食事をするときの指数を計算すると、さらにおもしろいことがわかります。
　たとえば、白いお米のごはんだけを食べたときには、グリセミック指数は70でした。ところが、みそしるといっしょに食べると、それだけで50くらいになるのです。豆や野菜などといっしょに食べても、グリセミック指数が下がることも知られています。
　このように、脳も体も元気にするためには、いろいろなおかずを食べることが大切なのです。
（『元気な脳が君たちの未来をひらく

じつは、この「勉強をやろう」という〝やる気〟にも、朝食がかかわっていることがわかっています。

「勉強をやろう」という気持ちには、大きく分けて二つあります。一つは、「勉強がやりたいからやる」という気持ち。これは、自分から勉強したくて勉強するやる気なので、〝自分の中から自然に出てくるやる気〟といえます。

もう一つは、おこられるから、ごほうびがもらえるから、あるいはお友だちにじまんしたいからといった、「勉強しないといやなことがある。あるいは、勉強すると勉強以外のことでいいことがあるから勉強する」という気持ちです。これは、〝外からつくられるやる気〟です。

じつは、この二つの〝やる気〟は、ぜんぜんちがうものなのです。脳を調べると、この二つの〝やる気〟が、ことなる場所から生まれていることがわかります。

下の図を見てください。〝自分からのやる気〟は、いちばん大切な前頭前野と、さきほど話した基底核というところから出てきます。

いっぽう、〝外からのやる気〟は、基底核と、前頭前野の底のほうにある「がんか前頭回」というところから生まれます。

みなさんの中には、「ぜんぜんちがう〝やる気〟でも、勉強しさえすれば、成績は上がるでしょう」と思っている人はいませんか？　それは、大きなまちがいです。

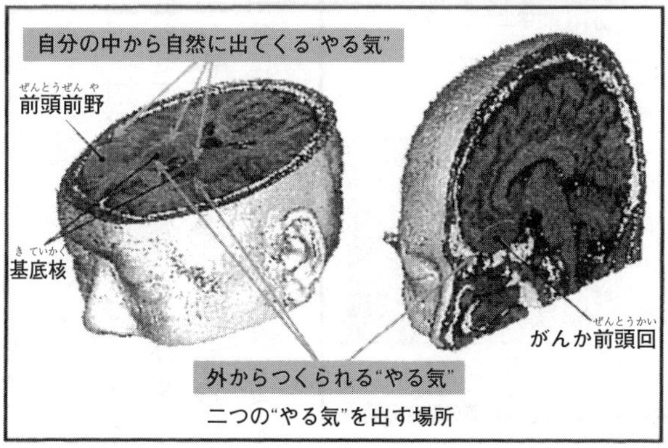

二つの“やる気”を出す場所

わたしたちが二つの〝やる気〟と成績の関係をくらべてみたら、それがはっきりわかりました。〝自分からのやる気〟のある人のほうが、もちろん成績はよいのですが、〝外からのやる気〟で勉強している人は、あまり成績がよくありません。せっかく勉強するのに成績が上がらないなんて、もったいないですよね。

そういわれると、成績が上がるほうの〝やる気〟、つまり〝自分からのやる気〟がもっと出てくればいいなって思いませんか？　先生も、お父さんもお母さんも、みんなそう思っているはずです。「勉強が楽しいなって思ってくれて、自分から勉強してくれたら、なんていいだろう」、と。

この〝自分からのやる気〟がどうやって生まれるのか、ということについて、人間の心を研究している人たちが、いろいろと調べました。すると、〝自分からのやる気〟は、正しい生活習慣から生まれるということがわかったのです。しかも、その中でいちばん大切なのは、朝食の習慣だ、ということもわかりました。

お父さんやお母さんといっしょに、おかずがたくさんある朝食をしっかり食べること。これが、ほんとうに意味のある〝やる気〟をつくってくれます。朝食をしっかり食べれば、勉強が楽しくなって成績も上がり、自分の夢もかなえられるようになるのです。

②お米のごはんのほうが脳によいという結果は、わたしにはとても悲しいニュースでした。生まれてからずっと、毎朝の食事はほとんどパンだったからです。もし、毎朝お米のごはんを食べていたら、わたしの人生は今よりもずっと楽しいものだったかもしれません。

でも、待ってください。お米にもパンにも「でんぷん」という栄養が入っているから、体の中で消化されれば、同じブドウ糖に変わるはずです。それなのに、お米かパンかで脳の発達や働きに差が出るなん脳のまん中あたりにも、灰色の部分があります。ここが「基底核《かく》」です。基底核は、体をうまく動かしたり、がんばろうという気持ちをつくりだしたりする場所です。ここにも、神経細胞がたくさんつまっています。この大脳皮質と基底核を合わせて、「灰白質」とよびます。

灰白質の大きさ、つまり神経細胞がつまっている場所の大きさが、脳全体の大きさの中でどのぐらいの割合になっているかを調べてみました。①下のグラフを見ると、お米のごはんを食べている人のほうが、パンを食べている人よりも、灰白質の割合が高いですね。つまり、毎朝お米のごはんを食べている人のほうが、パンを食べている人よりも、灰白質がより大きく発達していることがわかりました。

お米のごはんを食べている人の脳のほうが、神経細胞からのびる神経線維《せんい》や※シナプスがたくさんできていて、（Ｂ）脳がよく働くようになっているのだと考えられます。

しかも、小学生までよりも、中学生以上になったときのほうが、その差が広がります。これは、毎日の食事の積みかさねによって、どんどん差が広がっていった、ということをあらわしています。

お米のごはんを食べている人とパンを食べている人とでは、脳のどの場所で灰白質の差が大きかったのかも調べてみました。右下の図で、その場所を※赤くぬりました。もっとも差が大きかったのは、脳のおく深くにある基底核の一部と、前頭前野の後ろ部分の下あたりだとわかりました。

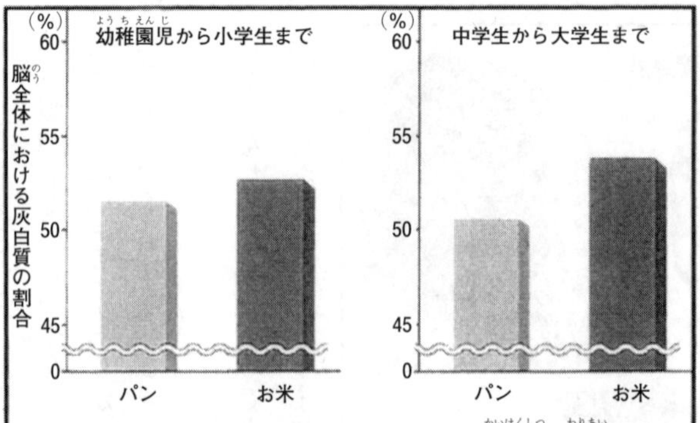

朝食の主食(パンを食べるか, お米を食べるか)と灰白質《かいはくしつ》の割合《わりあい》の関係

基底核のこの部分の大切な仕事は、がんばろうという〝やる気〟を起こすことです。また、前頭前野の後ろの下は、ことばをあつかう仕事をしています。がんばろうという気持ちを出す脳や、ことばをあつかう脳は、お米のごはんを食べている人のほうが、よりたくさん発達していたのです。

また、知能検査の成績をくわしく調べると、図形をあつかうテストよりも、ことばをあつかうテストのほうで、主食のちがいによる成績の差が大きいこともわかりました。お米を主食にしている人たちは、ことばをあつかう脳が大きく発達しているから、ことばをあつかうテストの点数が高くなったのでしょう。それで、差が広がったのだと、わたしたちは考えました。

〝やる気〟と脳について、もう少し話していきましょう。

みなさんは学校に通って、勉強していますね。勉強は楽しいですか？　新しいことを覚えるときや、好きな授業がある日は、わくわくしますか？

それとも、お父さんやお母さんにおこられるから勉強するのでしょうか。がんばったらごほうびがもらえるから、勉強しているという人もいるかもしれませんね。

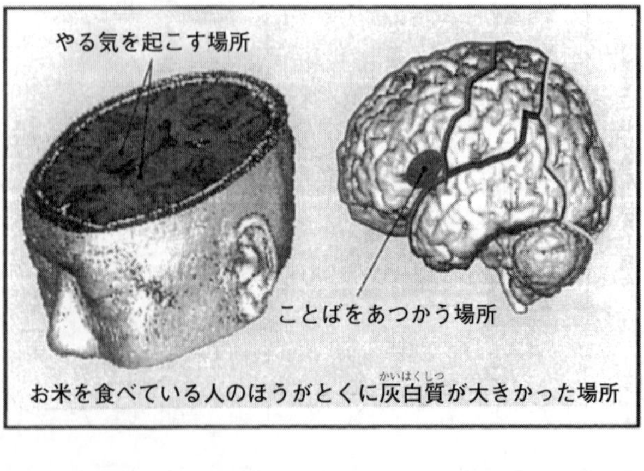

お米を食べている人のほうがとくに灰白質《かいはくしつ》が大きかった場所

みながらも、小学校から味の変わらない給食のマーボー豆腐を食べるうちに、次第《しだい》に心を落ち着かせ、ありのままの自分を受け入れていく。マーボー豆腐は主人公の心の成長を読み取るための手がかりとなっている。

エ　甘口のマーボー豆腐しか食べられなかった主人公が、様々な経験をすることで本場の辛口のマーボー豆腐を食べられるほどに成長していく。マーボー豆腐はこの作品の主題である主人公の大きな変化に読者が気づくための大事なしかけとなっている。

二　次の文章を読んで、あとの問いに答えなさい。

お待たせしました。では、朝食の主食について話しましょう。

朝食の主食には、お米をたいたごはんがおすすめです。なぜなら、パンよりもお米のごはんのほうが、脳にとってよいからです。それは、わたしたちが子どもの脳の発達を調べているときに、ぐうぜん発見したことでした。

わたしたちは、幼稚園《ようちえん》に通う年の子どもから大学生までの、脳の形や働きを調べてきました。その調査では、「知能検査」という検査もおこないました。

知能検査はおもに、図形をあつかう力と、ことばをあつかう力を調べるテストでつくられています。図形をあつかう力を調べる検査は、たとえば※「やってみよう1、3、4」のようなテストです。ことばをあつかう力を調べる検査は、※「やってみよう2」のようなテストです。

この検査の結果は、「知能指数」とよばれる点数になります。この点数は、平均点が100点になるように計算してあります。八歳《さい》でも、十五歳でも、同じ年の人たちの平均点は100点になります。この点数が、毎日の朝食の主食によって、ことなっていたのです。

主食にお米のごはんを食べている人たちの平均点は、104点。パンを食べている人たちの平均点は、100点でした。お米のごはんを食べている人たちのほうが、知能指数が高いという結果が出たのです。どうしてそのような結果が出たのか、そのときは、わたしたちにもよくわかりませんでした。

そこで、朝食でお米のごはんを食べている人たちと、パンを食べている人たちでは、脳になにかちがいがあるかもしれないと思い、調べてみることにしたのです。

それを調べている間、わたしはとてもどきどきしていました。（Ａ）、わたしは小学生のころからずっと、朝食で食パンを食べていたからです。

わたしたちはまず、脳全体の大きさと、灰白質《かいはくしつ》の大きさを調べました。

「えっ、灰白質って、なに？」という声が聞こえました。まだ、説明していませんでしたね。

下の図の左は、わたしの脳を横に切った画像です。脳の表面に※灰色の帯が見えていますね。ここが「大脳皮質」です。ここには、神経細胞《さいぼう》という細胞がたくさんつまっています。第一章で話したので、忘れていたらもう一度、読みかえしてください。

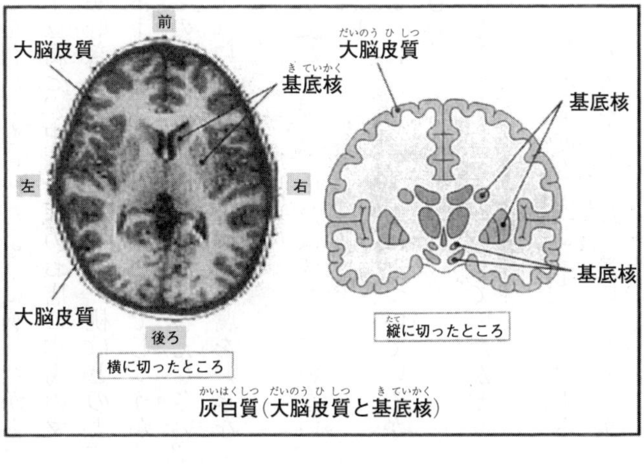

灰白質《かいはくしつ》（大脳皮質《だいのうひしつ》と基底核《きていかく》）

らなくなってしまったから。

問六　――線⑤「ふてくされたような顔でそっぽを向いているみっくんを見て、わたしは気がついた。」とあります。この時桃がみっくんについて考えたことを、二つに分けて説明しなさい。

問七　――線⑥「『わかったよ』とわたしの言葉を止めた。」とありますが、みっくんは何が「わかった」のでしょうか。その答えとして最も適切なものを次から選び、記号で答えなさい。

ア　桃の、みっくんにまたポックルの童話を読んでほしいという思い。
イ　桃の、みっくんと昔のように童話について話したいという思い。
ウ　ポックルの童話が大好きなことをみっくんに伝えたいという桃の思い。
エ　大人向けの暗くてつらい小説を読むのが苦手だという桃の思い。

問八　――線⑦「変わらなくちゃ、と思って、ずっと頑張っていたはずなのに、変わらないな、というみっくんの言葉が、わたしはなんだかとてもうれしかった。」とありますが、なぜ桃は「変わらないな」という言葉をうれしく感じたのでしょうか。その答えとして最も適切なものを次から選び、記号で答えなさい。

ア　早く大人にならなければならないとあせる気持ちを、みっくんだけは受けとめてくれていたことがわかったから。
イ　みっくんが子どもっぽい自分のことを変えようと、無理してそっけない態度をとっていたことがわかったから。
ウ　大人っぽいみっくんが今も童話を好きだということがわかり、昔と変わらない関係を築いていけるように感じたから。
エ　自分と同じ悩みをかかえているとわかったみっくんに、昔と変わっていない自分のことを認めてもらえたように感じたから。

問九　――線⑧「給食のマーボー豆腐と、中華料理のお店の本場のマーボー豆腐、どっちのほうが好き？」とありますが、桃はどのような思いでみっくんにマーボー豆腐のことを聞いたのでしょうか。その答えとして最も適切なものを次から選び、記号で答えなさい。

ア　みっくんが自分と同じように、給食のマーボー豆腐を好きなことを確認《かくにん》したいという思い。
イ　みっくんの外見や行動が変わっても、中身は変わっていないことを確認したいという思い。
ウ　みっくんが外見に合うように、中身も大人に近づいているかどうか確認したいという思い。
エ　みっくんが急いで大人になろうとして無理をしていたかどうかを確認したいという思い。

問十　この文章には「マーボー豆腐」が何度も出てきます。「マーボー豆腐」が果たす役割を説明したものとして最も適切なものを次から選び、記号で答えなさい。

ア　小学校から味の変わらない給食の甘口のマーボー豆腐と、中華料理店の辛口《からくち》のマーボー豆腐のどちらを好きかということで、登場人物の性格のちがいがわかりやすく表現されている。マーボー豆腐は登場人物の人柄《ひとがら》を正しく理解するための大切な小道具となっている。
イ　小学校から味の変わらない給食の甘口のマーボー豆腐と、中華料理店の辛口のマーボー豆腐のどちらを好きかということで、登場人物の成長の差が表現されている。マーボー豆腐は思春期の心の成長をわかりやすく表現するための重要なキーワードとなっている。
ウ　辛口のマーボー豆腐を食べられない主人公は幼さを感じて悩

いきなりの質問に、みっくんがまゆをひそめた。だけどわたしが上目遣《うわめづか》いに待っていると、みっくんは戸惑《とまど》いがちにこたえてくれた。

「本場のって、要するに激辛ってことだろ。辛いのは得意じゃないから、給食のマーボー豆腐のほうがいいな」

それがどうかしたのか、と不思議そうなみっくんに、わたしは「ううん、ちょっと聞いてみたかっただけ」と笑顔でこたえた。そしてみっくんの後ろ姿を見送ると、うきうきした気分で、残りの本を選びに童話の棚に向かった。

（『給食アンサンブル』如月《きさらぎ》かずさ）

問一　（　）A～Cに当てはまる言葉の組み合わせとして適切なものを次から選び、記号で答えなさい。

ア　A　うろうろ　B　びくびく　C　すたすた
イ　A　うろうろ　B　すたすた　C　びくびく
ウ　A　びくびく　B　すたすた　C　うろうろ
エ　A　びくびく　B　うろうろ　C　すたすた

問二　――線①「それ」とありますが、どのようなことを指していますか。本文の言葉を使って十五字以内で答えなさい。

問三　――線②「それでも投げだしてしまいたくなくて」とありますが、それはなぜでしょうか。その理由として最も適切なものを次から選び、記号で答えなさい。

ア　小説を読むのを投げだしてしまったら、今後も童話しか読めない自分を恥ずかしく感じなければならないから。
イ　小説を読むのを投げだしてしまったら、無理をして大人っぽくしていたことがみんなにわかってしまうから。
ウ　小説を読むのを投げだすということは、大人になるために努力することをあきらめることにつながるから。
エ　小説を読むのを投げだすということは、困難な出来事を乗りこえるための知恵《ちえ》を得られないということだから。

問四　――線③「ねえ桃、わたし、なにか桃を傷つけるようなことをした？」とあります。桃のどのような行いが、美貴ちゃんにはどのように見えたのでしょうか。次の（　）1～4に言葉を当てはめて二点説明しなさい。

・桃の（　1　）ことが、美貴ちゃんには（　2　）ように見えた。
・桃の（　3　）ことが、美貴ちゃんには（　4　）ように見えた。

問五　――線④「わたしの心はまだもやもやとした不安におおわれていた。」とありますが、なぜ不安におおわれていたのでしょうか。その理由として最も適切なものを次から選び、記号で答えなさい。

ア　美貴ちゃんは無理して大人になろうとしなくていいと言ってくれたが、つまらなそうな顔でマーボー豆腐を食べているみっくんの姿を見て、美貴ちゃん以外のみんなも自分より大人であることに気づいてしまったから。
イ　美貴ちゃんはもとから大人っぽいので無理をしなくても自然に大人へ成長することができそうだが、子供っぽい自分が美貴ちゃんの言うとおりにしてしまうと、いつまでも大人にはなれないかもしれないと感じたから。
ウ　無理をして大人っぽく見えるように努力してきたのに、その様子を見た美貴ちゃんに普段の子供っぽいままでいてほしいと言われてしまったため、大人になるための努力をあきらめなければならないと感じたから。
エ　大人っぽく見えるように頑張っていたことが、逆に美貴ちゃんに嫌な思いをさせてしまうことにつながってしまったため、これからどのようにしたら大人へ成長することができるかわかえるって、それはわたしだけじゃなくて、みっくんだってそうだ。

もしかしたらみっくんも、急いで大人になろうとして、無理をしているんじゃないだろうか、とわたしは思った。わたしと違って、みっくんの外見はどんどん大人に近づいている。だからわたしよりも余計にあせって、大きくなった体に中身もあわせようと、大人っぽく振舞って、好きな童話も読まなくなって……。

大人にならなくちゃとあせっていたのは、わたしだけじゃなかった。そのことがわかった途端、わたしの口から言葉が飛びだしていた。

「絶対、変なんかじゃないと思う！」

静かな図書館に、わたしの声が響《ひび》きわたった。みっくんは目をまるくしていて、わたしも自分の声の大きさに驚いていた。

なにを話したらいいかわからなくて、わたしはおろおろしてしまった。だけどわたしはとにかくみっくんに、またポックルの童話を読んでほしかった。

「あ、あのねっ、この本、ほんとにすごくおもしろかったの！　ポックルの全部のお話の中で、ベストスリーに入れたいくらいに。ライバルのイナリ丸との料理勝負もわくわくしたし、ポックルがつくるいろんなマーボー豆腐がどれもおいしそうで……」

わたしは一生懸命、ポックルの新しいお話のおもしろさをみっくんに伝えようとした。

そんなわたしのことを、みっくんはきょとんとした顔で見つめていた。けれどそのうちに、みっくんはふう、とため息をついて、⑥「わかったよ」とわたしの言葉を止めた。やれやれというような、だけどやさしい声で。

「普段はおどおどしてるのに、好きな本の話をするときはすごいおしゃべりなとこ、昔と変わらないな」

みっくんはそう言って、わたしの差しだした本を受けとった。みっくんに本をわたしながら、わたしは自然と笑顔《えがお》になっていた。⑦変わらなくちゃ、と思って、ずっと頑張っていたはずなのに、変わらないな、というみっくんの言葉が、わたしはなんだかとてもうれしかった。

激辛《げきから》マーボー豆腐の夜から、ずっと不安で重たかった胸が、やっと軽くなったような気がした。

「この本だったら、高梨にもおすすめ。児童文学と大人の小説の中間の、ヤングアダルトってジャンルになるから、厳密には大人の小説じゃないけど、まずはこういう作品から手をだしてみたらいいんじゃないか」

童話じゃない本も読んでみたい、というわたしのリクエストにこたえて、みっくんがおすすめの本を選んでくれた。前に借りた悲しい恋愛小説とは違って、とても明るくてさわやかそうな表紙の本で、文字も大きめだしページ数もそんなに多くない。これならわたしでも最後まで読めそう。

「ありがとう、みっくん」

「だから、その呼びかたはやめてくれって言ってるだろ。特にほかのやつらがいるときは」

相変わらず無愛想にそう言うと、みっくんは「じゃあ、もう帰るから」と貸出カウンターのほうに行こうとした。

そこでわたしはふと思いついて、その背中に声をかけた。うっかりまた「みっくん」と呼んでしまったせいで、振りかえったみっくんがじろっとわたしをにらんだ。

「ご、ごめんね。たいしたことじゃないんだけど、あの、⑧給食のマーボー豆腐と、中華料理のお店の本場のマーボー豆腐、どっちのほうが好き？」

か。この本を返しちゃったら、わたしはこれからもずっと、大人っぽくはなれないんじゃないかな。そんな不安も感じていた。

返却が終わったあとも、まっすぐ童話を借りにいく気にはなれなくて、わたしは大人向けの小説の棚《たな》のあいだを（Ｂ）していた。またべつの小説を借りてみようかな、とも考えたけど、おもしろそうな本はなかなか見つからなかった。

しばらく迷ったあとで、わたしはためらいがちに、大人の小説のコーナーを離《はな》れた。そしていつもの童話の棚に向かうと、そこでわたしは思いがけない相手の姿を見つけた。

そこにいたのは、大人びた顔の背の高い男子。みっくんだった。みっくんは棚の前で童話の本を開いて、熱心に立ち読みをしていた。

本の表紙は見えないけど、挿絵でわかる。この前わたしが返した、「こだぬきレストランのポックル」の最新刊だ。

それを読むみっくんの顔には、すごくわくわくした表情が浮《う》かんでいた。いつもの不機嫌で怖《こわ》そうな顔とは違う、昔となんにも変わっていない、おもしろい童話を読んでいるときのみっくんの顔だ。

驚《おどろ》きすぎて声をかけることもできないでいると、みっくんがわたしに気がついた。みっくんはぎょっとした顔になってから、すぐにその表情を引っこめて、「なんだ、高梨か」とぶっきらぼうに言った。そして読んでいた本を棚にもどすと、なにごともなかったかのように、（Ｃ）とその場を立ち去ってしまう。

呆気《あっけ》に取られてしまってから、わたしはとっさにポックルの最新刊を棚からぬきだして、みっくんのあとを追いかけた。

「道橋くん、待って！」

わたしが呼びかけても、みっくんは立ち止まってくれなかった。わたしは駆《か》け足でみっくんに追いつくと、服の裾《すそ》をつかんで言った。

「待ってよ、みっくん！」

昔のあだ名をつい使ってしまったら、みっくんが怒った顔で振りかえった。鋭《するど》い目でにらまれて、わたしはびくっとうつむいた。

けれどそれからすぐに、大きなため息の音が聞こえた。わたしがおそるおそる顔を上げると、みっくんは怖い顔をやめて、あきれたようにわたしのことを見ていた。

「もうその呼びかたはするなよ。恥《は》ずかしいだろ」

「ごめんなさい。その、これ、借りようとしてたんじゃないの？」

わたしはおずおずとポックルの本をみっくんに差しだした。するとみっくんはその本を見もしないでこたえる。

「そういうわけじゃない。この前高梨が話してたのを思いだして、ちょっと見てただけだ」

「でも、すごくわくわくした顔で読んでたし……」

「そんな顔はしていない」

怖い声できっぱり言いかえされて、わたしはまた縮こまった。けれど、それでもまだあきらめられないで、わたしがこわごわその顔色をうかがおうとしていると、みっくんはぼそぼそとつけくわえた。

「だいたい、こんなでかいのが低学年向けの童話なんて読んでたら、変に決まってるだろ」

その言葉を聞いたわたしは、はっとしてみっくんの顔を見あげた。わたしよりも頭ひとつぶんは上にある、みっくんの顔を。

⑤ふてくされたような顔でそっぽを向いているみっくんを見て、わたしは気がついた。みっくんは、童話を好きじゃなくなったわけじゃなかったんだ、って。そのことが、みっくんの声や表情から伝わってきた。

それからわたしは、学校での美貴ちゃんとの会話を思いだした。大人っぽいふりをしていたわたしは、不機嫌そうで怒っているように見えた、と美貴ちゃんは言っていた。不機嫌そうで怒っているように見美貴ちゃんはほっと胸をなでおろした。

ほんとうに、美貴ちゃんに悪いことをしてしまった。わたしは心から反省して、それからおそるおそる、美貴ちゃんに聞いてみた。

「それで、あの、わたし、頑張って大人っぽくしてたつもりだったんだけど、そういうふうには見えなかったかな」

「……ごめん。正直に言って、不機嫌そうにしか見えなかった」

美貴ちゃんが目をそらしてこたえた。

それを聞いたわたしは、がっくりと肩《かた》を落とした。大人っぽいふりを始めてから、これまでにたまってきた疲れが、急に何倍にも重たくなったような感じがした。

わたしが落ちこんでいると、美貴ちゃんがやさしくほほえんではげましてくれた。

「そんなに無理して大人になろうとしなくたっていいと思うけど。そういうのってきっと、自然と変わっていくものだから、桃はただ桃らしくいればいいんじゃない？　少なくともわたしは、無理に大人っぽくしてる桃より、普段《ふだん》の桃のほうがずっと好きよ」

その言葉がうれしくて、わたしは泣きそうになってしまった。けれどそう話す美貴ちゃんは、同い年とは思えないほど大人に見えて、わたしは素直《すなお》に納得《なっとく》することができなかった。

美貴ちゃんだったら、たしかに自然に変わっていけるかもしれない。だけど、わたしは……。

ありがとう、と美貴ちゃんにお礼を言いながら、④わたしの心はまだもやもやとした不安におおわれていた。

午前の授業が終わって、給食の時間になった。

始業前に美貴ちゃんと話したときから、わたしはずっと迷っていた。無理して大人になろうとしなくたっていい、と美貴ちゃんは言ってくれたけど、ほんとうにそれでいいのかな。わたしはやっぱり、変わらなくちゃいけないんじゃないかな、って。

どうしたらいいのかわからないまま、わたしは給食のトレイを見おろした。きょうの給食のメニューはマーボー豆腐だった。この前の夜に食べた、本場の黒っぽいのとは違う、やさしいオレンジ色の、わたしの好きなマーボー豆腐。

小学校のときから変わらない、その甘口《あまくち》のマーボー豆腐を食べているうちに、わたしはだんだんほっとした気分になっていた。そしてほっとするのといっしょに、ごちゃごちゃこんがらがっていた頭の中の悩みが、不思議なくらいするするとほどけていくのを感じた。

もうやめちゃおうかな、こんなこと。わたしはそう考えた。どんなに頑張って大人っぽく変わろうとしたって、きっとまた空まわりをして、勘違いされちゃうだけ。だったら、こんなにつらくてくたびれること、意地を張って続けなくたっていいよね。

悩みは消えたはずなのに、わたしの心はまだもやもやとしたままだった。こっそりため息をついてから、なにげなくとなりの班を見ると、みっくんがつまらなそうな顔で、マーボー豆腐を口に運んでいた。

きっとみっくんも、給食のマーボー豆腐より、中華料理店の本場のマーボー豆腐のほうが好きなんだろうな、と思った。美貴ちゃんや朋《とも》ちゃんと同じように。

わたしはやっぱりお子さまなんだな。お姉ちゃんの言葉を思いだしながら食べたマーボー豆腐は、ほんのちょっと苦い味が混ざっていた。

放課後、わたしは読むのをあきらめた恋愛小説を、図書館に返しにいった。

返却《へんきゃく》カウンターで、図書館のお姉さんに本をわたしながら、わたしは後ろめたい気分でいた。ほんとうに返してしまっていいんだろう気になったし、友達と話しているときも、油断するともとのしゃべりかたにもどっちゃいそうで気がぬけなかった。まるでいつまでも終わらないお芝居《しばい》の舞台《ぶたい》で演技をしているような気分だった。

「……つまんない」

読みかけの小説をベッドに放りだして、わたしは仰向《あおむ》けに寝転《ねころ》がった。

図書館で借りてきた恋愛小説、もう一週間も読んでいるのに、半分も読み終わっていなかった。恋人《こいびと》があと半年の命だったり、信じていた親友に裏切られたり、とにかく暗くてつらいことばかりの物語で、わたしはもうすっかり読むのが嫌になってしまっていた。いつも読んでる童話のほうが、ずっとずっとおもしろい。

②それでも投げだしてしまいたくなくて、わたしは次の日も、その小説を学校に持っていった。だけどページを開く気は起きなくて、机に置いた本の表紙をぼんやりながめていると、美貴ちゃんが教室に入ってきた。

「おはよう、桃」

美貴ちゃんが声をかけてくれたので、わたしも「おはよう」と挨拶《あいさつ》をかえした。また大人っぽく、すました声で。

その途端《とたん》、空気がぴりっと震《ふる》えたような感じがした。ドキッとして見あげると、美貴ちゃんがわたしの顔をにらんでいた。

「桃、ちょっとついてきてくれる？」

「えっ、な、なに？」

わたしはおろおろと聞きかえした。だけど美貴ちゃんは「ちょっと」とだけくりかえして、教室を出ていってしまう。

（Ａ）しながらついていくと、美貴ちゃんは人気のない校舎の奥《おく》までわたしを連れていった。そしてこっちを振《ふ》りかえって、わたしに問いかけてくる。

「③ねえ桃、わたし、なにか桃を傷つけるようなことをした？」

その声と美貴ちゃんの表情に、わたしはますますうろたえてしまった。

美貴ちゃんは怒《おこ》っているわけじゃないみたいだった。だってわたしを見つめる美貴ちゃんの顔は、なぜかとても悲しそうな顔だ。

わたしはわけがわからないまま、ぶんぶんと首を横に振って美貴ちゃんに尋《たず》ねた。

「どうして、そんなふうに思うの？」

「だって桃、最近ずっと怒ってたでしょう。いつ話しかけても機嫌《きげん》が悪そうで、しかもことあるごとにわたしのことをにらんでいたし。だからわたし、前に梢《こずえ》を傷つけたときみたいに、知らないあいだに桃のことも傷つけちゃってたんじゃないかって、心配で……」

沈《しず》んだ声で話す美貴ちゃんに、わたしはぽかんとしてしまった。けれどすぐにはっとなって、わたしは大慌《おおあわ》てで説明した。

「ちっ、違うの！　そうじゃないの！　そのっ、わたし、大人っぽくなりたくて、それで美貴ちゃんをお手本にしようって思って……！」

今度は逆に、わたしの話を聞いた美貴ちゃんがぽかんとする番だった。

怒っているように見えたのは、大人びた態度のつもりだったのが、そう見えてしまっただけで、にらんでいたわけじゃなく、美貴ちゃんの真似《まね》をしようと真剣《しんけん》に観察してただけ。わたしは一生懸命《いっしょうけんめい》美貴ちゃんの誤解を解いて、ぺこぺこと謝《あやま》った。大人っぽい態度を心がけている余裕《よゆう》なんて、もう全然なくなっていた。

「ほんとに、ほんとにごめんね。わたしがまぎらわしいことをしてたせいで……」

「いいの、こっちこそ勝手に勘違《かんちが》いしてごめんなさい。それよりも、桃に嫌われてなくてよかったわ」

二〇二一年度 和洋国府台女子中学校

【国　語】〈第一回試験〉（五〇分）〈満点：一〇〇点〉

注意　句読点・記号も一字に数えます。

一　次の文章を読んで、あとの問いに答えなさい。

高梨桃《もも》は童話が大好きで、辛《から》い食べ物が苦手な中学一年生。中華《ちゅうか》料理店で辛いマーボー豆腐《どうふ》を食べられなかった桃は、姉にお子さまとばかにされ、小学生のころ童話の感想を話し合ったみっくんにも、もう童話なんて読むわけないだろうと言われてしまう。みっくんは見あげるほど背が伸《の》び、性格も無愛想で近よりにくいふんいきになってしまって、ほとんど話さなくなっていた。周囲がどんどん大人に近づいているのに身長も中身も変わらない桃はみんなに置いていかれるように感じ、あせっていた。

大人向けの小説なんて、題名を知ってる本もほとんどなかったから、なにを借りるかはすごく迷った。

結局わたしが選んだのは、何年か前に映画になった恋愛《れんあい》小説。映画が大ヒットしていたから、たぶんおもしろいお話なんだろう、と思って。童話のように挿絵《さしえ》はないし、字も細かくて文章も段違《だんちが》いに難しかったけど、わたしは頑張《がんば》ってその小説を読み進めた。

学校にも持っていって教室で読んでいると、登校してきた美貴ちゃんが、それに気づいて言った。

「めずらしいわね、桃が童話以外の本を読んでるなんて」

「うん、まあ、たまにはこういうのも読もうかと思って」

わたしはすましてこたえた。大人っぽく聞こえるように、低めの声で。美貴ちゃんはへえ、というような顔をしてから、席についてカバンの中身を机に移しはじめた。

いつものわたしとは違うと感じてもらえただろうか。変だと思われなかったかな。そんなふうに心配になってしまったけど、わたしは気持ちを切りかえて、斜《なな》め前の席に座《すわ》る美貴ちゃんのことをこっそり観察した。

わたしの友達の中で、美貴ちゃんはいちばん大人びている。だから美貴ちゃんをお手本にすれば、わたしも大人に近づけるかもしれない。どうしたら変われるか、昨日からたくさんたくさん悩《なや》んで、思いついたいちばんのアイデアが①それだった。

まずは美貴ちゃんのように背筋を伸ばして、落ちついた態度と、しっかりした言葉づかいを心がけてみる。そんなことでほんとうに大人っぽくなれるのかわからないけど、とにかくお子さまな自分を変えようとしなくちゃ。

そう決心して、給食に出た嫌《きら》いなキノコも残さず食べてみたけど、味わうのが嫌《いや》でかまずに飲みこんだせいか、帰りの時間になってもお腹《なか》が重くて苦しかった。

それからも、わたしの大人になるための努力は続いた。

最初のうちは、誰《だれ》かに「あれ？」という顔をしてもらえるたびにうれしくなった。なろうとしていたわたしに、ちゃんとなれているような気がして。

だけどそれが何日も続くと、わたしはだんだん疲《つか》れてきてしまった。家でも学校でもずっと大人っぽく振舞《ふるま》っているのは、想像以上に大変だった。

まわりのみんなに子どもっぽいと思われていないか、しょっちゅう

2021年度

和洋国府台女子中学校　▶解説と解答

算　数　＜第１回試験＞（50分）＜満点：100点＞

解　答

1 (1) 239　(2) $\frac{1}{3}$　(3) 10　(4) $\frac{1}{3}$　(5) 4.75　2 (1) $\frac{1}{5}$　(2) 2.65　(3) 1000　(4) 2　(5) 2　(6) 57.6　(7) 40　(8) 257　3 (1) 16　(2) 32　4 23　5 (1) 28試合　(2) 3回　6 ア 6　イ 9　7 (1) 26cm^2　(2) 2.5cm^3

解　説

1 四則計算，計算のくふう

(1) $149+(352-187)\div11\times6=149+165\div11\times6=149+15\times6=149+90=239$

(2) $\frac{1}{2}-\frac{1}{3}=\frac{3}{2\times3}-\frac{2}{2\times3}=\frac{1}{2\times3}$より，$\frac{1}{2\times3}=\frac{1}{2}-\frac{1}{3}$となる。同様に，$\frac{1}{3\times4}=\frac{1}{3}-\frac{1}{4}$，$\frac{1}{4\times5}=\frac{1}{4}-\frac{1}{5}$，$\frac{1}{5\times6}=\frac{1}{5}-\frac{1}{6}$となるので，$\frac{1}{2\times3}+\frac{1}{3\times4}+\frac{1}{4\times5}+\frac{1}{5\times6}=\left(\frac{1}{2}-\frac{1}{3}\right)+\left(\frac{1}{3}-\frac{1}{4}\right)+\left(\frac{1}{4}-\frac{1}{5}\right)+\left(\frac{1}{5}-\frac{1}{6}\right)=\frac{1}{2}-\frac{1}{6}=\frac{3}{6}-\frac{1}{6}=\frac{2}{6}=\frac{1}{3}$

(3) $1.23\times7.2+1.23\times2.8-2.3=1.23\times(7.2+2.8)-2.3=1.23\times10-2.3=12.3-2.3=10$

(4) $\left(\frac{1}{8}+\frac{5}{12}\right)\div1\frac{7}{32}-\frac{1}{9}=\left(\frac{3}{24}+\frac{10}{24}\right)\div\frac{39}{32}-\frac{1}{9}=\frac{13}{24}\times\frac{32}{39}-\frac{1}{9}=\frac{4}{9}-\frac{1}{9}=\frac{3}{9}=\frac{1}{3}$

(5) $3\frac{1}{4}-7\div5\frac{3}{5}+2.75=3\frac{1}{4}-7\div\frac{28}{5}+2.75=3\frac{1}{4}-7\times\frac{5}{28}+2.75=2\frac{5}{4}-\frac{5}{4}+2.75=2+2.75=4.75$

2 逆算，単位の計算，割合と比，分数の性質，濃度《のうど》，速さ，角度，面積

(1) $\left(\frac{1}{2}-\square\right)\div0.2\times\frac{1}{4}=\frac{3}{8}$より，$\frac{1}{2}-\square=\frac{3}{8}\div\frac{1}{4}\times0.2=\frac{3}{8}\times\frac{4}{1}\times\frac{1}{5}=\frac{3}{10}$　よって，$\square=\frac{1}{2}-\frac{3}{10}=\frac{5}{10}-\frac{3}{10}=\frac{2}{10}=\frac{1}{5}$

(2) $1\,\mathrm{m}^2=10000\mathrm{cm}^2$，$1\,\mathrm{km}^2=1000000\mathrm{m}^2$より，$27000\mathrm{cm}^2$は，$27000\div10000=2.7\mathrm{m}^2$，$0.00000005\mathrm{km}^2$は，$0.00000005\times1000000=0.05\mathrm{m}^2$なので，$27000\mathrm{cm}^2-0.00000005\mathrm{km}^2=2.7\mathrm{m}^2-0.05\mathrm{m}^2=2.65\mathrm{m}^2$

(3) 仕入れ値を１とすると，３割の利益を見込《みこ》んでつけた税抜《ぜいぬ》きの定価は，$1+0.3=1.3$と表せる。これに消費税10％も含《ふく》めると，税抜きの定価の，$1+0.1=1.1$(倍)になるから，$1.3\times1.1=1.43$と表せる。よって，１にあたる値段，つまり，仕入れ値は，$1430\div1.43=1000$(円)とわかる。

(4) 分母が20で，$\frac{5}{12}$より大きい分数の分子は，$20\times\frac{5}{12}=8\frac{1}{3}$より大きい。同様に，分母が20で，$\frac{19}{30}$より小さい分数の分子は，$20\times\frac{19}{30}=12\frac{2}{3}$より小さい。よって，当てはまる分数は，$\frac{9}{20}$，$\frac{10}{20}$，$\frac{11}{20}$，$\frac{12}{20}$であるが，約分できる$\frac{10}{20}$，$\frac{12}{20}$は除くと，$\frac{9}{20}$，$\frac{11}{20}$の２個ある。

(5) ６％の食塩水200ｇに含まれる食塩の重さは，$200\times0.06=12$(ｇ)だから，水400ｇを混ぜると，食塩の重さは12ｇ，食塩水の重さは，$200+400=600$(ｇ)となる。よって，$12\div600\times100=2$(％)

の食塩水ができる。

⑹　Ａ地点からＢ地点の間を，72と48の最小公倍数より，144kmとすると，行きは，144÷72＝２(時間)，帰りは，144÷48＝３(時間)で走ったことになる。よって，往復の平均の速さは時速，144×２÷(２＋３)＝288÷５＝57.6(km)である。

⑺　右の図１で，辺ABと辺CDは平行だから，イとウの角の大きさは等しくなる。また，図１のように正六角形は正三角形６つに分けられるので，アとイの角の大きさの和は，180－60×２＝60(度)となる。よって，アの角の大きさはイの角の大きさの２倍だから，$60\times\frac{2}{2+1}$＝40(度)と求められる。

図１

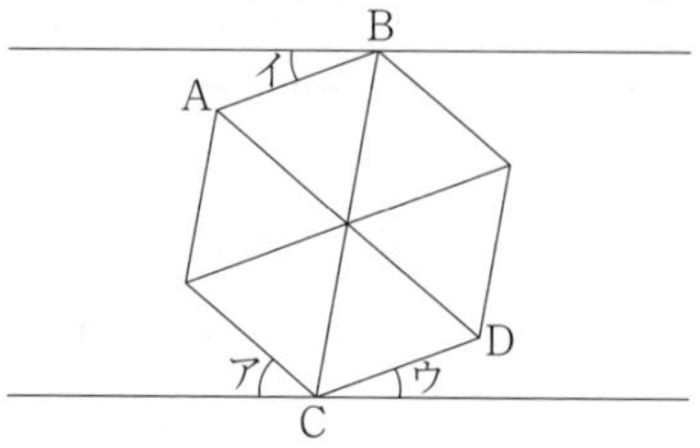

図２

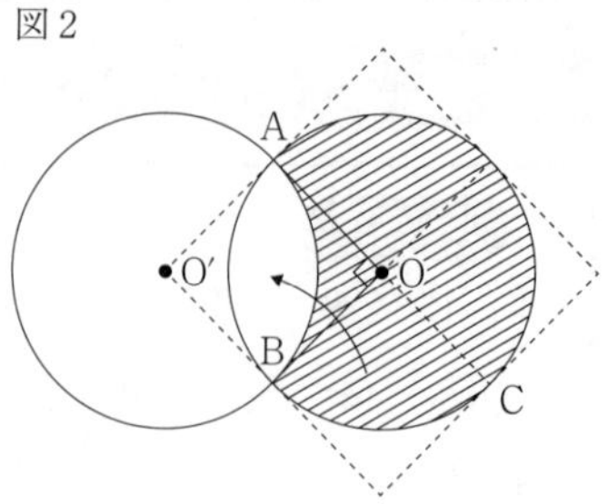

⑻　右上の図２で，おうぎ形OBCの面積とおうぎ形O′ABの面積は等しいから，矢印のように移動すると，斜線《しゃせん》部分は１辺が10cmの正方形AO′BOと，点Oを中心とする半径10cmの半円を合わせた形になる。よって，その面積は，10×10＋10×10×3.14÷２＝257(cm^2)である。

3　約束記号，整数の性質

⑴　72◎□＝８より，□に当てはまる数は，72－８＝64の約数で，８より大きいから，16，32，64のいずれかとなる。また，□◎５＝１より，□に当てはまる数を５で割ったときの余りは１となる。よって，□に当てはまる数は16である。

⑵　24と36の最大公約数は12なので，{(24◆36)◎５}◇５＝(12◎５)◇５である。さらに，12を５で割ったときの余りは２だから，(12◎５)◇５＝２◇５＝２×２×２×２×２＝32となる。

4　和差算

右の図のように表せるので，CはAより，９－７＝２小さい。また，CとAは合わせて30だから，Cは，(30－２)÷２＝14とわかる。よって，Bは，14＋９＝23である。

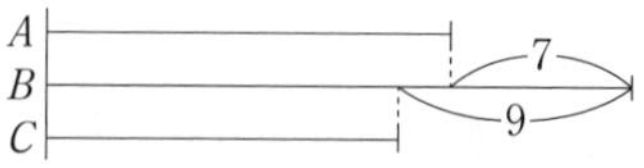

5　場合の数，つるかめ算

⑴　１人の選手は，８－１＝７(人)と試合を行うので，８人の選手の試合数を合計すると，７×８＝56(試合)となる。しかし，この計算では，例えば，Ａ対Ｂと，Ｂ対Ａのように，同じ試合をすべて２回ずつ数えていることになる。よって，実際の試合数は全部で，56÷２＝28(試合)となる。

⑵　洋子さんが７回とも勝ったとすると，得点は，２×７＝14(点)となり，実際よりも，14－9.5＝4.5(点)多くなる。１回勝つかわりに１回引き分けると，得点は，２－0.5＝1.5(点)少なくなるので，引き分けた回数は，4.5÷1.5＝３(回)とわかる。

6　グラフ―正比例

15分で18cm燃えるろうそくは１分間に，18÷15＝1.2(cm)燃える。このろうそくは，15－10＝５(分)でアcm燃えるので，ア＝1.2×５＝６(cm)である。すると，もう一方のろうそくは，30－10＝20(分)で６cm燃えるから，１分間に，６÷20＝0.3(cm)燃える。このろうそくは30分でイcm燃えるので，イ＝0.3×30＝９(cm)となる。

7 立体図形―表面積，分割，体積

(1) 上，下，前，後ろ，左，右から見える面は下の図のようになり，これらの面すべてに青い色がぬられている。これらの面は全部で，4×4＋5×2＝26(個)あり，1つの面の面積は，1×1＝1(cm^2)だから，青い色がぬられている面の面積は，1×26＝26(cm^2)になる。

(2) 切断すると，前の方に出ている1個を除いた5個の立方体がちょうど2等分される。立方体1個の体積は，1×1×1＝1(cm^3)なので，体積が小さい方の立体の体積は，1×5÷2＝2.5(cm^3)になる。

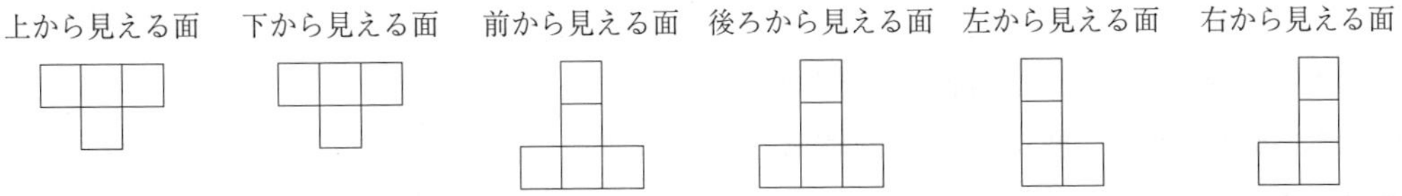

社　会　＜第1回試験＞（30分）＜満点：60点＞

解　答

1 **問1** **1** 寺院　**2** 博物館　**問2** 北東　**問3** ウ　**問4** 3750(m)　**問5** エ　**問6** イ　**2** **問1** **A** エ　**B** ウ　**問2** エ　**問3** (1) イ　(2) エ　(3) エ　(4) イ　**3** **問1** **1** ア　**2** ウ　**問2** **A** イ　**B** ア　**C** エ　**問3** **A** イ　**B** オ　**C** ア　**問4** 執権　**問5** (例) 貿易がさかんな都市であったから。(武器製造都市，商業都市であったから。)　**4** **問1** (例) 近代化(機械化，工業化，産業革命)が進んだから。　**問2** エ　**問3** エ　**問4** ア　**問5** (例) 欧米列強が日本の力を認めた。　**問6** ウ　**5** **問1** (例) 初めて原爆が落とされた場所である(から。)　**問2** エ　**問3** (1) オ　(2) (例) 国会議員は国民が選挙で選んだ代表者だから。　**問4** (1) ウ　(2) **A** (例) 競走する人がみな同じ距離を走るということが公平であるから。／**B** (例) 競走する人がみな勝つ可能性があるということが公平であるから。

解　説

1 地形図の読み取りについての問題

問1 **1** 馬場本町周辺や大町周辺には，寺院(卍)が多く見られる。　**2** 若松城を右側に見ながら通り過ぎたところには，美術館・博物館(🏛)がある。「福島県の歴史に関する数々の展示品を見学したり，むかしのおもちゃで遊んだりしました」とあることから，ここは博物館だとわかる。

問2 地形図に方位記号が示されていないことから，この地形図では上が北，下が南，右が東，左が西となる。若松城から見て飯盛山は右上にあり，これは8方位では北東にあたる。

問3 福島県の沿岸部には原子力発電所が建設されたが，2011年の東日本大震災のときに発生した津波によって福島第一原子力発電所で事故が発生し，現在も多くの住民が避難《ひなん》をしいられている。よって，ウが適切である。なお，アは長崎県，イは千葉県，エは三重県について説明している。

問4 実際の距離は，(地形図上の長さ)×(縮尺の分母)で求めることができる。この地形図の縮尺は25000分の1なので，飯盛山からお城までの実際の距離は，15×25000＝375000(cm)＝3750(m)

となる。

問５　会津若松駅前から国道を南に進み，左側に郵便局のある交差点を通り過ぎると，道路の左側に図書館(🕮)・市役所(◎)・保健所(⊕)・裁判所(♎)などの公共施設は見られるが，病院(⛨)は見られない。よって，エがあてはまらない。

問６　ア　警察署(⊗)と消防署(Y)から最も近い距離にある駅は，いずれも会津若松駅である。　イ　若松城跡の周辺に市街地が広がっていることから，このあたりは江戸時代に大名が支配していた城下町であったと考えられる。よって，正しい。　ウ　飯盛山の山頂(372m)よりも，堂ヶ作山の山頂(382.1m)のほうが標高が高い。　エ　湯川放水路の両岸は水田(||)や畑(∨)に利用されており，果樹園(ő)の地図記号は見られない。

2　日本の気候や自然，産業についての問題

問１　**A**　本州の日本海側の地域は，冬の湿った北西季節風の影響を強く受けるため，この時期の降水(雪)量が多くなる。よって，エがあてはまる。　**B**　太平洋側の地域は，沖合を流れる暖流の日本海流(黒潮)と南東季節風の影響を強く受けるため，夏は降水量が多いが，冬は晴れた日が続く。よって，ウがあてはまる。なお，冬でも温暖なアにはDが，一年を通じて降水量が少なく，冬でも比較《ひかく》的温暖なイにはCがあてはまる。

問２　東北地方の太平洋側の沖合では，黒潮と千島海流(親潮)がぶつかって潮目ができる。よって，エが正しい。なお，対馬《つしま》海流は日本海を北上する暖流，リマン海流は日本海を南下する寒流である。また，日本付近では一般的に，マグロは黒潮にのって北上してくる。

問３　(1)　Aの地域には，東から順に新潟県，富山県，石川県，福井県がふくまれ，合わせて北陸地方とよばれる。ピアノの生産がさかんなことで知られるのは静岡県浜松市なので，イがあてはまらない。なお，アの金属洋食器は新潟県燕《つばめ》市，ウの眼鏡のフレームは福井県鯖江《さばえ》市，エの漆器《しっき》は石川県輪島市などでさかんに生産されている。　(2)　Bの地域は，東から順に静岡県と愛知県で，合わせて東海地方とよばれる。東海地方の電力の多くは火力発電や水力発電でまかなわれており，地熱発電は火山の多い東北地方や九州地方での発電量が多い。　(3)　Cの地域には，右上から反時計回りに岡山県，広島県，愛媛県，香川県がふくまれ，合わせて瀬戸内地方とよばれる。「日本の屋根」とよばれるのは飛騨《ひだ》山脈(北アルプス)・木曽山脈(中央アルプス)・赤石山脈(南アルプス)からなる日本アルプスで，中部地方の山々である。　(4)　Dの沖縄県では，夜に電灯をともして花が咲《さ》く時期を調整し，本来なら秋に咲くキクを冬から春にかけて出荷する電照菊《ぎく》の栽培がさかんなので，イがあてはまる。なお，アとエは北海道の農業にあてはまる。ウについて，涼《すず》しい気候を好むレタスは沖縄県の気候には不向きで，長野県・茨城県・群馬県などがおもな産地である。

3　征夷《せいい》大将軍を題材とした問題

問１　**1**　奈良時代や平安時代の征夷大将軍は，平安時代に桓武天皇が任命した坂上田村麻呂のように，蝦夷《えみし》(東北地方にいて，朝廷の支配に従わない人たち)をたおす軍の総大将の地位であった。　**2**　源頼朝が任命されて以降，征夷大将軍は武士をまとめる武家の最高の地位をあらわすようになった。

問２　アは室町時代，イは鎌倉時代，ウは平安時代，エは江戸時代，オは奈良時代の文化について述べている。Aの源頼朝は鎌倉幕府を開いた人物なのでイ，Bの足利尊氏は室町幕府を開いた人物なのでア，Cの徳川家康は江戸幕府を開いた人物なのでエがあてはまる。

問３　鎌倉幕府は神奈川県鎌倉市に置かれたのでイ，室町幕府は京都市に置かれたのでオ，江戸幕府は東京に置かれたのでアとなる。なお，ウは静岡市，エは奈良市，カは大阪市。

問４　鎌倉幕府では，将軍を補佐する役職として執権《しっけん》が置かれ，初代将軍源頼朝の妻・北条政子の実家であった北条氏が代々その地位をついだ。源氏の将軍が３代でとだえたあとは，執権である北条氏が政治の実権をにぎった(執権政治)。

問５　日明貿易や南蛮貿易がさかんに行われた堺は港湾都市・商業都市として栄えていたが，鉄砲が伝来してからは，鉄砲を製造する武器製造都市としての側面も持つようになった。そのため，織田信長は堺を支配しようとしたのだと考えられる。

４　江戸時代末～明治時代の政治や外交についての問題

問１　1873年と1907年のおもな輸出品を比べると，1873年の第２位は製茶，第３位は石炭だが，1907年には第２位が絹織物，第３位が綿糸となっており，農産物や鉱産資源から工業製品へと輸出品が変化していることがわかる。これは，日本で産業革命がおこり，工業化が進んだためと考えられる。

問２　地租改正は明治時代初期の1873年に始まったが，日本における近代水道の始まりは1887年，電灯の始まりは1882年のことで，これらは大正時代～昭和時代前期になってようやく人々の生活に広がっていった。

問３　ア　1858年に江戸幕府がアメリカやイギリスなど欧米５か国と結んだ修好通商条約(安政の五か国条約)で，日本は外国に領事裁判権(治外法権)を認めた。そのため，日本で罪をおかした外国人を日本の法律で裁くことができず，裁判は各国の領事が行った。　　イ　安政の五か国条約は日本にとって不利な内容をふくむ不平等条約だったが，1871年に清(中国)との間で結ばれた日清修好条規は平等条約だった。　　ウ　このとき貿易港として開くことになったのは神奈川(横浜)・兵庫(神戸)・函館・新潟・長崎の５港で，すでに開港されていた下田(静岡県)は神奈川の開港にともなって閉鎖された。　　エ　この条約では日本に関税自主権がなかったため，輸入品にかける関税を自由に決めることができず，相手国と話しあって決めなくてはならなかった。よって，正しい。

問４　薩摩藩(鹿児島県)と長州藩(山口県)は，天皇を中心とする新しい国づくりのために協力することを決め，1866年に土佐藩(高知県)出身の坂本龍《りょう》馬《ま》の仲立ちで薩長同盟を結んだ。薩長同盟は，江戸幕府をたおす大きな力となった。

問５　1904年に始まった日露戦争で日本は，世界の列強の一員であったロシアにいちおうの勝利を収めた。これによって日本の国際的な地位が向上し，欧米列強にもその力が認められた。

問６　ａは1873年の地租改正，ｂは1858年の貿易開始，ｃは1889年の大日本帝国憲法発布についてふれているので，時代の古い順にｂ→ａ→ｃとなる。

５　平和な社会を題材とした問題

問１　1945年８月６日，世界で初めて広島に原子爆弾《ばくだん》が投下され，多くの犠牲《ぎせい》者が出た。そのため，広島市では毎年８月６日に「広島市原爆死没《しぼつ》者慰霊《いれい》式ならびに平和祈念《きねん》式(平和記念式典)」が開催《かいさい》され，式典には多くの国の代表者が出席する。

問２　①　緊急《きんきゅう》消防援助隊は，被災地である市町村や都道府県からの要請《ようせい》を受けて出動し，救命救出活動を行う。ボランティアとは，自発的・自主的に無償で社会活動に参加する人々やその活動のことである。　　②　災害発生時に自衛隊の派遣を要請できるのは各都道府県の知事である。

③　避難所の開設については，災害救助法で規定されている。なお，大雨特別警報は気象庁が発表する。また，条例は地方議会が法律の範囲《はんい》内で制定するきまりである。

問３　(1)　会社の所得にかかる税を法人税，会社員の給与にかかる税を所得税，物を買ったときやサービスを受けたときにかかる税を消費税という。なお，法人税と所得税は直接税，消費税は間接税に分類される。　(2)　国会が予算を最終決定したり法律を制定したりするのは，国会を構成する国会議員が国民によって直接選挙で選ばれた国民の代表者だからである。

問４　(1)　法律が憲法に違反していないか審査《しんさ》する権限を，違憲立法審査権という。これは，国民ではなく裁判所が持つ権限なので，ウがあてはまらない。　(2)　Ａは幼稚園児も成人男性も同じ距離を走るという点で公平であると考えられる。一方，Ｂは幼稚園児が走る距離を成人男性が走る距離よりも短くすることで，幼稚園児にも勝てる可能性を与えている。つまり，誰《だれ》もが勝てる可能性があるという点で公平であると考えられる。

理　科　＜第１回試験＞（30分）＜満点：60点＞

解　答

1　**問１**　（例）　**記録として書く必要があること**…年月日や時刻を書く。　**理由**…生物の変化のようすを知るのに年月日が必要だから。　**問２**　ウ　**問３**　解説の図を参照のこと。　**問４**　（例）　鳥に食べられにくくなる。　**問５**　**生物名**…ランタナ　**変化のようす**…（例）関東地方で冬に枯れなくなった。　2　**問１**　エ　**問２**　ウ　**問３**　ケ　**問４**　5.6倍　**問５**　（養分を含んだ液体にふれる）表面積（がとても）大きく（なるから）　3　**問１**　10cm^3　**問２**　Ａ，Ｂ，Ｅ　**問３**　ＡとＥ　**問４**　沈む　**問５**　1.5kg　4　**問１**　①　イ　②　エ　**問２**　サ　**問３**　ウ　**問４**　③　地軸（自転軸）　④　緯度　5　**問１**　イ　**問２**　ウ　**問３**　ア　**問４**　ウ　**問５**　ア　6　**問１**　ア　**問２**　25　**問３**　10　**問４**　30　**問５**　25

解　説

1　生き物の観察についての問題

問１　観察カードには年月日や時刻を書いておく。このようにしておくことで，長い年月の間の生物の形や分布の変化のようすを知ることができる。

問２　ツマグロヒョウモンの幼虫はスミレのなかまの葉を食べて育つことから，メスの成虫がスミレのなかまのパンジーを訪れるのは，葉に卵を産むためだと考えられる。パンジーの葉に卵を産むと，卵からかえった幼虫は，すぐにえさを食べられるという利点がある。

問３　モンシロチョウの幼虫はキャベツやコマツナなどのアブラナ科の植物の葉，アゲハの幼虫はサンショウやミカンなどのミカン科の植物の葉，カイコガの幼虫はクワの葉を食べるので，昆虫《こんちゅう》の名前とその幼虫が食べる食草の関係は右上の図のようになる。

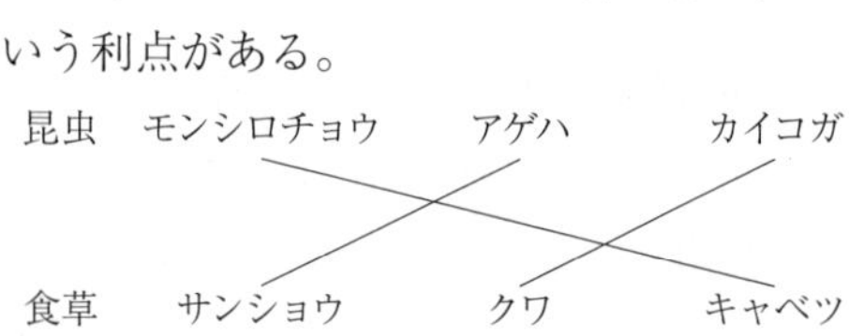

問４　ツマグロヒョウモンのメスが毒を持っているオオカバマダラに似ていることは，鳥などに食

べられにくくなるという点でつごうがよい。

問５　問題文中に，ランタナは関東地方では冬には枯《か》れてしまうといわれていたが，最近では冬でも枯れなくなったということが書かれている。

2 ヒトとウシの消化器官についての問題

問１　アは口，イは食道，ウは肝臓《かんぞう》，エは胃，オは大腸，カは小腸，キはこう門である。

問２　口から取り入れられた食べ物は，食道→胃→小腸→大腸へと送られ，不要なものはこう門から出される。このひとつながりの管を消化管という。肝臓は食べ物の消化には関係しているが，食べ物は直接通らない。

問３　クの食道を通った食べ物は，ケの胃に送られる。ウシにはヒトとちがい胃が４つある。

問４　ウシの体長に対する腸の長さの比の値は，ヒトのそれの，25÷4.5＝5.55…より，5.6倍である。

問５　じゅう毛があることで，養分を含《ふく》んだ液体にふれる小腸の表面積がとても大きくなるため，養分を効率よく吸収できる。

3 密度についての問題

問１　水の密度は1.00g/cm^3だから，10gの水の体積は，10÷1.00＝10(cm^3)になる。

問２　それぞれの物体の密度は，Ａは，６÷４＝1.5(g/cm^3)，Ｂは，12÷４＝３(g/cm^3)，Ｃは，16÷16＝１(g/cm^3)，Ｄは，14÷20＝0.7(g/cm^3)，Ｅは，12÷８＝1.5(g/cm^3)である。したがって，水の密度1.00g/cm^3より大きいＡ，Ｂ，Ｅが水に沈《しず》む。

問３　同じ素材でできている物体の密度は等しい。したがって，密度が同じＡとＥは同じ素材でできていると考えられる。

問４　イネの種もみの密度は水の密度より大きいので，種もみは水に沈む。

問５　元気な種もみは密度が1.15g/cm^3の食塩水に入れると沈み，それ以外の種もみは浮《う》く。食塩がとけても，水と食塩水の体積は変わらないのだから，食塩水10Lの体積は水10Lの体積と同じ10000cm^3である。これより，密度が1.15g/cm^3の食塩水10Lの重さは，1.15×10000＝11500(g)となる。したがって，とかす食塩の重さは，11500－10000＝1500(g)より，1.5kgと求められる。

4 季節と星座，星の動きについての問題

問１　さそり座は夏の代表的な星座で，南の空の低い位置に見える。また，おおいぬ座は冬の代表的な星座で，１等星のシリウスは，オリオン座のベテルギウス，こいぬ座のプロキオンとともに冬の大三角をつくる。

問２　北の空の星(北斗《ほくと》七星など)は北極星(Ｐ)を中心にして，１カ月に，360÷12＝30(度)，１時間に，360÷24＝15(度)反時計回りに動くように見える。したがって，１カ月後の午後８時には30度反時計回りに動いたシの位置に見え，その２時間後の午後10時には，15×２＝30(度)反時計回りに動いたサの位置に見える。

問３　北斗七星はおおぐま座の一部である。

問４　地球は地軸《じく》(自転軸)を中心にして回転していて，北極星は地軸の延長線方向にあるのでいつも同じ位置に見える。また，北半球で見える北極星の高度は観測した場所の緯度《いど》に等しくなる。

5 ろうそくの燃焼についての問題

問１　ろうそくの炎《ほのお》は３つの部分に分かれていて，外側から外炎《がいえん》，内炎，炎心という。内炎は空気が不足して不完全燃焼しているため，すすができていて，ガラス棒を炎の中に入れると，イのように内炎の部分に黒いすすがつく。

問2　外炎は空気と十分にふれることができるためもっとも高温になっている。よって，炎の中にわりばしを通すと，ウのように外炎にあたる部分がもっともはやくこげる。

問3　白いけむりのようなものは，ろうの液体や固体である。したがって，このけむりにガスライターの火をつけると火がつく。

問4　ろうそくが燃えると，ろうが集気びん中の酸素と結びついて二酸化炭素ができる。よって，酸素が減り，二酸化炭素は増える。このとき，ろうそくが燃えたあとの酸素の割合は約16～17％である。なお，ちっ素はろうそくが燃えることに関係しないので，体積は変わらない。

問5　集気びんに含まれている酸素の割合が大きくなるため，ろうそくの火は図3の空気の場合と比べてよく燃える。

6　てんびんのつり合いについての問題

問1　おもりがてんびん棒を傾《かたむ》けるはたらきの大きさは，(おもりの重さ)×(支点からおもりが下げられた位置までの距離《きょり》)で表され，てんびん棒の左右で傾けるはたらきの値が等しいとき，棒はつり合う。

問2　図3で右側につり下げるおもりの重さをB gとすると，$15\times30=B\times18$の関係が成り立つから，$B=450\div18=25$(g)となる。

問3　図4で一番右のおもりの重さをC gとすると，$15\times30=15\times12+C\times27$の関係が成り立つので，$C=(450-180)\div27=10$(g)である。

問4　てんびんの支点につるしている糸にかかる重さの和は，15＋15＝30(g)だから，バネはかりは30gを示す。

問5　支点から右側のおもりがつり下げられた位置までの距離は，30－12＝18(cm)となるから，おもりの重さをE gとすると，$15\times30=E\times18$の関係が成り立つので，$E=450\div18=25$(g)と求められる。

英　語　＜第1回試験＞（30分）＜満点：60点＞

※編集上の都合により英語の解説は省略させていただきました。

解　答

【Part A】 No.1　え　No.2　い　No.3　あ　No.4　あ　【Part B】 No.1　あ　No.2　う　No.3　い　No.4　い　No.5　う　【Part C】 No.1　か　No.2　お　No.3　え　No.4　あ　No.5　き　【Part D】 No.1　う　No.2　う　No.3　あ　No.4　い　No.5　う　No.6　う　【Part E】 No.1　う　No.2　い　No.3　あ　No.4　え　No.5　う

国語　＜第１回試験＞（50分）＜満点：100点＞

解答

□一 **問１**　エ　**問２**　（例）　美貴ちゃんをお手本にすること。　**問３**　ウ　**問４**　**１**　（例）　大人びた態度をとろうとした　**２**　（例）　怒っている　**３**　（例）　美貴ちゃんの真似をしようと真剣に観察した　**４**　（例）　にらんでいる　**問５**　イ　**問６**　（例）　みっくんは童話を好きじゃなくなったわけじゃなかったこと。／みっくんも大人になろうとあせっていたこと。　**問７**　ア　**問８**　エ　**問９**　イ　**問10**　ウ　□二 **問１**　**Ａ**　エ　**Ｂ**　ウ　**Ｃ**　イ　**問２**　**１**　しかも，小　**２**　毎日の食事の積みかさね　**問３**　**１**　グリセミック指数　**２**　体が元気に～ということ　**３**　白いパンよりもグリセミック指数が低いから　**問４**　（例）　白いお米のごはんとおかずをいっしょに食べると，グリセミック指数が下がること。　**問５**　“やる気”～るのです。　**問６**　①　**“外からのやる気”**…（例）　基底核とがんか前頭回から生まれる／あまり成績が上がらない　**“自分からのやる気”**…（例）　前頭前野と基底核から生まれる／成績が上がる　**ほんものの“やる気”**…　自分からのやる気　②　正しい生活習慣　**なかでも大切なこと**…朝食の習慣／お父さんやお母さんといっしょに，おかずがたくさんある朝食をしっかり食べること　**感想**…（例）　朝食をとることは，本当に大切だと思います。寝ぼうをして食事をとらず昼まで過ごしたとき，気力体力が共にもたなかったというつらい経験をしました。それ以来，朝食だけは必ずとるようにしています。　□三 **問１**　**１**　日　**２**　原　**３**　物　**問２**　**１**　ウ　**２**　エ　**３**　ア　**４**　イ　**問３**　**１**　顔　**２**　歯　**３**　鼻　□四 下記を参照のこと。

●漢字の書き取り

□四 **１**　改める　**２**　訪問　**３**　率いる　**４**　雑木林　**５**　芸術

解説

□一 **出典は如月《きさらぎ》かずさの『給食アンサンブル』による。**周囲がどんどん大人に近づいているのに，自分だけが身長も中身も変わらず，みんなに置いていかれていってしまうという不安に悩《なや》んでいた桃《もも》は，美貴ちゃんやみっくんと接していくうちに，少しずつ自分らしさを受け入れていく。

問１　Ａ　美貴ちゃんが自分をにらみながら「ちょっとついてきてくれる？」と言ったので，桃はこわくなって「おろおろ」と用件を聞き返した。美貴ちゃんのようすに不安を感じて後をついていく場面なので，不安やおそれを感じているようすを表す「びくびく」が入る。　Ｂ　桃は，恋愛《れんあい》小説を返してしまったら大人っぽくなれないのではないかという不安を感じていたので，大人向けの小説の棚《たな》のところから立ち去れないでいた。よって，どうしてよいか困って，あちらこちら動き回るようすを表す「うろうろ」が合う。　Ｃ　桃に見られていることに気づいたみっくんが「ぎょっとした顔」になっていることから考える。みっくんは，童話を読んでいたことをかくすために，「なにごともなかったかのように」立ち去ったのだから，急いで歩くようすを表す「すたすた」が入る。

問２　友達の中でいちばん大人びている「美貴ちゃんをお手本にすれば，わたしも大人に近づけるかもしれない」と思いついたのだから，美貴ちゃんをお手本にすることがぼう線①にあたる。

問３　桃は，「大人になるための努力」として恋愛小説を借りてみたものの，暗い内容に読むのが嫌《いや》になってしまった。しかし，桃は小説を読むことと大人になるための努力を重ね合わせていたので，「投げだしてしまいたく」ないと思ったのである。

問４　**１〜４**　美貴ちゃんは桃に，「最近ずっと怒《おこ》ってたでしょう」「ことあるごとにわたしのことをにらんでいたし」と言った。これに対して桃は，「怒っているように見えた」のは「大人びた態度のつもり」で，「にらんで」いるように見えたのは「美貴ちゃんの真似《まね》をしようと真剣《しんけん》に観察」していただけだと，美貴ちゃんの誤解を解くために説明している。

問５　ぼう線④の直前に「美貴ちゃんだったら，たしかに自然に変わっていけるかもしれない」とあり，その後に「だけど，わたしは」と続いていることに着目すると，「…」で省略されているところには，桃は美貴ちゃんのように自然には変われない，という心情が入ると想像できる。美貴ちゃんは，「無理して大人になろうと」しなくても「自然と変わっていくもの」だといって桃をなぐさめてくれたが，桃は自分が自然には変わることができないという不安をぬぐいきれなかったので，「もやもや」した気持ちが残ったのである。

問６　低学年向けの童話を読んだら変に決まってるとぼそぼそ言ったことや，ふてくされた表情から，みっくんが「童話を好きじゃなくなったわけじゃなかったんだ」ということが，桃には伝わってきた。また，桃は，美貴ちゃんに「大人っぽいふりをしていたわたしは，不機嫌《きげん》そうで怒っているように見えた」と言われたことも思い出し，みっくんが不機嫌そうな顔でいるのは「急いで大人になろうとして，無理をしているんじゃないだろうか」と気づいたのである。

問７　直後の場面で，みっくんが「わたしの差しだした本を受けとった」ことから考える。「ポックルの新しいお話のおもしろさ」を一生懸命《けんめい》に語る桃のようすを見ているうちに，その童話を読んでもらいたいという桃の思いが伝わってきたので，みっくんは本を受けとったのだと考えられる。

問８　みっくんに接しているうちに，桃には，自分と同じように，みっくんも童話が好きだし，急いで大人になろうとしているということがわかってきた。みっくんに「やさしい声」をかけられ，自分の好きな童話を受けとってもらえた桃は，みっくんに「昔と変わらない」自分のことを受け入れてもらえたように感じたので，うれしくなったのである。

問９　桃は「昔と変わらない」自分をみっくんに認めてもらい，激辛《げきから》マーボー豆腐《どうふ》を食べられなかった夜から「不安で重たかった胸」が軽くなったような気がした。給食の「甘口《あまくち》のマーボー豆腐」を食べているうちに「ほっとした気分」になった桃は，大人びた外見のみっくんも，内面は変わらないことを確かめたくなり，辛くないマーボー豆腐のほうが好きなのではないかと，質問したのだと考えられる。

問10　桃は，辛いマーボー豆腐を食べられず，大人っぽくなれないことを悩んでいたが，給食の「甘口のマーボー豆腐」を食べているうちに「ほっとした気分」になった。そして，みっくんと話しているうちに，外見は大人に近づいているみっくんも，実は童話が好きで，自分と同じように，大人になろうと無理しているのではないかと思えるようになった。辛いマーボー豆腐は大人の食べるものと思っていた桃が，給食のマーボー豆腐をおいしいと感じた自分を，ありのままに受け入れるようになれたのは，桃の心の成長を示すものと考えられる。

二　**出典は川島《かわしま》隆《りゅう》太《た》の『元気な脳が君たちの未来をひらく―脳科学が明かす「早寝《ね》早起き朝ごはん」と「学習」の大切さ』による。**朝食の主食にはお米のごはんがよいということについて，脳のはたらきや，やる気とは何か，グリセミック指数と体の関係など，客観的な視点から説明している。

問１　**A**　前では，朝食でごはんを食べている人たちと，パンを食べている人たちの脳のちがいを調べたが，その結果が出るまでの間，とてもどきどきしていたとある。後では，小学生のころからずっと，朝食でパンを食べていたからだと述べている。前に述べた内容の理由が続いているので，「なぜなら」が入る。　　**B**　前では，お米のごはんを食べている人の脳のほうが，パンを食べている人の脳より神経線維《せんい》やシナプスがたくさんできていると述べ，後では「脳がよく働くようになっている」と述べている。よって，前のことがらを受けて，そこから導かれることがらに移るときに用いる「それで」が合う。　　**C**　前には，成長のためにグリセミック指数が低い食べもののほうがよいということは昔から知られていたとあり，後では「まだ科学的な理由が明らかになって」いないと述べられている。よって，前のことがらを受けて，後に対立することがらを述べるときに用いる「ところが」が入る。

問２　**１**　それぞれのグラフでは，お米を食べている人のほうがパンを食べている人よりも灰白質《かいはくしつ》の割合が高い。また左右のグラフを比べると，幼稚園児《ようちえんじ》から小学生までの差より，中学生から大学生までの差が大きくなっている。つまり，お米を食べている人のほうがパンを食べている人よりも灰白質の割合が多いことと，小学生までよりも中学生以上になったときのほうがその差が広がることが読み取れる。　　**２**　小学生までの間にも，お米を食べている人とパンを食べている人の灰白質の割合に差は出ているが，中学生から大学生までの間の「毎日の食事の積みかさね」によって，その差はさらに開いたと考えられる。

問３　**１**　お米にもパンにも「でんぷん」が入っていて同じブドウ糖《とう》に変わるが，「食べたあとで血液の中に取りこまれるブドウ糖の量がちがってくる」ために，脳の発達や働きに差が出てくると考えられる。そこで，「食べ物がブドウ糖になって血液の中に入る速さと量」から計算される「グリセミック指数」が基準となる。　　**２**　空らんＣの直前に，人間の「体が元気にたくましく育つためには，グリセミック指数が低い食べもののほうがよいということ」は昔から知られていた，と述べられている。　　**３**　グリセミック指数は「白いパン」では「97」であるのに対して，「白いお米」は「70」だと述べられている。「白いパンよりもグリセミック指数が低いから」お米のごはんのほうが脳によいと考えられる。

問４　ぼう線③に続く段落で，「白いお米のごはん」は「白いパン」よりもグリセミック指数が低いが，「みそしる」あるいは「豆や野菜など」といっしょに食べると，さらにグリセミック指数が低くなることが述べられている。

問５　「お米のごはんと脳の発達について」は，お米を食べる人とパンを食べる人の灰白質を比較《ひかく》し，お米を食べる人はことばをあつかう脳が発達していることから，知能指数が高くなるという部分までで区切ることができる。「ほんものの“やる気”について」は，“やる気”と脳についての説明から，おかずがたくさんある朝食をしっかり食べることがほんとうに意味のある“やる気”をつくることになり，自分の夢もかなえられるようになるというところまでで区切りとなる。「お米のごはんの脳への効果について」は，ぼう線③以降，どうしてお米のごはんとパンとでは差が出るのかという疑問についてグリセミック指数を用いて説明し，脳も体も元気にするためには，お米のごはんといろいろなおかずを食べることが大切だという結論が述べられている本文最後までが合う。

問６　Ⅲの「文章からわかったこと」は以下の内容となる。まず，二つの“やる気”の違《ちが》いを明確にし，ほんものの“やる気”がどのようにしたら生まれたかを本文から読み取る。「勉強しないといやなことがある」や「勉強すると勉強以外のことでいいことがある」から勉強するという気持ちから起こる「外からのやる気」は，「基底核《かく》」と「がんか前頭回」から生まれる。これに対して，「勉強がやりたいからやる」という気持ちから起こる「自分からのやる気」は，「前頭前野」と「基底核」から生まれる。また，この二つの「やる気」を比較すると，「自分からのやる気」のある人の成績が良いのに対して，「外からのやる気」で勉強している人の成績はあまりよくないということがいえる。つまり，ほんものの“やる気”は，「自分からのやる気」であるということになる。そして，さらにいろいろと調べた結果，「自分からのやる気」は「正しい生活習慣から生まれる」ということがわかり，その中で「いちばん大切」なのは「朝食の習慣」で，「お父さんやお母さんといっしょに，おかずがたくさんある朝食をしっかり食べること」だということになる。以上の内容をふまえ，「条件３」にあるように，自分の体験を入れて感想を書く。

三 熟語の完成，慣用句の完成

問１　**１**　上から右回りに順に熟語を完成させていくと，「今日」「日光」「日常」「毎日」となる。　**２**　上から右回りに順に熟語を完成させていくと，「野原」「原料」「原理」「川原」となる。　**３**　上から右回りに順に熟語を完成させていくと，「建物」「物語」「物質」「作物」となる。

問２　**１**　「未発達」のように「未」が最初につく熟語には，「未完成」「未使用」「未経験」などがある。　**２**　「不自然」のように「不」が最初につく熟語には，「不安定」「不完全」「不案内」などがある。　**３**　「無関係」のように「無」が最初につく熟語には，「無意味」「無意識」「無分別」などがある。　**４**　「非科学的」のように「非」が最初につく熟語には，「非合理」「非日常」「非公式」などがある。

問３　**１**　「顔が広い」は，“つき合いの範囲《はんい》が広くて知り合いの数が多い”という意味。　**２**　「歯がたたない」は，“相手の力が自分の力を大きく超《こ》えていてとてもかなわない”という意味。　**３**　「鼻をあかす」は，“相手のすきをついたりあざむいたりしておどろかせる”という意味。

四 漢字の書き取り

１　音読みは「カイ」で，「改名」などの熟語がある。　**２**　ある場所に出かけること。　**３**　音読みは「ソツ」「リツ」で，「引率」「能率」などの熟語がある。　**４**　さまざまな種類の木が入り混じって生えている林。　**５**　音楽や絵画や彫刻《ちょうこく》など，心に感じたものを美しく表現すること。

Dr.福井の 入試に勝つ！ 脳とからだのウルトラ科学

入試当日の朝食で，脳力をアップ！

朝食を食べない学生は，朝食をきちんと食べる学生に比べて成績が悪かった──という研究発表がある。まあ，ちょっと考えればわかると思うけど，朝食を食べないということは，車にガソリンを入れないで走らせようとするようなものだ。体がガス欠になった状態では，頭が十分に働くわけがない。入試当日の朝食はちゃんと食べよう！　朝食を食べた効果があらわれるように，試験開始の２時間以上前に食べるようにするとよい。

では，入試当日の朝食にふさわしいものは何か？

まず，脳の直接のエネルギー源はブドウ糖だけであるから，それを補給するためのご飯やパン，これは絶対に必要だ。また，砂糖や果物の糖分は吸収されやすく，効果が速くあらわれやすいので，パンにジャムをぬったり果物を食べたりするのもよいだろう。

次に，タンパク質。これは脳の温度を上げる作用がある。温度が低いままでは十分に働かないからね。タンパク質を多くふくむのは肉や魚，牛乳，卵，大豆などだが，ここでは大豆でできたとうふのみそ汁や納豆をオススメする。そして，記憶力がアップするDHAを多くふくんでいる青魚，つまりサバやイワシなども食べておきたい。

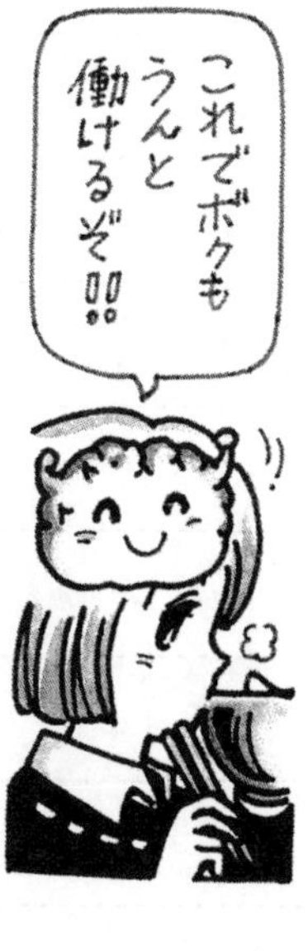

生野菜も忘れてはならない。その中にふくまれるビタミンＢは，ブドウ糖を脳に吸収しやすくする働きを持つので，結果的に脳力アップにつながるんだ。

コーヒーや紅茶，緑茶は，カフェインという成分の作用で目覚めをうながすが，トイレが近くなってしまうので，飲みすぎに注意！　試験当日はひかえたほうがよいだろう。眠気を覚ましたいときはガムをかむといい。脳が刺激《しげき》されて活性化し，目が覚めるんだ。

Dr.福井(福井《ふくい》一成《かずしげ》)…医学博士。開成中・高から東大・文Ⅱに入学後，再受験して翌年東大・理Ⅲに合格。同大医学部卒。さまざまな勉強法や脳科学に関する著書多数。

Memo

2020年度　和洋国府台女子中学校

〔電　話〕 (047) 374－０１１１
〔所在地〕 〒272-0834　千葉県市川市国分４―20―１
〔交　通〕 市川駅・松戸駅(JR)よりバス―「北台」下車徒歩７分

【算　数】 〈第１回試験〉 (50分) 〈満点：100点〉

注意　１．途《と》中の計算などは，問題用紙のあいているところを使用し，消さないで残しておきなさい。
　　　２．定規，コンパス，分度器，電卓《たく》は使用できません。
　　　３．円周率は，3.14を使って計算しなさい。
　　　４．答えが分数になるときは，それ以上約分できない形で答えなさい。

1　次の計算をしなさい。

(1)　$100-15\times3+45\div9$

(2)　$200-\{12\times(5+7)+11\}$

(3)　$\frac{1}{2}-\frac{1}{3}+\frac{1}{4}-\frac{1}{5}-\frac{1}{6}$

(4)　$4\frac{2}{3}\div\left(1\frac{5}{6}-\frac{3}{8}\right)\times\frac{5}{16}$

(5)　$31.4\times1.7-7\times3.14$

(6)　$\left(1.2+1.75\div\frac{5}{8}\right)\times1.25$

2　次の□にあてはまる数を答えなさい。

(1)　$\{(11-\square\div3)+2\}\times4-2=10$

(2)　3400mm－0.0006km＝□m

(3)　右の図で，角アの大きさは□度です。

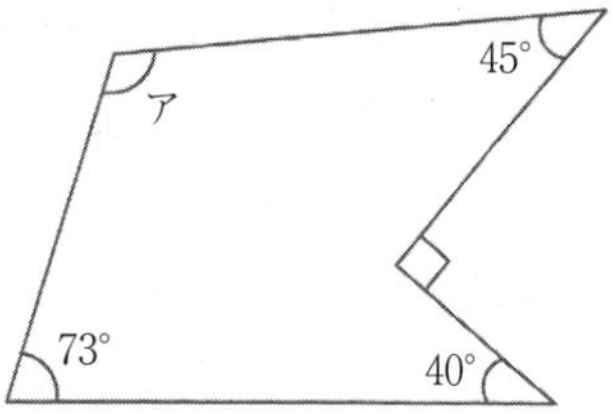

(4)　２時間で□km 走る自動車は，５時間で310km 走ります。

(5)　3000円の□割□分引きは2490円です。

(6)　$\frac{16}{41}$の分母と分子のどちらにも□を足すと，$\frac{7}{12}$になります。

(7)　10円玉と100円玉の枚数の比が３：２で，合計金額が4370円のとき，10円玉は□枚あります。

(8)　Ａさんの第１回から第□回までのテストの平均点は84点です。この次のテストで100点をとると，平均点は86点になります。

(9)　４％の食塩水200ｇと，８％の食塩水□ｇを混ぜると，７％の食塩水ができます。

(10)　オリンピック大会は，４年に１度行われます。第24回ソウル大会は西暦□年に行われました。第32回東京大会は西暦2020年に行われます。

3　りんごが23個，みかんが67個あります。それぞれ同じ数ずつ子どもに分けたところ，りんごは１個不足し，みかんは７個あまりました。子どもは何人いましたか。また，その求め方をことばと式で書きなさい。

4　次の図は，底面の中心が重なるように２つの円柱を重ねた立体です。円柱の高さは，それぞれの底面の直径の長さと等しいです。この立体の体積を求めなさい。

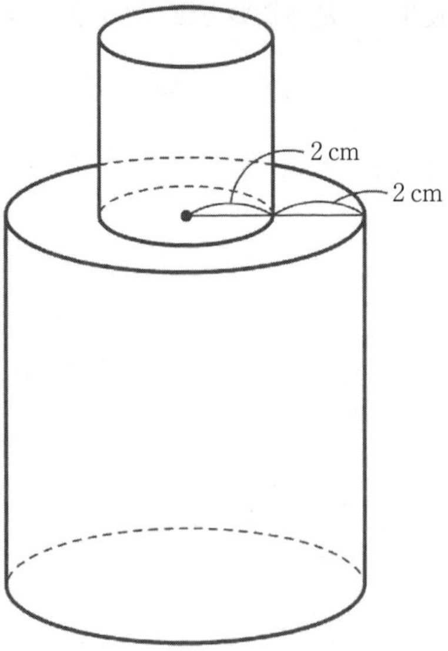

5　和子さんは，家から５kmはなれた図書館に，自転車で行くと20分かかります。ある日，家を出発してから５分後に自転車がパンクしてしまったので，お母さんに車でむかえに来てもらい，そのまま図書館まで送ってもらいました。右のグラフは，和子さんが家を出発してからの時間と道のりの関係を表したものです。

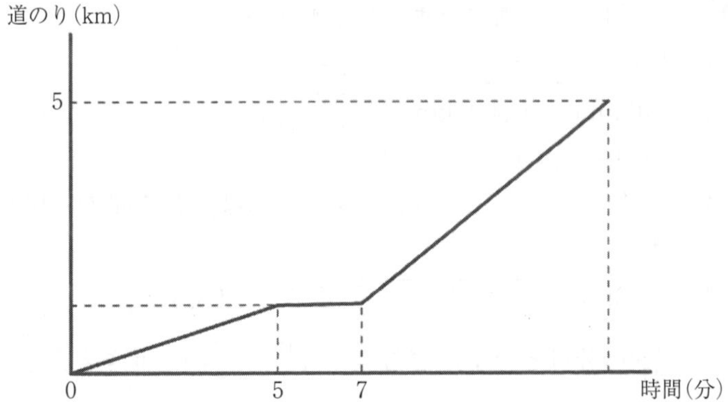

　このとき，次の問いに答えなさい。

(1)　自転車の速さは分速何mですか。

(2)　和子さんは，家を出発してから何分後に図書館に着きましたか。

6　右の【図１】は立方体の展開図です。次の問いに答えなさい。

【図１】

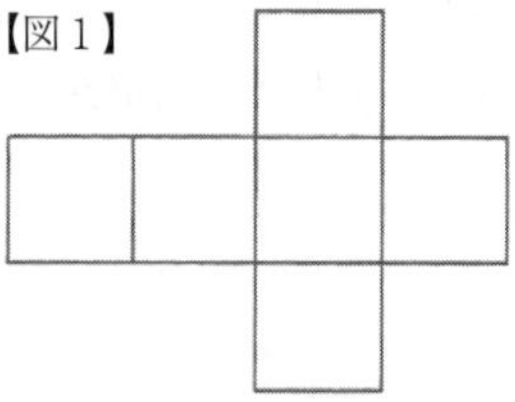

(1)　立方体の展開図は他にもいろいろあります。次の図の(ア)〜(カ)の中で立方体の展開図としてふさわしくないものを１つ選び，記号で答えなさい。

(ア)

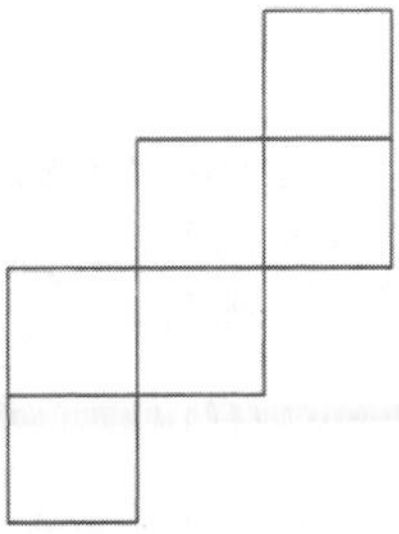

(イ)

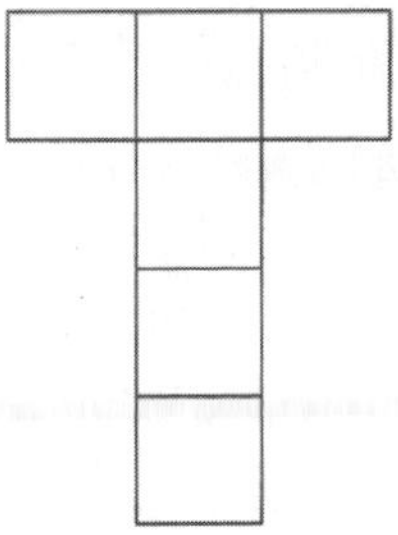

(ウ)

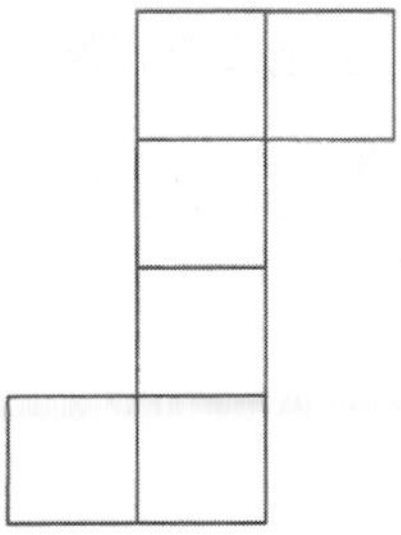

(エ)

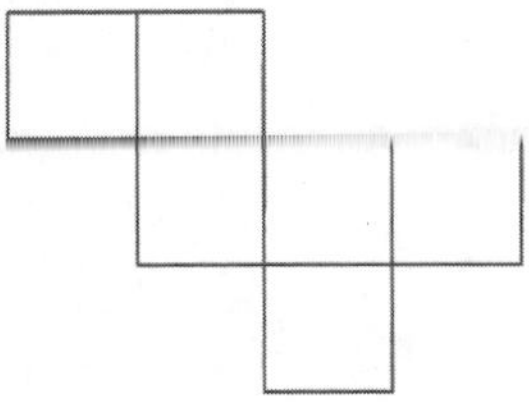

(オ)

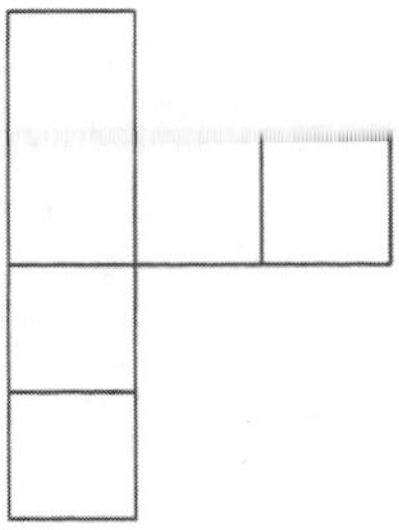

(カ)

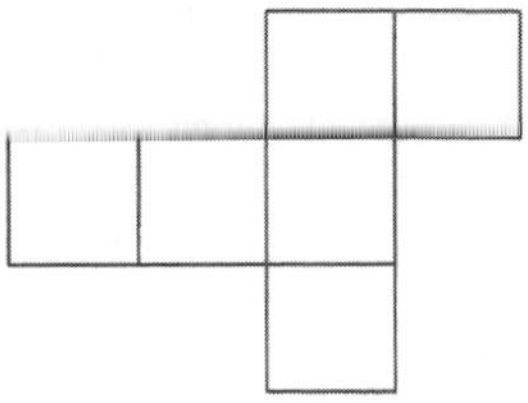

(2)　次の【図２】のように，立方体の箱にひもを六角形になるようにかけました。その後で【図３】のように展開したとき，残りのひものようすを展開図にかきなさい。

【図２】

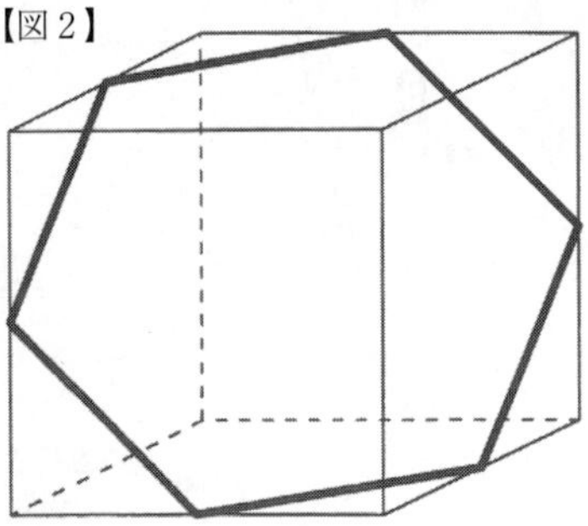

【図３】

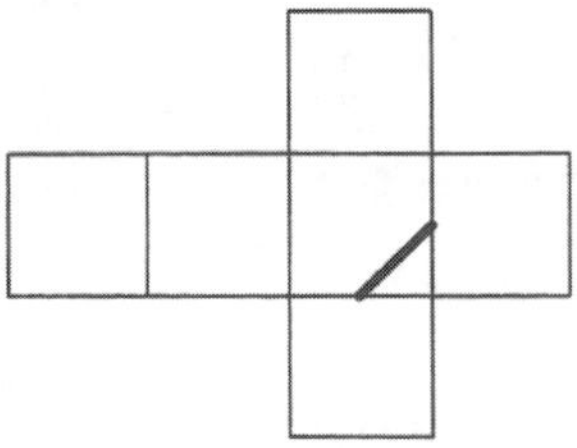

【社　会】〈第１回試験〉(30分)〈満点：60点〉

1　次の地図を見ながら，会話文を読み，下の各問に答えなさい。

国土地理院《こくどちりいん》　電子地形図25000（縮尺《しゅくしゃく》1／25000）をもとに作成

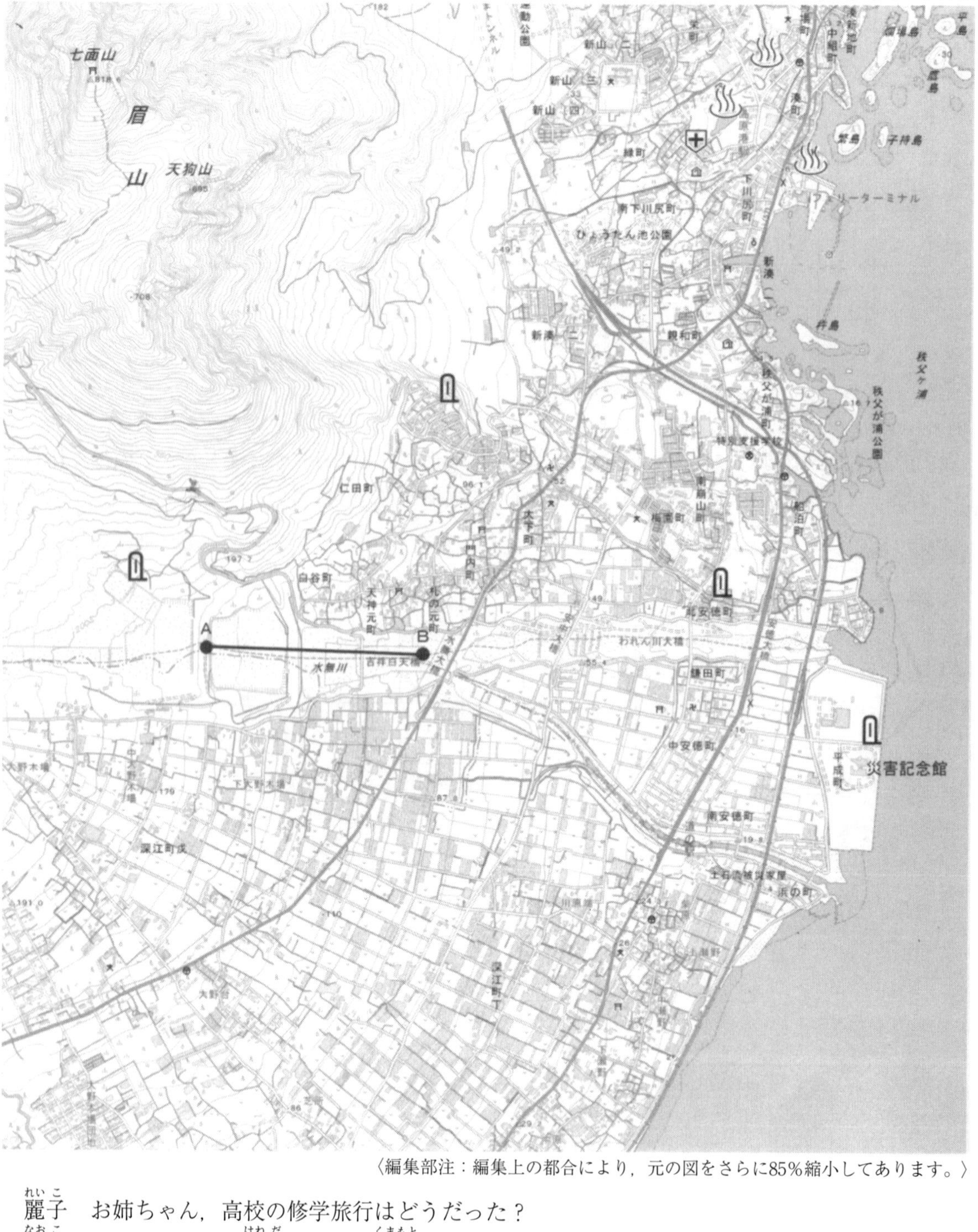

〈編集部注：編集上の都合により，元の図をさらに85％縮小してあります。〉

麗子《れいこ》　お姉ちゃん，高校の修学旅行はどうだった？

尚子《なおこ》　楽しかったよ。羽田《はねだ》空港から熊本《くまもと》空港に着いたあと，熊本城を見学して，熊本港からフェリーに乗ったの。フェリーで西へ向かって［　1　］県の島原《しまばら》半島を訪《おとず》れたの。今見ているのはそのあたりの地図だよ。

島原半島には，じゃがいも畑がたくさんあったよ。島原半島から県庁《けんちょう》所在地の［　１　］市へ向かうところでは，ニュースで見た諫早湾《いさはやわん》の干拓地《かんたくち》や堤防《ていぼう》も見えたよ。

麗子　この地図のどこを訪れたの？

尚子　災害記念館だよ。この記念館から［　２　］の方角には眉山《まゆやま》が見えて，別の方角には雲仙《うんぜん》普賢岳《ふげんだけ》も見えたよ。

麗子　このあたりはどんな災害があったの？

尚子　火山の噴火《ふんか》とそれに関わる災害だよ。普賢岳からの火砕流《かさいりゅう》が時速100kmのスピードで下ってきて，たくさんの人や建物などが被害《ひがい》を受けたんだよ。

麗子　あっという間にふもとまできてしまうなんて，こわいね。

尚子　日本には火山も多くて，災害をもたらすけれど，この地図にも［　３　］を表す ♨ の地図記号があるように，恩恵《おんけい》ももたらしてくれるよね。

災害が起きたときのわたしたちの行動も大事だね。

麗子　この地図の範囲《はんい》には［　４　］を表す  の地図記号が少ないね。

尚子　もしかしたら災害時には［　４　］不足が問題になるかもしれないね。

麗子　この地図に見慣れない  の地図記号があるけど，これはなに？

尚子　新しい地図記号だよ。この地図記号がつくられることになったきっかけは，おととし７月の西日本豪雨《ごうう》だそうだよ。この地図の中にも土石流に関係するものがいくつもあるよ。

東日本大震災《だいしんさい》で被害にあった地域《ちいき》にもこの地図記号が示すものがあるそうだよ。

これらの中には100年以上前につくられたものもあって，住民の防災意識を高めるために，地図上で示すことになったそうだよ。

問１　［１］～［４］にあてはまる語句や方位を答えなさい。(方位は８方位で答えなさい。)

問２　地図中の**A**から**B**は，地図上では４cmあります。実際の距離《きょり》は何kmですか。

問３　災害が起きたときのわたしたちの行動について，日本列島は地震《じしん》や津波，台風のような自然災害の多い国です。そのような災害に備えて，あなたなら普段《ふだん》からどのようなことを準備しておきますか。具体的に**二つ**書きなさい。

問４　新しい地図記号について， の記号は2019年につくられました。どのような地図記号であるか，会話文をもとに次のア～エの中から一つ選び，記号で答えなさい。

ア　自然災害を科学的に分析《ぶんせき》する研究施設《しせつ》があることを示す記号

イ　自然災害が起こったときに，サイレンを鳴らすスピーカーを示す記号

ウ　自然災害の影響《えいきょう》をはかる，観測装置《そうち》を示す記号

エ　自然災害がかつて，そこであったことを伝える碑《ひ》を示す記号

2　和洋国府台女子中学校３年生の文絵《ふみえ》さんと麗子さんは，昨年の夏休みに実施《じっし》された社会科見学会に参加し，千葉《ちば》県香取《かとり》市の佐原《さわら》を訪れました。次の会話文を読み，下の各問に答えなさい。

文絵　私《わたし》は香取市に行くのは今回が初めてなの。古い街並《まちな》みや酒蔵《さかぐら》の見学がとても楽しみだね。

麗子　私は小学生のとき，香取市にある香取神宮《じんぐう》に家族でお参りしたことがあるの。その帰りに家族で食べたうなぎの味が，とってもおいしくて忘《わす》れられないの。

文絵　佐原駅までの行き方を調べてみたんだけど，まず成田《なりた》まで行って，そこで乗《の》り換《か》えて銚子《ちょうし》行の列車で行くみたいだね。

私は毎年，水泳部の合宿で銚子に行ってるの。漁港や醤油《しょうゆ》の生産で有名な町だよね。

麗子　じゃあ，当日は成田駅で待ち合わせをして，一緒《いっしょ》に行こうね。

見学会が実施された８月１日は，気温が35度を超《こ》える猛暑日《もうしょび》で，佐原の街も大変な暑さでした。朝，佐原駅に集合した一行は，土田《つちだ》先生の引率《いんそつ》でまず地図にまつわる記念館を訪れました。館内では学芸員の方の案内で，貴重《きちょう》な測量器具や古い文書，実際の地図などを見学しました。また，記念館のすぐ近くに残る江戸《えど》時代の住宅《じゅうたく》も訪れ，当時の暮《く》らしぶりを知ることができました。

文絵　　今から200年以上も前に，こんなに正確な地図をつくっただなんて，すごいことですね。

土田先生　そうだね。今なら，人工衛星から地球のすがたを見ることができるけど，当時は実際に海岸線を歩いて距離や角度を測ったんだね。

麗子　　それから，佐原がもともとは酒蔵などを営む商人たちでにぎわっていたことも初めて知りました。

土田先生　これから船に乗る小野《おの》川は，昔はお米やお酒を運ぶために利用されていたそうだね。佐原の街でつくられたお酒も，きっとこの川から出荷《しゅっか》されていたんだね。船から見る街並みは，とても楽しみだね。

とても暑い日でしたが，船に乗ってみると少しだけ爽《さわ》やかな風を感じることができました。古い街並みの中には，夏と秋のお祭りで使う山車《だし》の倉庫もありました。船を降《お》りた後は，街並みの見学と昼食のための自由行動の時間，文絵さんと麗子さんが一番楽しみにしていた時間です。２人は事前に調べておいた古民家をリフォームしたカフェで食事をしました。このカフェでは，地元の食材を利用したメニューが提供《ていきょう》されていました。昼食の後には，参加者全員で酒蔵を見学しました。

麗子　今日はとても暑かったけど，楽しかったね。お昼に食べた豚肉《ぶたにく》をつかった料理がとってもおいしかった。また食べたいな。

文絵　千葉県産のお肉をつかってるそうだよ。千葉県の畜産《ちくさん》は意外にさかんなのね。

麗子　最後に見学した酒蔵で飲んだ甘酒《あまざけ》もすごく気に入ったよ。お家でもつくって家族にも飲んでもらおうと思って，酒粕《さけかす》をお土産《みやげ》に買ったよ。

文絵　東日本大震災のときには，佐原の街も被害が大きかったようだね。でも今ではたくさんの観光客が訪れるまでに復興したのだと土田先生がおっしゃってたよ。

来年の見学会はどこに行くんだろう。また一緒に参加したいね。

問１　成田について，次の説明文の［１］，［２］に入る語句の組み合わせを，下のア～エの中から一つ選び，記号で答えなさい。

> 成田市にある成田国際空港は日本の旅客《りょかく》や貨物輸送の拠点《きょてん》となっている。近年，日本を訪れる外国人観光客数は［　１　］する傾向《けいこう》にある。また，貨物輸送においては，成田国際空港からはおもに［　２　］が海外へと輸出されている。

ア　１－減少　２－自動車などの輸送機器　　イ　１－減少　２－半導体などの電子部品

ウ　１－増加　２－自動車などの輸送機器　　エ　１－増加　２－半導体などの電子部品

問２　銚子について，次の説明文の［１］，［２］に入る語句の組み合わせを，下のア～エの中から一つ選び，記号で答えなさい。

> 銚子市は太平洋に面しており，沖合を暖流《だんりゅう》の[1]が流れている。沖合に豊かな漁場があることから銚子漁港の水揚《みずあ》げ高は８年連続で全国１位を記録している。水揚げされるおもな魚種としては[2]などがある。

ア　１―親潮《おやしお》　２―イワシやサンマ　　イ　１―親潮　２―サケやタラ
ウ　１―黒潮《くろしお》　２―イワシやサンマ　　エ　１―黒潮　２―サケやタラ

問３　学芸員の方の案内について，次の説明文の[1]～[3]に入る語句の組み合わせを，下のア～エの中から一つ選び，記号で答えなさい。

> むかしの地図をよく見ると，たてと横に線が引かれているのがわかりますね。このうち横の線が[1]です。この線は地球の南北の位置を示すためのもので，[2]を０度として南北を[3]度に分けているのです。この地図がつくられた約200年前には，１度ごとの距離も計算することができたそうです。

ア　１―緯線《いせん》　２―赤道　３―90　　イ　１―緯線　２―北極・南極　３―90
ウ　１―経線　２―赤道　３―180　　エ　１―経線　２―北極・南極　３―180

問４　お米やお酒を運ぶのに船が用いられた理由として**誤《あやま》りがあるもの**を一つ選び，記号で答えなさい。

ア　江戸時代には河川《かせん》の工事により大型の船の航行が可能になったため
イ　重くてかさばる荷物を運ぶには陸上よりも船のほうが便利であるため
ウ　利根川を利用すると，江戸まで直接荷物を運ぶことができるため
エ　船で運ぶことで食品の傷《いた》みを防ごうとしたため

問５　千葉県の畜産の説明としてもっとも適切なものを，次のア～エの中から一つ選び，記号で答えなさい。

ア　火山灰《かざんばい》質のシラス台地を開拓《かいたく》してつくられた牧場で，畜産を営んでいる
イ　家畜とともに移動しながら，生活を営んでいる
ウ　広大な面積の牧場で，大規模《だいきぼ》な機械を用いて家畜《かちく》を飼育している
エ　人口の多い都市へ，短時間のうちに安い輸送費で出荷している

問６　東日本大震災について，千葉県内の被害状況《じょうきょう》で**誤りがあるもの**を一つ選び，記号で答えなさい。

ア　沿岸《えんがん》の埋立地《うめたてち》では，液状化現象による大きな被害を受けた地域があった
イ　火山の近くでは，噴火による火山灰や噴煙《ふんえん》による農業被害を受けた地域があった
ウ　太平洋に面する沿岸部では，津波による大きな被害を受けた地域があった
エ　木造住宅の多い地域では，揺《ゆ》れによる家屋の倒壊《とうかい》の被害を受けた地域があった

3　下の表は，文絵さんが夏休みに奈良《なら》・京都《きょうと》を旅行した際に訪れたところと，その場所の説明について簡単《かんたん》にまとめたものです。下の各問に答えなさい。

訪れたところ	その場所の説明
法隆寺《ほうりゅうじ》	聖徳《しょうとく》太子が建てたとされる。現存《げんぞん》する世界最古の木造建築物が残る
唐招提寺《とうしょうだいじ》	正しい仏教を伝えるために中国から日本へ渡航《とこう》した僧《そう》によって建てられた
東大寺	鎌倉《かまくら》時代につくられた南大門の金剛《こんごう》力士像は，運慶《うんけい》・快慶《かいけい》の代表的な作品である
平等院	藤原道長《ふじわらのみちなが》の別荘《べっそう》を息子《むすこ》が建《た》て替《か》えた。鳳凰堂《ほうおうどう》は，そこにある阿弥陀堂《あみだどう》である
銀閣《ぎんかく》	８代将軍《しょうぐん》足利義政が建てた。１階は現代の和室のようなつくりになっている
二条城《にじょうじょう》	二の丸御殿《ごてん》の大広間は，15代将軍徳川慶喜《よしのぶ》が大政奉還《ほうかん》を発表した部屋である

問１　聖徳太子が行ったこととして**誤りがあるもの**を，次のア～エの中から一つ選び，記号で答えなさい。

ア　小野妹子を隋《ずい》に送り，政治や文化の仕組みを取り入れようとした

イ　十七条憲法《けんぽう》を制定し，政治を行う豪族《ごうぞく》や役人の心構えを示した

ウ　位によって冠《かんむり》や服装《ふくそう》の色をかえ，家柄《いえがら》にとらわれず，能力のある人を重要な役職につけた

エ　国ごとに国分寺・国分尼寺《こくぶんにじ》を建てるなど，仏教の力で国を守り，人々の不安をしずめようとした

問２　唐招提寺を建てた，奈良時代に中国から日本へ渡航した僧とは誰《だれ》か，書きなさい。

問３　鎌倉時代について書かれている文章として正しいものを，次のア～エの中から一つ選び，記号で答えなさい。

ア　人形浄瑠璃《じょうるり》や歌舞伎《かぶき》が人々の楽しみとして広がった

イ　武士は塀《へい》に囲まれた簡素《かんそ》な屋敷《やしき》に住み，戦いに備えて，日頃《ひごろ》から武芸に励《はげ》んだ

ウ　書院造の様式が広がり，床《とこ》の間《ま》をかざるかけ軸《じく》に水墨画《すいぼくが》が好んで使われるようになった

エ　寝殿造《しんでんづくり》の屋敷でくらす貴族《きぞく》のあいだでは，かな文字が使われ始めた

問４　平等院が創建《そうけん》された時代は，各地にたくさんの阿弥陀堂がつくられました。その理由として，このころの社会に対して仏教ではどのような考え方が広まったからですか。簡単に説明しなさい。

問５　足利義政が活躍《かつやく》した時代の農民の様子について書かれたものを，次のア～エの中から一つ選び，記号で答えなさい。

ア　将軍家《しょうぐんけ》のあとつぎ争いなどから有力な武士たちも加わった大きな戦いが続き，その後も村の人々は田畑を荒《あ》らされるなど苦しんだが，一致《いっち》団結し，寄り合いを開いて村の決まりを定めた

イ　村は，名主などの村役人によって運営され，五人組をつくって年貢《ねんぐ》の納入《のうにゅう》やさまざまな税の負担《ふたん》に共同で責任を負わせた

ウ　村の人々は木製の農具で稲作を行い，田の中で足が沈まないようにするための田げたや，稲を刈るための石包丁を使った

エ　国から与《あた》えられた土地を耕し，稲を税として地方の役所におさめたり，その地方の特産物を都へ運んだりした。また，都や九州を守る兵士の役目も果たしたため，税《ぜい》負担に苦しんだ

問６　大政奉還の前に起きた次のア～ウのできごとを，おきた順に正しく並《なら》べかえなさい。

ア　諸外国《しょがいこく》と不平等条約を結び，貿易が始まると国内は品不足となり物価も激《はげ》しく上がったため，人々の生活は苦しくなった

イ　幕府《ばくふ》は下田と函館《はこだて》の二つの港を開き，下田に領事《りょうじ》をおくことや，燃料などを補給《ほきゅう》することを認《みと》めた

ウ　倒幕《とうばく》の動きが強まると，長州藩《はん》と薩摩《さつま》藩は坂本龍馬《りょうま》のはたらきかけで同盟《どうめい》を結び，天皇《てんのう》を中心とした新しい政府をつくる運動を始めた

4　次の会話文を読み，下の各問に答えなさい。

文絵　自由研究で，東京の町の移り変わりについて調べることにしたの。

麗子　次のページの絵は，江戸時代の日本橋ね。右上に「富嶽《ふがく》三十六景　江戸日本橋」と書いてあるよ。

尚子　教科書などでよく見る日本橋の絵とはちがうね。手前の橋の上には，荷物を持った人がたくさんいてにぎわっているね。

文絵　川には船が浮《う》かび，両側に建物が並んでいるね。このあたりは，商業の中心地だったらしいよ。

麗子　今でも，江戸時代から続くお店があったり，大きなデパートや銀行，証券《しょうけん》会社などの金《きん》融《ゆう》機関が集まってるね。

尚子　この川のすぐ横に魚河岸《うおがし》があったんだって。徳川家康が摂津《せっつ》国(大阪府)から集めた漁師たちが，幕府に納《おさ》めた残りの魚を橋のたもとで売ったことが始まりだって。関東大震災のあと築地に引《ひ》っ越《こ》すまでにぎわったらしいね。

文絵　この川にかかる日本橋は，江戸時代，五街道《ごかいどう》の起点になったのね。

麗子　今でもいくつかの国道の起点になっているよ。

尚子　前の東京オリンピックのとき，高速道路をつくるために川の上に道路を通したんだって。今は，すっかり景色が変わっているね。

文絵　世界中からたくさんの人をむかえ入れるために，道路をつくったり，ホテルを建てたりして東京の町が大きく変わったときだね。

麗子　東京タワーもこの頃《ころ》できたんだよ。日本の経済《けいざい》が大きく成長して，「　　　　」なんて言葉もでてきたね。

尚子　そういえば，最近，魚市場は，さらに豊洲《とよす》に移転したね。築地の魚市場の跡地《あとち》は，今年の東京オリンピックの選手や大会関係者らを運ぶバスなどをとめておく場所にするために建物を取《と》り壊《こわ》しているね。

問１　<u>富嶽三十六景</u>の作者を次のア～オの中から一人選び，記号で答えなさい。

ア　歌川広重《うたがわひろしげ》　　イ　喜多川歌麿《きたがわうたまろ》　　ウ　葛飾北斎《かつしかほくさい》

エ　近松門左衛門《ちかまつもんざえもん》　　オ　本居宣長《もとおりのりなが》

問２　<u>建物</u>について，川の両側に並んでいる建物は，どのような役割《やくわり》をもった建物と考えられるか，簡単に説明しなさい。

問３　<u>関東大震災</u>の頃，日本でおきたできごとでは**<u>ないもの</u>**を，次のア～オの中から一つ選び記号で答えなさい。

ア　郵便《ゆうびん》制度がはじまる

イ　全国水平社が創立《そうりつ》される

ウ　普通《ふつう》選挙制度ができる

エ　ラジオ放送がはじまる

オ　平塚《ひらつか》らいてうらが新婦人協会を設立する

問４　<u>前の東京オリンピック</u>の頃，日本でおきたできごとでは**<u>ないもの</u>**を，次のア～オの中から一つ選び記号で答えなさい。

ア　東海道新幹線が開通した

イ　白黒テレビ，洗濯機《せんたくき》，冷蔵庫《れいぞうこ》が普及《ふきゅう》した

ウ　環境庁《かんきょうちょう》(今の環境省《かんきょうしょう》)が設置された

エ　東京と横浜《よこはま》の間に電話が開通した

オ　小笠原諸島《おがさわらしょとう》が返還《へんかん》された

問５　～～～について，経済を成長させるためには，どのようなことをすればよいと考えますか。なぜそのことをすると経済が成長するのか，必ず理由も書いて，あなたの考えを書きなさい。

問６　□にあてはまる言葉を，次のア～エの中から一つ選び記号で答えなさい。

ア　もはや戦後ではない　　イ　アジアは一家　日本は柱

ウ　ぜいたくはできないはずだ　　エ　太平洋の橋になりたい

5　次の文を読み，下の各問に答えなさい。

日本国憲法が1946年（昭和21年）に公布されてから，日本の社会は大きく変化をしてきました。自衛隊が発足《ほっそく》したのは憲法公布から８年後のことです。そして自衛隊は今では海外でも活動するようになりました。これについては憲法第９条の内容に合っているのかどうか疑問《ぎもん》の声もあり，憲法改正の必要があるかが議論《ぎろん》されているところです。憲法には他にも，政治に対して国民が直接参加できることや，国民の基本的人権《じんけん》が守られることなどが定められています。これらは，すべての人が豊かに暮らす社会のために必要な内容です。私たちの社会には何が必要なのか，そして，それは憲法を改正する必要があるのか，国民一人一人が考えることが大切です。

問１　自衛隊について次の文を読み，［　　］に入る内容を**６文字以上**で答えなさい。

> 1990年代になると，自衛隊はある「機関」に協力するために海外に派遣《はけん》されるようになりました。この「機関」は1945年につくられ，右の旗をかかげて活動しています。
>
> この旗に描かれているオリーブの葉が表すように，この「機関」は［　　　　　］ために活動しています。日本の自衛隊はその活動に協力しているのです。

問２　自衛隊が外国で活動することや日本が外国と条約を結ぶことを認めるかどうかを決めるのは，国会，内閣《ないかく》，最高裁判所《さいばんしょ》のいずれかの機関です。その機関が行うこととして正しいものを次のア～エの中から一つ選び，記号で答えなさい。

ア　憲法や法律《ほうりつ》に基《もと》づいて公正に判断し，争いごとを解決する

イ　選挙で選ばれた国民の代表者が話し合って法律をつくる

ウ　内閣の助言と承認《しょうにん》に基づいて憲法に定められた仕事を行う

エ　法律や予算にしたがって省庁《しょうちょう》を監督《かんとく》して命令を出す

問３　憲法改正について，下の図は改正手続きの流れを表したものです。［あ］，［い］にあてはまる語句の組み合わせとして正しいものを，下のア～エの中から一つ選び，記号で答えなさい。

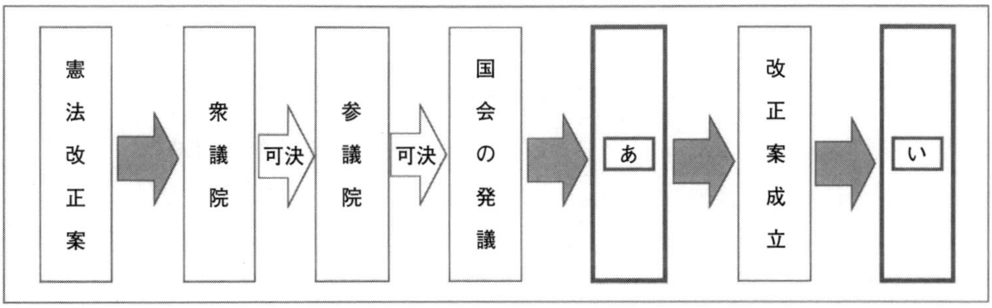

ア　**あ**―国民投票　**い**―総理大臣による公布

イ　**あ**―国民投票　**い**―天皇による公布

ウ　**あ**―国民審査《しんさ》　**い**―総理大臣による公布

エ　**あ**―国民審査　**い**―天皇による公布

問４　国民が直接参加できることとして，現在の日本であてはまるものを，次のア～エの中から一つ選び，記号で答えなさい。

ア　最高裁判所の裁判官《さいばんかん》を指名する

イ　内閣総理大臣を任命する

ウ　知事に条例の改正を請求《せいきゅう》する

エ　国会に予算案を提出する

問５　基本的人権を尊重《そんちょう》するために活動する国や地方公共団体について次の問に答えなさい。

⑴　右の図は，国の予算の歳出《さいしゅつ》(令和１年度)を示しています。国が最も多くの予算を使って守ろうとしている人権を，次のア～エの中から一つ選び，記号で答えなさい。

ア　学問の自由

イ　生命・身体の自由

ウ　労働者が団結する権利

エ　健康で文化的な生活を営む権利

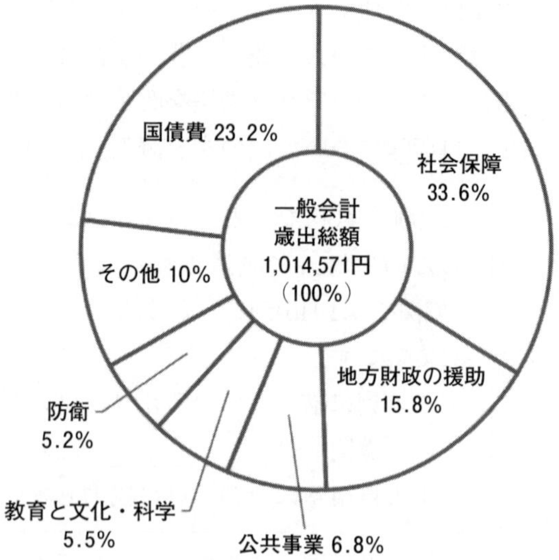

図　一般《いっぱん》会計予算　令和１年度　　財務省資料より作成

⑵　基本的人権を尊重する憲法の考えをもとに，すべての人が豊かに暮らせる社会をつくることが大切です。この考えをもとにして次の文を読み，□に入る内容を考えなさい。

> 和洋国府台女子中学校高等学校がある地域は，千葉県と市川市によって建物の高さや形に制限がつけられています。例えば，和洋の中学生の教室がある一番北側の校舎だけが，他の南側の建物より低い３階建てになっています。このように，県や市が建物の高さに制限をつけた理由は□です。

【理　科】〈第１回試験〉（30分）〈満点：60点〉

1　けんび鏡の使い方や観察したことについて，あとの問いに答えなさい。

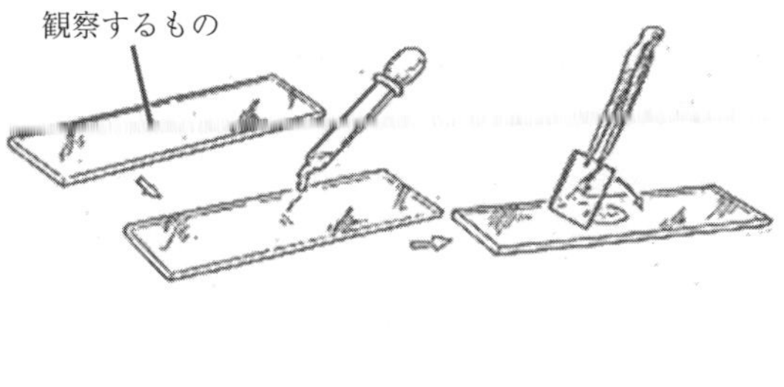

図１　プレパラートの作り方

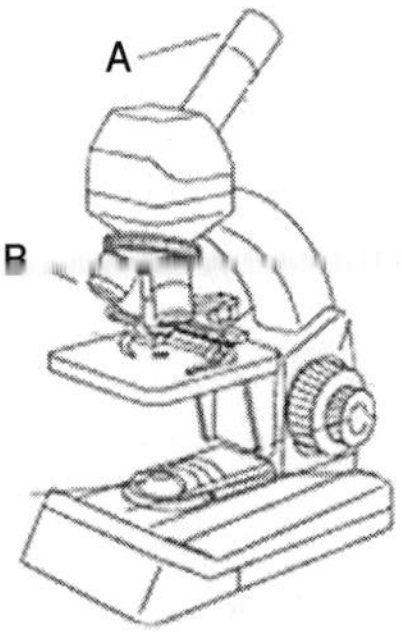

図２　けんび鏡

問１　けんび鏡観察ではまず，スライドガラスの上に観察したいものをのせてプレパラートを作ります。次のア～オは，プレパラートの作り方について述べています。まちがっているものを次のア～オから２つ選び，記号で答えなさい。

ア　厚みのある植物の葉などを観察するときは，一部をはがしたり切ったりしてうすくして観察する

イ　厚みのある植物の葉などを観察するときは，立体的に観察するために，切らずにそのまま観察する

ウ　透明《とうめい》なものを観察するときには，酢酸《さくさん》カーミン液などの染色液を使うと良い

エ　水中の小さな生物を観察するときは，くぼみのあるスライドガラスを使う

オ　カバーガラスをかけるときは，空気のあわが入るようにする

問２　プレパラートをステージにのせ，図２のＡとＢの二つのレンズを使って拡大して観察します。Ｂのレンズを何と言いますか。また，Ｂのレンズは，４倍，10倍，40倍の３種類がついていました。最初に使うのは，何倍のレンズが良いですか。

問３　Ａのレンズが15倍，Ｂのレンズが40倍で観察したとき，倍率は何倍ですか。

問４　ある花の花粉を10倍のＢのレンズで観察したとき，視野いっぱいにまるい花粉がぎっしりと並んで見えました。花粉の数を数えたらおよそ400個ありました。Ａのレンズを変えずに，Ｂのレンズを40倍に変えたとき，視野の中に見える花粉の数はおよそ何個になりますか。次のア～エから正しいものを選び，記号で答えなさい。

ア　25個

イ　40個

ウ　100個

エ　1600個

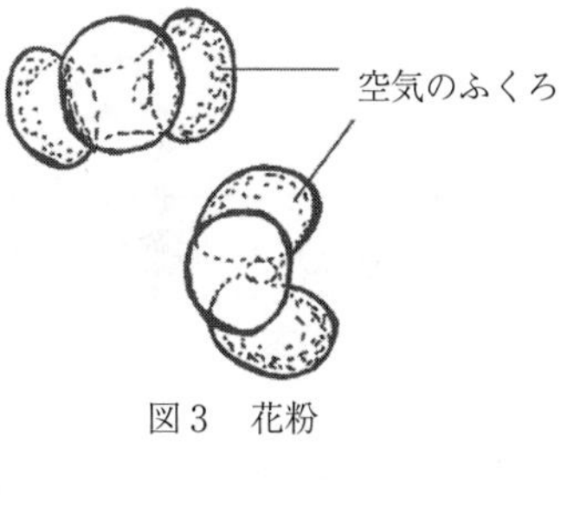

図３　花粉

問５　別の植物の花粉をけんび鏡で観察したところ，図３のように花粉に空気のふくろがついていました。この花粉はどのようにして運ばれていると考えられますか。

2　種子の発芽について，次の問いに答えなさい。

問１　インゲンマメの発芽に必要な条件は何ですか。正しい組み合わせを次のア～エから選び，記号で答えなさい。

ア　日光・水・肥料　　イ　適温・空気・肥料

ウ　適温・空気・水　　エ　日光・空気・水

問２　日光が発芽に必要かどうかを確かめるにはどのような実験を行えばよいですか。次のア～エから必要なものをすべて選び，記号で答えなさい。

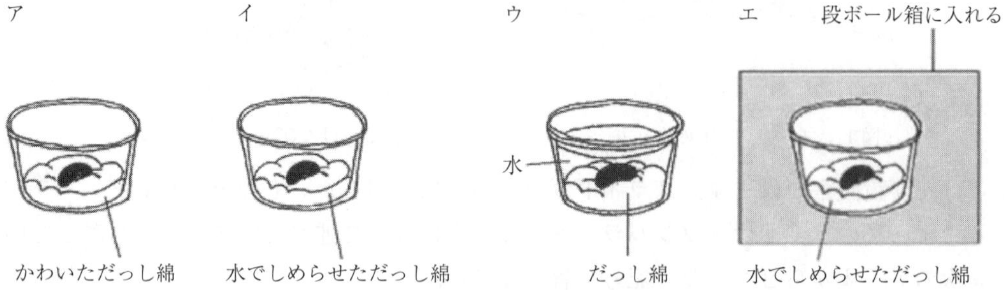

問３　オオバコの種子で図のような条件で発芽の実験を行ったところ，表のような結果になりました。この結果からどのようなことが言えますか。「オオバコの種子は，」に続けて答えなさい。

〈実験〉

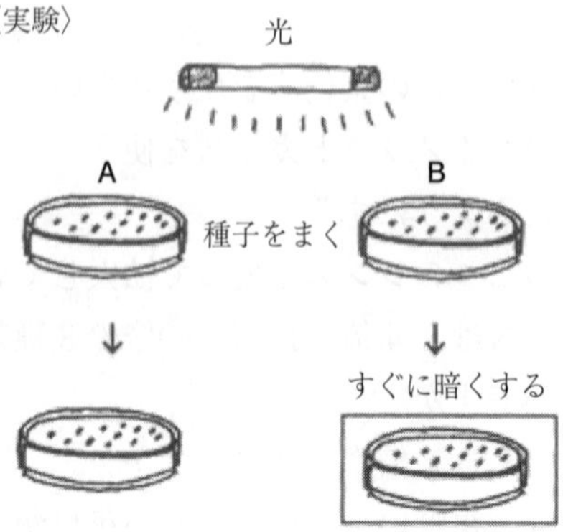

〈結果〉（まいた種子の数は30個）

	発芽した種子の数(個)
A	30
B	0

問４　次の図は，インゲンマメとトウモロコシの発芽のようすを描《か》いたものです。種子の形と根のようす以外で異なることを答えなさい。

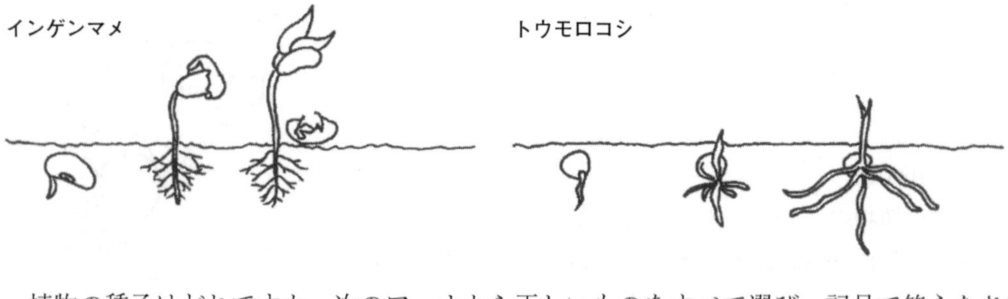

問５　植物の種子はどれですか，次のア～オから正しいものをすべて選び，記号で答えなさい。

ア　ゴマ　　イ　タピオカ　　ウ　ヒジキ　　エ　アズキ　　オ　イクラ

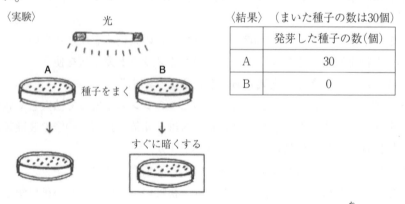

3　ある金属の粉末にうすい塩酸を少しずつ加えたところ，気体Ａが発生しました。気体Ａを集めて，体積を測ったところ，図１のようになりました。発生した気体Ａは水にはとけないものとして，あとの問いに答えなさい。

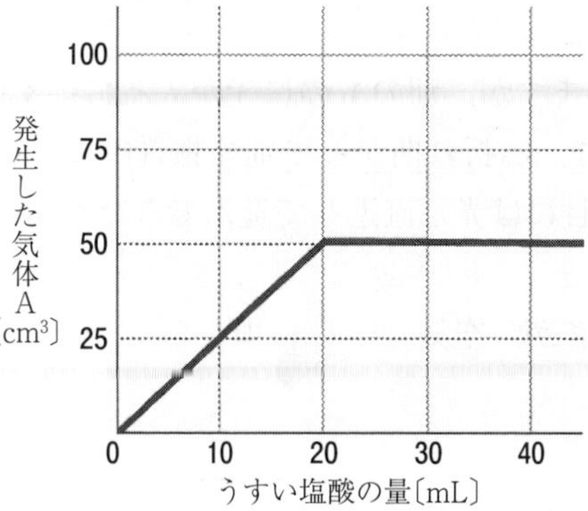

図１　加えたうすい塩酸の量と発生した気体Ａの量の関係

問１　気体Ａを集めるのに最も適当な方法はどれですか。次のア～ウから正しいものを選び，記号で答えなさい。

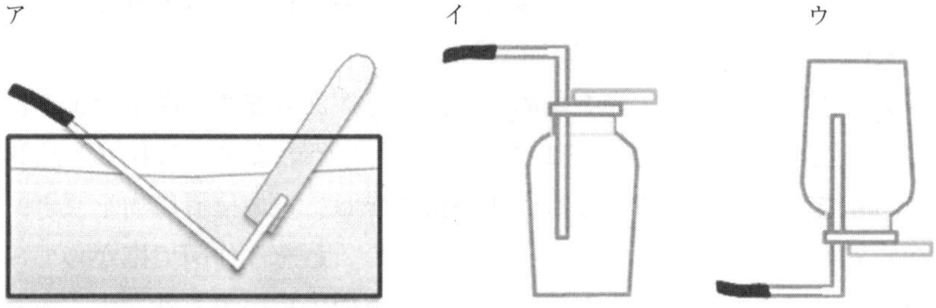

気体Ａを集めた試験管の口に火を近づけると，ポンという音がして試験管の内側が水てきでくもりました。この水てきを塩化コバルト紙につけると，色が変わりました。

問２　気体Ａの名前を答えなさい。

問３　塩化コバルト紙は何色から何色に変化しましたか。次のア～オから正しいものを選び，記号で答えなさい。

ア　赤→青　　イ　青→赤　　ウ　緑→黄

エ　白→赤　　オ　むらさき→赤むらさき

問４　図１では最大50cm³の気体Ａが発生しています。金属の量を２倍にすると，気体Ａは最大何cm³発生しますか。

問５　図１で使ったうすい塩酸に，同じ量の水を加えてさらにうすめました。図１と同じ量の金属の粉末に，このうすめた塩酸を加えました。このうすめた塩酸の量と発生した気体Ａの量の関係をグラフに書きなさい。

4　物の見え方について述べた文を読み，あとの問いに答えなさい。

物が見えるということは，どういうことでしょうか。真っ暗にした部屋やふとんの中では，本を読むことはできません。このことから，物が見えるか見えないかの違《ちが》いは，光が関係していることがわかります。ろうそくの火や電灯のように，自分から光を出している物を光源といいます。光源は，光を出していますから，当然見えます。光源ではない物が見えるのは，光源から出た光が，物に当たってはね返り，その光を目が受け止めているからです。地球から満月が輝《かがや》いて見えるのは，（ ア ）の光が月に当たってはね返り，その光を私たちが見ているからです。

光は，同じもの(例えば空気)の中では直進しますが，別のものに光が入っていく時(例えば空気から水へ)，その境目で，(イ)はね返《かえ》されたり，(ウ)折れ曲がって別の物質中に入っていきます。光が曲がって目に入ってきても，私たちの目には光が直進して進んできた方向に物があるように見えます。

光が曲がるのは，水やガラスの中での光の速さが，空気中での光の速さとくらべて，遅《おそ》くなるからです。

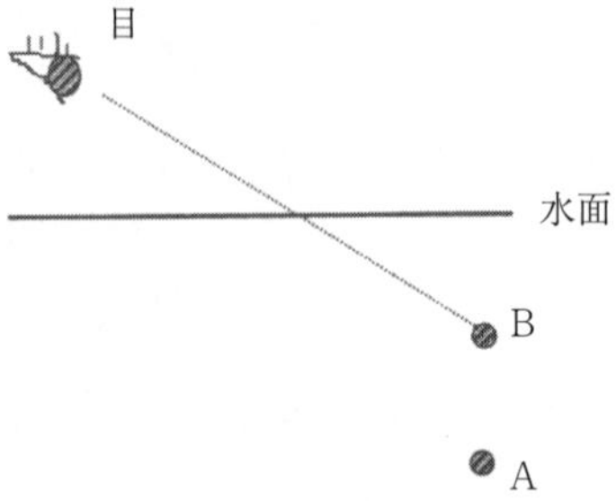

問1　(ア)に入る言葉を，漢字で答えなさい。

問2　下線部(イ)，(ウ)の光の性質を何といいますか。それぞれ答えなさい。

問3　家族で温泉に行ったとき，浴槽《よくそう》の底にある電灯が浮《う》かび上がって，点Bにあるように見えました。実際に点Aから出た電灯の光が，目に届くまでの光の進み方を，図の中に線で描《か》き入れなさい。また，光の進む向きに，矢印もつけなさい。

問4　虫めがねは凸《とつ》レンズでできていて，光を集めるはたらきがあります。図1のように平行な光線が凸レンズによって集められた点を凸レンズの焦点《しょうてん》といいます。これは，凸レンズの両側の同じ位置にあります。この位置よりも内側の虫めがねに近い位置に物を置き，反対側から虫めがねを通して物を見ると，大きく見えます。このことを，作図で確かめてみましょう。ロウソクの炎《ほのお》から出た無数の光のうち，2本の光線を線で描いてあります。大きく見える炎の位置に点線を引いて求め，その位置に×印をつけなさい。

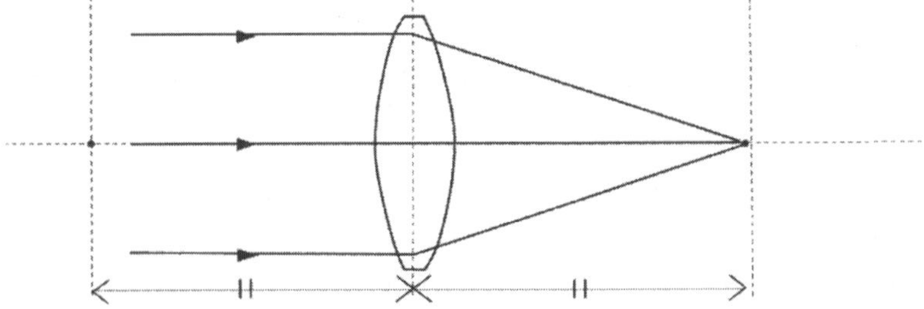

図1

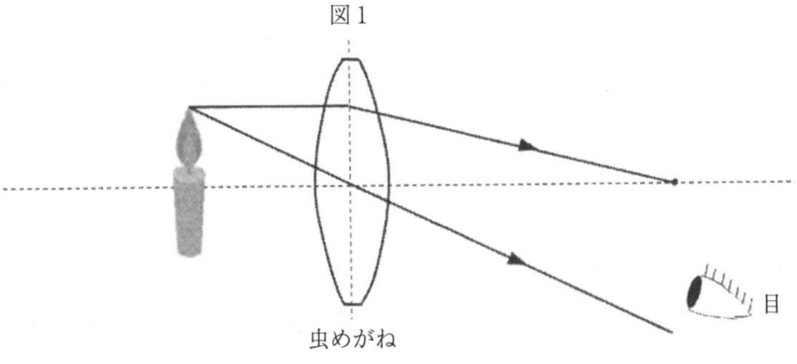

5　台ばかりの受け皿に水が入ったビーカーをのせた状態では，はかりは600ｇを示しています(図１)。バネばかりには金属球Ａがつるされていて，90ｇを示しています(図２)。台ばかりの上のビーカーに金属球Ａを入れると，金属球Ａはすべて水の中に沈《しず》みました(図３)。

次に，バネばかりに吊《つ》るされたまま金属球Ａを，台ばかりの上のビーカーに入れ，金属球Ａがすべて水中につかりビーカーの底には触《ふ》れない状態にします(図４)。このとき金属球Ａには，Ａと同じ体積の水の重さと同じ大きさの浮力《ふりょく》がはたらきバネばかりは90ｇではなく60ｇを示しました。つまり，Ａと同じ体積の水の重さは30ｇです。このとき金属球Ａはビーカーの底に触れていないので，金属球Ａの重みを台ばかりは受け止めていません。金属球の体積の分だけ水面が高くなったビーカーの水による重みを受けていることになります。

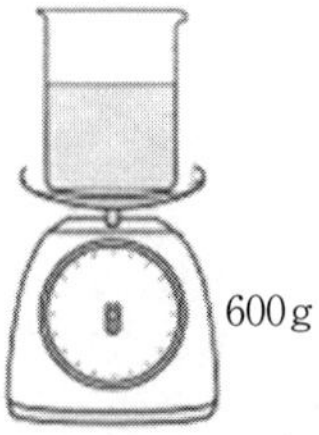

図１

図２

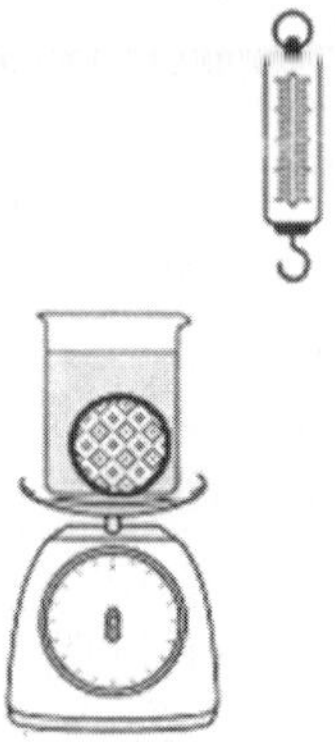
図３

図４

問１　図３のとき，台ばかりは何ｇを示しますか。

問２　図４のとき，台ばかりは何ｇを示しますか。

金属球Ａと同じ体積で，中に空気が入った小さなボールＢの重さをはかったところ５ｇでした(図５)。この小さなボールＢを台ばかりにのせたビーカーに入れました。小さなボールＢは水に浮《う》かんでいました(図６)。

水に浮いている小さなボールＢを，細い棒で真上から押《お》しつけ水の中に押し込みました(図７)。ボールＢはビーカーの底に触れていないので，台ばかりが受け止めるのは，ボールＢの大きさの分だけ水面が高くなったビーカーの水による重みです。

次に，糸を使ってボールＢをビーカーの底につなげた状態にしました(図８)。ボールＢはすべて水中につかっていて水面上に出ませんでした。これまでの実験から，水中のボールＢにはその重さと浮力がはたらきます。

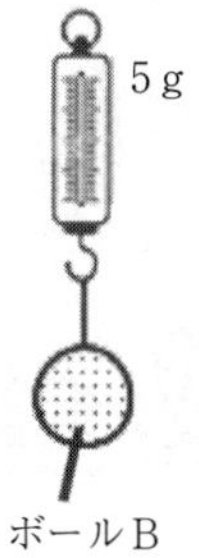

図５

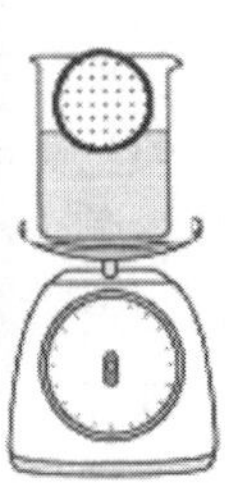
図６

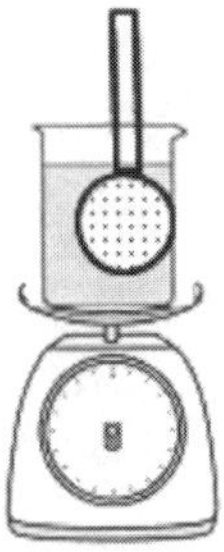
図７

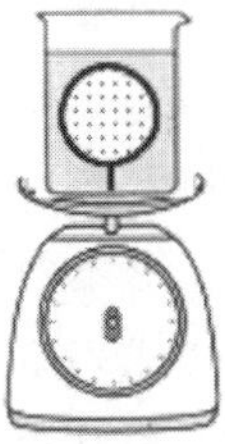
図８

問３　図６のとき，台ばかりは何ｇを示しますか。

問４　図７のとき，台ばかりは何ｇを示しますか。

問５　図８のとき，台ばかりは何ｇを示しますか。ただし，糸の重さは考えないものとします。

6　もののとけ方や湿度《しつど》について述べた次の文を読み，あとの問いに答えなさい。

ものが水にとけて透明《とうめい》な液体になったとき，この液体を水よう液といいます。決まった量の水にとけるものの量には限度があり，その限度の量はとかされるものの種類やとかしている水の温度によって異なります。水に，ものを限度の量までとかしたものを飽和《ほうわ》水よう液といい，また，ある温度の水100ｇにとける限度の量を「よう解度」といいます。ふつう，よう解度は水100ｇにとけるものの限度の量の重さで表します。

問１　表１は，各温度におけるホウ酸のよう解度をまとめたものです。60℃におけるホウ酸の飽和水よう液の濃度《のうど》を求める式はどれですか。次のア～エから正しいものを選び，記号で答えなさい。

表１　ホウ酸のよう解度

温度	0℃	20℃	40℃	60℃	80℃	100℃
よう解度	2.8	4.9	8.9	14.9	23.5	38.0

ア　$\frac{14.9}{100}\times 100$　　　イ　$\frac{100}{14.9}\times 100$

ウ　$\frac{14.9}{100+14.9}\times 100$　　　エ　$\frac{100+14.9}{14.9}\times 100$

水中にものが含《ふく》まれてとけているように，空気中にも水蒸気が含まれています。空気が動くことにより空気の温度が変化し，雲ができたり雨が降ったりする身近な現象が起こります。空気中に含むことができる限度の水蒸気量を飽和水蒸気量といいます。ふつう，飽和水蒸気量は空気１m^3中に含まれる水蒸気の重さｇで表します。よう解度と同じように，空気の温度（気温）によって飽和水蒸気量も異なります。湿度《しつど》は，その空気のしめりぐあいを表し，下の□の中の式で求められます。

$$\text{湿度\%}=\frac{\text{空気中１}m^3\text{中に含まれている水蒸気量[g]}}{\text{その温度での飽和水蒸気量[g]}}\times 100$$

問２　表２は，気温と飽和水蒸気量をまとめたものです。気温20℃で空気１m^3あたり12.5ｇの水蒸気を含む空気の湿度は何％ですか。ただし，小数点以下第２位を四捨五入して，第１位まで表すこと。

表２　気温と飽和水蒸気量[g/m^3]

気温	0℃	5℃	10℃	15℃	20℃	25℃	30℃	35℃
飽和水蒸気量	4.8	6.8	9.4	12.8	17.3	23.0	30.4	39.5

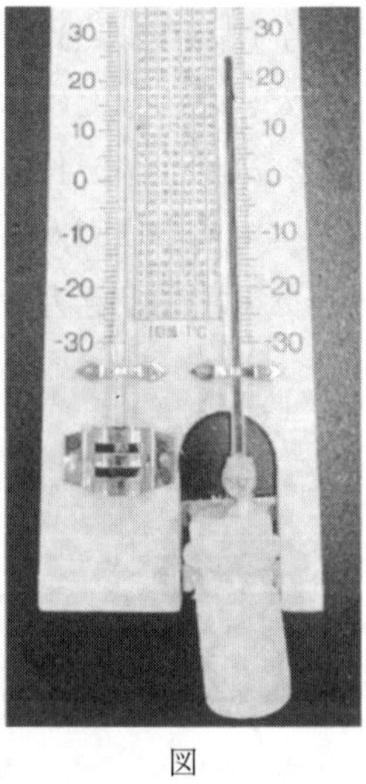

図

湿度を調べるには，図のような２本の温度計がある乾湿計《かんしつけい》を使います。片方の温度計の球部には，水でぬらしたガーゼを取り付けてあります。この温度計は湿球《しっきゅう》温度計，ガーゼを取り付けない方は乾球《かんきゅう》温度計と呼ばれます。湿度は，２本の温度計の指し示す温度（示度）の差をもとにして，表３を使って求めることができます。湿度が低いほど，水は蒸発しやすくなります。ぬれたガーゼから水が蒸発するとき湿球温度計の球部から熱がうばわれるため，湿球温度計は乾球温度計より低い温度を示します。

表3　湿度表

		乾球と湿球の差[℃]					
		1.5	2.0	2.5	3.0	3.5	4.0
乾球の示度[℃]	23	87	83	79	75	71	67
	22	87	82	78	74	70	66
	21	86	82	77	73	69	65
	20	86	81	77	72	68	64
	19	85	81	76	72	67	63
	18	85	80	76	71	66	62

太線内が湿度％を表す

問3　文中の下線部と同じ理由で温度が下がる現象はどれですか。次のア～エから正しいものを選び，記号で答えなさい。

ア　冷たい井戸《いど》水にスイカを入れて冷やした

イ　夏の夕方，庭に打ち水をすると，すずしくなった

ウ　冷とう庫に水を入れて氷を作った

エ　氷に塩をふりかけて，ジュースをこおらせた

問4　湿球温度計が18℃，乾球温度計気温21℃のとき，湿度は何％ですか。表3より求めなさい。

問5　湿球温度計と乾球温度計の示す温度(示度)の差が大きくなる理由として，正しいものを次のア～エの中からすべて選び，記号で答えなさい。

ア　湿球のまわりの水が蒸発しにくいから

イ　湿球のまわりの水が蒸発しやすいから

ウ　湿度が低いから

エ　湿度が高いから

【英　語】〈**第１回試験**〉（30分）〈満点：60点〉

（注意）試験開始３分後に放送が始まりますので，問題をよく見ておきなさい。

【Part A】 英単語を聞き，下線__に入る最も適切なものを あ～え の中から一つ選びなさい。

例題	__ay	あ．n	い．h	う．b	え．m
No. 1	__ate	あ．l	い．d	う．g	え．h
No. 2	p__t	あ．o	い．e	う．u	え．i
No. 3	______	あ．boat	い．vote	う．beat	え．boot

【Part B】 あ～え の英文を聞き，絵の内容を最もよく表しているものを一つ選びなさい。

例題

No. 1

No. 2

No. 3

【Part C】 対話を聞き，その最後の文に対する応答として最も適切なものを あ～う の中から一つ選びなさい。

例題　あ．I ran 7 km.

い．I had nothing to do.

う．I had a good rest.

No. 1 あ．No, thank you.

い．I'm good.

う．It's wonderful.

No. 2 あ．OK. Have a seat.

い．Sure. I'll talk to you later.

う．Yes. Let's meet tomorrow.

No. 3 あ．It was great.

い．It was a new restaurant.

う．I went there with my friend.

No. 4 あ．I ate lunch there.

い．The sushi was very good.

う．How about Chinese food ?

No. 5 あ．I like jackets.

い．Size L, please.

う．I'd like the blue one.

【Part D】 No. 1からNo. 4までの質問を聞き，その答えとして最も適切なものを あ～く の中から一つ選びなさい。同じ記号は1度しか使えません。

あ．It was long.

い．No. On Monday.

う．Just last week.

え．It's 30 dollars.

お．Of course. I like it very much.

か．It's Thursday.

き．It's 6 km.

く．It's next to the ABC Store.

【Part E】 No. 1からNo. 5の英文を聞き，その質問に対して最も適切な答えを あ～う の中から一つ選びなさい。

No. 1 あ．She didn't buy anything.

い．She bought a pink T-shirt.

う．She bought a green T-shirt.

No. 2 あ．Kenta did.

い．Kenta's mother did.

う．Kenta's father did.

No. 3 あ．One. い．Two. う．None.

No. 4 あ．It is very big.

い．It is a monkey town.

う．It has an animal show.

No. 5 あ．She got up at 6:30.

い．She got up at 7:00.

う．She got up at 8:20.

※＜リスニングテスト放送原稿＞は英語の問題の終わりに付けてあります。

【Part F】 次の英文を読んで後の問いに答えなさい。

Risa Brown moved to Ichikawa last week with her family, so her only friend was her cute dog, Taro. She enjoyed playing with Taro every day but wanted to make new friends.

On Wednesday, Risa was walking along the river with Taro and found a small bag. When she looked in the bag, there were some dog toys and a card in it. A name was written on the card : Suzuki Sayaka.

Risa thought, "Who is this ? A girl ? A lady ? Anyway, she must be worried." Risa went to the police and left everything with them.

Two days later, when Risa was walking in the park with Taro, he suddenly ran to another dog. "Hey, slow down, Taro. Stop it," said Risa, but he didn't stop. At first, Risa was worried he was going to fight the other dog, but they started to play together ! Then, Risa heard a voice : "Hey, what are you doing, Pochi ?" Risa turned and saw a girl. "Pochi, come here," said the girl. Taro and Pochi didn't stop playing. Risa and the girl smiled at each other.

"Is that your dog ? Pochi is so cute," said Risa.

"Thanks. Your dog is lovely, too. What is his name ?" the girl asked.

"He is Taro and I'm Risa. Risa Brown. Nice to meet you."

"I'm Suzuki Sayaka. Nice to meet you, too."

問 英文の内容に合うよう，No. 1 から No. 5 までのことばに続く最も適切なものを，あ～え の中から一つ選び，記号で答えなさい。

No. 1 Last week, Risa

あ．moved to a new city.

い．bought a new dog.

う．met a new friend.

え．played with her sister.

No. 2 At the river, Risa

あ．found a dog.

い．found a lost bag.

う．found Suzuki Sayaka.

え．found a cat toy.

No. 3 When Risa was walking Taro in the park, Taro

あ．jumped on people there.

い．slowed down and stopped walking.

う．ran to Pochi.

え．found a lost bag.

No. 4 Risa and Sayaka smiled at each other because

あ．they were talking to their dogs.
い．they were playing together.
う．their dogs didn't stop fighting.
え．their dogs didn't stop playing together.

No. 5　At the end of the story,
あ．Risa and Sayaka introduced themselves.
い．Risa gave a card to Sayaka.
う．Taro was excited and ran to Sayaka.
え．Pochi got hurt and was taken to the hospital.

＜リスニングテスト放送原稿＞

ただいまから令和２年度第１回，英語の試験を行います。これからお話することについて質問は受けませんので，よく注意して聞いてください。

このテストには，【Part A】から【Part F】まであります。【Part A】から【Part E】はリスニングテストで【Part F】は筆記テストです。リスニングテストでは，英文はすべて二度ずつ読まれます。【Part A】から【Part C】で例題を一題放送します。放送の間メモをとってもかまいません。

では，【Part A】から始めます。これは，英単語を聞き，下線部に入る最も適切なものを あ～え の中から一つ選ぶ形式です。【Part A】の例題を見てください。

may　(繰り返し)

皆さんは，今の問題の答えを一つだけ選びます。ここでは「え」が正しい答えですから，解答用紙の例題のところに「え」と書かれています。

では，実際の問題を放送しますので，用意してください。問題は No. 1 から No. 3 まで３題で，解答時間はそれぞれ10秒です。では，始めます。

No. 1　date　(繰り返し)
No. 2　put　(繰り返し)
No. 3　boat　(繰り返し)

続いて，【Part B】です。これは あ～え の英文を聞き，絵の内容を最もよく表しているものを一つ選ぶ形式です。【Part B】の例題を見てください。

あ．There is a dog on the bed.
い．There is a dog under the bed.
う．There is a dog on the table.
え．There is a dog under the table.
(繰り返し)

皆さんは，今の問題の答えを一つだけ選びます。ここでは「う」が正しい答えですから，解答用紙の例題のところに「う」と書かれています。

では，実際の問題を放送しますので，用意してください。問題は No. 1 から No. 3 まで３題で，解答時間はそれぞれ10秒です。では，始めます。

No. 1　あ．A boy bought a ticket for August 3rd.

い．A boy bought a ticket for August 10th.

う．A boy bought a ticket for August 13th.

え．A boy bought a ticket for August 30th.

(繰り返し)

No. 2　あ．A girl is using her smartphone.

い．A girl is watching TV from the sofa.

う．A girl is sitting on the sofa.

え．A girl is taking a photo with her smartphone.

(繰り返し)

No. 3　あ．A boy is writing something on the board.

い．A boy is turning on the light.

う．A boy is cleaning the board.

え．A boy is coming up to the board right now.

(繰り返し)

続いて，**【Part C】**です。これは対話を聞き，その最後の文に対する応答として最も適切なものを，あ～う の中から一つ選ぶ形式です。**【Part C】**の例題を聞いてください。

A：You look very tired.

B：I am.

A：What happened ?

あ．I ran 7 km.

い．I had nothing to do.

う．I had a good rest.

（A：から繰り返し）

皆さんは，今の問題の答えを一つだけ選びます。ここでは「あ」が正しい答えですから，解答用紙の例題のところに「あ」と書かれています。

では，実際の問題を放送しますので，用意してください。問題はNo. 1からNo. 5まで5題で，解答時間はそれぞれ10秒です。では，始めます。

No. 1　A：Good morning, Ms. Brown.

B：Good morning, Kenta.　How are you ?

A：Fine thank you, and you ?

あ．No, thank you.

い．I'm good.

う．It's wonderful.

（A：から繰り返し）

No. 2　A：Excuse me, Ms. Robinson ?

B：Hi, Tom.　What is it ?

A：May I talk to you now ?

あ．OK.　Have a seat.

い．Sure.　I'll talk to you later.

う．Yes.　Let's meet tomorrow.

（A：から繰り返し）

No. 3　A：What did you do today, Mom ?

B：I went to a new restaurant with my friend.

A：Oh, how was it ?

あ．It was great.

い．It was a new restaurant.

う．I went there with my friend.

（A：から繰り返し）

No. 4　A：It's already one o'clock.　I'm really hungry.

B：Me, too.

A：Let's get something to eat.

あ．I ate lunch there.

い．The sushi was very good.

う．How about Chinese food ?

（A：から繰り返し）

No. 5　A：May I help you ?

B：Yes.　I'd like to see that jacket.

A：Which size would you like ?

あ．I like jackets.

い．Size L, please.

う．I'd like the blue one.

（A：から繰り返し）

続いて，**【Part D】**です。これはNo. 1からNo. 4までの質問を聞き，その答えとして最も適切なものを あ～く の中から一つ選ぶ形式です。同じ記号は1度しか使えません。この問題には例題はありません。解答時間はそれぞれ10秒です。では，始めます。

No. 1　Are you going to Yokohama on Friday ?

No. 2　How was yesterday's game ?

No. 3　Do you like shopping ?

No. 4　When did you get back ?

(No. 1から繰り返し)

続いて，**【Part E】**です。これは，No. 1からNo. 5の英文を聞き，その質問に対して最も適切な答えを あ～う の中から一つ選ぶ形式です。この問題には例題はありません。解答時間はそれぞれ10秒です。では，始めます。

No. 1　Mary and I went shopping yesterday.　She bought a pretty pink T-shirt.　I wanted to buy a green one, but I couldn't because it was too large for me.

Question：What did Mary buy ?

あ．She didn't buy anything.

い．She bought a pink T-shirt.

う．She bought a green T-shirt.

（繰り返し）

No. 2　Kenta's mother always cooks, but she was sick yesterday, so her husband made curry. It was delicious.

Question：Who made curry yesterday？

あ．Kenta did.

い．Kenta's mother did.

う．Kenta's father did.

（繰り返し）

No. 3　Sarah had 30 dollars.　She wanted to buy a CD and two magazines, but she didn't have enough money to buy everything.　She only bought a CD and a magazine.

Question：How many magazines did Sarah buy？

あ．One.　　い．Two.　　う．None.

（繰り返し）

No. 4　ABC Amusement Park is very famous for its monkey show.　A lot of children come to see it.

Question：Why is ABC Amusement Park famous？

あ．It is very big.

い．It is a monkey town.

う．It has an animal show.

（繰り返し）

No. 5　Mika always gets up at six thirty (6:30) because her school starts at eight twenty (8:20). But she got up at seven (7:00) this morning, so her father took her to school by car.

Question：What time did Mika get up this morning？

あ．She got up at six thirty (6:30).

い．She got up at seven (7:00).

う．She got up at eight twenty (8:20).

（繰り返し）

これでリスニングテストは終わりです。次の**【Part F】**の問題に進んでください。

2　猿《さる》も木から落ちる
3　泣き面《つら》に蜂《はち》

ア　弱り目にたたり目　　イ　かっぱの川流れ
ウ　身から出たさび　　エ　石橋をたたいて渡《わた》る
オ　ぬかにくぎ

問二　次の熟語の成り立ちに当てはまる言葉をあとのア～クから二つずつ選び、それぞれ記号で答えなさい。

1　似た意味の言葉の漢字を重ねたもの
2　上の漢字が下の漢字を修飾《しゅうしょく》するもの
3　上の漢字が主語、下の漢字が述語になっているもの
4　下の漢字が上の漢字の目的語（「～を」「～に」に当たる語）になっているもの

ア　年長　　イ　急増　　ウ　引退　　エ　他人
オ　永久　　カ　読書　　キ　人造　　ク　開会

問三　――線部の言葉の意味として適切なものをあとのア～エから選び、それぞれ記号で答えなさい。

1　朝の電車は、案の定混んでいた。
ア　思いがけず　　イ　思ったとおり
ウ　知らないうちに　　エ　残念ながら

2　はからずも学級委員長に選ばれた。
ア　思いがけず　　イ　思ったとおり
ウ　知らないうちに　　エ　残念ながら

3　今日起こった出来事を母につぶさに報告した。
ア　こっそりと　　イ　適当に
ウ　大げさに　　エ　くわしく

四

――線1～5のカタカナを漢字に直しなさい。送りがなが必要な場合はひらがなでつけること。

1　意気トウゴウする。
2　田畑をタガヤス。
3　ナレタ手つきで行う。
4　すぐれたセイセキを収める。
5　林をサンサクする。

※屋根をふく…かわらや茅《かや》などで、屋根をおおってつくる

問一　――線①「木のそんなはたらきのおかげで」とありますが、「そんな」とはどのようなはたらきのことですか。解答用紙にあてはまる形で本文からぬき出し、最初と最後の四字で答えなさい。

問二　――線②「まだびくともしていません。」とありますが、この言葉からどのようなことがわかりますか。その答えとして最も適切なものを次のア～エから選び、記号で答えなさい。

ア　法隆寺が木造だからこそ、大修理が可能だということ。

イ　法隆寺に使われている木が、自分のにおいで身を守っているということ。

ウ　木造建築の法隆寺が、とても丈夫《じょうぶ》であるということ。

エ　法隆寺の建築には、くぎが一切《いっさい》使用されていないということ。

問三　（　）A・Bにあてはまる言葉を次のア～オから選び、それぞれ記号で答えなさい。

ア　だから　　イ　さて　　ウ　また

エ　つまり　　オ　ところが

問四　――線③「ぴんと、またもとのすがたにもどったではありませんか。」とありますが、なぜもとのすがたにもどったのですか。本文の語句を使って、十字以内で答えなさい。

問五　――線④「人工の塗料」については、ペンキやニスやラッカーなどがあげられていますが、それに対して「うるし」は何の塗料といえますか。漢字二字で答えなさい。

問六　――線⑤「人間が心をこめて木とつきあえば、木もまた人間にやさしくこたえてくれました。」とありますが、これはどのようなことですか。本文に出てくる木で作られた物のうち、二つをあげてそれぞれ説明しなさい。

問七　――線⑥「木はじゅうぶんにはたらいてくれた」とありますが、

1　このような表現の仕方を何といいますか。その答えとして最も適切なものを次のア～エから選び、記号で答えなさい。

ア　倒置法《とうちほう》　　イ　擬人法《ぎじんほう》　　ウ　反復法　　エ　省略法

2　この言葉はどのようなことを表したものですか。その答えとして適切なところを本文からぬき出しなさい。

問八　この文章の内容をまとめたものとして最も適切なものを次のア～エから選び、記号で答えなさい。

ア　木は人間生活をささえていく上で、とても重要な役割を持つ植物である。永遠に使い続けることができる存在である。

イ　木は寿命《じゅみょう》が長く、人間にやさしい存在である。特有のかおりを出すことで、多くの人間を守る役目をになっている。

ウ　木は世話をすればするほど、やさしくこたえるという人間味を持っている。限りある資源であるがゆえに価値もある。

エ　木は切った後も生きており、寿命が長い植物である。形を変え色々な面で役立ち、扱《あつか》い方によりさらに価値を持つ。

問九　この文章を三つの段落に分けるとしたら、どのようになりますか。その答えとして最も適切なものを次のア～エから選び、記号で答えなさい。

ア　[1～6]―[7～17]―[18～23]

イ　[1～8]―[9～20]―[21～23]

ウ　[1～8]―[9～17]―[18～23]

エ　[1～9]―[10～20]―[21～23]

三　言葉に関する次の問いに答えなさい。

問一　次の言葉とよく似た意味の言葉をあとのア～オから選び、それぞれ記号で答えなさい。

1　のれんに腕押《うでお》し

えていた※たる木が、屋根の重みで、すこしたれさがっていたのです。（Ａ）、かわらや土をとりのぞいてみると、どうでしょう。まがっていたたる木は、③ぴんと、またもとのすがたにもどったではありませんか。まるで、あたらしい木とかわらない、わかわかしさでした。

12 法隆寺につかわれた木材は、樹齢《じゅれい》二千年のヒノキでした。とすれば、このヒノキは、山の中で二千年生き、きられて建物になってから、また、千三百年も生き、これからさらに、千年以上も、生きつづけることになるのです。

「たる木は、あと千年以上は生きつづける。」

と、宮大工の西岡常一さんは、※たいこばんをおしています。

13 木のいのちとは、なんと永遠のものでしょう。木材とは、なんと※おごそかな資源でしょう。

14 生きものの木とつきあうために、人間も、心をこめてつきあっていきました。たとえばむかしの大工さんは、くぎをつかいませんでした。鉄のほうが、さきにくさってしまうからです。くぎをつかわない建物は、ばらばらにして修理をし、また、組み立てることができました。ばらばらにしてひっこして、またたてなおすこともできました。

15 おわんをつくる木地屋さんは、五年も十年もかけて木をかわかし、それからろくろでひきました。

16 うるしぬりの職人さんは、そのおわんに、何十回もうるしをかけていきました。うるしをぬってはとぎ、ぬってはみがいていくのです。これがうるしぬりでした。

17 うるしはウルシの木の樹液からとれる、すばらしい塗料《とりょう》です。じょうぶで長もちして美しく、ペンキやニスやラッカーなどどんな④人工の塗料にもまけません。世界じゅうの専門家が、「うるしに追いつけ。」と、人工の塗料を研究していますが、人間の力では、まだまだうるしに追いつけません。

18 このように、⑤人間が心をこめて木とつきあえば、木もまた人間にやさしくこたえてくれました。心をこめてつくられた、うるしぬりのおわんやおぼんは、毎日つかってもあらっても、何十年もはたらいてくれました。うるしぬりの朱《しゅ》の色は、年月がたつにつれて、深く美しい色にかわっていきました。

19 木は、みがけばみがくほど、美しいつやもだしてくれました。

20 木は、鳴らせば鳴らすほど、よい音色をひびかせてくれました。バイオリンやチェロやおことは、毎日つかえばつかうほどよい楽器にかわっていきます。ですから、何十年も何百年もつかいこんだ楽器ほど、ねうちが高いのです。

21 きりだされた一本の木は、すみからすみまでつかわれていきました。たとえばシナノキの皮は、せんいになり、布におられていきました。むかしは木の皮を加工して、着物をつくったのでした。（Ｂ）、スギやヒノキなら、皮は※屋根をふくのにつかわれていきました。古い建物が目にとまったら、屋根を注意して見てください。木の皮でふいた屋根がありますね。

22 柱をとったあとのきれはしや、板にはつかえないよわいところは、げたになり、しゃもじになり、わりばしになっていきました。

23 そんなふうにして、⑥木はじゅうぶんにはたらいてくれたのち、たきぎになっていきました。肥料になっていきました。そしてさいごは、土にかえっていったのです。

（『森は生きている』富山和子）

※たる木…屋根の裏板を支えるために棟《むね》から軒《のき》に渡《わた》す材
※たいこばんをおして…確実な保証であるとして
※おごそかな…心がひきしまり尊いさま

す。頼《たの》まれたことを果たそうと精一杯《せいいっぱい》行動していました。

２　本がたいへん好きな人で、たくさんの本を読んでいることが話の中からうかがえます。また、思いやりもあり、相手の気持ちを考えて行動することができます。相手のために抗議したり、相手のつらい気持ちをきちんと受けとめたりしていました。

問九　この文章からは、昔と今とのちがいが読み取れます。そのうちの一つについて、自分の考えを答えなさい。ただし、条件に従って答えること。

条件１　昔と今がどのように異なっているかを比べて書くこと。

条件２　昔をふまえて、今を生きる自分がどのようにしたらよいかを明確にして書くこと。

条件３　百二十字以内でまとめること。

二

次の文章を読んで、あとの問いに答えなさい。（1～23は、段落を示す番号です。）

1　木は生きています。呼吸をしています。水をすったりはいたりして、からだをふくらませたり、ちぢめたりしています。

2　冬のかわいた季節には、つくえのひきだしがガタピシいい、ぎゃくにつゆの季節には、重くなったりすることがありますね。また、かわいたおけは、すきまがあいて、水がもれてしまうのに、水をはってしばらくおくと、ぴしっとしたもとのすがたに、もどることがありますね。

3　それは、木が生きているしょうこです。木が水分をすって自分のからだを大きくさせて、板と板とのあいだのすきまを、なくしてしまうのです。①木のそんなはたらきのおかげで、つゆのじめじめした季節にも、たんすの中のたいせつな着物は、外のしめった空気からまもられています。

4　古いヒノキの柱でも、けずれば、またあたらしいはだをあらわし、あたらしいかおりをただよわせてくれます。それも、木が生きているしょうこです。

5　そうでした。木は、かおりもだすのです。

「ヒノキのおふろは、やっぱりいいなあ。」

というおとうさんもいるでしょう。

「お酒は、スギの酒だるでつくったものにかぎるよ。」

という、お酒のみもあるでしょう。

6　いったいなぜ、木は強いかおりをだすのでしょうか。それは、木が、わるい虫にとりつかれないよう、自分のからだをまもっているにおいです。

7　森の中にはいっていくと、むねがすうっとしてきます。空気がおいしくてなりません。それも、ただ、空気がすんでいるからだけではありません。いろいろな木が、それぞれに、自分のにおいをだしあっているからです。森林の空気が、からだにもよいのはそのためです。

8　さかなや貝をはこぶとき、スギやヒノキの葉をつかうのにも、ちゃんと理由がありました。それは、さかなをくさりにくくさせるためでした。ささだんごや、かしわもちやさくらもちにも、やはり意味がありました。おかしを長もちさせるための保存食だったのです。

9　木は長生きです。五百年も、千年も生きつづけます。

10　鉄筋コンクリートの建物は、三十年、四十年で、いま、どんどんたてなおされていきますね。ところが法隆寺《ほうりゅうじ》はどうでしょう。千四百年も生きつづけて、②まだびくともしていません。

11　法隆寺は、木造のもっとも古い建物です。さいきん、この法隆寺の大修理がおこなわれました。そのときのことでした。屋根をささ

えようとしているようす。

ウ　六十年も本を返さなかった祖父の代わりにしかられるのは納《なっ》得《とく》できないが、悪いことをしてしまったのだから、祖父の分も謝ろうとしているようす。

エ　本を返さなかったために厳しく注意されると思っていたが、美弥子さんの笑顔を見てしかられないことが分かり、安心して話そうとしているようす。

問三　――線②「ボロボロになった本をそっと手に取ると、ページを一枚一枚丁寧にめくった。」とありますが、館長さんのこの行動の説明として最も適切なものを次のア～エから選び、記号で答えなさい。

ア　本が六十年もの月日を経過して図書館へ帰ってきたことにとても感動し、おじいさんの長く持っていてくれた本がこれ以上いたまないよう、慎重《しんちょう》にあつかおうとしている。

イ　六十年もの間本が大事に保管されていたことに感心したものの、思いのほかいたんでしまっていることが残念で、これ以上いたまないよう注意深くあつかおうとしている。

ウ　おじいさんが持っていた本はとても貴重なもので、図書館がずっと探していた本であったため、ようやくその本がもどってきたことを喜び、大切にあつかおうとしている。

エ　安川くんが本を汚してしまったことに腹を立ててはいるが、せっかく返してくれたのだからその気持ちをおさえようとして、ゆっくりとした動作であつかおうとしている。

問四　――線③「この本は、特別なんだっていってました」とありますが、なぜ特別だったのでしょうか。その答えとして適切なところを本文から十一字でぬき出しなさい。

問五　――線④「そんな時代だったんだって」とありますが、どのような時代だったのでしょうか。その答えとして適切なところを本文から十六字でぬき出しなさい。

問六　――線⑤「そういう時代だったから」とありますが、その時代はどのような状況《じょうきょう》だったのですか。本文の言葉を使って解答用紙にあてはまる形で、三十字以内で具体的に説明しなさい。

問七　――線⑥「そこには、『戦争』や『歴史』といった文字が並んでいた。」とありますが、安川くんはなぜ戦争や歴史の本を借りようとしたのですか。その答えとして最も適切なものを次のア～エから選び、記号で答えなさい。

ア　おじいさんがずっと持っていた本をきっかけに、無料で本を貸してくれる図書館に興味を持ち、これから自分も大いに利用しようと思ったから。

イ　おじいさんがずっと借りていた『初恋』の本を読めるようになるためには、まずは昔の出来事や難しい漢字を勉強しなければならないと思ったから。

ウ　戦時中の雲峰市の様子や当時の図書館のことを館長さんから教えてもらったことで、より一層雲峰市や図書館の歴史について深く知りたいと思ったから。

エ　おじいさんが自分とは全くちがった少年時代を送ったことを知り、その時代についてよりくわしく学ぶことを通しておじいさんの思いをもっと知りたいと思ったから。

問八　次の文章は、この作品をクラスのみんなで読んだ時の、ある生徒の感想です。どの登場人物についての感想か、その人物が分かるように適切な言葉で答えなさい。

1　この人は礼儀《れいぎ》正しい人です。目上の人と会った時にまず立ち上がってきちんとあいさつをしたり、年上の人に対してていねいな言葉づかいをしたりしているからです。また、優しい人で

数日後。わたしがいつものように、児童書の棚《たな》の前でウロウロしていると、

「これ、どこに持っていけばいいんだ？」

突然、後ろから声をかけられた。振りかえると、安川くんが両手に大きな本を何冊も抱《かか》えて立っていた。

「どこにって……借りるのよね？」

当たり前のことを聞くと、安川くんはうなずいて、

「おれ、図書館で本借りるの初めてなんだよ。あそこに持っていけばいいのかな？」

貸し出しカウンターをあごでさした。

「初めてだったら、その前に貸し出しカードをつくらなきゃ。安川くん、名札は持ってる？」

「名札？　たぶん、リュックのポケットに入ってると思うけど……」

図書館の貸し出しカードをつくるためには、本当は身分証明書が必要なんだけど、陽山小学校の生徒なら名札を見せればつくってもらえることになっているのだ。

それにしても、ぶ厚い本ばかり、何を借りるんだろう――わたしは安川くんの抱えてる本のタイトルをのぞきこんだ。⑥そこには、『戦争』や『歴史』といった文字が並んでいた。

「これって……」

わたしが思わずつぶやくと、安川くんは真面目な顔で、

「じいちゃんの生きてた時代って、どんな時代だったのかなって思ってさ……」

そういって、抱えていた本をちょっと持ちあげた。

「ねえ、そういえば……」

わたしは、この間聞こうと思って、聞き忘れていたことを思いだした。

「『初恋』を読んでた女の子と、安川くんのおじいさんは、結局どうなったの？　うまくいったの？　いかなかったの？」

安川くんは、ちょっとびっくりした顔をして、それから小さく肩《かた》をすくめた。

「うまくいってなかったら、母さんは生まれてないよ」

「え、それじゃあ……」

わたしが目を丸くすると、安川くんは照れくさそうにうなずいて、カウンターのほうへと足早に立ちさっていった。

（『晴れた日は図書館へいこう』緑川聖司）

※沈痛…悲しみや心配事に心をいためるようす

問一　〰〰線a「胸を張った」、b「目を丸くした」の意味として適切なものをあとのア～エから選び、それぞれ記号で答えなさい。

a「胸を張った」

ア　不安になった　　イ　うぬぼれた

ウ　得意がった　　エ　わくわくした

b「目を丸くした」

ア　おこった　　イ　驚いた

ウ　あせった　　エ　喜んだ

問二　――線①「安川くんは、そこで大きく息を吸いこむと、吐きだすように一気にいった。」とありますが、この表現から安川くんのどのようなようすが分かりますか。その答えとして最も適切なものを次のア～エから選び、記号で答えなさい。

ア　初めて図書館に来て知らない人と話すことに大変緊張しており、本を延滞したことをさっさと謝《あやま》って、すぐに家に帰りたいとあせっているようす。

イ　貴重品だった本を六十年も返さなかったことでどのような注意を受けるのかと不安に思っていたが、勇気を出して正直に伝

へーえ、とわたしは声をあげた。図書館で罰金をとっていたというのは意外だった。きっと、安川くんのおじいさんはずいぶんと悩《なや》んだことだろう。罰金は払えないし、家の人にはいいだせないし……。

「もしかして、おじいさんはその直後に、この町を離《はな》れられたんじゃないかな？」

館長さんの言葉に、安川くんがｂ日を丸くした。

「そうなんです。急に引《ひ》っ越《こ》さないといけなくなったっていってました……でも、どうして知ってるんですか？」

「⑤そういう時代だったから……」

館長さんの言葉に、一瞬《いっしゅん》場がシンとなった。

「そういえば、一時《いっとき》この辺りも空襲《くうしゅう》が激しくなったって聞いたことがあります」

難しい顔で美弥子さんがつぶやく。そんな雰囲気《ふんいき》の中、安川くんが再び語りはじめた。

本をなかなか返せなくて、悩んでいたある日のこと。安川くんのおじいさんは、家の人に突然《とつぜん》引っ越しすることを告げられた。戦争が激しくなってきたので、田舎《いなか》に避難《ひなん》することになったのだ。急な引っ越しで図書館にいく暇《ひま》もなかったので、とにかく失《な》くさないようにと、本は家財道具の中に大切に入れておいた。

やがて、戦争が終わった。だけど、おじいさんは生きていくのに精《せい》一杯《いっぱい》で、本のことなどすっかり忘れていた。そして、ようやく生活が落ちついて本のことを思いだした時には、すでにどこにいったのかわからなくなってしまっていた。

捨ててしまったのかもしれない――そう思って、おじいさんはあきらめていた。ところが、去年家を建てかえることになって、庭にある蔵《くら》の中を整理していたら、古い机の引き出しの中からその本が出てきたのだ。

おじいさんは、すぐにでも図書館に本を返しにいくつもりだった。だけど、その直後に体調を崩《くず》してしまい、自由に出歩けなくなってしまった。それでも、いつか自分の手で返しにいこうと思っていたんだけど、結局体調が戻らないまま入院してしまい――

「――じいちゃんが入院してから、僕《ぼく》はずっとお見舞《みま》いにいってました。それで、この間の連休にお見舞いにいったら、家の蔵からあるものをこっそり取ってきてほしいって頼まれたんです。ぼくは、いわれた通りに蔵の中に入って、一番奥《おく》にあった古い机の引き出しを開けました。そしたら、古い手紙やなんかと一緒《いっしょ》にこの本が入ってて……ぼくが本を病院に持っていったら、じいちゃんは、『これは雲峰の図書館の本だから、雲峰の図書館に返してきてくれないか』って……」

わたしは、目の前のくたびれた本をじっと見つめた。この本は、わたしよりも、美弥子さんよりも、館長さんよりも長い旅をして、ようやくこの図書館に帰ってきたのだ。

「はじめは、じいちゃんと一緒に焼いてもらおうかとも思ったんだけど……」

「おじいさんは、図書館に返してほしいっておっしゃったんだね？」

館長さんがいうと、

「はい」

安川くんは、しっかりとうなずいた。

「だったら、ありがたく返してもらうことにしましょう」

館長さんは立ちあがると、両手でそっと本を持った。そして、少し上を向くと、

「たしかに受けとりましたよ」

まるで、天国のおじいさんに言葉を届かせようとするかのように、大きな声でいった。

たんだって……」
「どうして図書館で小説を借りたらいけないの？」
わたしにはわけがわからなかった。図書館で小説を借りるなんて、当たり前のことなのに。
館長さんは、しばらく何かを考えていたみたいだったけど、やがて美弥子さんに何か耳打ちをした。美弥子さんが「わかりました」とうなずいて、足早に談話室を出ていく。わたしが、どうしたんだろうと思っていると、
「安川くんは、この本を読んだことがありますか？」
館長さんが、安川くんに聞いた。安川くんが首を振《ふ》ったので、館長さんは、今度はわたしのほうを向いた。
「しおりちゃんは？」
わたしも首を振った。さっきチラッと見たところでは、難しい漢字をたくさん使っていて、とても読めそうにない。わたしがそういうと、館長さんは笑って、
「この本は、内容はそんなに難しい本じゃないんだよ。昔の本は難しい漢字をたくさん使っているから、難しそうに見えるだけなんだ」
そこに、美弥子さんが文庫本と小冊子を一冊ずつ手に持って戻《もど》ってきた。
「ああ、ありがとう。悪かったね」
館長さんは、その文庫本のほうを、わたしたちに差しだした。
タイトルは『初恋』。作者はツルゲーネフ。安川くんの持ってきた本と同じだけど、こちらは文庫本で、しかもずいぶんと薄《うす》い。
わたしは初めのほうのページを開いた。わたしがいつも読んでいる本に比べたら漢字は多いけど、さっきの本よりも断然読みやすい。わたしでも、時間をかければなんとか読めそうだ。
「タイトルを見ればわかると思うけど、これは恋愛《れんあい》小説でね。当時は、『男がこんな軟弱《なんじゃく》なものを読むのはけしからん』といわれていたんだよ」
「ひどい」
わたしは抗議《こうぎ》の声をあげた。
「誰《だれ》が何を読もうと、そんなの自由じゃない」
「そうなんだけどね」
館長さんは苦笑いを浮《う》かべた。
「そういう時代もあったんだよ。誰が何を読むか、自由じゃない時代がね。それから……」
館長さんは、そこで一旦言葉を切ると、わたしたちの顔を見まわしながら、
「実は、昔は図書館にも罰金があったんだよ」
といった。
「え、やっぱりあったんですか？」
安川くんが驚きの声をあげる。わたしと美弥子さんも、思わず顔を見合わせた。館長さんは笑って、
「昔の話だけどね」
そういいながら、『雲峰市立図書館　五十年のあゆみ』という小冊子をパラパラとめくると、中ほどのページを開いてこちらに向けた。
そこには、図書館ができた当時につくられた規則が並んでいた。その中に、「図書を延滞したものは、一週間目までは一冊につき一日五銭、八日目以降は八銭の罰金をとる」という規則が、たしかに書かれている。
「もちろん、これは昔の話でね」
館長さんが解説する。
「戦後に、公立の図書館はお金をとってはならないという法律ができて、こういう罰金はなくなったんだよ」

本は、教科書よりも一回り大きくて、くすんだ黄色をしている。きっと、昔は鮮《あざ》やかな黄色だったのだろう。

「おやおや、これはこれは」

館長さんはうれしそうな顔で、②ボロボロになった本をそっと手に取ると、ページを一枚一枚丁寧《ていねい》にめくった。

わたしは小声で安川くんに聞いた。

「なんていう本なの？」

表紙がずいぶん汚《よご》れている上に、漢字が難しくてタイトルが読めなかったのだ。

『初恋《はつこい》』

安川くんは短く答えた。

「外国の小説なんだってさ」

「出版されたのは、昭和三年か……」

館長さんは本の一番後ろを開いて、感心したようにつぶやくと、

「おじいさんは、この本をいつごろ借りたっておっしゃってたのかな？」

安川くんに聞いた。安川くんはすぐに答えた。

「昭和十九年っていってました」

昭和十九年——平成生まれのわたしにとっては、あまりにも昔すぎて、想像もつかない時代だ。

「おじいさんが借りられた本は、この一冊だけだったの？」

館長さんはさらに聞いた。

「はい」と、安川くんはうなずいた。

「じいちゃんは、ほとんど小説を読まない人だったから……③この本は、特別なんだっていってました」

「特別？」

わたしが口をはさんだ。安川くんは少し照れたような顔でわたしのほうを向くと、

「好きな人が読んでたから、自分も読みたくなったんだってさ」

そういって、おじいさんから聞いたという話を語りはじめた。

当時、まだ中学生だった安川くんのおじいさんには、好きな女の子がいた。相手は小学校の時の同級生で、おじいさんはなんとかその子と仲良くなりたかったんだけど、そのころは、男の子が女の子に気軽に話しかけられるような時代ではなかったのだそうだ。だからおじいさんは、女の子を遠くから見ていることしかできなかった。

そんなある日、おじいさんは図書館で、その女の子が一冊の本を借りていくところを見かけた。それが『初恋』だった。もしかしたら、話をするきっかけになるかもしれない、そう思ったおじいさんは、その子が図書館に返すのを待って、同じ本を借りた——

「でも、結局返却《へんきゃく》期限までに読みおわらなかったんです」

安川くんはそこで一旦《いったん》言葉を切ると、首をひねって続けた。

「その時に、じいちゃんが変なことをいってたんです。罰金を払《はら》う金がなかったから、本を返しにいけなかったんだって……」

「罰金なんていらないってば。ねえ、館長さん」

わたしは声をあげた。だけど、館長さんはわたしの問いには直接答えずに、

「きっと、小説を読んでることをおうちの人にいえなかったんだね……」

※沈痛《ちんつう》な表情でつぶやいた。

「じいちゃんも、そういってました」

と、安川くんは驚《おどろ》いた様子でいった。

「お金がなかったのなら、お父さんかお母さんに相談すればよかったのに、っていったら、親には図書館で勉強してることになってたから、小説を借りたなんてとてもいいだせなかったって。④そんな時代だっ

二〇二〇年度
和洋国府台女子中学校

【国　語】〈第一回試験〉（五〇分）〈満点：一〇〇点〉

（注意）句読点・記号も一字に数えます。

一　次の文章を読んで、あとの問いに答えなさい。

陽山《ようやま》小学校五年生の茅野《かやの》しおりは本が大好きで、いとこの美弥子《みやこ》さんが勤める雲峰《くもみね》市立図書館によく本を借りにいく。ある日しおりは、同じクラスの安川くんから六十年前に図書館で借りた本を返したいが、罰金《ばっきん》が必要かと尋《たず》ねられる。数日後、安川くんに頼《たの》まれて、二人で図書館に向かっている。

明るいグリーンの傘《かさ》をさした安川くんは、何もいわずにただ黙《だま》って話を聞いていたけど、昔はなかなか本が手に入らなかった、という話をした時だけ、

「昔は貴重品だったんだ……」

とつぶやいた。

図書館に到着《とうちゃく》すると、わたしは美弥子さんの姿を探した。美弥子さんは、ちょうどカウンターの外で本の整理をしているところだった。

わたしは、安川くんがきていることを告げて、美弥子さんをロビーに連れていった。

「あなたが安川くん？」

美弥子さんに聞かれて、安川くんは緊張《きんちょう》した様子でうなずいた。

「延滞《えんたい》してた本を、返しにきてくれたのよね？」

美弥子さんはにっこり笑った。その笑顔《えがお》で、安川くんの緊張も少しほぐれたようだった。

「はい」

①安川くんは、そこで大きく息を吸いこむと、吐《は》きだすように一気にいった。

「六十年前に、祖父がこの図書館から借りていった本を返しにきました」

わたしは安川くんの顔を見た。六十年前の本というのは、やっぱり安川くんのおじいさんが借りた本だったのだ。

「あのね、美弥子さん……」

そこでわたしは、安川くんのおじいさんが亡《な》くなられたことを話した。美弥子さんは、その形のいい眉《まゆ》をひそめて、

「そうだったの……」

まっすぐ立っている安川くんにうなずきかけた。そして、わたしのほうを向くと、「談話室でお話ししましょうか」といった。

「茅野のいとこって、きれいな人だな」

わたしたちを談話室に連れてきてくれた美弥子さんが、またすぐに部屋を出ていくと、安川くんがポツリといった。

「きれいなだけじゃなくて、優《やさ》しいし、物知りなのよ」

わたしがａ胸を張った時、ドタドタと階段を上る足音がして、館長さんが姿を現した。美弥子さんもそのすぐ後ろから入ってくる。

館長さんは、ハンカチで額の汗《あせ》をふきながら、わたしに笑いかけた。

「おや、しおりちゃん、ひさしぶりだね。えっと……きみが安川くんかな？」

「はい」

安川くんは立ちあがって頭を下げると、リュックから一冊の本を取りだした。

2020年度

和洋国府台女子中学校　▶解説と解答

算　数　＜第１回試験＞（50分）＜満点：100点＞

解　答

1 (1)　60　(2)　45　(3)　$\frac{1}{20}$　(4)　1　(5)　31.4　(6)　5　**2** (1)　30　(2)　2.8　(3)　112　(4)　124　(5)　１割７分　(6)　19　(7)　57　(8)　7　(9)　600　(10)　1988　**3** 12人　**4** $452.16cm^3$　**5** (1)　分速250m　(2)　13分後　**6** (1)　(オ)　(2)　解説の図③を参照のこと。

解　説

1 四則計算，計算のくふう

(1)　$100-15\times3+45\div9=100-45+5=55+5=60$

(2)　$200-\{12\times(5+7)+11\}=200-(12\times12+11)=200-(144+11)=200-155=45$

(3)　$\frac{1}{2}-\frac{1}{3}+\frac{1}{4}-\frac{1}{5}-\frac{1}{6}=\left(\frac{3}{6}-\frac{2}{6}\right)+\left(\frac{5}{20}-\frac{4}{20}\right)-\frac{1}{6}=\frac{1}{6}+\frac{1}{20}-\frac{1}{6}=\frac{1}{6}-\frac{1}{6}+\frac{1}{20}=\frac{1}{20}$

(4)　$4\frac{2}{3}\div\left(1\frac{5}{6}-\frac{3}{8}\right)\times\frac{5}{16}=\frac{14}{3}\div\left(\frac{11}{6}-\frac{3}{8}\right)\times\frac{5}{16}=\frac{14}{3}\div\left(\frac{44}{24}-\frac{9}{24}\right)\times\frac{5}{16}=\frac{14}{3}\div\frac{35}{24}\times\frac{5}{16}=\frac{14}{3}\times\frac{24}{35}\times\frac{5}{16}=1$

(5)　$31.4\times1.7-7\times3.14=(3.14\times10)\times1.7-3.14\times7=3.14\times17-3.14\times7=3.14\times(17-7)=3.14\times10=31.4$

(6)　$\left(1.2+1.75\div\frac{5}{8}\right)\times1.25=\left(1.2+\frac{7}{4}\times\frac{8}{5}\right)\times1.25=\left(1.2+\frac{14}{5}\right)\times1.25=(1.2+2.8)\times1.25=4\times1.25=5$

2 逆算，単位の計算，角度，速さ，割合，分数の性質，比の性質，平均，濃度《のうど》，日歴算

(1)　$\{(11-\square\div3)+2\}\times4-2=10$より，$\{(11-\square\div3)+2\}\times4=10+2=12$，$(11-\square\div3)+2=12\div4=3$，$11-\square\div3=3-2=1$，$\square\div3=11-1=10$　よって，$\square=10\times3=30$

(2)　1m＝1000mmより，3400mm＝3.4mとなり，1km＝1000mより，0.0006km＝0.6mとなる。よって，3400mm－0.0006km＝3.4m－0.6m＝2.8mと求められる。

(3)　右の図１で，N角形の内角の和は，$180\times(N-2)$(度)なので，五角形の内角の和は，$180\times(5-2)=180\times3=540$(度)とわかる。また，イの角の大きさは，$360-90=270$(度)である。よって，角アの大きさは，$540-(45+270+40+73)=540-428=112$(度)と求められる。

図１

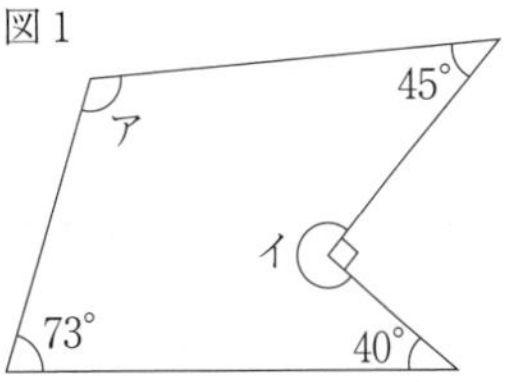

(4)　５時間で310km走る自動車の時速は，$310\div5=62$(km)なので，この自動車は２時間で，$62\times2=124$(km)走る。

(5)　値引きした金額は，$3000-2490=510$(円)だから，$510\div3000=0.17$より，１割７分引きである。

(6)　足した数を□とすると，$\frac{(16+\square)}{(41+\square)}=\frac{7}{12}$と表せるので，$(16+\square):(41+\square)=7:12$となる。この比の，$12-7=5$にあたる数が，$(41+\square)-(16+\square)=41-16=25$となるから，比の１にあたる数は，$25\div5=5$とわかる。よって，比の７にあたる数，つまり，$16+\square$は，$5\times7=35$だから，

□＝35－16＝19と求められる。

(7)　10円玉と100円玉の枚数の比が３：２なので，10円玉３枚と100円玉２枚を組にしていくと，あまることなく組をつくることができる。このとき，１組の金額は，10×３＋100×２＝230(円)で，合計金額は4370円だから，組は，4370÷230＝19(組)できる。よって，10円玉の枚数は，３×19＝57(枚)と求められる。

(8)　求めるテストの回数を□回として図に表すと，右の図２のようになる。図２で，斜線《しゃせん》部分と太線で囲んだ部分は，どちらも次のテストまでの合計点を表しており，その面積は等しいから，○と△の部分の面積も等しくなる。また，○の部分の面積は，(100－86)×１＝14(点)なので，△の部分の面積も14点となり，□＝14÷(86－84)＝７(回)と求められる。

図２

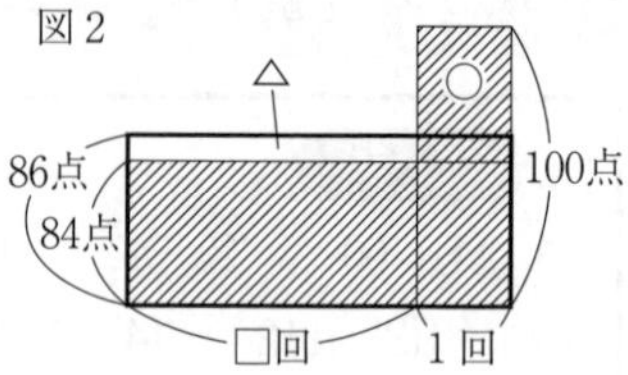

(9)　８％の食塩水の重さを□gとして図に表すと，右の図３のようになる。図３で，斜線部分の面積と太線で囲んだ部分の面積は，どちらも混ぜ合わせた食塩水にふくまれる食塩の重さを表している。よって，これらの面積は等しいから，○と△の長方形の面積も等しくなる。また，△の部分の面積は，200×(0.07－0.04)＝６(g)なので，○の部分の面積も６gとなり，□＝６÷(0.08－0.07)＝600(g)と求められる。

図３

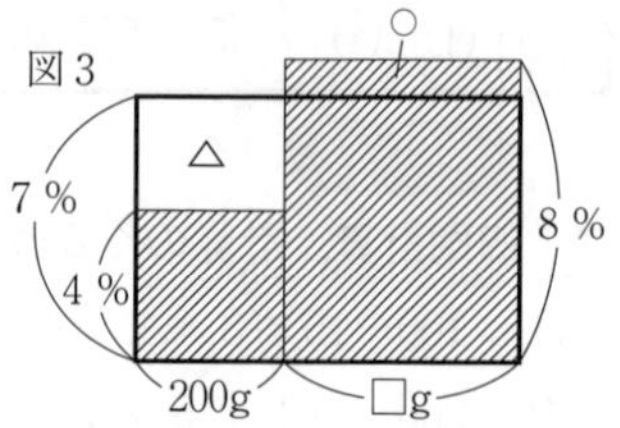

(10)　第32回東京大会が行われるのは，第24回ソウル大会が行われた，４×(32－24)＝４×８＝32(年後)である。よって，第24回ソウル大会が行われたのは，2020－32＝1988(年)である。

3　約数

りんごは１個不足し，みかんは７個あまったので，りんごは，23＋１＝24(個)，みかんは，67－７＝60(個)あれば，あまりなく子どもに分けることができる。よって，子どもの人数は24と60の公約数だから，１人，２人，３人，４人，６人，12人のいずれかである。みかんが７個あまったということは，子どもの人数は７人よりも多いので，子どもは12人いたとわかる。

4　立体図形―体積

この立体は，底面の円の半径が２cmで高さが，２×２＝４(cm)の円柱と，底面の円の半径が，２＋２＝４(cm)で高さが，４×２＝８(cm)の円柱を組み合わせた立体だから，体積は，２×２×3.14×４＋４×４×3.14×８＝16×3.14＋128×3.14＝(16＋128)×3.14＝144×3.14＝452.16(cm^3)と求められる。

5　グラフ―速さ

(1)　家から，５km＝5000mはなれた図書館に，自転車で行くと20分かかるので，自転車の速さは分速，5000÷20＝250(m)と求められる。

(2)　家を出発してから５分後に自転車がパンクしてしまったので，家からパンクした場所までの道のりは，250×５＝1250(m)である。パンクしてからお母さんがむかえに来るまでの時間を，７－５＝２(分)とすると，車の速さは分速，1250÷２＝625(m)とわかる。パンクした場所から図書館までの道のりは，5000－1250＝3750(m)なので，パンクした場所から図書館までは車で行くと，3750÷625＝６(分)かかる。パンクした場所を出発したのは，和子さんが家を出発してから７分後なので，図書館に着いたのは和子さんが家を出発してから，７＋６＝13(分後)と求められる。なお，自転車がパンクしてすぐに，お母さんが家を出発したものとして考えた。

6 立体図形―展開図

(1) (オ)の図を組み立てると下の図①の斜線部分が重なってしまうので，立方体の展開図としてふさわしくない。

(2) 下の図②のように，点Ａから点Ｆを決めると，展開図の上で点Ａから点Ｆは下の図③のようになる。よって，それぞれの点を結ぶと，ひものようすは図③のようになる。なお，図②のひもの形は正六角形であるものとして考えた。

図①

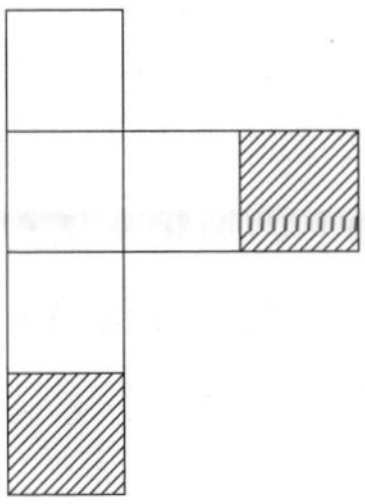

図②

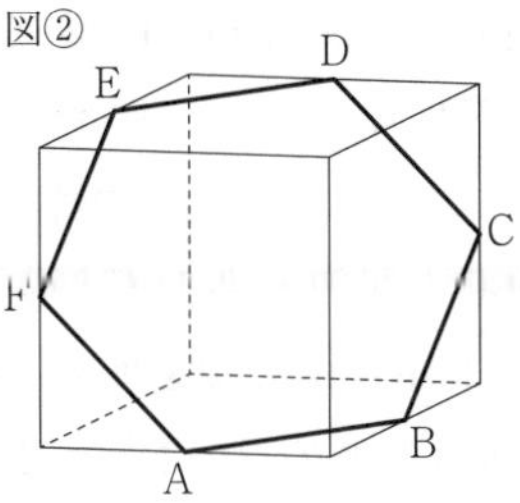

図③

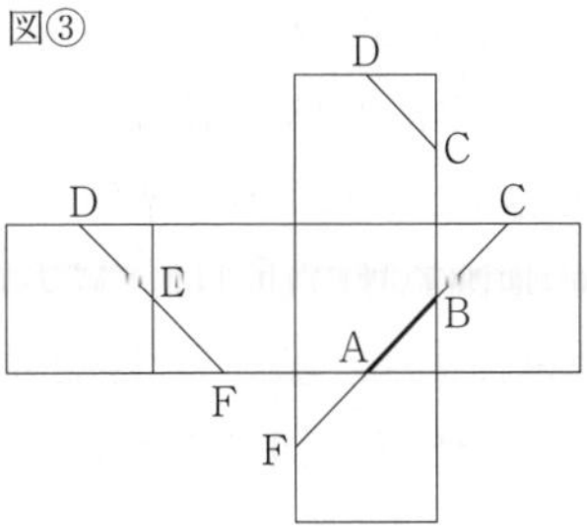

社　会　＜第１回試験＞（30分）＜満点：60点＞

解　答

1 **問１** **１** 長崎　**２** 北西　**３** 温泉　**４** 病院　**問２** 1(km)　**問３** (例) 事前に避難場所・経路を確認し，防災用品の準備をしておく。(応急処置の練習をする，家族の連絡方法を確認しておく，避難訓練に参加する，過去の被害を調べる)　**問４** エ　**2** **問１** エ　**問２** ウ　**問３** ア　**問４** エ　**問５** エ　**問６** イ　**3** **問１** エ　**問２** 鑑真　**問３** イ　**問４** (例) 仏教の教えがすたれ，現世が終わってしまうのではないかという不安が広がり，極楽浄土へのあこがれが強まったから。　**問５** ア　**問６** イ→ア→ウ　**4** **問１** ウ　**問２** (例) 倉庫として使われ，全国から集まってきた品物が納められている。　**問３** ア　**問４** エ　**問５** (例) 経済が成長するということは，会社やお店の利益が増え，国が豊かになることである。そのためには，たくさん品物をつくり，たくさん売ることが必要となる。そこで，日本国内だけでなく，海外でも買ってもらえる品質の品物をつくり，輸出を増やしていけばよい。　**問６** ア　**5** **問１** (例) 世界全体の平和を守る　**問２** イ　**問３** イ　**問４** ウ　**問５** (1) エ　(2) (例) 隣で生活する人の日当たりを確保するため

解　説

1 地形図の読み取りと災害についての問題

問１ **１** 長崎県南東部の島原半島中央部に位置する雲仙《うんぜん》普《ふ》賢岳《げんだけ》は，1990年に噴火《ふんか》し，翌91年には大規模な火《か》砕流《さいりゅう》が発生して多くの犠牲《ぎせい》者が出た。　**２** 方位記号のない地形図では，地形図の

上が北，右が東，下が南，左が西となる。海岸沿いの「災害記念館」から見て「眉山《まゆやま》」は左斜《なな》め上の方角にあるので，８方位では北西にあたる。　**3**　地図記号の(♨)は，湯けむりが出ている様子を図案化したもので，温泉を表している。　**4**　地図記号の(⛨)は，旧陸軍の衛生隊のしるしを図案化したもので，病院を表している。

問２　実際の距離《きょり》を縮めた割合を縮尺といい，実際の距離は，(地形図上の長さ)×(縮尺の分母)で求められる。この地形図の縮尺は25000分の１なので，地形図上で４cmの実際の距離は，４(cm)×25000＝100000(cm)＝1000(m)＝１(km)と求められる。

問３　災害が起きたときにあわてず行動することが大事であるので，普段から家族で話し合い，避《ひ》難《なん》場所・経路や連絡方法などについて確認しておく。また，災害時のために水・食料・懐中《かいちゅう》電灯などをリュックに入れて準備しておくことや，応急処置の練習をしておくことも必要である。

問４　地図記号の(▯)は，過去に発生した津波・洪水《こうずい》・土砂災害などの情報を伝える自然災害伝《でん》承碑《しょうひ》を表し，記念碑の地図記号に碑文を示すたて線を加えてつくられた。後世の人々に災害があったことを伝え，同じことが起きないようにとの思いから，2019年に国土地理院によって新たに制定された。

2　千葉県香取市佐原を訪れた社会科見学会を題材とした問題

問１　訪日外国人観光客数は2015年が約1970万人，2016年が約2400万人，2017年が約2870万人，2018年が約3120万人，2019年が約3190万人と増加傾向《けいこう》にある。成田国際空港(千葉県)は，航空機による貿易が行われているため，精密機械や半導体など，軽量で値段が高い品目がおもに輸出されており，貿易額が全国第１位である。なお，統計資料は『日本国勢図会』2019／20年版などによる(以下同じ)。

問２　銚子《ちょうし》市の沖合を流れる黒潮(日本海流)は，フィリピン沖から流れてきて太平洋を日本列島の沿岸に沿って北に向かう暖流で，海流とともに泳いでくる魚も多く，銚子港ではイワシやサンマがおもに水揚《みずあ》げされる。

問３　同じ緯度どうしを結ぶ横の線を緯線《いせん》といい，０度の緯線を赤道という。赤道を基準として南北を90度に分け，赤道から北極までの緯度を北緯，赤道から南極までの緯度を南緯という。

問４　船での輸送は，重いものや大きいものを運ぶのに適しているが，時間がかかることが短所であるので，食品の傷みを防ぐことにはつながらない。したがって，エが誤っている。

問５　千葉県は，人口が多く大消費地である東京に近いので，生産した農作物や畜産《ちくさん》物を安い輸送費用で，新鮮なまま市場に届けることができる。そのため，野菜の栽培《さいばい》や家畜の飼育がさかんで，ほうれんそう，ねぎの生産量は全国第１位，だいこん，にんじんの生産量は全国第２位，採卵鶏の飼育羽(頭)数は全国第２位，豚は第４位となっている。

問６　2011年３月11日に発生した東日本大震災では，三陸沖を震源とするマグニチュード9.0の大地震によって発生した巨大津波が，東北地方や関東地方の太平洋沿岸部を襲《おそ》い，大きな被害をもたらした。千葉県でも家屋の倒壊《とうかい》や埋立地《うめたてち》での液状化現象の被害があったが，活火山は存在しないので，噴火による被害はなかった。

3　奈良・京都の歴史についての問題

問１　聖徳太子は，603年に有能な人材を登用するために才能や手がらに応じて地位を与える冠位十二階の制度を定め，604年に役人としての心構えを示すために十七条の憲法を制定した。また，

607年には隋《ずい》(中国)のすぐれた制度や文化を学ぶため，小野妹子を遣隋使として派遣した。しかし，エについては，奈良時代に聖武天皇が行ったことであるので，誤っている。

問２　唐(中国)の高僧であった鑑真は，日本からの招きに応じて日本へ行くことを決意すると，日本への渡航を試み，視力を失いながらも６度目の渡航で来日をはたした。鑑真は，正式な戒律《かいりつ》(僧が守るべききまり)を伝え，奈良に唐招提寺《とうしょうだいじ》を建て，日本の仏教発展に力をつくした。

問３　鎌倉時代の武士は，将軍と土地を仲立ちとした御恩と奉公の関係で結ばれていた。武士は，将軍からの御恩によって所有権を守られた自分の領地で，農民を使って農業を営んで生活し，堀《はり》や塀《へい》に囲まれた簡素な屋敷《やしき》に住んでした。しかし，戦いが起こると「いざ鎌倉」といって，家来を率いて将軍のために命がけで戦った(奉公)。なお，アは江戸時代，ウは室町時代，エは平安時代について書かれている。

問４　平安時代に藤原頼通《よりみち》によって平等院鳳凰堂《ほうおうどう》が建てられたころ，仏教を始めたシャカの教えがおとろえ，世の中が乱れるという不安が広がったため，救いを阿弥陀《あみだ》仏に求める浄土《じょうど》信仰がさかんになった。

問５　1467年に室町幕府の第８代将軍足利義政のあとつぎ争いや管領家の争いなどから応仁の乱が起こった。そのころの農村では農民の自治的な組織である惣《そう》がつくられ，農民たちは神社などで寄り合い(寄合)を開いて村のおきてや行事などを決めていた。なお，イは江戸時代，ウは弥生時代，エは奈良時代の農民の様子。

問６　大政奉還とは，1867年に江戸幕府の第15代将軍徳川慶喜《よしのぶ》が政権を朝廷に返したことである。アは日米修好通商条約(1858年)，イは日米和親条約(1854年)，ウは薩長同盟(1866年)について説明している。したがって，年代の古い順にイ→ア→ウとなる。

４　東京の歴史を題材とした問題

問１　「富嶽《ふがく》三十六景」は，江戸日本橋・江の島などさまざまな地域から富士山を描いた46作品で，18世紀末から19世紀初めの化政文化のときに活躍《かつやく》した葛飾北斎《かつしかほくさい》の代表作である。なお，アの歌川広重は代表作に「東海道五十三次」がある浮世絵師。イの喜多川歌麿《きたがわうたまろ》は美人画を得意とした浮世絵師。エの近松門左衛門《ちかまつもんざえもん》は人形浄瑠璃《じょうるり》の脚本家《きゃくほんか》。オの本居宣長《もとおりのりなが》は『古事記』の研究をした国学者。

問２　江戸時代，江戸は河川と運河の多い水運の都として発展した。日本橋川の両側には全国から集まった物資を保管しておく倉庫が建ち並び，この地域は商業の中心地となっていた。

問３　1923年９月１日，相模《さがみ》湾を震源とするマグニチュード7.9の地震が起こり，関東地方南部を中心に大災害が発生した(関東大震災)。郵便制度が始まったのは1871年であるので，アがこのころのできごとではない。なお，イの全国水平社の創立は1922年，ウの普通選挙制度ができたのと，エのラジオ放送の開始は1925年，オの新婦人協会の設立は1920年のできごとである。

問４　1964年10月，初のアジア開催《かいさい》となるオリンピック夏季大会が東京で開かれ，93の国・地域から約5100人が参加した。この大会の開催にむけて東海道新幹線がつくられ，高速道路が整備された。なお，ウの環境庁の設置は1971年，オの小笠原諸島の返還は1968年のできごと。「三種の神器」とよばれるイが普及《ふきゅう》したのは1950年代後半から1960年代前半のことである。東京と横浜(神奈川県)の間に初めて電話が開通したのは1890年であるので，エがこのころのできごとではない。

問５　解答例のほか，教育改革を行うことにより，大人になったときに一人ひとりが生産性の高い仕事をできるようにすること，研究開発に資金を投入することにより，新しい産業やサービスを生み出すこと，海外からの観光客を増やすことで，日本国内での消費を増加させること，多くの移民を受け入れたりIT化を進めたりして人手不足を補い，品質の高い品物をつくりサービスを向上させることなどが考えられる。

問６　経済企画庁(2001年からは内閣府)が発表した1965年度の「経済白書」では，前年に国民総生産(GNP)が戦前の水準をこえ，新たな局面に差しかかったことが「もはや戦後ではない」と表現され，当時の流行語となった。

5 日本国憲法や政治についての問題

問１　日本では，1992年に国連平和維持活動協力法(PKO協力法)が制定され，自衛隊の海外派遣が可能となり，同年に初めて自衛隊がカンボジアへ派遣された。国際連合は，1945年に世界の平和と安全を守るために発足した機関で，この旗には，北極を中心にした南極大陸以外の五大陸(ユーラシア大陸・アフリカ大陸・北アメリカ大陸・南アメリカ大陸・オーストラリア大陸)と，平和の象徴《しょうちょう》であるオリーブの葉が描かれている。

問２　国会の仕事には，条約の承認をはじめ，法律の制定，予算の議決，内閣総理大臣の指名，憲法改正の発議，弾劾《だんがい》裁判所の設置，国政の調査などがある。なお，アは裁判所，ウは天皇，エは内閣が行うこと。

問３　日本国憲法を改正するためには，国会で改正案を審議し，各議院の総議員の３分の２以上の賛成で，国会がこれを発議する。その後，国民の承認を得るための国民投票において過半数の賛成があれば憲法改正が決定し，天皇が公布する。

問４　国民は，有権者の50分の１以上の署名を首長(都道府県知事・市〈区〉町村長)に提出すると条例の制定・改正・廃止《はいし》の請求，監査委員に提出すると監査請求を行うことができる。また，有権者数が40万人以下の場合，有権者の３分の１以上の署名を選挙管理委員会に提出すると議会の解散請求や首長・地方議会議員の解職請求ができる。なお，アの最高裁判所裁判官は内閣によって任命され，天皇の認証を受ける。イの内閣総理大臣の任命は天皇，エの国会に予算案を提出するのは内閣が行うこと。

問５　(1)　日本国憲法第25条で定められた「健康で文化的な最低限度の生活を営む権利」を生存権といい，それを保障するために社会保険・社会福祉《ふくし》・公的扶助《ふじょ》・公衆衛生の四つの柱でなる社会保障制度が整備されている。　(2)　建物を建てるとその周辺に日かげが生じてしまうので，周囲の住民の日当たり(日照権)を確保するため，建築基準法や県・市の条例で建物の高さに制限が設けられている。

理　科　＜第１回試験＞(30分)＜満点：60点＞

解　答

1 **問１**　イ，オ　**問２**　**名前**…対物レンズ，**倍率**…４倍　**問３**　600倍　**問４**　ア　**問５**　(例)　風に飛ばされて運ばれる。　2 **問１**　ウ　**問２**　イ，エ　**問３**　(例)　(オオバコの種子は，)発芽に光が必要である。　**問４**　(例)　種子が土から出てくるのか，出てこないのか。　**問５**　ア，エ　3 **問１**　ア　**問２**　水素　**問３**　イ　**問４**　100cm^3　**問５**　解説の図を参照のこと。　4 **問１**　太陽　**問２**　**イ**　反射　**ウ**

くっ折　**問３**　解説の図①を参照のこと。　**問４**　解説の図②を参照のこと。　5 **問１**　690g　**問２**　630g　**問３**　605g　**問４**　630g　**問５**　605g　6 **問１**　ウ　**問２**　72.3%　**問３**　イ　**問４**　73%　**問５**　イ，ウ

解　説

1 けんび鏡の使い方と花粉の観察についての問題

問１　けんび鏡で厚みのあるものを観察するときは，明るさを確保するために，その一部をうすくして観察し，透明《とうめい》なものはそのままでは観察しにくいので染色《せんしょく》液で染《そ》めてから観察する。また，水中の小さな生物を観察するときは，水が流れないようにくぼみのあるホールガラスを用い，植物などを観察するときは水を１てきたらしてから，空気のあわが入らないようにカバーガラスをかける。

問２　Ａは接眼レンズ，Ｂは対物レンズである。けんび鏡で観察するとき，はじめは観察するものを見つけやすいように，視野が広い低倍率のレンズを用いる。

問３　けんび鏡の倍率は，(接眼レンズの倍率)×(対物レンズの倍率)で求められるから，このときの倍率は，15×40＝600(倍)になる。

問４　対物レンズの倍率を，40÷10＝４(倍)にすると，４×４＝16より，見える範囲《はんい》は$\frac{1}{16}$になる。したがって，見える花粉の数は，400×$\frac{1}{16}$＝25(個)となる。

問５　図３はマツの花粉で，花粉が風に飛ばされて運ばれやすいように，空気のふくろがついている。

2 種子の発芽についての問題

問１　種子の発芽には，適温，空気，水の３つの条件が必要である。なお，ふつう発芽に日光は必要ない。

問２　発芽に日光が必要かどうかを確かめるのだから，日光のあたらないエと，日光以外の条件がエと同じイの組み合わせで比べればよい。

問３　種子をまいたあと，すぐに暗くしたＢではまったく発芽しなかったことから，オオバコの種子の発芽には光が必要なことがわかる。

問４　図より，発芽後インゲンマメの種子は地上に出てくるが，トウモロコシの種子は土の中に残ることがわかる。なお，インゲンマメは最初に子葉を２枚出すが，トウモロコシは最初に子葉を１枚しか出さないことなどを答えてもよい。

問５　料理に使うゴマと，あんこの原料などになるアズキは種子である。タピオカはキャッサバという植物の地下のくきから取り出したデンプンのこと，ヒジキは海草，イクラはサケの卵である。

3 金属と塩酸の反応についての問題

問１　気体Ａは水にとけないのだから，アの水上置換《ちかん》法で集める。

問２　鉄やアルミニウムなどの金属に塩酸を加えると，金属がとけて水素が発生する。

問３　水素が燃えると，あとに水ができる。水を塩化コバルト紙につけると，塩化コバルト紙は青色から赤色に変化する。

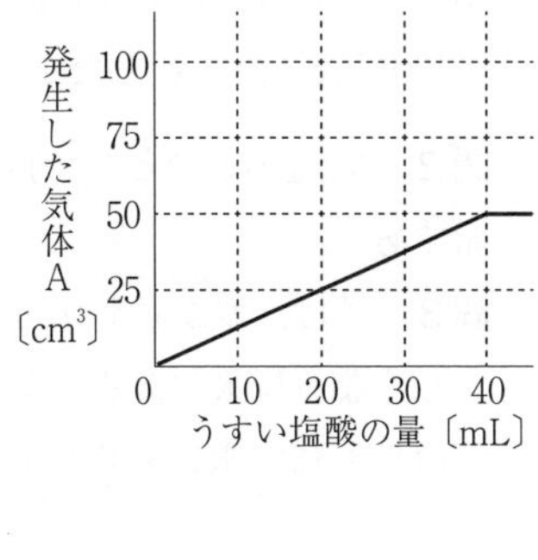

問４　図１から，金属と過不足なく反応する塩酸の量は20mLで，

このとき50mLの気体Ａが発生することがわかる。したがって，金属の量を２倍にしたときは，50×２＝100(mL)の気体Ａが発生する。

問５　同じ量の水でうすめた塩酸のこさは，うすめる前の塩酸のこさの$\frac{1}{2}$になっているので，同じ量の金属と過不足なく反応するために必要なうすめた塩酸の量は，２倍の，20×２＝40(cm^3)となる。このとき発生する気体Ａの量は50mLのまま変わらないから，上の図のようなグラフになる。

4　光の性質と虫めがねの像についての問題

問１　月は自ら光を出していない。月が明るく光って見えるのは，太陽から出た光が月の表面に当たってはね返り，その光が地球に届くからである。

問２　光がものに当たってはね返る性質を反射，光が異なる物質の境目にななめに入るときに折れ曲がる性質をくっ折という。

問３　右の図①のように，点Ａから出た光は水面でくっ折して目に届く。

問４　右の図②のように，２本の光線をろうそくの反対側にのばしたとき，その交点(×)にろうそくの炎《ほのお》の先端《せんたん》が見えている。

図①

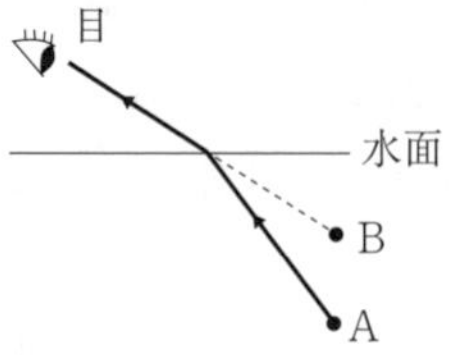

図②

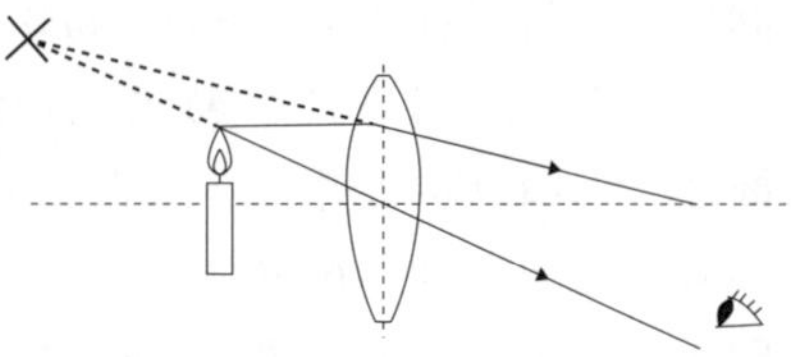

5　浮《ふ》力についての問題

問１　台ばかりには，水の入ったビーカーと金属球Ａがのっていることになるので，台ばかりの示す重さは，600＋90＝690(g)になる。

問２　バネばかりが60gを示したことから，金属球Ａは水から上向きの力(浮力)を受けていることがわかる。浮力の大きさは，90－60＝30(g)である。したがって，台ばかりにこの30gの力がかかるから，台ばかりの示す重さは，600＋30＝630(g)となる。浮力は物体が押《お》しのけた同じ体積の水の重さと等しく，水１gの体積は１cm^{3}だから，金属球Ａの体積は30cm^{3}とわかる。

問３　台ばかりには，水の入ったビーカーとボールＢがのっていることになるので，台ばかりの示す重さは，600＋５＝605(g)になる。

問４　問２より，ボールＢの体積は金属球Ａと同じ30cm^{3}だから，ボールＢにはたらく浮力は30gである。よって，台ばかりの示す重さは，600＋30＝630(g)となる。

問５　台ばかりには，水の入ったビーカーとボールＢがのっていることになるので，台ばかりの示す重さは，600＋５＝605(g)と求められる。

6　もののとけ方と湿度《しつど》についての問題

問１　水よう液の濃度《のうど》(%)は，(とけているものの重さ)÷(水の重さととけているものの重さの和)×100で表される。したがって，このときの濃度を求める式は，$\frac{14.9}{100+14.9}$×100となる。

問２　気温20℃のときの飽和《ほうわ》水蒸気量は17.3g/m^{3}だから，湿度は，$\frac{12.5}{17.3}$×100＝72.25…より，72.3%である。

問３　イは，水が蒸発するときに，地面から熱がうばわれることで周囲の空気の温度が下がり，すずしくなる現象である。なお，アは井戸水からスイカに熱が伝わってスイカが冷えた現象，ウは水が冷やされて氷に変化する現象，エは塩が寒剤《かんざい》(温度を下げるはたらきをする物質)の役割をして，氷の温度が非常に低くなることでジュースがこおる現象である。

問４　乾《かん》球温度計と湿球温度計の差は，21－18＝３（℃）なので，乾球の示度の21℃と，乾球と湿球の差の3.0℃が交わるところの数字を読み取ると，湿度は73％とわかる。

問５　空気が乾燥《かんそう》しているときほど，湿球温度計のまわりの水が蒸発しやすくなるから，湿球温度計の示度が下がり，湿球温度計と乾球温度計の示す温度の差（示度）が大きくなる。

英　語　＜第１回試験＞（30分）＜満点：60点＞

※編集上の都合により英語の解説は省略させていただきました。

解　答

【Part A】 No.1　い　No.2　う　No.3　あ　【Part B】 No.1　う　No.2　あ　No.3　あ　【Part C】 No.1　い　No.2　あ　No.3　あ　No.4　う　No.5　い　【Part D】 No.1　い　No.2　あ　No.3　お　No.4　う　【Part E】 No.1　い　No.2　う　No.3　あ　No.4　う　No.5　い　【Part F】 No.1　あ　No.2　い　No.3　う　No.4　え　No.5　あ

国　語　＜第１回試験＞（50分）＜満点：100点＞

解　答

一　**問１**　a　ウ　b　イ　**問２**　イ　**問３**　ア　**問４**　好きな人が読んでたから　**問５**　誰が何を読むか，自由じゃない時代　**問６**　（例）　戦争で空襲をさけるために田舎に避難しなければならない(状況。)　**問７**　エ　**問８**　１　安川くん　２　茅野しおり　**問９**　（例）　昔の図書館では本を延滞すると罰金がかかったのに対し，今の図書館では罰金がかからない。そのため，逆に今は本の大切さをわからない人が多く，期限が過ぎても本を返さない人もいる。みなで使う本だからこそ，次の人のことを考え，期限を守って借りるべきだ。

二　**問１**　水分をす～てしまう(はたらき)　**問２**　ウ　**問３**　A　オ　B　ウ　**問４**　（例）　木が生きているから。　**問５**　天然(自然)(の塗料)　**問６**　（例）　人間が年月をかけて木をかわかし，ろくろでひき，何十回もうるしをかけてぬってはみがくことで，おわんやおぼんは毎日使っても洗っても，何十年も働いてくれ，朱の色は深く美しい色にかわるということ。／人間がバイオリンやチェロやおことを鳴らせば鳴らすほど，それらの楽器はよい音色をひびかせてくれるということ。　**問７**　１　イ　２　木は，すみからすみまでつかわれていきました。　**問８**　エ　**問９**　イ　三　**問１**　１　オ　２　イ　３　ア　**問２**　１　ウ，オ　２　イ，エ　３　ア，キ　４　カ，ク　**問３**　１　イ　２　ア　３　エ

四　下記を参照のこと。

●漢字の書き取り

四　１　投合　２　耕す　３　慣れた　４　成績　５　散策

解　説

一　出典は緑川聖司《みどりかわせいじ》の『晴れた日は図書館へいこう』による。しおりは，祖父が借りたままの本を返したいという安川くんを，いとこの美弥子《みやこ》が働く図書館に連れていく。

問１　**a**　「胸を張る」はほこらしげなようす。　**b**　「目を丸くする」はおどろいて目を大きく開けること。

問２　「大きく息を吸いこむ」は，安川くんがこれから言いにくいことを言おうとしているようすを表しており，「吐《は》き出すように一気にいった」は決意して話し始めたことを表している。ここから，六十年も本を返さなかったことに罪悪感をいだきながらも，勇気を出して告白しているようすがうかがえる。

問３　館長さんは「うれしそうな顔」で「丁寧《ていねい》にめくった」とあることから，古い本を大切にあつかおうとしていることがわかる。　イ　「思いのほかいたんでしまっていることが残念で」は合わない。　ウ　「図書館がずっと探していた本だ」とは書かれていない。　エ　「本を汚《よご》してしまったことに腹を立ててはいるが」が合わない。

問４　安川くんの祖父は「ほとんど小説を読まない人」だったのに，続く部分で「好きな人が読んでたから」読みたくなったという理由が語られている。

問５　「小説を借りたなんてとてもいいだせなかった」時代について，館長さんは「そういう時代もあったんだよ。誰《だれ》が何を読むか，自由じゃない時代がね」と説明している。

問６　ぼう線⑤に続いて，「本をなかなか返せなくて，悩《なや》んでいたある日のこと。安川くんのおじいさんは，家の人に突然《とつぜん》引っ越《こ》しすることを告げられた。戦争が激しくなってきたので，田舎《いなか》に避《ひ》難《なん》することになったのだ」と書かれていることに注目する。館長さんが「この町を離《はな》れられたんじゃないかな」と直接は知らないおじいさんの行動を言い当てたのは，この時代に戦争があり田舎に避難しなければならない人々がたくさんいたことを知っていたからだとわかる。

問７　「じいちゃんの生きてた時代って，どんな時代だったのかなって思ってさ」という言葉から，安川くんはおじいさんのことをもっと知りたいと思うようになり，おじいさんが過ごした少年時代を学ぼうとしていることが読み取れる。

問８　**１**　「安川くんは立ちあがって頭を下げると」と礼儀《れいぎ》正しさが伝わる部分があり，さらに祖父の願いを果たそうと行動にうつす優しさがある。　**２**　「罰金《ばっきん》なんていらないってば」「誰《だれ》が何を読もうと，そんなの自由じゃない」と安川くんの祖父のことを考えて抗議《こうぎ》しているのはしおりである。安川くんのために一緒《いっしょ》に行動し，一生懸命《けんめい》に安川くんの思いを理解しようとしている。

問９　たとえば，「戦争があった時代は好きな本を自由に読むことを許されなかった。しかし今は自由に読むことができる」というように，昔と今の異なる点をはっきりさせて，「もっと本を読むようにすべきだ」などという自分のとるべき行動を具体的に書けばよい。

二　出典は富山和子《とみやまかずこ》の『森は生きている』による。木は切った後も長く生きつづけ，扱《あつか》い方によってはさらに価値を持つこと，すみからすみまで形を変えて使われてきたことが述べられている。

問１　ぼう線①は「じめじめした季節にも」たいせつな着物が「しめった空気からまもられ」る理由である。直前の文で，木の特長として「水分をすって自分のからだを大きくさせて，板と板とのあいだのすきまを，なくしてしまう」と説明されている。

問２　鉄筋コンクリートの建物が，三十年から四十年ほどでたてなおされるのに，法隆寺《ほうりゅうじ》は千四百年も生きつづけているというので，それだけ木は長生きであり，木造建築は丈夫《じょうぶ》だということがわかる。

問３　**Ａ**　屋根の重みでたれさがっていたたる木が，かわらや土をとりのぞいたことでまたもとのすがたにもどったというのだから，前のことがらを受けて，期待に反することがらを導く「ところが」があてはまる。　**Ｂ**　木がすみからすみまでつかわれていた例として，シナノキの皮がせんいになり布におられていったとあり，「むかしは木の皮を加工して，着物をつくったのでした」とした後で，スギやヒノキの皮は屋根をふくのにつかわれていたとしているので，ことがらを並べ立てるときに用いる「また」があてはまる。

問４　宮大工が「たる木は，あと千年以上は生きつづける」と言っているとおり，まがっていたたる木がぼう線③のようになったのは，木が生きているためだとわかる。

問５　「人工」とは，自然のものに，人が手を加えること。“人の手が加わっていない”という意味の「天然」や「自然」が対義語にあたる。

問６　⑮段落から⑱段落ではうるしぬりのおわんやおぼんについて，五年も十年もかけてかわかした木をろくろでひき，何十回もうるしをかけて，ぬってはとぎ，ぬってはみがいていくとしている。そうしてつくられたものは「毎日つかってもあらっても，何十年もはたらいてくれ」，「朱《しゅ》の色は，年月がたつにつれて，深く美しい色にかわって」いったと述べられている。⑳段落では，「木は，鳴らせば鳴らすほど，よい音色をひびかせてくれ」たとあり，バイオリンやチェロやおことについて，「毎日つかえばつかうほどよい楽器にかわっていき」，「何十年も何百年もつかいこんだ楽器ほど，ねうちが高い」と述べている。

問７　**１**　木を「はたらいてくれた」と人間になぞらえて表現しているので「擬人《ぎじん》法」が合う。　**２**　㉑段落の最初で，「きりだされた一本の木は，すみからすみまでつかわれていきました」と述べられている。

問８　文章の初めに「木は生きています。呼吸をしています」として，木は切った後も生きているということを述べている。また，⑨段落では「木は長生きです。五百年も，千年も生きつづけます」とあり，木は寿命《じゅみょう》が長い植物であるとしている。さらに文章の後半では，うるしぬりのおわんやおぼんは，年月がたつにつれて深く美しい色にかわるし，バイオリンやチェロやおことなどの楽器は，何十年も何百年もつかいこんだものほどねうちが高いとして，形を変えて色々な面で役に立つし，扱い方によってさらに価値を持つということが述べられている。

問９　①段落から⑧段落までは，木は切った後も生きているということが述べられている。また，⑨段落から⑳段落までは，木は寿命が長い植物であると述べている。㉑段落から㉓段落は，木はすみからすみまでつかわれていたということが述べられている。

三　ことわざの知識，熟語の組み立て，語句の意味

問１　**１**　「のれんに腕押《うでお》し」は“手ごたえがない”という意味で「ぬかにくぎ」と同じ。　**２**　「猿《さる》も木から落ちる」は“名人でも失敗することはある”という意味で「かっぱの川流れ」と同じ。　**３**　「泣き面《つら》に蜂《はち》」は“不幸なことにさらに不幸が重なる”という意味で「弱り目にたたり目」と同じ。

問２　**１**　ウの「引」「退」はそれぞれ後ろに下がること。オの「永」「久」はそれぞれ長い時間で，似た意味の組み合わせである。　**２**　イは「急」に「増」える，エは「他」の「人」で上の漢

字が下の漢字を修飾《しゅうしょく》している。　**3**　アは「年」が「長」く上であること，キは「人」が「造」ることを意味し，上下の漢字が主語と述語の関係にある。　**4**　カは「書」物を「読」む，クは「会」を「開」くと読め，下の漢字が上の漢字の目的語になっている。

問3　**1**　「案の定《じょう》」は，“予想どおり”という意味。　**2**　「はからずも」は，“まったく考えもしていなかったのに”という意味。　**3**　「つぶさに」は，“細かいところまでもれなく”という意味。

四　漢字の書き取り

1　お互《たが》いの気持ちがぴったりと合うこと。　**2**　音読みは「コウ」で，「耕作」などの熟語がある。　**3**　音読みは「カン」で，「慣習」などの熟語がある。　**4**　仕事や学業などのできぐあい。　**5**　特別これといった目的もなくぶらぶら歩くこと。

Memo

Memo

当社発行物の無断使用は固くお断りいたします。御使用の前はまずご相談ください。

当社発行物には500点余の首都圏中・高過去問をはじめ、６点の学校案内、そのほかいくつかの情報誌などがございます。その多くが年度版で、限られたスタッフが来るべき受験シーズン前に余裕を持って受験生へ届けられるよう、日夜作業にあたり出版を重ねております。

その中で、最近、多くの印刷物やネット上において当社発行物からの無断使用が見受けられ、一部で係争化しているところもございます。事例といたしましては、当社の新刊発行を待ち、それを流用して毎年ネット上に新改訂として掲載していたA社、当社過去問から三百箇所をはぎ合わせ「自社制作につき無断転載禁止」とし、集客材としてホームページに掲載していたB社、当社版誌面を無断スキャンし、記述式解答は一部殆ど丸取りして動画を制作していた家庭教師グループC社、当社発行物の表紙を差し替え、内容を複製し配布していた塾のD社などほか数社がございます。

当社発行物の全部もしくは一部を無断使用することは固くお断りいたします。

当社コンテンツの中にはリーズナブルな設定でご提供している事例もたくさんございますので、ご利用されたい方はまずは、お気軽にご相談くださいますようお願いします。同時に、当社発行物を無断で使用している媒体などにつきましての情報もお寄せいただければ幸いです（呈薄謝）。

株式会社 声の教育社

2025年度用
中学スーパー過去問

■編集人 声の教育社・編集部
■発行所 株式会社 声の教育社
〒162-0814 東京都新宿区新小川町8-15
☎03-5261-5061(代) FAX03-5261-5062
https://www.koenokyoikusha.co.jp

※本書の内容についての一切の責任は当社にあります。内容・解説・解答・その他は当社ホームページよりお問い合わせ下さい。

よくある解答用紙のご質問

01

実物のサイズにできない

拡大率にしたがってコピーすると，「解答欄」が実物大になります。配点などを含むため，用紙は実物よりも大きくなることがあります。

02

A3用紙に収まらない

拡大率164％以上の解答用紙は実物のサイズ（「出題傾向＆対策」をご覧ください）が大きいために，Ａ３に収まらない場合があります。

03

拡大率が書かれていない

複数ページにわたる解答用紙は，いずれかのページに拡大率を記載しています。どこにも表記がない場合は，正確な拡大率が不明です。

04

１ページに２つある

１ページに２つ解答用紙が掲載されている場合は，正確な拡大率が不明です。ほかの試験回の同じ教科をご参考になさってください。

和洋国府台女子中学校

【別冊】入試問題解答用紙編

禁無断転載

解答用紙は本体からていねいに抜きとり、別冊としてご使用ください。
※　実際の解答欄の大きさで練習するには、指定の倍率で拡大コピーしてください。なお、ページの上下に小社作成の見出しや配点を記載しているため、コピー後の用紙サイズが実物の解答用紙と異なる場合があります。

●入試結果表

— は非公表

年　度	回	項　目	国　語	算　数	社　会	理　科	２科合計	４科合計	２科合格	４科合格
2024	第１回	配点(満点)	100	100	60	60	200	320	最高点	最高点
		合格者平均点	—	—	—	—	—	—	—	—
		受験者平均点	66.5	71.0	34.6	32.1	137.5	204.2	最低点	最低点
		キミの得点							130	159
	※ 第１回試験の３科目(国語・算数・英語[100 点])の受験者平均点の合計は 128.8、合格者最高点は非公表、合格者最低点は 135 です。									
2023	第１回	配点(満点)	100	100	60	60	200	320	最高点	最高点
		合格者平均点	—	—	—	—	—	—	—	—
		受験者平均点	57.9	70.4	35.8	29.3	128.3	193.4	最低点	最低点
		キミの得点							98	159
	※ 第１回試験の３科目(国語・算数・英語[100 点])の受験者平均点の合計は 192.2、合格者最高点は非公表、合格者最低点は 135 です。									
2022	第１回	配点(満点)	100	100	60	60	200	320	最高点	最高点
		合格者平均点	68.7	67.7	32.6	35.6	136.4	204.6	—	—
		受験者平均点	—	—	—	—	—	—	最低点	最低点
		キミの得点							70	105
	※ 第１回試験の３科目(国語・算数・英語[100 点])の合格者平均点の合計は 212.4、合格者最高点は非公表、合格者最低点は 96 です。									
2021	第１回	配点(満点)	100	100	60	60	200	320	最高点	最高点
		合格者平均点	—	—	—	—	—	—	187	277
		受験者平均点	—	—	—	—	108.3*	189.5*	最低点	最低点
		キミの得点							98	161
	※ 第１回試験の３科目(国語・算数・英語[60 点])の受験者平均点の合計は 159.5、合格者最高点は 225、合格者最低点は 143 です。									
2020	第１回	配点(満点)	100	100	60	60	200	320	最高点	最高点
		合格者平均点	—	—	—	—	—	—	178	275
		受験者平均点	—	—	—	—	112.7*	193.6*	最低点	最低点
		キミの得点							104	151
	※ 第１回試験の英語の受験者平均点や合格者最低点などは非公表です。									

※　表中のデータは学校公表のものです。ただし、２科合計・４科合計は各教科の平均点を合計したものなので、目安としてご覧ください(*は学校公表のもの)。

声の教育社

2024年度　和洋国府台女子中学校

算数解答用紙　第1回

番号		氏名		評点	／100

1

(1)	
(2)	
(3)	
(4)	
(5)	

2

(1)	
(2)	
(3)	
(4)	
(5)	
(6)	
(7)	
(8)	

3

(1)	%
(2)	g

4

(1)	時速　km
(2)	分後

＜考え方＞

5

(1)	
(2)	

6

(1)	cm^3
(2)	cm

(注) この解答用紙は実物を縮小してあります。B５→A４(115%)に拡大コピーすると、ほぼ実物大の解答欄になります。

〔算　数〕100点(推定配点)

1　各4点×5　2～6　各5点×16

２０２４年度　和洋国府台女子中学校

社会解答用紙　第１回

番号		氏名	

評点	／60

1

問1　⛩　　〶

問2　km　　問3

問4　　問5　　問6　(1)　(2)

2

問1

問2　B　　C　　問3

問4　　問5　　問6

3

問1　　問2

問3　　問4　　問5　　問6

4

問1　　問2　　問3

問4　　問5　　問6

5

問1　　問2

問3　(1)　(2)

問4　(1)

問4　(2)

（注）この解答用紙は実物を縮小してあります。Ｂ５→Ａ４（115%）に拡大コピーすると、ほぼ実物大の解答欄になります。

〔社　会〕60点（推定配点）

1　問１～問４　各１点×５　問５，問６　各２点×３　2　問１　１点　問２～問６　各２点×６　3　各２点×６　4　問１，問２　各２点×２　問３　１点　問４～問６　各２点×３　5　問１～問３　各２点×４　問４　(1)　２点　(2)　３点

2024年度　和洋国府台女子中学校

理科解答用紙　第1回

番号		氏名		評点	/60

1

- 問1
- 問2
- 問3
- 問4　日
- 問5

2

- 問1
- 問2
- 問3
- 問4
  - 塩酸：アルミニウム／鉄
  - 水酸化ナトリウム水よう液：アルミニウム／鉄
- 問5　倍

3

- 問1
- 問2
- 問3
- 問4
- 問5　1／2／3／4

4

- 問1
- 問2
- 問3
- 問4
- 問5

5

- 問1
- 問2
- 問3
- 問4
- 問5

6

- 問1　a／b／c
- 問2
- 問3

（注）この解答用紙は実物を縮小してあります。Ｂ５→Ｂ４（141％）に拡大コピーすると、ほぼ実物大の解答欄になります。

〔理　科〕60点(推定配点)

1～6　各２点×30＜2の問１，問３，問４，3の問５，4の問３は完答＞

２０２４年度　和洋国府台女子中学校

英語解答用紙　第１回

番号		氏名	

評点	／100

1

(1)		(2)		(3)		(4)	

2

(1)		(2)		(3)		(4)		(5)	

3

(1)		(2)		(3)		(4)		(5)	

4

(1)		(2)		(3)		(4)	

5

(1)		(2)		(3)	

6

(1)		(2)		(3)		(4)	

(注) この解答用紙は実物大です。

〔英　語〕100点(推定配点)

1～6　各４点×25

２０２４年度　和洋国府台女子中学校

国語解答用紙　第一回

番号　氏名　評点　/100

一

問一　問二　問三　問四

問五

問六

問七　1　A

B　2　問八　1　2

二

問一　問二　問三　問四【1】【2】

問五

問六　(1)　(2)　(3)

問七

問八

問九

三

問一　1　2　3　4

問二　1　2　3

四

1　2　3　4　5

（注）この解答用紙は実物を縮小してあります。Ｂ５→Ｂ４（141％）に拡大コピーすると、ほぼ実物大の解答欄になります。

〔国　語〕100点(推定配点)

一　問1～問6　各3点×6　問7　1　A　3点　B　2点　2　3点　問8　各3点×2　二　問1　2点　問2，問3　各3点×2　問4　各2点×2　問5　3点　問6　各2点×3　問7　8点　問8　3点　問9　12点　三，四　各2点×12

2023年度　和洋国府台女子中学校

算数解答用紙　第１回

番号		氏名		評点	／100

1

(1)	
(2)	
(3)	
(4)	
(5)	

2

(1)	
(2)	
(3)	
(4)	
(5)	
(6)	
(7)	
(8)	

3

(1)	プラン
＜求め方＞	
(2)	時間　　分後

4

点

5

6

(1)	cm
(2)	cm^2

7

(1)	
(2)	cm^3

（注）この解答用紙は実物を縮小してあります。Ｂ５→Ａ４(115%)に拡大コピーすると、ほぼ実物大の解答欄になります。

〔算　数〕100点(推定配点)

1　各４点×5　2～7　各５点×16

２０２３年度　　和洋国府台女子中学校

社会解答用紙　第１回

番号		氏名		評点	／60

1

問1 ◎ Y

問2 m　問3　問4

問5　問6

2

問1　問2　問3

問4　問5　問6

3

問1　問2　問3

問4　問5　問6

4

問1　問2 (1) (2)

問3　問4　問5 きまり 将軍

5

問1　問2

問3

問4　問5　問6

（注）この解答用紙は実物を縮小してあります。Ｂ５→Ａ４(115%)に拡大コピーすると、ほぼ実物大の解答欄になります。

〔社　会〕60点(推定配点)

1　問１〜問３　各２点×４　問４　１点　問５　２点　問６　１点　2, 3　各２点×12　4　問１　２点　問２　(1)　１点　(2)　２点　問３，問４　各２点×２　問５　きまり…１点，将軍…２点　5　各２点×６

2023年度 和洋国府台女子中学校

理科解答用紙 第1回

番号		氏名		評点	/60

（注）この解答用紙は実物を縮小してあります。185%拡大コピーをすると、ほぼ実物大の解答欄になります。

4

問1		問2		問3	
問4					
問5					

5

問1		問2
問3		
問4		
問5	cm	
問6		

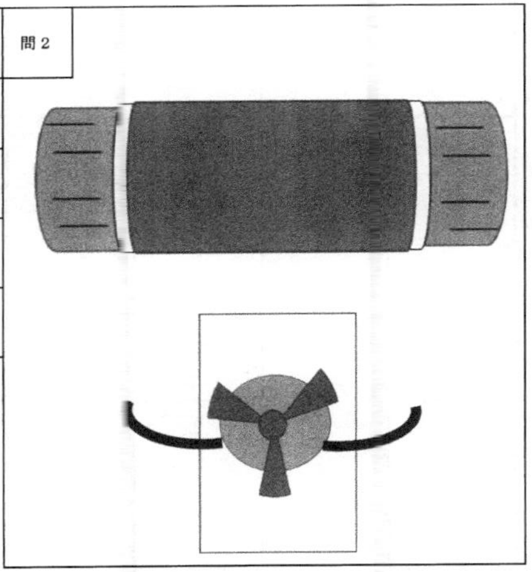

6

問1		問2	g
問3			
問4			

1

問1					
問2	ほ乳類	鳥類	は虫類		
	両生類	その他			
問3		問4		問5	

2

問1 A		問1 B			
問2		問3	→ →		
問4		問5			

3

問1		問2		問3	
問4	m	問5			

〔理　科〕60点(推定配点)

1～6　各２点×30＜1の問２，問３，2の問１～問４，3の問１はそれぞれ完答＞

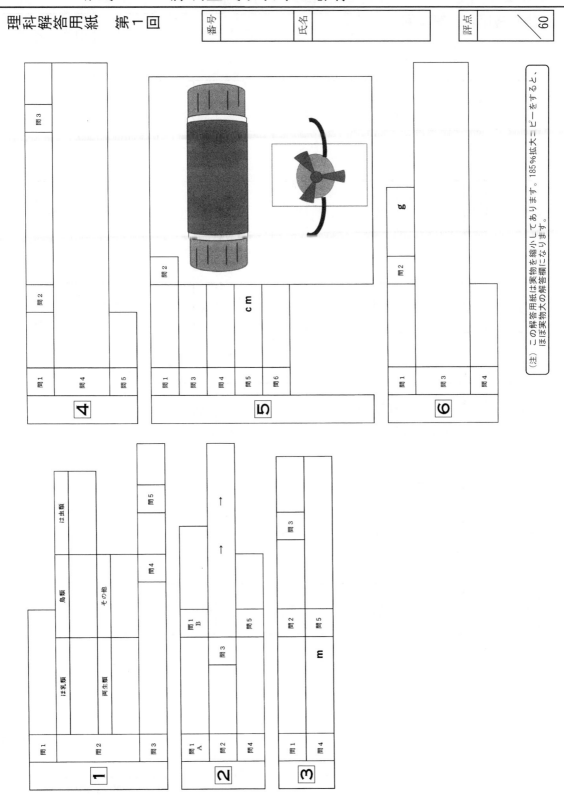

２０２３年度　　和洋国府台女子中学校

英語解答用紙　第１回

番号		氏名		評点	／100

1	(1)		(2)		(3)		(4)			
2	(1)		(2)		(3)		(4)		(5)	
3	(1)		(2)		(3)		(4)		(5)	
4	(1)		(2)		(3)		(4)			
5	(1)		(2)		(3)					
6	(1)		(2)		(3)		(4)			

（注）この解答用紙は実物大です。

〔英　語〕100点(推定配点)

1～6　各４点×25

二〇二三年度　和洋国府台女子中学校

国語解答用紙　第一回

番号　　氏名　　評点　/100

一

問一　問二　問三　問四　問五 1　2

問六 1　2　問七　問八　問九

二

問一　問二 肉食獣　草食獣

問三 1　2

問四　問五

問六 1　2

問七 2　3

問八

三

問一 I 1　2　3　4　II A　B

問二 1　2　3　4

四

1　2　3　4　5

（注）この解答用紙は実物を縮小してあります。B５→B４（141%）に拡大コピーすると、ほぼ実物大の解答欄になります。

〔国　語〕100点(推定配点)

一　問1　2点　問2～問5　各3点×5　問6～問9　各2点×5　二　問1　2点　問2　各3点×2　問3　1　2点　2　4点　問4，問5　各3点×2<問5は完答>　問6　1　3点　2　2点　問7　各3点×2　問8　12点　三，四　各2点×15

２０２２年度　和洋国府台女子中学校

算数解答用紙　第１回

番号		氏名	

評点	／100

1

(1)	
(2)	
(3)	
(4)	
(5)	

2

(1)	
(2)	
(3)	時間　　分
(4)	
(5)	
(6)	
(7)	
(8)	

3

円

4

(1)	人
(2)	人

<求め方>

5

(1)	毎分　　L
(2)	L

6

(1)	cm^2
(2)	度

7

（注）この解答用紙は実物を縮小してあります。Ｂ５→Ａ４(115%)に拡大コピーすると、ほぼ実物大の解答欄になります。

〔算　数〕100点(推定配点)

1　各４点×5　2～7　各５点×16

2022年度　和洋国府台女子中学校

社会解答用紙　第1回

番号		氏名		評点	／60

1

問1 X　★

問2 m　問3　問4

問5　問6　問7

2

問1　問2　問3

問4　問5

問6

3

問1　問2 1　2　3

問3　問4　問5　問6

4

問1 I　II　問2 a　b

問3　問4　問5

問6

5

問1 A　B

問2 A　B　問3　問4

問5 A　ので
B　できるから

（注）この解答用紙は実物を縮小してあります。B５→B４(141%)に拡大コピーすると、ほぼ実物大の解答欄になります。

〔社　会〕60点(推定配点)

1 問１　各１点×2　問２～問７　各２点×6　2 各２点×6　3 問１　２点　問２　各１点×3　問３～問６　各２点×4　4 問１，問２　各１点×4　問３～問６　各２点×4　5 問１～問４　各１点×7　問５　２点

2022年度 和洋国府台女子中学校

理科解答用紙 第1回

番号		氏名	

評点
/60

1

問1		問2		問3	
問4		問5			

2

問1	
問2	
問3	

問4		問5		問6	

3

問1		問2		問3	
問4		問5	kg		

4

問1	→ → → →		問2	
問3	g	問4	%	

5

問1	(速)	(遅)		問2	
問3		問4		問5	

6

問1	ウ：	オ：	問2	
問3		問4	(西)	(北)

(注) この解答用紙は実物を縮小してあります。B5→A3(163%)に拡大コピーすると、ほぼ実物大の解答欄になります。

〔理　科〕60点(推定配点)

1～6　各2点×30<1の問4，4の問1，5の問1，6の問2，問3，問4は完答>

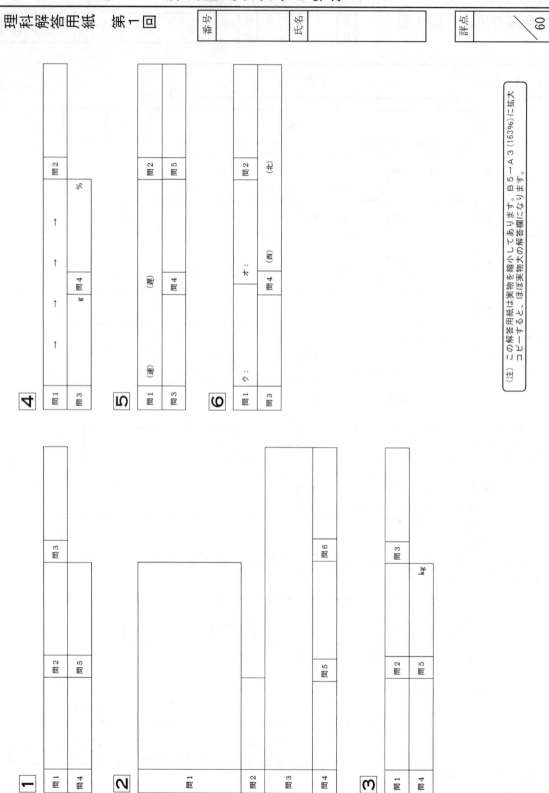

２０２２年度　和洋国府台女子中学校

英語解答用紙　第１回

番号		氏名		評点	／100

1

(1)		(2)		(3)		(4)	

2

(1)		(2)		(3)		(4)		(5)	

3

(1)		(2)		(3)		(4)		(5)	

4

(1)		(2)		(3)		(4)	

5

(1)		(2)		(3)	

6

(1)		(2)		(3)		(4)	

（注）この解答用紙は実物大です。

〔英　語〕100点(推定配点)

1～6　各４点×25

二〇二二年度　和洋国府台女子中学校

国語解答用紙　第一回

番号　　氏名　　評点　／100

一

問一　問二　問三

問四

問五　1　2　問六

問七　見てくれるよ。だって、

問八　1　2　d　e　f

g

3

二

問一　A　B　問二　問三

問四

問五　問六　1　2　〜

問七　問八

三

問一　1　2　3　4　問二　1　2　3

問三　①　②　③

四

1　2　3　4　5

（注）この解答用紙は実物を縮小してあります。169％拡大コピーをすると、ほぼ実物大の解答欄になります。

〔国　語〕100点(推定配点)

一　問1　2点　問2，問3　各3点×2　問4　4点　問5　各2点×2　問6　3点　問7　4点　問8　1，2　各2点×5　3　10点　二　問1，問2　各2点×3　問3〜問8　各3点×7<問8は完答>　三，四　各2点×15

２０２１年度　和洋国府台女子中学校

算数解答用紙　第１回

番号		氏名		評点	／100

1

(1)	
(2)	
(3)	
(4)	
(5)	

2

(1)	
(2)	
(3)	
(4)	
(5)	
(6)	
(7)	
(8)	

3

(1)	
(2)	

4

求め方

5

(1)	試合
(2)	回

6

ア	
イ	

7

(1)	cm^2
(2)	cm^3

（注）この解答用紙は実物を縮小してあります。Ｂ５→Ｂ４（141%）に拡大コピーすると、ほぼ実物大の解答欄になります。

〔算　数〕100点（推定配点）

1　各５点×５　2，3　各４点×10　4～7　各５点×７

２０２１年度　和洋国府台女子中学校

社会解答用紙　第１回

番号		氏名		評点	/60

1
問1　1　2
問2　3
問3
問4　3
問5
問6

2
問1　A　B
問2
問3　(1)　(2)　(3)　(4)

3
問1　1　2
問2　A　B　C
問3　A　B　C
問4
問5

4
問1
問2
問3
問4
問5
問6

5
問1　から。
問2
問3　(1)　(2)
問4　(1)　(2)　A・B　選んだ方に○をつけなさい

（注）この解答用紙は実物を縮小してあります。222％拡大コピーをすると、ほぼ実物大の解答欄になります。

〔社　会〕60点(推定配点)

1　問1～問4　各2点×5　問5，問6　各1点×2　2　各1点×7　3　問1～問3　各1点×8　問4　2点　問5　3点　4　問1　3点　問2～問4　各2点×3　問5　3点　問6　2点　5　問1　3点　問2　2点　問3　(1)　2点　(2)　3点　問4　(1)　1点　(2)　3点

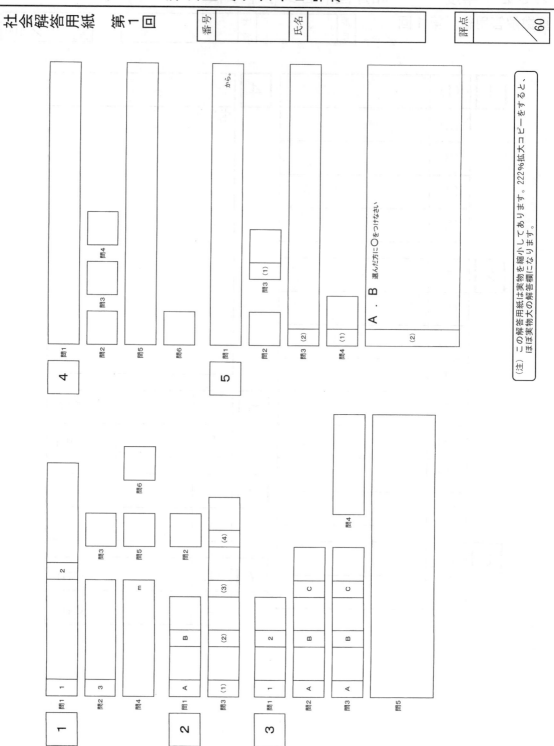

２０２１年度　和洋国府台女子中学校

理科解答用紙　第１回

番号		氏名		評点	/60

1

問1	記録として書く必要があること：	
	理由：	
問2		
問3	昆虫　モンシロチョウ　アゲハ　カイコガ 食草　サンショウ　クワ　キャベツ	
問4		
問5	生物名：	変化のようす：

2

問1		問2		問3	
問4	倍				
問5	養分を含んだ液体にふれる（　　）がとても（　　）なるから				

3

問1	cm³	問2		問3	
問4		問5	kg		

4

問1	①	②	問2	
問3		問4	③	④

5

問1		問2		問3	
問4		問5			

6

問1		問2	g	問3	g
問4	g	問5	g		

（注）この解答用紙は実物を縮小してあります。192％拡大コピーをすると、ほぼ実物大の解答欄になります。

〔理　科〕60点（推定配点）

1～6　各２点×30＜1の問１，問３，問５，2の問５，3の問２，4の問１は完答＞

２０２１年度　和洋国府台女子中学校

英語解答用紙　第１回

番号		氏名	

評点	／60

【Part A】

例題	あ	No.1		No.2		No.3		No.4	

【Part B】

例題	い	No.1		No.2		No.3		No.4		No.5	

【Part C】

No.1		No.2		No.3		No.4		No.5	

【Part D】

No.1		No.2		No.3		No.4		No.5		No.6	

【Part E】

No.1		No.2		No.3		No.4		No.5	

（注）この解答用紙は実物を縮小してあります。Ｂ５→Ａ４（115%）に拡大コピーすると、ほぼ実物大の解答欄になります。

〔英　語〕60点（学校配点）

PartＡ，PartＢ　各２点×９　PartＣ　各３点×５　PartＤ　各２点×６　PartＥ　各３点×５

二〇二一年度　和洋国府台女子中学校

国語解答用紙　第一回

番号		氏名		評点	／100

一
問一
問二
問三
問四　1　2　3　4
問五
問六
問七
問八
問九
問十

二
問一　A　B　C
問二　1　2
問三　1　2　3
問四
問五
問六の解答らんは下にあります。

三
問一　1　2　3
問二　1　2　3　4
問三　1　2　3

四
1　2　3　4　5

（注）この解答用紙は実物を縮小してあります。208％拡大コピーすると、ほぼ実物大の解答欄になります。

二 問六

Ⅰ　タイトル（題名）
ほんものの〝やる気〟について

Ⅱ　調べる対象
本（川島隆太著『元気な脳が君たちの未来をひらく　脳科学が明かす「早寝早起き朝ごはん」と「学習」の大切さ』）

Ⅲ　文章からわかったこと
①二つの〝やる気〟のちがい
〝外からのやる気〟…
〝自分からのやる気〟…
⇒
ほんものの〝やる気〟＝
②ほんものの〝やる気〟はどう生まれるか
なかでも大切なこと
から生まれる

Ⅳ　感想

〔国　語〕100点（推定配点）

一　問1〜問3　各3点×3　問4　4点＜完答＞　問5　3点　問6　各2点×2　問7〜問10　各3点×4

二　問1　各2点×3　問2，問3　各3点×5　問4　4点　問5　3点　問6　10点＜部分点あり＞　三，

四　各2点×15

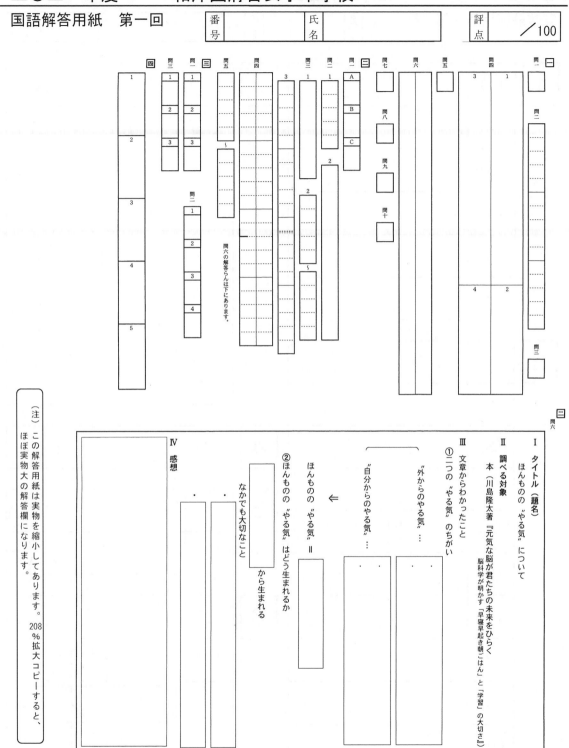

２０２０年度　和洋国府台女子中学校

算数解答用紙　第１回

番号		氏名		評点	／100

1

(1)	
(2)	
(3)	
(4)	
(5)	
(6)	

2

(1)	
(2)	
(3)	
(4)	
(5)	割　　分
(6)	
(7)	
(8)	
(9)	
(10)	

3

人
＜求め方＞

4

cm^3

5

(1)	分速　　m
(2)	分後

6

(1)	
(2)	

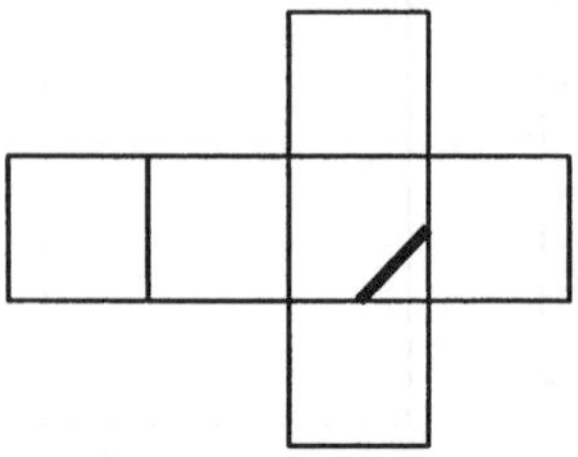

（注）この解答用紙は実物を縮小してあります。Ｂ４用紙に119％拡大コピーすると、ほぼ実物大で使用できます。（タイトルと配点表は含みません）

〔算　数〕100点(推定配点)

1　各５点×６　2　各４点×10　3～6　各５点×６

2020年度　和洋国府台女子中学校

社会解答用紙　第1回

番号　氏名　評点 /60

(注) この解答用紙は実物を縮小してあります。204%拡大コピーすると、ほぼ実物大で使用できます。(タイトルと配点表は含みません)

1
問1 1 2 3
問2 km
問3
問4

2
問1 問2 問3
問4 問5 問6

3
問1 問2 問3
問4
問5 問6 → →

4
問1 問2 問3 問4 問5 問6

5
問1 問2 問3 問4
問5 (1) (2)

〔社　会〕60点(推定配点)

1 問1～問3　各2点×7<問3は各2点×2>　問4　1点　2 各2点×6　3 問1　1点　問2, 問3　各2点×2　問4　3点　問5, 問6　各2点×2<問6は完答>　4 問1～問4　各2点×4　問5　3点　問6　1点　5 問1　2点　問2～問4　各1点×3　問5　各2点×2

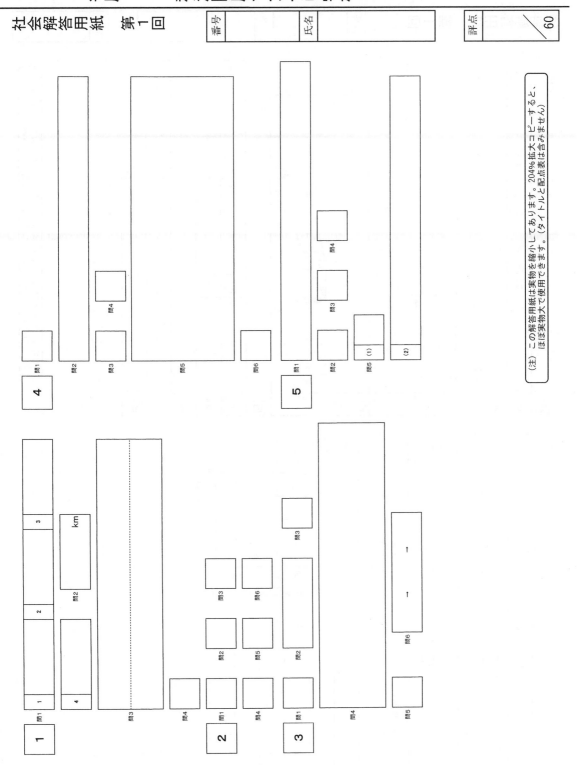

２０２０年度　和洋国府台女子中学校

理科解答用紙　第１回

番号		氏名		評点	／60

1

問1		問2	名前：　　倍率：　　倍
問3	倍	問4	
問5			

2

問1		問2	
問3	オオバコの種子は，		
問4			
問5			

3

問1	
問2	
問3	
問4	㎤

問5

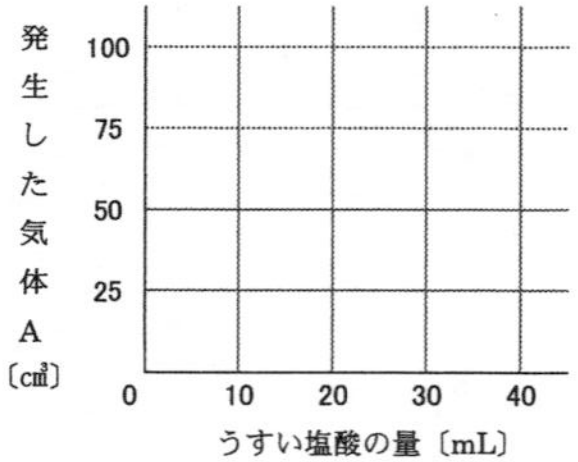

4

問1		問2	イ：　　ウ：

問3

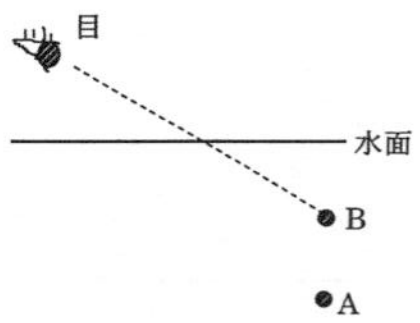

問4

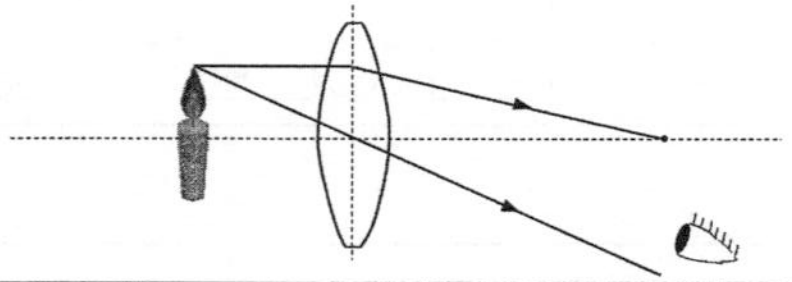

5

問1	g	問2	g	問3	g
問4	g	問5	g		

6

問1		問2	%	問3	
問4	%	問5			

（注）この解答用紙は実物を縮小してあります。192%拡大コピーすると、ほぼ実物大で使用できます。（タイトルと配点表は含みません）

〔理　科〕60点(推定配点)

1～6　各２点×30<1の問１，問２，2の問２，問５，6の問５は完答>

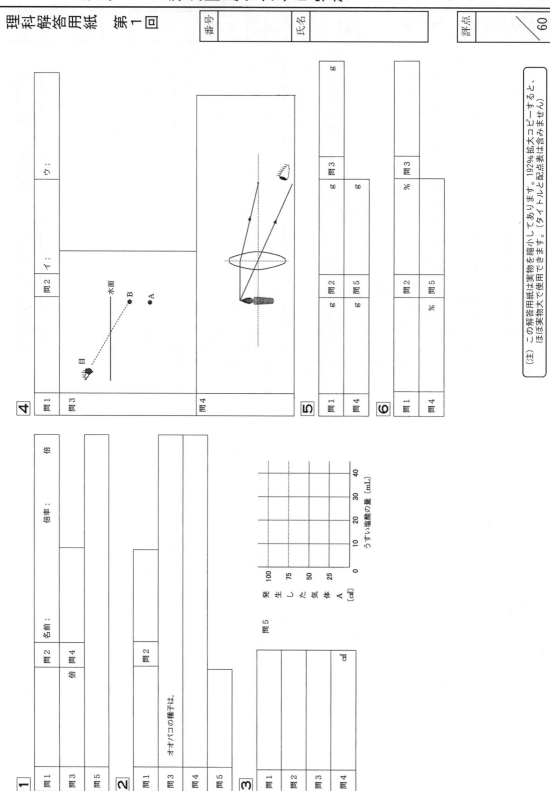

２０２０年度　和洋国府台女子中学校

英語解答用紙　第１回

番号		氏名		評点	／60

【Part A】

例題	え	No.1		No.2		No.3	

【Part B】

例題	う	No.1		No.2		No.3	

【Part C】

例題	あ	No.1		No.2		No.3		No.4		No.5	

【Part D】

No.1		No.2		No.3		No.4	

【Part E】

No.1		No.2		No.3		No.4		No.5	

【Part F】

No.1		No.2		No.3		No.4		No.5	

（注）この解答用紙は実物を縮小してあります。Ａ４用紙に109％拡大コピーすると、ほぼ実物大で使用できます。（タイトルと配点表は含みません）

〔英　語〕60点（推定配点）

Part Ａ～Part Ｄ　各２点×15　Part Ｅ，Part Ｆ　各３点×10

二〇二〇年度　和洋国府台女子中学校

国語解答用紙　第一回

番号　　氏名　　評点　/100

一

問一 a　b　問二　問三　問四

問五

問六　状況。

問七　問八 1　2

問九

二

問一　〜　はたらき　問二　問三 A　B

問四　問五　の塗料

問六

問七 1　2

問八　問九

三

問一 1　2　3　問二 1　2　3　4

問三 1　2　3

四

1　2　3　4　5

（注）この解答用紙は実物を縮小してあります。175%拡大コピーすると、ほぼ実物大で使用できます。（タイトルと配点表は含みません）

〔国　語〕100点(推定配点)

一　問1〜問3　各2点×4　問4，問5　各3点×2　問6　4点　問7　2点　問8　各3点×2　問9　10点　二　問1　3点　問2，問3　各2点×3　問4，問5　各3点×2　問6　各4点×2　問7　1　2点　2　3点　問8，問9　各3点×2　三，四　各2点×15＜三の問2は各々完答＞

Memo

Memo